Bernd Batzer
Mayen, 1. Juli 1986

HROWE H. SAUNDERS

FORUM DER RACHE

*Deutsche Generale vor alliierten
Siegertribunalen 1945–1948*

HROWE H. SAUNDERS

FORUM DER RACHE

*Deutsche Generale vor alliierten
Siegertribunalen 1945–1948*

DRUFFEL-VERLAG
LEONI AM STARNBERGER SEE

Schutzumschlag: H. O. Pollähne, Braunschweig
Fotos: Archiv des Verfassers und des Verlags

ISBN 3 8601 1045 X

1986
© by Druffel-Verlag, 8137 Leoni am Starnberger See
Gesamtherstellung: Ebner Ulm

Inhaltsverzeichnis

VOR KRIEGSENDE

Wie Nürnberg möglich wurde	9
Die Besprechungen im Weißen Haus	14
Die Vorverurteilung	18

VERBRECHERISCHE ORGANISATIONEN

Die Hintergründe ihrer Nominierung	22
Zwangsarbeit für Deutsche als Reparationsleistung	24
„Am Gründungstag der Vereinten Nationen"	30
Verbrecherische Organisationen	35
Der Hintergrund der Gallup-Umfrage vom Dezember 1944	39

DIE ANKLAGE

Allgemeine Fakten über das Tribunal	43
Nürnberger Methoden	45
„Bedingungsloser Haß" – Verbrecherische Deutsche	48

DER PROZESS BEGINNT

Erste Sitzung in Berlin	60
Anklagepunkt I – Gemeinsamer Plan oder Verschwörung	63
Anklagepunkt II – Verbrechen gegen den Frieden	64
Anklagepunkt III – Kriegsverbrechen	64
Anklagepunkt IV – Verbrechen gegen die Humanität	65
Gegen deutsche Offiziere	66
Die Verantwortlichen:	68
Für den ehemaligen Reichsmarschall HERMANN GÖRING	68
Für den ehemaligen Generalfeldmarschall WILHELM KEITEL	69
Für den ehemaligen Generaloberst ALFRED JODL	69
Für den ehemaligen Großadmiral ERICH RAEDER	70
Für den ehemaligen Großadmiral KARL DÖNITZ	70

Das Nürnberger Tribunal 71
Die Gesamtverteidigungserklärung am 19. November 1945 75
Schuldig oder nicht schuldig? 82
Gegen deutsche Offiziere 87
Anklage gegen die Gruppe Generalstab und
Oberkommando der Wehrmacht 87

DAS DIKTAT VON VERSAILLES

Versailles als Zentralthema der
„Verschwörung gegen den Frieden" 103
Versailles – Vertrag oder Diktat? 106
Die Abrüstungsfrage 109
Der Ankläger und sein Schlußwort 113

DIE ZEUGEN IM KREUZVERHÖR

Generalfeldmarschall Kesselring sagt aus 117
Reichsmarschall Göring im Zeugenstand 128
Die Balkan- und Griechenlandfrage 136
Zum Komplex Generalstab und OKW 147
Birger Dahlerus im Zeugenstand 151
General Rudenko tritt auf –
Die Kriegsverbrechen der Sowjets 157
Was war wirklich in und bei Bromberg? 161
Die „unerheblichen" Dokumente 165

GENERALFELDMARSCHALL WILHELM KEITEL

Von der Verhaftung zur Anklagebank 173
Als Zeuge und im Kreuzverhör 174
Rudenko und Maxwell Fyfe beim Kreuzverhör 183

GENERALOBERST ALFRED JODL

Verbrecher oder Soldat? 188
Generaloberst Jodl über Leningrad und Partisanenkampf . . 199
Jodls „Verbrechen gegen den Frieden" 203
Der Ostfeldzug: Angriffskrieg oder Präventivschlag? . . . 209

GROSSADMIRAL KARL DÖNITZ

Der „Hauptkriegsverbrecher" 222

GROSSADMIRAL ERICH RAEDER

Aus Moskau nach Nürnberg 239

DER DEUTSCHE GENERALSTAB

Verbrecher oder Soldaten? 252
Generalfeldmarschall von Manstein kommt 254
Von Manstein im Zeugenstand 258

GEGEN DIE DEUTSCHEN SÜDOST-GENERALE

Die Angeklagten 272
Angriffskrieg auf dem Balkan – Wahn oder Wirklichkeit? . . 274
Geiselfrage und Urteil 282

FALL 12: OBERKOMMANDO DER WEHRMACHT

Die Angeklagten und ihre Dienststellungen 285

GENERALFELDMARSCHALL ALBERT KESSELRING

Rückblick und Ausschau auf weitere Prozesse 291
Die Kesselring-Case 293

GENERALFELDMARSCHALL ERICH VON MANSTEIN

Nach Nürnberg – Gedanken eines Feldmarschalls 302
Anklageeröffnung und Vorwürfe 303

EINE DIVISION VOR GERICHT

Die Ursache: eine Falschmeldung 309
Der Zwischenfall bei Malmedy 311
Der Prozeß 313
Düstere Hintergründe 317

ANLAGEN

Das Londoner Abkommen vom 8. August 1943 322
Auszug aus dem Statut für den Internationalen
Militärgerichtshof 324
Kontrollratsgesetz Nr. 10 vom 20. Dezember 1945 327
Verordnung Nr. 7 der US-Militärregierung in der durch die
Verordnung Nr. 11 abgeänderten Fassung 333

DAS URTEIL

Generalstab und Oberkommando der Wehrmacht 344
GÖRING 347
KEITEL 351
DÖNITZ 356
RAEDER 362
JODL 366
Über die Urteilsbegründungen 370
Die Strafmaße für Feldmarschälle und Generale 373
Fall 7: Südost-Generale 373
Fall 12: Oberkommando der Wehrmacht 374
In Einzelprozessen 375

Quellen- und Literaturverzeichnis 377
Danksagung 383

Vor Kriegsende

Wie Nürnberg möglich wurde

Im Januar 1942 fand in London eine Konferenz der führenden Männer aller dort versammelten Exilregierungen statt. Anwesend waren Vertreter Belgiens, Frankreichs, Griechenlands, Jugoslawiens, Luxemburgs, Norwegens, Polens, der Niederlande und der Tschechoslowakei.

Auf dieser Konferenz wurden die ersten tastenden Schritte unternommen, die Grundlagen für die Verfolgung aller jener Angehörigen der Achsenmächte aufzustellen, die auf dieser Basis für alle während des Krieges begangenen Kriegsverbrechen bestraft werden konnten.

In einer abschließenden Erklärung, die als Erklärung von St. James in die Geschichte einging, wurde unter Berufung auf die Haager Konvention verkündet:

„Um Racheakte der Bevölkerung als Reaktion gegen die Gewaltakte der deutschen Wehrmacht zu vermeiden und um den Gerechtigkeitssinn der zivilisierten Welt zu befriedigen, werden Kriegsverbrecherprozesse stattfinden. Dazu ist internationale Solidarität notwendig."

Im weiteren Verlauf dieser Verlautbarung heißt es: „Eines der wichtigsten Kriegsziele ist die Bestrafung der für die Verbrechen Verantwortlichen, und zwar im Wege der Rechtsprechung, gleichgültig, ob die Betreffenden allein schuldig oder mitverantwortlich für diese Verbrechen waren, ob sie sie befohlen oder ausgeführt haben oder ob sie daran beteiligt waren." (Siehe: Taylor, Telford: Nuremberg Trials – War Crimes and International Law.)

Darüber hinaus wurde festgelegt, daß „die Schuldigen oder Verantwortlichen im Geiste der internationalen Solidarität ohne Ansehen der Nationalität gesucht, vor Gericht gestellt und abgeurteilt werden. Die verkündeten Urteile müssen auch vollstreckt werden". (Siehe: Punishment for War Crimes: The Inter-Allied Declaration, signed at the St. James Palace, London, 13 January 1942 and relative documents. Hrgb. Inter-Allied Information Committee London 1942.)

Bestrafung war also nicht pauschal vorgesehen, sondern sollte nur jene treffen, die als Kriegsgegner vor Gericht gestellt *und* für schuldig befunden worden waren.

Diese Erklärung von St. James wurde von den USA, der UdSSR und Großbritannien anerkannt.

Am 7. Mai 1942 entstand die Interalliierte Kommission für Kriegsverbrechen. Dieser fiel nach dem Willen der Gründer die Aufgabe zu, das gesamte Anklagematerial zu sammeln und vor allem Listen mit den Namen jener Menschen zusammenzustellen, die wegen Kriegsverbrechen angeklagt werden sollten. Daß dafür nur Japaner, Italiener und Deutsche in Frage kamen, verstand sich. Insofern war die Bekundung, daß *alle* Kriegsverbrecher vor Gericht gestellt werden sollten, wie sie in vielen Reden und Erklärungen auftauchten, nur Papier, denn gemeint war: „Alle Kriegsverbrecher ohne Ansehen der Nation, *sofern* sie den Staaten der Verlierer angehörten."

Präsident Roosevelt und der britische Lordkanzler Viscount Simon erklärten am 7. Oktober 1942 gleichlautend die Bereitschaft ihrer Regierungen, „eine Kommission der Vereinten Nationen für die Nachprüfung von Kriegsverbrechen zu bilden.

Danach bildeten 17 Nationen, und zwar Australien, Belgien, China, Frankreich, Griechenland, Indien, Jugoslawien, Kanada, Luxemburg, Neuseeland, die Niederlande, Norwegen, Polen, Südafrika, die Tschechoslowakei, Großbritannien, Nordirland und die USA die „Kriegsverbrecherkommission der Vereinigten Nationen – UNWCC". Diese Kommission trat zum ersten Male im Oktober 1943 zusammen. Das Treffen fand in Moskau statt und wurde am 1. November 1943 mit einer Schlußerklärung beendet:

„Mögen sich jene, deren Hände bisher noch nicht mit dem Blut Unschuldiger befleckt sind, davor hüten, sich den Reihen der Schuldigen anzuschließen, denn die drei alliierten Mächte werden sie mit aller Gewißheit bis in die entferntesten Schlupfwinkel der Erde verfolgen und ihren Anklägern ausliefern, damit die Gerechtigkeit ihren Lauf nehme."

Dieser Text wurde in gemeinsamer Arbeit des US-Unterstaatssekretärs Cordell Hull, des britischen Außenministers Antony Eden und des Sowjet-Außenkommissars Wjatscheslaw Molotow formuliert.

Neben dem offiziell herausgegebenen Kommuniqué wurden

noch vier Erklärungen angefügt, deren vierte, die „Erklärung über die Grausamkeiten der Deutschen im besetzten Europa", von Roosevelt, Churchill und Stalin unterzeichnet wurde.

„Beim Abschluß eines Waffenstillstandes mit einer Regierung, die dann in Deutschland eingesetzt sein wird, werden diejenigen deutschen Offiziere, Soldaten und Mitglieder der NSDAP, die für die oben erwähnten Grausamkeiten, Massenmorde und Hinrichtungen verantwortlich sind oder durch ihre Zustimmung daran teilgenommen haben, in die Länder zurückgebracht, in denen sie ihre abscheulichen Taten vollbracht haben. Dort sollen sie nach dem Recht dieser befreiten Länder und der in ihnen errichteten freien Regierungen abgeurteilt und bestraft werden.

Listen mit allen erforderlichen Einzelheiten werden von diesen Ländern zusammengestellt werden, besonders hinsichtlich der überfallenen Gebiete der Sowjetunion, Polens, der Tschechoslowakei, Jugoslawiens, Griechenlands einschließlich Kretas und der anderen Inseln, Norwegens, Dänemarks, der Niederlande, Luxemburgs, Frankreichs und Italiens.

Die obige Erklärung bezieht sich nicht auf die Hauptkriegsverbrecher, deren Verbrechen nicht an einem geographisch bestimmten Tatort begangen wurden. Diese werden aufgrund einer gemeinsamen Entscheidung der Regierungen der Alliierten bestraft werden." (Siehe: United Nations Information Organization; London, Information Paper Nr. 1pp 11/12.)

Der letzte Absatz ist bereits der Keim zu jenen späteren Vereinbarungen der Großen Drei, aufgrund derer die Nürnberger und andere internationale Prozesse geführt wurden.

Auf den ersten Absatz ist das System der später gefertigten Kriegsverbrecherlisten zurückzuführen und jene Abmachung darüber, die bei den Siegern festgesetzten Gefangenen, soweit sie auf der Kriegsverbrecherliste standen, auszutauschen und sie in jene Länder zu verbringen, in denen sie angebliche Kriegsverbrechen begangen hatten.

Telford Taylor, als Oberst und später US-Brigadegeneral Hauptankläger in Nürnberg, formulierte die bemerkenswerten Sätze:

„Fast jeder erachtete die exemplarische Bestrafung der an den Massengreueltaten Beteiligten als die Vorbedingung für die Reinigung der moralischen Atmosphäre Europas, die von dem Geruch von Tod und Haß gegen den ruchlosen Angreifer durchdrungen war.

Noch ausschlaggebender war jedoch die wachsende Erkenntnis, daß die bloße Bestrafung der Teufeleien – wie verdient und wünschenswert sie auch sein möge – *nicht* ausreichend war, *daß* die Aburteilung von Kriegsverbrechern nicht allein mit dem Ziele der Bestrafung unternommen werden dürfe. So erklärte Lord Simon im Dezember 1943 im britischen Oberhaus:

„Von unserem, dem britischen Standpunkt aus gesehen, dürfen wir trotz aller Versuchungen und Erschütterungen durch die Leiden anderer niemals versäumen, der Gerechtigkeit um ihrer selbst willen Genüge zu tun. Es dürfen keine Massenhinrichtungen von Namenlosen stattfinden, nur weil Hinrichtungen von Massen auf der anderen Seite stattgefunden haben. Wir würden unseren eigenen Ruf gefährden und nicht zum Fortschritt der Menschheit beitragen, wenn das, was wir tun, nicht mit dem Begriff Gerechtigkeit in Einklang stünde. –

Was immer geschehen mag, lassen Sie uns niemals von dem Grundsatz abweichen, daß Kriegsverbrecher als solche behandelt werden müssen, weil sie bewiesen haben, daß sie Verbrecher sind, und nicht, weil sie einer Rasse angehören, die von einem Mörder und Wahnsinnigen angeführt wurde, der dieses furchtbare Unglück über die Welt brachte." (Siehe: Louise W. Holborn Hrgb.: War and Peace, Aims of United Nations, Boston, World Peace Foundation 1943.)

Da die UdSSR vor dem Beitritt zur „Kommission der Vereinten Nationen für die Nachprüfung von Kriegsverbrechen" die Forderung erhob, daß von jeder der 16 sowjetischen Sowjetrepubliken jeweils ein Vertreter in diese Kommission gelangen müsse, was von den übrigen Staaten abgelehnt wurde, kam ein Beitritt der UdSSR nicht zustande.

Daß dann im späteren Verlauf dieser Prozesse Deutschland als Ganzes bestraft wurde und daß die *Kollektivschuld* trotz dieser Beteuerung *alle* traf, also nicht, weil sie schuldig, sondern weil sie Deutsche waren, straft diese Ausführungen Lügen. Daß diese Sicht der Lage in Sonderheit bei deutschen Geistlichen direkt nach dem Kriege auftauchte und damit die Kollektivschuld zementiert wurde, ändert nichts an den Tatsachen.

Diese Beteuerungen und Deklamationen Ende 1943 hatten

allerdings einen besonderen Grund, den es mit markigen Worten zu verschleiern galt. Und zwar hatte Ende November 1943 in Teheran jenes Treffen der Großen Drei stattgefunden, auf dem Marschall Stalin „auf eine möglichst rasche und umfassende Justiz" trank und dann hinzufügte: „Ich trinke auf die schnelle Justiz eines Erschießungskommandos!" Als auf diese Aufforderung keine Antwort erscholl wie bei den vorangegangenen Trinksprüchen, wiederholte der Marschall aus Moskau:

„Ich trinke auf die schnellstmögliche Bestrafung aller deutschen Kriegsverbrecher – Bestrafung durch ein Hinrichtungskommando. Wir müssen sie so schnell wie möglich erledigen, wie wir sie gefangennehmen. Mindestens 50 000 und vielleicht 100 000 Personen der deutschen Führungsschicht müssen physisch liquidiert werden.

Die siegreichen Alliierten müssen die wichtigsten strategischen Punkte der Welt in Besitz behalten, so daß Deutschland sofort gestoppt werden kann, wenn es auch nur einen Muskel rührt."

Winston Churchill rief nach diesem Haßausbruch in den Saal hinein, daß ein „solches Vorgehen in schroffem Gegensatz zur britischen Auffassung von Recht und Gesetz" stehe.

Doch Stalin ließ sich nicht beirren: „50 000 müssen erschossen werden!" beharrte er auf seinem Vorschlag. Und abermals stand Churchill auf und erklärte, daß das „englische Volk einen solchen Massenmord niemals zulassen" werde.

Präsident Roosevelt, um Herstellung der Freundschaft mit „Onkel Joe" bemüht, bemerkte scherzend, er werde die Zahl der zu erschießenden Personen der deutschen Führungsschicht „at 49 000 or more – auf 49 000 oder mehr" festsetzen.

Am 1. Dezember 1943 trafen diese drei verschiedenen Brüder mit den gleichen Kappen auf dem letzten Teheraner Sitzungstag zwei Beschlüsse:
    1. Die neue geographische Gestalt Polens nach dem Kriege,
    2. das künftige Aussehen Deutschlands.

Churchills Widerspruch gegen eine Zerstückelung Polens, die „ein schamloser Betrug am polnischen Volke" sei, wurde nicht akzeptiert, weil sich Roosevelt heraushielt.

Das sowjetische Vorgehen stelle, so bemerkte Churchill, „eine eklatante Verletzung der Atlantik-Charta" dar.

Aber Roosevelt hatte dem sowjetischen Partner bereits dazu

seine Zustimmung gegeben und lediglich verlangt, diese Zustimmung bis nach seiner Wiederwahl im Herbst 1944 zu verschweigen. Dazu war Stalin bereit.

Die Besprechungen im Weißen Haus

Im Weißen Haus von Washington wurde das gesamte Problem von Richter Samuel Roseman im Staatsdepartement, von Secretary Henry Stimson sowie von dem Generalanwalt der Army, Oberst Murray Bermays, im Kriegsministerium, sowie im Justizministerium von Justizminister Francis Biddle und seinem Assistenten Herbert Wechsler beraten. Eine Reihe anderer Stellen wurden im Laufe der folgenden Wochen und Monate in diese Beratungen einbezogen.

Auch im US-Parlament fanden im März 1945 Beratungen über die wichtigsten Fragen statt.

Während der Konferenz von San Francisco Anfang Mai 1945 berieten Vertreter von Frankreich, Großbritannien, der Sowjetunion und der Vereinigten Staaten über die gleichen Fragen und Möglichkeiten und erstellten einen Plan zur Errichtung eines Internationalen Militärgerichtshofes zur Aburteilung der europäischen Hauptkriegsverbrecher.

Die amerikanische Vertretung bei den beschlossenen Maßnahmen gegen die Hauptkriegsverbrecher wurde dem Richter am Obersten US-Bundesgericht, Robert H. Jackson, übertragen. Er wurde am 2. Mai 1945 von Präsident Truman zum Repräsentanten der Vereinigten Staaten berufen. Als solcher sollte er mit den anderen Nationen über die Errichtung eines internationalen Militärtribunals zur Aburteilung der europäischen Hauptkriegsverbrecher verhandeln. Im selben Atemzug wurde er zum Chef der Anklagebehörde bestellt. (Siehe dazu: Executive Order 9547 vom 2. Mai 1945 im Federal Register 4961.)

Richter Jackson ließ einen Stab zu seiner Unterstützung zusammentreten. Als dessen Chef konnte er den Generalanwalt der US Army und des Office of Strategic Services, Major General William J. Donovan, gewinnen.

Nach einer Reihe von Besprechungen im besetzten Deutschland, in Frankreich und England überreichte Richter Jackson seinem

Präsidenten einen Bericht, in welchem er mit seinen Helfern die grundsätzlichen, teilweise völlig neuen Rechtsbegriffe vorlegte und diesem gleichzeitig den Plan eröffnete, die Hauptkriegsverbrecher vor Gericht zu stellen und abzuurteilen. Der Standort Nürnberg wurde erst später mit dem Hintergedanken gewählt, diese Stätte der größten deutschen Triumphe, der Reichsparteitage, zugleich auch zur Stätte der tiefsten Demütigungen der „Hauptkriegsverbrecher" werden zu lassen.

In diesem Bericht schlug Jackson vor, nicht die kleinen Mitläufer und die Verräter wie Quisling, Laval oder Lord Haw-Haw abzuurteilen, sondern diese Stätte den Hauptkriegsverbrechern vorzubehalten. Über die „Qualification" der hier zu verurteilenden Männer bemerkte Jackson:

„Wir werden eine große Anzahl von Einzelpersonen sowie Angehörige der Regierung und der Verwaltung des Militärs einschließlich des Generalstabes, des Finanz- und Wirtschaftslebens und der Industrie anklagen. Personen, die sich nach Auffassung aller zivilisierten Menschen als gemeine Verbrecher erwiesen haben.

Unser Tribunal gegen die Hauptangeklagten betrifft den richtungweisenden Plan der Nazis und nicht einzelne Roheiten und barbarische Handlungen, die unabhängig von diesem zentralen Plan begangen wurden.

Außer den Einzelpersonen schlagen wir vor, den verbrecherischen Charakter freiwilliger Organisationen nachzuweisen, die eine grausame Rolle erst in der Unterwerfung des deutschen Volkes und dann der seiner Nachbarn gespielt haben. – – –

Wenn in der Hauptverhandlung eine Organisation als verbrecherisch erklärt wird, so wird die zweite Phase die Anklage und Verurteilung solcher in der Hauptverhandlung noch nicht abgeurteilter einzelner Mitglieder sein. Die Ergebnisse der Hauptverhandlung, nach denen eine Organisation als verbrecherisch zu betrachten ist, sind für alle späteren Verhandlungen bindend."

Zu dem Maßstab für „verbrecherische Handlungen" fügte Jackson hinzu:

„Es besteht die Gefahr, daß Prozesse dieser Art zu Verwicklungen in ein Netz von zahllosen Kriegsverbrechen einzelner Deutscher führen. – – –

Wir können uns gegen ein derartiges Abgleiten in Einzelheiten wehren, wenn unser Prüfungsmaßstab, *was juristisch ein Verbrechen* ist, nur jene Dinge berücksichtigt, die das Gewissen des amerikanischen Volkes aufgerührt und zur Überzeugung gebracht haben, daß seine eigene Freiheit und Zivilisation nicht in *einer* Welt mit den Gewaltmethoden der Nazi stehen könne."

„Das grundsätzliche Problem", so bemerkte Jackson weiter, „dem sich die Welt gegenübersieht, ist die Ordnung dieser Welt nach den Grundsätzen des Rechts."

Die Konferenz zu London, die am 26. Juni 1945 begann, sah die Vertreter von Frankreich, Großbritannien, der Sowjetunion und der Vereinigten Staaten von Amerika bei der Ausarbeitung eines „Abkommens über die Verfolgung und Bestrafung der Hauptkriegsverbrecher der europäischen Achse".

Als Anhang zu diesem Dokument wurde eine „Verfassung der Internationalen Militärgerichte" erstellt und später vom US-Department, Executive Agreement, Series 472 gedruckt.

Am 8. August 1945 kam es nach langen Beratungen zur „London Charter". Berlin wurde zum Dauersitz des Tribunals und Nürnberg als Verhandlungsort für den großen Prozeß gegen die Hauptkriegsverbrecher bestimmt. Danach benannten die Signatarmächte die Tribunale und die Hauptankläger.

Das Londoner Abkommen wurde von den dazu bestimmten Vertretern der vier Besatzungsmächte „im Interesse der Vereinten Nationen" unterzeichnet. Es waren dies:

    Richter Jackson für die USA.
    Robert Falco für Frankreich.
    I. T. Nikitschenko und A. N. Trainin für die UdSSR.
    Lordkanzler Lord Jowitt für Großbritannien.

Der Gerichtshof war ermächtigt, eine Gruppe oder Organisation, zu der ein Angeklagter gehörte, zur „verbrecherischen Organisation" zu erklären. Mitglieder der als verbrecherisch angeklagten Organisationen konnten später aufgrund ihrer Mitgliedschaft angeklagt werden.

Das Internationale Militärtribunal trat Anfang Oktober 1945 in Berlin zum erstenmal zusammen. Die Beteiligten wählten das englische Mitglied, Lord Justice Geoffrey Lawrence, zum Präsidenten. Die weiteren Mitglieder waren: Francis Biddle für die USA, H. Donnedieu de Vabres für Frankreich und I. T. Nikitschenko für die Sowjetunion.

Zu Stellvertretern wurden ernannt: Sir Norman Birkett, Großbritannien und Nordirland, John J. Parker für die Vereinigten Staaten, R. Falco für Frankreich und A. Volchkov für die Sowjetunion.

Die Anklageschrift, die vom 6. Oktober datiert war, wurde dem Tribunal unterbreitet und am 18. Oktober 1945 den angeklagten Hauptkriegsverbrechern zugestellt. Sie war von den vier Hauptanklägern unterzeichnet und zwar von Richter Jackson für die Vereinigten Staaten, François de Menthon für Frankreich, R. Rudenko für die Sowjetunion und Generalstaatsanwalt Sir Hartley Shawcross für Großbritannien und Nordirland.

Von den 24 angeklagten Hauptkriegsverbrechern war einer, Martin Bormann, nicht auffindbar. Robert Ley verübte Ende Oktober 1945 im Nürnberger Gefängnis Selbstmord, Gustav Krupp war wegen seines körperlichen und geistigen Zustandes nicht verhandlungsfähig. Damit saßen noch 21 Angeklagte auf der Anklagebank, darunter fünf deutsche Generale, Feldmarschälle und Großadmirale.

Auf diese wird sich in dem vorliegenden Werk das Hauptaugenmerk richten, denn es geht in diesem Werk *ausschließlich* darum, die Anklage gegen deutsche Generale, gegen das Oberkommando der Wehrmacht und gegen den Deutschen Generalstab zu untersuchen.

Lassen Sie mich an dieser Stelle noch auf einige Vertreter der US-Anklage hinweisen, die in diesem Tribunal eine Rolle spielten! Es waren Prof. Quincy Wright von der Universität Chicago, Herbert Wechsler, ein ehemaliger Hilfsstaatsanwalt und Professor der Rechte an der Cumberland University, James R. Rowe, Hilfsgeneralstaatsanwalt, und Captain Adrian I. Fisher, der später Chefjustitiar im State Department in Washington wurde. Oberstleutnant A.M.S. Neave, BAOR, leistete im Sekretariat des Tribunals Dienst.

Was die Anklage gegen Gruppen und Organisationen angeht, unter die auch das Oberkommando der Wehrmacht und der Deutsche Generalstab fielen, ergaben sich Fragen, die ungelöst blieben. Hierzu stellte das Gericht fest, daß im Rahmen des Londoner Abkommens (unter Artikel 10) und des Kontrollratsgesetzes Nr. 10, Artikel 11, 1d, „Mitglieder von Organisationen, die vom IMT für verbrecherisch erklärt worden waren, für das Verbrechen der Mitgliedschaft verurteilt werden konnten".

Um dies zu präzisieren: Wenn der deutsche Generalstab oder das Oberkommando als verbrecherische Organisation verurteilt werden sollten, dann waren automatisch *alle* Angehörigen dieser beiden Organisationen Verbrecher, ob sie wirklich Verbrechen begangen hatten oder nicht.

Dazu Brigadegeneral Telford Taylor: „Es handelt sich hier um ein weitreichendes neues Verfahren. Ohne die geeigneten Sicherheitsbestimmungen könnte seine Anwendung zu groben Ungerechtigkeiten führen." Und er fährt fort: „Einer der wichtigsten dieser Rechtsgrundsätze besteht darin, daß strafrechtliche Schuld *persönlicher* Natur ist und daß Massenbestrafungen vermieden werden sollen."

Angesichts dieses „neuen Verfahrens" aber wurde der elementarste Rechtsgrundsatz der zivilisierten Welt auf den Kopf gestellt.

Die Vorverurteilung

Zum Glück für diese Gruppe deutscher Offiziere und Generale gelang es den Anklägern nicht, den Deutschen Generalstab oder das Oberkommando der Wehrmacht in diese Kategorie der „verbrecherischen Organisationen" einzureihen. Als dieser Versuch nicht zog, kam man zu dem Schluß, daß militärische Führer im Sinne des Abkommens *keine* Gruppe oder Organisation seien.

Allerdings erklärte der Gerichtshof dazu, es sei ihm viel Beweismaterial über die Teilnahme dieser Offiziere, die vor den Tribunalen standen, und auch vieler anderer, die vor anderen Gerichten standen, über ihre Teilnahme an der Planung und Führung von Angriffskriegen und der Begehung von Kriegsverbrechen und Verbrechen gegen die Menschlichkeit vorgelegt worden. Das Beweisergebnis gegen viele von ihnen falle klar und überzeugend aus.

Die Anklagebehörde über deutsche Generale und Feldmarschälle: „Sie sind ein Schandfleck für das ehrenhafte Waffenhandwerk geworden. Ohne ihre militärische Führung wären die Angriffsgelüste Hitlers und seiner Nazi-Kumpane akademisch und ohne Folgen geblieben. Wenn diese Offiziere auch keine Gruppe nach dem Wortlaut des Status bildeten, so waren sie doch sicher eine rücksichtslose militärische Kaste. – – –

Viele dieser Männer haben mit dem Soldateneid des Gehorsams gegenüber militärischen Befehlen ihren Spott getrieben. Wenn es ihrer Verteidigung zweckdienlich ist, so sagen sie, sie hatten zu gehorchen; hält man ihnen Hitlers brutale Verbrechen vor, deren allgemeine Kenntnis ihnen nachgewiesen wurde, so sagen sie, sie hätten ihren Gehorsam verweigert.

Die Wahrheit ist, daß sie an all diesen Verbrechen rege teilnahmen oder in schweigender Zustimmung verharrten, wenn vor ihren Augen größer angelegte und empörendere Verbrechen begangen wurden, als die Welt je zu sehen das Unglück hatte.

Dies mußte gesagt werden. Wo es der Sachverhalt rechtfertigt, sollen diese Leute vor Gericht gestellt werden, damit jene unter ihnen, die dieser Verbrechen schuldig sind, ihrer Bestrafung nicht entgehen." (Siehe: Der Nürnberger Prozeß gegen die Hauptkriegsverbrecher vom 14. November 1945 bis zum 1. Oktober 1946; Anklage gegen Generalstab und Oberkommando Wehrmacht.)

Lassen wir an dieser Stelle jene fünf Anklagereden folgen, die sich mit den deutschen Generalen, Feldmarschällen und Großadmiralen im Prozeß gegen die Hauptkriegsverbrecher befaßten:

Die Anklagebehörde erhob am 24. Oktober 1945 in Berlin ihre Anklage gegen 24 Einzelpersonen – im Prozeß „Hauptkriegsverbrecher" genannt – und sechs Gruppen oder Organisationen.

Der Prozeß wurde am 20. November 1945 in Nürnberg eröffnet. Richter Jackson hatte bereits vor Prozeßbeginn im Namen der USA verkündet, daß sich sein Land *nicht* gebunden fühle, an mehr als *einem* gemeinsamen Prozeß teilzunehmen. Das war dann in der Tat so.

Da von vornherein klar war, daß das Internationale Militärtribunal mit seinen vier Gruppen von Richtern und Staatsanwälten nicht dazu geeignet war, alle jene anzuklagen, die in die Gruppe der durch die Moskauer Erklärung als „Hauptkriegsverbrecher" bezeichneten Personen fielen, „für deren Verbrechen ein geographisch bestimmter Tatort nicht gegeben ist", mußte eine zusätzliche juristische Einrichtung geschaffen werden. Diese wurde im Kontrollratsgesetz Nr. 10 der vier Besatzungsmächte am 20. De-

zember 1945 verkündet. Die Gouverneure der vier Besatzungszonen veröffentlichten folgende Erklärung:
„Um die Bestimmungen der Moskauer Deklaration vom 30. Oktober 1943 und des Londoner Abkommens vom 8. August 1945 sowie des im Anschluß daran erlassenen Grundgesetzes zur Ausführung zu bringen und um in Deutschland eine einheitliche Rechtsgrundlage zu schaffen, welche die Strafverfolgung von Kriegsverbrechern und anderen Missetätern aller Art durchführt – mit Ausnahme derer, die vom Internationalen Militärgerichtshof abgeurteilt werden –, wird das Kontrollratsgesetz Nr. 10 verkündet."

Dieses Kontrollratsgesetz orientierte sich nach dem Text des Londoner Abkommens (siehe Anlage Nr. 1: Das Kontrollratsgesetz Nr. 10).

So wurden in der Folgezeit in der britischen Besatzungszone Kriegsverbrecherprozesse vor Militärgerichten aufgrund königlich britischer Verordnung – der Royal Warrant – eröffnet und verhandelt.

In der französischen Zone fand in Rastatt in Baden ebenfalls ein großer Kriegsverbrecherprozeß nach dem Kontrollratsgesetz Nr. 10 statt.

In der amerikanischen Zone wurden gemäß Kontrollratsgesetz Nr. 10 in Nürnberg zwölf sogenannte Nachfolge-Prozesse geführt. Die Gerichte dazu wurden von dem Militärgouverneur General McNarney aufgrund der Verordnung Nr. 7 der Militärregierung am 18. Oktober 1946 verkündet.

In den zwölf Anklageschriften waren die Namen von 185 Einzelpersonen als Angeklagte aufgeführt. Die erste Anklageschrift wurde am 25. Oktober 1946 eingereicht, das letzte Urteil am 14. April 1949 verkündet.

Von den Gerichten der einzelnen Nationen wurde während der Zeit des großen Prozesses in Nürnberg eine Anzahl weiterer Kriegsverbrecherprozesse geführt. Unter anderem wurden deutsche Soldaten auch wegen des sogenannten „Malmédy-Massakers" angeklagt und unter so bemerkenswerten Umständen „befragt", daß sich schließlich US-Untersuchungs-Kommissionen damit befassen mußten, die bezeugten, daß hier Folterungen und Marterungen stattgefunden hatten.

Gegen einige führende deutsche Generale, u. a. Generaloberst von Falkenhorst und Generaloberst Student, wurde vor einem britischen Militärgericht verhandelt; gegen Generalfeldmarschall Kesselring fand in Venedig ein Prozeß statt. Generalfeldmarschall von Manstein wurde in Hamburg vor ein britisches Militärgericht gestellt. Zahlreiche weitere deutsche Generale standen in Belgien, in Dänemark, Frankreich, Griechenland, den Niederlanden, in Jugoslawien, Norwegen, Polen, der UdSSR und Tschechoslowakei sowie in Ungarn vor Gericht und wurden abgeurteilt, wobei in Jugoslawien *alle* angeklagten Generale erschossen oder gehenkt wurden. Insgesamt fanden mehrere Tausend Prozesse statt.

Wie aber konnten solche Dinge verhandelt werden und durchkommen, wie konnte es geschehen, daß in den Siegerländern alles aufjubelte, als diese Prozesse und die darin ausgesprochenen Strafen bekannt wurden?

Verbrecherische Organisationen

Die Hintergründe ihrer Nominierung

In einem Brief vom 24. April 1945 an den US-Finanzminister Henry Morgenthau jr. schrieb J. E. Dubois jr. folgenden Satz:
„Wie uns Winant aus London sagte und wie – so nehme ich an – Baruch Ihnen mitteilte, werden die Kräfte in England, die für ein starkes Deutschland plädieren, von dem Gedanken beherrscht, daß man ein starkes Deutschland als Bollwerk gegen Rußland braucht. Das gleiche Motiv beherrscht auch die Gedanken jener Kräfte in unserer Regierung, die Deutschland gern aufbauen möchten."
(Siehe: Morgenthau Diary, Germany, of the Committee on the Judiciary, United States Senate, November 20, 1967; US Government Printing Office, Washington.)

Der Krieg hatte Deutschland überrollt und war in seine Schlußphase getreten. Die Amerikaner waren an der Elbe stehengeblieben, um die Eroberung Berlins der Roten Armee zufallen zu lassen. Am 15. April 1945 hatte die Rote Armee die letzte Offensive angetreten, die von der Oderfront mitten ins Herz des Deutschen Reiches hineinstieß. Selbst Hitlers letzte Entscheidung vom 22. April 1945, den Westalliierten den Weg nach Berlin hinein freizugeben und *nur* noch nach Osten zu verteidigen, blieb ohne Wirkung auf Engländer und Amerikaner.

Trotz aller Russenfurcht in England – die nur zu berechtigt war – war etwa um die gleiche Zeit das Problem aufgetreten, deutsche Zwangsarbeiter zusammenzufassen, die von den Sowjets ebenso wie von den Franzosen gefordert wurden.

In Amerika befaßte man sich im April 1945 stark mit den Möglichkeiten, die gegebenenfalls bestanden, der Sowjetunion 4–5 Millionen deutscher Menschen zu überlassen, *ohne* dabei den Anschein zu erwecken, man hole eine Masse Menschen aus den Konzentrationslagern heraus, *nur* um sie in andere Konzentrationslager hineinzubringen.

So beriet am 1. Mai 1945 in Washington eine aus 22 prominenten politischen Persönlichkeiten zusammengesetzte Gruppe als Kommission über ein Dokument, das die Überschrift „Reparationen" trug. Unter den Anwesenden befanden sich General Hilldring, Mr. Clayton, Mr. Lubin und Beamte des Finanz- und Kriegsministeriums. Einige Herren des Außenministeriums kamen hinzu.

Die Diskussion dieser Kommission entbrannte an der Formulierung einer auf der Konferenz in Jalta gefundenen und beschlossenen These des Einsatzes deutscher Arbeitskräfte als Reparationsleistungen.

Mr. Leo T. Crowley, der Leiter des Amtes für Wirtschaftskriegführung der USA, erklärte dazu: „Ich habe nichts dagegen, wenn man sich mit den Reparationsschulden Deutschlands befaßt oder mit Material bzw. Fabrikationsstätten. Wenn es aber um *Menschen* geht, dann kann ich *nicht* mitmachen. Ich glaube, die Vereinigten Staaten geben im ersten Teil dieses Papiers zu erkennen, daß sie, was *ihren* Anteil an den Reparationsleistungen betrifft, *keine* Zwangsarbeit und keine Übergabe von Gefangenen wünschen. Ich habe keinerlei Verständnis dafür, wie sich Deutschland aus anderen Ländern Zwangsarbeiter beschafft und wie es die einzelnen Menschen behandelt hat.

Ich bin überzeugt, die ganze Ideologie bei uns in Amerika geht *nicht* dahin, Leib und Seele eines Menschen zwecks Abtragung von Reparationsverpflichtungen mit einem Preisschild zu versehen; und was *mich* angeht, so wissen Sie hiermit, daß ich *nie* etwas unterschreiben werde, woraus hervorgeht, daß Amerika den Handel mit Menschen als Zwangsarbeiter befürwortet und daß ich, falls dies als Tatsache hingenommen wird, mir vorbehalte, meine persönliche Ansicht in dieser Sache vor die Öffentlichkeit zu bringen.

Ich bin der Auffassung, dieser ganze Krieg wurde wegen der fürchterlichen Behandlung der Menschen als solcher und ganzer Familien geführt und nicht dafür, daß wir dies wiederholen sollten. Ich bin dafür, daß man den Deutschen alles wegnimmt – bis auf ihr Recht, zu leben.

Ich bin *nicht* dafür, daß man sich an eine Menge kleiner Leute hält und daß man die Kinder aus den Armen ihrer Mütter nimmt und dergleichen und sie nach Rußland oder sonstwohin versklavt, um so eine Schuld zu begleichen, die Sache eines Staates ist, der viele andere Menschen versklavt hat. So, *das ist meine* Ansicht."

Damit war der Plan geplatzt, in aller Eile eine Regelung zu treffen, mit der man die Zwangsarbeit von Millionen Deutscher in ein „legales" Gewand preßte, und sofort mit ihrer Verschickung, lies Deportierung zu beginnen.

Nun hieß es, einen anderen Weg zu finden, denn die Forderungen der Sowjets und der Franzosen mußten erfüllt werden.

Damit also hatte Mr. Crowley den Anstoß zu einer Aktion gegeben, wie sie in der ganzen Welt *ohne* Beispiel ist, weil sie in ihrer abgrundtiefen Heuchelei schlimmer war als die brutalen Zwangsmaßnahmen, mit denen das Hitler-Regime Zwangsarbeiter und Hilfswillige für seine Kriegsindustrie zu gewinnen trachtete.

So warf denn auch Mr. Isidor Lubin, Statistiker im persönlichen Stab des US-Präsidenten Roosevelt, danach Delegierter der US-Delegation bei der alliierten Reparationskommission, ein, daß er beispielsweise *nichts* dagegen hätte, wenn die Gestapo-Leute und die SS-Männer eingesperrt und auch zu Zwangsarbeit verurteilt würden.

Diesen Vorschlag griff Mr. Crowley auf und erklärte: „Die sollte man vor Gericht stellen und sie ihre Strafe dann verbüßen lassen; das ist dann etwas ganz anderes, als wenn man zwei, drei oder mehr Millionen Menschen zu Zwangsarbeitern macht."

Mr. Ralph Bard, Unterstaatssekretär im Marineministerium, stellte an Crowley die Frage, ob er denn mit der Verurteilung dieser Menschen zu Zwangsarbeitern einverstanden sei. Crowley antwortete: „Mit *allem,* sobald unser Gericht ein Urteil gesprochen hat."

Henry Morgenthau jr. schaltete sich in die Diskussion ein, als Crowley den Raum verlassen hatte, und meinte: „Die Stelle, an der Crowley sagt, falls wir eine bestimmte Richtung einschlügen, würde er sich veranlaßt fühlen, sich an die Öffentlichkeit zu wenden, halte ich für furchtbar wichtig."

H. W. Fowler klärte den Finanzminister auf und präzisierte, daß Crowley gegen jeglichen Handel mit Arbeitskräften auf der Basis dessen sei, was man gewöhnlich Zwangsarbeit nenne.

Der Finanzminister trat nun den Rückzug auf die Ergebnisse von Jalta an. Dazu Morgenthau wörtlich:

„Jemand vom Außenministerium sollte Mr. Crowley zeigen, was das Abkommen von Jalta enthält und daß *nicht wir* hier in diesem Raum entscheiden, ob es Zwangsarbeit geben soll oder nicht. Wir führen nur *das* aus, was in dem Abkommen von Jalta steht, und wenn Mr. Crowley protestieren will, dann protestiert er nicht gegen *diese* Gruppe hier, sondern gegen Jalta."

Womit sich Henry Morgenthau jr. genau auf jene Linie zurückzog, die später in Nürnberg vor dem IMT nicht mehr anerkannt wurde, weil man dort die persönliche Entscheidung einzelner Menschen gegen Führerbefehle und gegen Befehle forderte, die ihr Gewissen angingen.

Morgenthau drängte nun darauf, es Mr. Crowley klarzumachen, daß man hier und an dieser Stelle lediglich die Bestimmungen des Abkommens von Jalta auszuführen habe. Dort sei beschlossen worden, Deutsche in Millionenzahlen als Zwangsarbeiter einzusetzen.

Der ehrenwerte Mr. Edwin Pauley erklärte anschließend, daß es sich bei der ganzen Sache doch lediglich um die Verwendung von Arbeitskräften drehe „und wie man sie sonst noch nennen mag. Ich jedenfalls würde vor keine Kommission treten, die dies Zwangsarbeit nennt".

Er begnügte sich also bereits mit einer Wortverdrehung; wenn nur nicht das böse Wort „Zwangsarbeit" falle, würde er schon mitmachen, die Deutschen als Arbeitssklaven irgendwohin zu spedieren.

Mr. Fowler wiederum war es dann vorbehalten, den Faden weiterzuspinnen, als er meinte: „Die ganze Frage ist, glaube ich, wie groß die Kategorie der Angehörigen der Gestapo und der SS-Organisationen sowie jener Organisationen tatsächlich *ist,* bei denen bereits die Mitgliedschaft eine Mitschuld durch Zugehörigkeit bedeutet.

„Mitschuld durch Zugehörigkeit", fuhr er nach einigem Nachdenken fort, „hat es, glaube ich, noch nie in unserer Doktrin gegeben. – – – Wenn wir nun zum nächsten Glied der Passage kommen, nämlich den aktiven und fördernden Mitgliedern der Nazipartei oder einer ihrer Organisationen, sind das nun jene 10 Millionen Mitglieder, die Beiträge gezahlt haben, oder nicht?"

„Darf ich mal kurz unterbrechen?" schaltete sich Finanzminister Morgenthau wieder ein. „Legen wir doch ruhig die Karten auf den Tisch! Die Russen haben sich in Rumänien Leute gegriffen, die, wie wir es nennen, deutscher Abstammung sind. *Darin* besteht auch ihr *einziges* Verbrechen. Die Russen haben also eine große Anzahl dieser Menschen genommen und verwenden sie zur Zeit als Arbeitskräfte. Das ist eine feststehende Tatsache." (Siehe Morgenthau, Henry, Jr.: Diary.)

Damit hatte die Sowjetunion genau *das* noch vor Kriegsschluß und vor Beginn des Nürnberger IMT getan, was sie und vor allem ihr Hauptankläger, Generalmajor Rudenko, deutschen Offizieren und vor allem Generalfeldmarschall Keitel und Generaloberst Jodl später anlastete, *ohne daß vor dem Tribunal* auch nur mit *einem* Wort darauf eingegangen worden wäre. Im Gegenteil: Als diese Dinge von der deutschen Verteidigung vorgetragen wurden, erfolgte sofort ihre Ablehnung. Das war für die zu Gericht sitzenden Siegernationen eine Selbstverständlichkeit. Womit natürlich die ganze Verlogenheit dieses Racheforums offen zutage trat.

Daß dies in den USA ebenso gehandhabt werden sollte, schien nach dem Stand der Dinge sicher, auch wenn sich ein Mitglied der Kommission, die sich mit Reparationsleistungen aufgrund von Zwangsarbeit befaßte, dagegen ausgesprochen hatte und erklärte, daß er mit der Verhängung von Zwangsarbeit gegen Deutsche nichts zu tun haben wollte. Doch zurück zu dieser Konferenz, deren Wirken ebenso wie das aller anderen Reparationskonferenzen im dunkeln blieb.

„Das ist es ja, was Crowley Sorgen macht", antwortete Fowler auf diese Enthüllung Morgenthaus, und dieser erwiderte: „Wir sollten uns wohl am besten mit allen Tatsachen vertraut machen. Und diese Dinge tragen sich doch heute zu, stimmt das?"

Dazu Mr. Clayton: „Nach unseren Informationen ja."

Zwangsarbeit für Deutsche als Reparationsleistung

In der nächsten Sitzung der Kommission „Reparationen" vom 3. Mai 1945 (sie trägt das Aktenzeichen II/1371-1416) kam die Zwangsarbeit für Deutsche erneut auf die Tagesordnung. Diesmal ging es darum, daß *nur* Deutsche von bestimmten Kategorien oder aber Verurteilte dazu herangezogen werden sollten, wobei sich die Frage erhob, *wer* bestimmen solle, daß eine spezielle Art von Deutschen und *welche* eine solche Bestrafung verdienten. Dabei wurde durchaus die Gefahr erkannt, daß man mit der Benennung einer bestimmten Gruppe Deutscher als verbrecherischer Elemente Tür und Tor *dazu* öffnete, daß die Pressung deutscher Zwangsarbeiter unübersehbare Ausmaße annahm.

Dazu wußte Mr. Frank Coe, Mitglied des Finanzministeriums, etwas zu sagen, was allgemeines Erstaunen auslöste.

„Ich weiß, daß die Franzosen beispielsweise drei Millionen Zwangsarbeiter angefordert haben."

Daß diese Zahl, die bei den Sowjets sicherlich um das Doppelte höher ausfallen würde, wie ein Blitz einschlug, wurde von Mr. Fowler bestätigt, der erklärte, es seien gerade diese gigantischen Zahlen, die ihm und den übrigen Anwesenden Kummer machten.

Die Suche nach einer möglichen Formel, nach der auch Angehörige *künftig* für verbrecherisch erklärter Organisationen, die „den alliierten Zielen feindselig gegenüberstehen", für Zwangsarbeit erfaßt werden könnten, kam zu keinem Ergebnis. Man wollte offenbar noch nicht *so* weit gehen, dieses Prinzip der Mitschuld durch Zugehörigkeit auch auf die sich in Zukunft noch bildenden Organisationen und Gruppen auszudehnen und in Anwendung zu bringen.

Die in der Direktive ICS 1067 angesprochenen Todfeinde der Demokratie, der Nazismus und der Militarismus, sollten um einige weitere vermehrt werden, doch man fand noch keine griffige Formel dafür. Aber Mr. DuBois erklärte zur Beruhigung der Zauderer in diesem Kreis, es hätten sich bereits im Juli 1944 bei einer Gallup-Umfrage 71 Prozent der amerikanischen Bevölkerung dafür ausgesprochen, daß drei oder vier Millionen Deutsche zum Wiederaufbau nach der UdSSR deportiert werden sollten. Und immerhin bestehe ja die Möglichkeit, daß sich später noch mehr US-Bürger für eine solche Maßnahme erklärten.

Damit hatte er *jene* Frage in den Raum gestellt, ob die hier tagenden Mitglieder der Kommission gewillt waren, daß die Sowjets diese Anzahl Deutscher zur Zwangsarbeit vereinnahmen könnten. Mr. DuBois präzisierte noch einmal nach einer Frage, ob eine so große Zahl denn überhaupt aus Freiwilligen zu rekrutieren sei, daß er anderer Meinung sei. Er erklärte:

„Meine Frage zielt auf die *Zwangsrekrutierung,* weil drei oder vier Millionen Deutsche nötig sein werden, um allein in Rußland die zerstörten Städte wieder aufzubauen. Das geschieht gewiß nicht freiwillig."

Danach einigte man sich auf die Formel, nach welcher Zwangsarbeiter *nur* aus den Reihen der Kriegsverbrecher und jener Personen gestellt werden könnten, die als Mitglieder der Gestapo, der SS,

Führer der SA, leitende Kollaborateure, fördernde und aktive Mitglieder der Nazipartei und der Verwaltung bekannt seien. Diese seien in einem geeigneten Verfahren zu ermitteln.

In diesem Augenblick der Entwicklung trat – wenn zunächst auch nur mittelbar – Justice Robert H. Jackson auf den Plan. Edwin W. Pauley, Vertreter der Vereinigten Staaten in der Alliierten Reparationskommission, teilte dem Finanzminister mit, daß er den Artikel 4 des Berichtes „Informeller Ausschuß der Erarbeitung von Richtlinien für Deutschland" mit Justice Jackson erörtert habe. Darüber hinaus habe er diese Angelegenheit mit Judge Samuel Roseman besprochen.

In der Anlage überreichte Pauley dem Finanzminister dann die Abschrift einer Mitteilung des Justice Jackson, die auch von Judge Roseman mit einem Einverständnisvermerk versehen war.

In diesem Memorandum von Justice Jackson für Edwin W. Pauley hieß es im strittigen Kern, dem Abschnitt 4, daß „Zwangsarbeit *nur* von Kriegsverbrechern und solchen Personen zu leisten ist, die in einem geeigneten Verfahren eindeutig als Angehörige der Gestapo, der SS, des Sicherheitsdienstes der SS, als SA-Führer oder führende Mitarbeiter, förderndes und aktives Mitglied der Nazi-Partei oder ihrer Gliederungen erfaßt sind".

Dieser Fassung des Abschnittes 4 widersprach Jackson in seinem Memorandum, indem er erklärte, daß dadurch Personen *nur* wegen ihrer Mitgliedschaft in diesen Organisationen der Bestrafung mit Zwangsarbeit ausgesetzt seien. Damit würden Gerichtsverfahren zur Untersuchung des ungesetzlichen Status dieser Organisationen oder der Schuldfrage ihrer Mitglieder zur Farce werden. Jackson wörtlich:

„Der einzige Zweck eines Gerichtsverfahrens besteht darin, zu bestimmen, ob Aufbau und Eigenheit dieser Organisationen so beschaffen sind, daß eine Mitgliedschaft in ihnen eine Bestrafung rechtfertigt. *Dies alles* aber wird durch das betreffende Dokument als bereits *gegeben* hingestellt. Ich schlage vor, diesen Abschnitt 4d umzuformulieren und zu sagen:

,Zwangsarbeit ist *nur* zu leisten von überführten Kriegsverbrechern, und zwar für die Dauer und nach den Bedingungen, wie sie in einem Urteil festgesetzt werden.'"

Justice Jackson fuhr fort: „Ich bin der Auffassung, daß das Vorhaben, Arbeitskräfte in großer Zahl zwangsweise zur Arbeitsleistung im Ausland einzusetzen, das heißt: sie in *Konzentrationslagern* zusammenzupferchen, die moralische Stellung der Vereinigten Staaten in diesem Krieg stark untergraben wird. Wie Harriman uns zu verstehen gegeben hat, wird die *Behandlung derartiger Arbeitskräfte* – nach amerikanischen Normen gemessen – unweigerlich *entsetzlich* sein. In ein bis zwei Jahren werden dann von Rußland her Geschichten über grausame Behandlung dieser Arbeitskräfte heraussickern. Es werden Schilderungen sein, von denen ich befürchte, daß sie nur *zu* begründet sein werden. Sie werden meiner Auffassung nach in amerikanischen Kreisen zu scharfer Verurteilung führen und sich *sehr nachteilig* für diejenigen auswirken, die ein derartiges Verfahren befürwortet haben.

Ich bin *sicher,* daß bei den durch Präsident Roosevelt in Jalta eingegangenen Bindungen mit solchen Dingen, wie man sie jetzt vorhat, *nicht* gerechnet wurde. Was die Welt braucht, besteht *nicht* darin, daß man einen Menschenhaufen aus Konzentrationslagern herausläßt, um einen anderen hineinzustecken, sondern daß dem Gedanken des Konzentrationslagers ein Ende bereitet wird.

Mit vorzüglicher Hochachtung
(gez.) Robert H. Jackson.
Gebilligt: (gez.) Samuel I. Roseman."

Damit ist zu diesem Problem *alles* gesagt. Daß man dennoch später durch die Vorspiegelung einer *Rechtlichkeit,* die es *nicht* gab, solchen Zuständen Tür und Tor öffnete, daß *selbst* Justice Jackson in Nürnberg als Hauptankläger der Vereinigten Staaten von Amerika zu allen diesen alliierten Verbrechen, die hier offen auf den Tisch gelegt wurden, schwieg, das zeigt auf: Es ging vor dem IMT einzig und allein darum, die Tatsache genügend zu verschleiern, daß man neue Konzentrationslager nicht nur billigte, sondern sie auch noch maßgeblich mit einrichten half, in denen Millionen Deutsche jammervoll ums Leben kamen, systematisch ums Leben gebracht wurden. Und die Verschleierung wurde nur zu dem Zweck geführt, „damit sich solche Taten nicht sehr nachteilig für diejenigen auswirken, die ein derartiges Verfahren befürwortet hatten".

Daß es ausgerechnet Justice Robert H. Jackson war, der auf dem IMT in Nürnberg jene Pauschalurteile gegen die sogenannten verbrecherischen Organisationen fällte, die es dann ermöglichten, nicht nur Millionen und Abermillionen Deutscher in die Zwangs-, Arbeits- und Konzentrationslager des Ostens, aber auch in die

Zwangsarbeit anderer Länder zu deportieren und zudem auch die bereits vor den ergangenen Urteilen erfolgten Zwangsverschleppungen nachträglich zu sanktionieren, ist ein nicht wegzuleugnendes Faktum.

Daß sich Justice Jackson, der oberste Richter der USA in Nürnberg, dabei auch noch auf die „Komplizen-Theorie" des Moskauer Rechtsprofessors Aron N. Trainin stützte, die aussagte, daß das Deutsche Reich unter Adolf Hitler ein état criminel – ein Verbrecherstaat – gewesen sei, gereicht ihm ebenfalls nicht zur Ehre. Und jenen ausländischen Staatsmännern auch nicht, die bis zum Jahre 1939 ständig in Berlin weilten oder an anderen Stellen mit dem Führer dieses Reiches, Hitler, konferierten und diesem die besten Absichten bescheinigten. Waren *auch sie* durch ihre Mithilfe „*Komplizen"* Hitlers geworden? (Siehe Trainin, Professor Aron, N.: La responsabilité pénale des Hitleriens, Paris 1945.)

Diese Anklage und die daraus ergehenden Urteile standen in engstem Zusammenhang mit der sowjetischen Forderung nach fünf Millionen (!) deutscher Zwangsarbeiter und der Forderung Frankreichs, derer drei Millionen zu erhalten. Daß dies auch in das Londoner Kriegsverbrecherstatut Eingang fand und später in den Gesetzen der Entnazifizierung verankert wurde, erstaunt niemanden mehr, der diese hier geschilderten Verhandlungen kennt.

„Am Gründungstag der Vereinten Nationen"

In der Sitzung vom 18. Mai 1945, zu der am Vormittag bereits wieder sechs prominente Vertreter der US-Regierungsspitze zusammenkamen, wurde Justice Jacksons Memorandum zunächst als ein Versuch angesehen, die Zwangsarbeit überhaupt auszuschalten. Josuah DuBois interpretierte das Memorandum so, daß Jackson „gegen *jede* Zwangsarbeit" sei und daß er damit ihr ganzes Programm sabotiere.

Es schälte sich nun in aller Klarheit heraus, daß sowohl Roseman als auch Jackson die Überzeugung vertraten, daß *nur* solche Deutsche zur Zwangsarbeit eingesetzt werden dürften, die vor einem Gericht für schuldig erklärt worden seien. Das Kommissionsmitglied Pauley erklärte dem Finanzminister offen: „Wenn Jackson sich durchsetzt, dann hat es keinen Zweck, daß ich überhaupt zur

Reparationskommission gehe, denn die hat dann überhaupt keine Leute zum Arbeiten."

Morgenthau erklärte, daß Justice Jackson zu einer der nächsten Sitzungen erscheinen werde und daß man ihn dann intensiv darüber befragen werde, auf welcher Seite er stehe.

Als dann die Frage auf jene bereits in der Hand der UdSSR befindlichen deutschen Kriegsgefangenen kam, erklärte DuBois: „Die Russen haben schon zwei oder drei Millionen Kriegsgefangene, und Sie können versichert sein, daß sie ihre Gefangenen behalten und daß sie diese einsetzen wollen. Wir können so oder so *nichts* unternehmen, um dies zu verhindern. Wenn die Russen von unserem Problem hier erfahren, werden sie glauben, daß wir versuchen, ihr ganzes Arbeitsprojekt, das in Jalta vereinbart und unterschrieben worden ist, zu sabotieren."

Wie „tief" die Vorschriften der Genfer Konvention für Kriegsgefangene in den hier über eben diese verhandelnden Männern verankert waren, kennzeichnet ein Ausspruch von John W. Pehle: „Wir setzten deutsche Kriegsgefangene zwar zur Arbeit ein, aber nicht, um sie zu bestrafen. Nach der Genfer Konvention ist das ja das normale Los der Kriegsgefangenen."

Daß dem *nicht* so ist, und vor allem nicht nach Kriegsschluß, das geht klar und eindeutig aus der Genfer Konvention vom Jahre 1929 hervor, in der *keine* Begründung eines Zwangsarbeitereinsatzes nach Beendigung der Kampfhandlungen verankert ist, sondern die sofortige Entlassung der Kriegsgefangenen gefordert wird. Allerdings war ja die Sowjetunion zu keiner Zeit der Haager Konvention oder der Genfer Konvention beigetreten.

Mr. Pehle zeigte auch auf, daß im alliierten Reparationsdokument als Bestrafung für Kriegsgefangene Zwangsarbeit vorgesehen sei. „Im Reparationsprotokoll", fuhr er fort, „ist überhaupt kein Gerichtsverfahren vorgesehen! Hier ist vorgesehen, daß man als Angehöriger beispielsweise der Gestapo *ohne* jede Gerichtsverhandlung in ein Zwangsarbeiterlager kommen kann."

Auf die ausdrückliche Frage Morgenthaus, *wo* dies vorgesehen sei, entgegnete Pehle: „Im Reparationsdokument! Aber Jackson ist dagegen. Er sagt, wir hätten diesen Krieg geführt, um die Zwangsarbeit zu beseitigen, und sie sei dasselbe wie die Konzentrationslager der Nazis."

Morgenthau gab nun zu bedenken, daß sich Henry L. Stimson

sicherlich dieser Auffassung Jacksons anschließen könnte, „obgleich er das Reparationsdokument gebilligt und unterzeichnet hat".

„Die Reparationen dürften nicht", so Mr. White, „als Problem der Bestrafung angesehen werden, sondern als Frage, ob Frankreich, Rußland oder die Tschechoslowakei deutsche Arbeitskräfte als Reparationsleistung anfordern könnten, damit diese Länder wieder aufgebaut werden. Und diese Länder *können* und *sollen* innerhalb des Gesamtrahmens der Reparationen Arbeiter haben. Wir glauben aber auch, daß es im Interesse dieser Länder wichtig ist, daß diese Arbeitskräfte aus Kreisen der SS und der Nazis kommen. Das ist dann", so schloß er messerscharf, „*kein* strafwürdiges Verbrechen, sondern lediglich Teil des Gesamtkomplexes Reparationen, genauso wie man im Interesse dieser Länder Maschinen aus Deutschland will, so kann man auch sagen, ich möchte bestimmte Arbeitskräfte haben." Womit eindeutig zum Ausdruck gebracht worden war, daß man Deutsche unter Mißachtung aller Gesetze und Konventionen wie *irgendeine Sache* oder eine andere Reparationsleistung behandeln durfte und wollte.

Auch darüber erübrigt sich angesichts des hehren Anspruches des Nürnberger Tribunals, ein neues Völkerrecht zu schaffen, jeder Kommentar.

In der Nachmittagssitzung des 18. Mai 1945 waren wieder 20 Mitglieder der Kommission vertreten. Mr. Clayton hatte das Memorandum von Justice Jackson mitgebracht und las daraus vor. Justice Jackson, der ebenfalls anwesend war, wurde gefragt, ob *er* zu dem verlesenen Memorandum etwas zu sagen habe, was dieser verneinte.

Die Diskussion über Jacksons neue Version des Abschnittes 4d entbrannte. Mr. Pauley gab der Meinung der Mehrheit der Anwesenden Ausdruck; sie würden ebenfalls gern sehen, daß die zur Zwangsarbeit nach Rußland, Frankreich und anderswohin deportierten Deutschen „durch eine Stelle der Rechtspflege" verurteilt worden seien. Allerdings bestehe das Problem sicherlich darin, daß diese Stelle möglicherweise nur 100 000 Menschen verurteile, während Sowjets und Franzosen bereits acht Millionen gefordert hätten. Er schloß mit den Worten:

„Werden nur 100 000 Menschen verurteilt, dann reicht das

Nach Verkündung der Atlantikcharta: Gottesdienst am 10. August 1941 auf dem Achterdeck der „Prince of Wales". Roosevelt und Churchill singen das „Onward Christian Soldiers".

„Abschaffung der Angst und Not" wurden in der Atlantikcharta verkündet. „Aber die Deutschen bleiben ausgeschlossen".

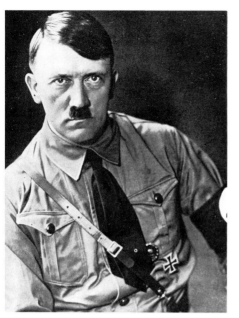

Adolf Hitler 1933 nach der Machtübernahme.

Hitler am 1. Mai 1933 im Berliner Lustgarten bei der Maikundgebung.

Hitler im Gespräch mit Reichskriegsminister von Blomberg und Generaloberst von Fritsch.

Der erste Spatenstich zur Reichsautobahn bei Frankfurt/Main.

Hitler und Admiral Raeder bei der Flotte.

Das Reichskabinett bei der Verkündung des Wehrgesetzes.

nicht aus, so daß man sich vor dem praktischen Problem sieht, was man *dann* tun soll."

John J. *McCloy*, Unterstaatssekretär von Kriegsminister Stimson und späterer Hoher Kommissar in der amerikanischen Zone Deutschlands, erinnerte daran, daß *der* Plan, der hier besprochen werde, in San Francisco anläßlich des Gründungstages der Vereinten Nationen am 29. April 1945 von den höchsten Stellen gebilligt worden sei. Herr Molotow und Herr Eden hätten ihn besprochen, und Molotow habe im Beisein von Judge Roseman gesagt, daß dieser Gedanke *sehr gut* sei.

Auch Präsident Roosevelt und nunmehr Präsident Truman hätten den Plan, gegen die genannten Organisationen Anklage zu erheben, gebilligt und verlangt, diese abzuurteilen. Judge Roseman habe den Plan den beiden Präsidenten vorgelegt.

Dazu Clayton: „Man braucht also nur eine bestimmte Einzelperson ausfindig zu machen, und wenn sie Mitglied der Organisation ist, dann ist sie schuldig?"

Dazu wieder McCloy: „Wenn sie freiwillig Mitglied geworden ist und nicht unter Zwang gehandelt hat, ja!"

Auch Justice Jackson verstand dies so, wie er auf Befragung erklärte. Morgenthau aber war noch immer verblüfft darüber, daß dieser Plan seinen beiden Präsidenten vorgelegt worden sei und daß diese der darin genannten Art des Verfahrens zugestimmt hatten. Er erklärte, daß niemals vorher jemand etwas Ähnliches vorgebracht habe.

Zum Abschnitt 4d der Richtlinien und der Anweisung für die Vertreter der Vereinigten Staaten bei der Reparationskommission hieß es also, daß die dort genannten Leute zu verurteilen seien. Dazu wollte Mr. Pauley noch folgendes hören:

„Also werden alle diese Leute sicherlich als Arbeitskräfte im Rahmen der Reparationsleistungen eingesetzt. Aber angenommen, ihre Zahl reicht nicht aus? Nehmen wir an, die anderen Länder fordern *noch mehr* deutsche Arbeitskräfte, was machen wir dann?"

Immer wieder aber tauchte jenes rätselhafte Papier auf, das den beiden US-Präsidenten vorgelegt worden war und das noch keiner der hier Versammelten zu Gesicht bekommen hatte. Als das Rätselraten schließlich immer heftiger wurde, erklärte schließlich *McCloy:*

„Es ist eine feste nationale, wenn nicht gar internationale politische Absicht, diese Organisationen unter Anklage zu stellen und sie als solche vor Gericht zu bringen. Das ursprüngliche Dokument wurde bereits lange vor Jalta – oder eine beträchtliche Zeit vor Jalta – vom Marineminister, vom Kriegsminister und von Minister Stettinius unterzeichnet, dann von Minister Stettinius dem Präsidenten übergeben und von diesem nach Jalta mitgenommen und dort gebilligt. Danach besprach es Judge Roseman mit Präsident Roosevelt kurz vor dessen Tod, und bevor Roseman nach San Francisco ging, erhielt er dazu auch die Billigung von Präsident Truman, der es noch nicht einmal durchsah, sondern für das richtige Verfahren hielt und Roseman damit nach San Francisco schickte, mit dem Auftrag, es dort mit Molotow und Eden zu besprechen.

Ich war bei dieser Besprechung in San Francisco anwesend, und Molotow und Eden gaben dort zu verstehen, die Idee, die Naziorganisationen unter Anklage zu stellen, sei eine gute Idee."

Damit war die Katze aus dem Sack, daß jenes Papier, über das sich diese Kommission stritt, schon lange von beiden US-Präsidenten abgesegnet worden war und daß man vorher gar nicht an irgendeinen Prozeß gedacht hatte.

Aber weder Jackson noch alle anderen Beteiligten waren sicher, daß man über den Weg der Verurteilung an solche Massen von Zwangsarbeitern herankommen werde, wie man sie benötigte.

Justice Jackson schnitt schließlich noch die Frage der Verantwortlichkeit für diese in die UdSSR deportierten deutschen Zwangsarbeiter an und erklärte dazu unmißverständlich:

„Ich würde mich, wenn sich dies zu einem Projekt entwickeln sollte, dessen Hauptzweck darin besteht, für Rußland Arbeitskräfte zu beschaffen, sofort davon distanzieren.

Wir können es einfach nicht zulassen, daß ein Gerichtsverfahren, bei dem es darum geht, Tatsachen festzustellen, damit wir vor der Geschichte bestehen können, daß *dieses* Gerichtsverfahren in den Schmutz gezogen wird, so wie es meiner Ansicht nach der Fall wäre, wenn bereits entschieden ist, daß diese Leute bei den Russen arbeiten und daß wir nur pro forma ein Gerichtsverfahren abhalten, um sie nach Rußland abzuschieben."

Justice Jackson betonte ausdrücklich, daß ein seine Strafe verbüßender Nazi diese Buße auch nach dem Buchstaben des Urteils abbüßen müsse *und* daß er nach der im Urteil vorgesehenen Strafzeit auch wieder entlassen werden müsse.

Abermals wurde eine – diesmal brandneue – Gallup-Umfrage von DuBois in die Debatte geworfen, die besagte, daß nunmehr 82 Prozent der amerikanischen Bevölkerung für eine Entsendung von 3–4 Millionen Deutscher zur Zwangsarbeit nach Rußland votiert hätten. Dazu Justice Jackson:

„Lassen Sie erst einmal Berichte aus Rußland eingehen, und lassen Sie dann die Presse damit herauskommen und sagen, diesen Menschen würden gewisse Rechte versagt – wenn Sie vier oder fünf Millionen Menschen aus Rußland herausholen, dann treffen Sie damit *sehr viele* Interessen außerhalb Deutschlands. Dann werden Sie sehen, wie die Meinung umschlägt, ich schenke der Gallup-Umfrage *keine* Beachtung. Wir wissen ja, auf welche Weise die letzte dieser Umfragen zustande gekommen ist."

Nunmehr entwarf Richter Jackson seinen später in Nürnberg praktizierten Plan, gegen die verschiedenen Organisationen Anklage zu erheben. Er bemerkte dazu:

Verbrecherische Organisationen

„Eine von diesem Gerichtshof ausgesprochene Erklärung einer Organisation als verbrecherisch wird für *alle weiteren Gerichte* bindend sein und kann und darf keiner wie auch immer gearteten Nachprüfung unterliegen. *Wer* Mitglied gewesen ist, der gilt auch als der Verschwörung überführt und kann nur noch gegen seine Identifizierung Einwände erheben." (Siehe Morgenthau, Henry jr.: Diary.)

Als Jackson in diesem Stadium der Besprechungen vorgeworfen wurde, daß ein solcher Gerichtshof ja noch gar nicht zusammengetreten sei und *dennoch* bereits zwei Millionen Deutsche zur Zwangsarbeit in Rußland eingesetzt worden seien, griff Henry Morgenthau erregt in die Debatte ein:

Er fragte nach dem, was geplant sei, was er sich aber noch immer nicht erklären könne. Wie beispielsweise die Gerichts-Kommission zusammengesetzt und ausgewählt werden würde und wo diese tätig werden solle. Ferner fragte er, ob dies alles *nur* für jene deutschen Gebiete gelten sollte, die den Amerikanern als Besatzungsmacht

zufallen würden. Dazu gab Justice Jackson erschöpfend Auskunft, die allen Anwesenden zeigte, daß er schon tief in die Materie eines Internationalen Militär-Tribunals eingedrungen sein mußte:
„Nicht, wenn wir die anderen Besatzungsmächte dazu bringen, mit uns zusammenzuarbeiten. *Deshalb* versuchen wir ja, ein Vier-Mächte-Tribunal zu schaffen. Wo es allerdings arbeiten soll, das wird davon abhängen, *wer* sich daran beteiligt, und von der Entscheidung der militärischen Stellen, wo es aus Sicherheitsgründen den besten Platz hat. Wir ziehen dann eine große Masse Leute dort zusammen. – – –

Ich würde das vollkommen Eisenhower oder dem, der damit beauftragt wird, überlassen, *wo* wir tagen sollten. Der Zeitpunkt für den Beginn der Arbeit des Tribunals wird davon abhängen, wie bald sich Rußland und Frankreich beteiligen wollen. England ist ja mit uns der einen Absicht. Bei den anderen drängen wir in der Sache, so hart wir können."

„Nach einigem Hin und Her einigte sich die Kommission in bezug auf die zur Zwangsarbeit zu verurteilenden Deutschen auf eine Formel von *McCloy:*

„Zwangsarbeit ist nur von denjenigen zu leisten, die in einem gerichtlichen Verfahren als Kriegsverbrecher verurteilt worden sind, sowie von Personen, die aufgrund eines geeigneten gerichtlichen Verfahrens als Angehörige europäischer Achsenmächte und -organisationen, offizieller wie inoffizieller, ermittelt worden sind, die also ihrem Zwecke oder ihrer Tätigkeit nach gerichtlich für verbrecherisch erklärt worden sind." Und McCloy fuhr fort: „Das heißt jedoch nicht, daß – wenn wir nach Deutschland kommen, um das Militärtribunal zu errichten – sich nicht bereits eine Menge Deutscher auf dem Wege in die Lager Sibiriens befindet; aber es gilt, den Standpunkt Amerikas zu vertreten."

Was wiederum bedeuten sollte, daß die Sowjets bis dahin und wahrscheinlich auch zu allen späteren Zeiten in aller Ruhe Zwangsarbeiter deportieren konnten und sich jener Verbrechen schuldig machen durften, für die vor dem IMT durch sie selber und die Ankläger der übrigen Alliierten schwerste Strafen verhängt wurden.

Henry Morgenthau meldete sich zum Schluß der Sitzung noch einmal zu Wort und erklärte: „Nur für das Protokoll: Machen Sie eine Notiz, daß das Finanzministerium für keine der beiden Formulierungen stimmt, die den Absatz 4d in der von McCloy verlesenen Fassung ersetzen soll."

Nach dem System befragt, wie man der Millionen Schuldigen habhaft werden könne, erwiderte Jackson: „Das werden keine individuellen Strafverfahren. Man schafft die Burschen heran. Wenn wir 200 oder so im Lager haben, können wir sie ziemlich schnell abfertigen. Geben sie zu, daß sie der Organisation freiwillig angehörten, so ist der Fall schon erledigt. Leugnen sie, dann wird *ihnen* die Beweislast auferlegt."

„Man könnte doch auch den deutschen Generalstab vor Gericht stellen", warf *McCloy* ein. „Ich denke, es wäre sehr gut, ihn ebenfalls anzuklagen."

Diese Anregung wurde von Justice Jackson sofort aufgenommen, formuliert und bei dem Treffen in London vorgetragen. Sie fand allgemeine Zustimmung. Auf diese Weise landete auch der deutsche Generalstab vor dem Gericht in Nürnberg.

Noch einmal ergriff Finanzminister Morgenthau das Wort, als er danach fragte, ob man ihm ein Beispiel aus der Weltgeschichte nennen könne, wo man eine Organisation für schuldig erklärt habe. „Hat *jemals* ein Gericht eine solche Organisation für schuldig erklärt?" fragte er noch einmal, als alles schwieg.

Dazu Justice Jackson: „Ich teile Ihre Ansicht, daß bei dieser Angelegenheit vieles unkonventionell sein wird."

„Ich enthalte mich also der Stimme!" war Morgenthaus letztes Wort. „Ich halte das hier *in jeder Hinsicht* für eine unrealistische Art, die Sache anzupacken; also kann ich mich nicht daran beteiligen."

McCloy mußte zugestehen, „daß dieses Verfahren nicht ein ausgesprochen gerichtliches" sei, aber DuBois fand dann doch noch die richtige Masche, als er dozierte:

„Es wird immer von einem Gericht gesprochen und von richterlichen Entscheidungen, und das angesichts der Tatsache, daß die SS doch eine verbrecherische Organisation *ist*. Die geschichtlichen Tatsachen sprechen dafür, daß sie eine Mörderbande ist. Ich möcht von Justice Jackson wissen, worin er ein *anderes* Ergebnis erwartet als das, was bereits feststeht."

Der spätere amerikanische Chefankläger in Nürnberg erklärte: „Wir brauchen mehr als nur umlaufende Gerüchte oder Dossiers von Männern, die ausgerechnet zwei Jahre als Capos und Schreiber in Konzentrationslagern gewesen sind und uns nun diese Sachen vortragen. Pressemeldungen und dergleichen genügen nicht. Wir müssen Prozeßmaterial bekommen, und wir werden es dann aktenkundig machen und nicht einfach nur sagen, so ist es, und wir wissen es."

„*Das* steht dann im Einklang mit unserer Verfassung", warf Mr. Ralph Bard ein, „und entspricht unseren dienstlichen Gepflogenheiten."

Abschließend gab Justice Jackson noch zu bedenken: „Wenn Sie etwas für den künftigen Weltfrieden tun wollen, müssen Sie alle wünschen, daß die Verbrecher aus den richtigen Gründen verurteilt werden. Wenn wir für *die* Dinge einstehen, für die einzustehen wir behaupten, dann können wir uns nicht weigern, eine gerichtliche Untersuchung vorzunehmen." Und schließlich ließ der Chefrichter noch einen Gedanken einfließen, der jeden aufrüttelte:

„Mich beunruhigt es nicht, wenn man einige Leute nach Frankreich schickt. Frankreich kann sich kein Zwangsarbeitssystem leisten. Bei England ist es dasselbe, auch dort können einige Deutsche arbeiten.

Ein Land aber, bei dem es gut denkbar ist, daß es diese Leute nimmt, sie zur Sklavenarbeit zwingt und daraus ein wahres System der Menschenschinderei entwickelt, ist Rußland, das auch den Apparat dazu hat, daß dieses System funktioniert. Und ich sage Ihnen, jeder, der sich mit diesem Unterfangen liiert, wird früher oder später von den Menschen in Amerika angeprangert werden, weil sich allen Amerikanern bei den Berichten, die von dort zu ihnen gelangen, die Haare sträuben würden."

Die Sowjetunion hatte bereits erklärt, sie wolle Zwangsarbeiter in einer Größenordnung von mindestens fünf Millionen und dazu „für die Dauer von fünf Jahren oder länger" haben. Da zudem klar war, daß sie außerdem auch alle Kriegsgefangenen zurückhalten werde, wird *hier* und an *dieser Stelle* die Komplizenschaft der Amerikaner mit den Sowjets aufgedeckt. Nicht jene des Amerikaners, der offen und ehrlich jeder Überschreitung der Gesetze entgegentrat, sondern einer Gruppe ihrer Führer, von der jetzt gesagt werden muß, daß sie teilweise im Solde der UdSSR gearbeitet hat. So Henry Dexter White und Alger Hiss, um nur zwei Namen zu nennen.

Der Amerikaner selbst wie auch der Engländer hatte sich trotz aller Haßtiraden den Sinn für Recht und Gerechtigkeit bewahrt, wie aus vielen Beispielen des Eintretens für Deutschland *trotz* dieser schrecklichen Meldungen, mit denen sie überschüttet wurden, hervorgeht.

Der Hintergrund der Gallup-Umfrage vom Dezember 1944

Die sich laut einer Gallup-Umfrage zum Jahresende 1944 herauskristallisierende Zahl von 82 Prozent aller Amerikaner, welche die Deutschen in Größenordnungen von 4–5 Millionen als Zwangsarbeiter in der UdSSR sehen wollten, gründete sich auf ein außergewöhnliches Ereignis.

Es handelte sich um Berichte, die die US-Ministerien seit Ende November 1944 beschäftigten und die, am 26. November dieses Jahres beginnend, in einer Reihe von Folgen in der gesamten US-Presse verbreitet wurden.

Und zwar wurde vom Ausschuß Kriegsflüchtlinge, dem auch der US-Verteidigungsminister Henry L. Stimson angehörte, am 26. November 1944 ein ursprünglich 30 Seiten langer Bericht in der Presse veröffentlicht, aus dem hervorging, daß sich von Mai 1942 bis zum 7. April 1944 in Auschwitz und Birkenau fürchterliche Massaker ereignet hätten.

Der Journalist Oswald F. Schuette schrieb daraufhin aus dem National Press Building in Washington an den Kriegsminister:

„Sehr geehrter Herr Minister!

Der Ausschuß Kriegsflüchtlinge, dem Sie angehören, hat soeben einen umfangreichen und detaillierten Bericht über die Ermordung von 1765000 Häftlingen durch die Deutschen in den, wie es dort heißt, ‚deutschen Vernichtungslagern Auschwitz und Birkenau' veröffentlicht.

Der Ausschuß hat allen Anlaß, heißt es in dieser entsetzlichen Verlautbarung, zu glauben, daß in diesen Berichten ein der Wahrheit entsprechendes Bild von den fürchterlichen Ereignissen in diesen Lagern gezeichnet wird. Er veröffentlicht die Berichte in der festen Überzeugung, daß sie von allen gelesen und verstanden werden.

Schuette appellierte an den Kriegsminister, diese Berichte

genau zu prüfen; er legte ihm gleichzeitig damit drei Fragen vor:
1. Haben Sie die Berichte der drei ungenannten Zeugen gelesen, bevor sie vom Ausschuß als wahr akzeptiert wurden?
2. Haben Sie kritisch geprüft, um sich zu vergewissern, daß ihnen die Wahrheit auf der Stirn geschrieben war?
3. Haben Sie weitere Untersuchungen über die drei Unterzeichner oder die Umstände angestellt, die zur Ausarbeitung der detaillierten Schilderungen geführt haben?
Ihr ergebener
(gez.) Oswald F. Schuette."

Diese Anfrage zog weite Kreise. Sie beschäftigte den Kriegsminister ebenso wie John McCloy, seinen Stellvertreter. Und schließlich erhielt Schuette auch Unterlagen über die drei Augenzeugen des Berichtes, der Amerika erschütterte und den Haß der Menschen auf alle jene, die so unbarmherzig mordeten, verstärkt hatte, wie die letzte Gallup-Umfrage es zeigte.

Oswald F. Schuette schrieb am 18. Dezember 1944, nachdem er dies alles selbst recherchiert hatte, folgenden Brief an Henry L. Stimson:

„Dieses Dokument wird als der detaillierte Bericht über die persönlichen Erfahrungen dreier Augenzeugen vorgelegt. Zwei von ihnen waren selbst – obschon unter Zwang – an den von ihnen berichteten empörenden Verbrechen beteiligt. Der wichtigste von diesen drei ungenannten Augenzeugen gibt an, er sei von Mai 1942 bis Januar 1943 Chief Attendant – Oberwächter – und später Administrator – Verwalter – des Krankenbaues des gefürchteten Blocks 7 des Gefängnisses von Birkenau gewesen. Das wöchentliche Aufkommen an Toten aus dem Block 7 habe etwa 2000 betragen, von denen 1200 eines ‚natürlichen' Todes starben und etwa 800 auf dem Wege der Selektion. – – –

In dem vom Ausschuß veröffentlichten Dokument heißt es auf der Seite 34 (der ausgearbeiteten 30 engseitigen Blätter), er und sein Begleiter – einer der anderen Zeugen – seien bis zu ihrer Flucht aus Birkenau am 7. April 1944 als block recorders – Blockschreiber – eingesetzt gewesen, und

wegen ihrer Flucht seien alle Juden, die eine solche Funktion gehabt hätten, entfernt worden. Ein amtlicher Berichterstatter ohne Gewissen und ohne Herz, mit Nerven aus Eisen und einer Seele aus Stahl, dazu mit einem Stapel von Notizbüchern und einer von höchster Stelle erteilten Genehmigung bewaffnet, diese Notizbücher aus dem Gefängnis herauszubringen, hätte keinen so präzise abgefaßten Bericht über alles, was sich in jenen zwei fürchterlichen Jahren ereignete, zu Papier bringen können. Trotzdem werden wir aufgefordert, zu glauben, daß dieser Mann eben dies getan hat; unter den wachsamen Augen der Gefängniswärter, die, so sagt er, 1 765 000 Häftlinge ermordet haben, deren einer er selber war.
Es kann wahr sein – möge Gott in seiner Barmherzigkeit es verhüten!

Ihr ergebener
(gez.) Oswald F. Schuette."

Das war es also, was Amerika veranlaßt hatte, sich in einer öffentlichen Umfrage mit 82 Prozent der Bevölkerung für Zwangsarbeit der an solchen Verbrechen Schuldigen auszusprechen.

Dies aber waren auch die Hintergründe, die zu den Prozessen gegen nationalsozialistische Organisationen, gegen den deutschen Generalstab und gegen das Oberkommando der Wehrmacht geführt hatten.

Wer Augen hat zu lesen und Denkfähigkeit genug, das Gelesene auch geistig zu verarbeiten, der ahnt spätestens jetzt, welche Rolle die USA während des Internationalen Militärtribunals in Nürnberg spielen mußten, weil einige wenige Menschen des amerikanischen Volkes den USA diesen Weg aufgezwungen hatten, der eindeutig dazu führte, das zu verurteilen, was auf deutscher Seite zur Rekrutierung von Arbeitskräften aus den besetzten Ländern geführt hatte. *Gleichzeitig* aber zu wissen, daß an ihrer Seite auf dem Tribunal Richter saßen, die das gleiche taten und ihrem Volke zugute hielten, was sie hier verurteilten: ohne jede Bemäntelung, allein aus der Machtvollkommenheit der Sieger heraus, die den Besiegten jenseits aller Menschenrechte stellte.

Schon unter diesem Gesichtspunkt, der ja nur ein geringer Teil des Gesamtprozesses war, kann von einem gerechten Tribunal auf gar keinen Fall die Rede sein. Heuchelei und Verschleierungstaktik fanden Mittel und Wege genug, *ganz Deutschland* und jeden einzelnen Deutschen mit ihm zum Verbrecher zu stempeln, weil dies sein mußte, um genügend Zwangsarbeiter mit einem Schein des Rechts in den sicheren Tod schicken zu können.

Die Anklage

Allgemeine Fakten über das Tribunal

Sooft auch das Kontrollratsgesetz als Gesetz aller vier Besatzungsmächte bezeichnet wurde, so unterstanden die nach diesem Gesetz durchgeführten Prozesse in Nürnberg doch nicht einer gemeinsamen alliierten Oberaufsicht. Das IMT war also kein integrierter Teil der Besatzungsmächte als Ganzes. Die Hauptankläger und die Mitglieder des Tribunals unterstanden nicht dem Kontrollrat als Herausgeber und Urheber dieses Gesetzes, sondern jeweils ihren Regierungen. Dies bedeutet, daß die Prozesse im Rahmen der Machtvollkommenheit des Kontrollrates durchgeführt wurden und daß die alliierten Mitarbeiter an ihnen somit ein Teil der jeweiligen Besatzungsbehörden waren. In der amerikanischen Zone des Amtes der Militärregierung OMGUS, in der französischen Zone unter der französischen Besatzungsbehörde GMZFO.

Im Januar 1946 trat für die amerikanische Besatzungszone eine Änderung ein. Die Executive Order Nr. 9547 vom 2. Mai 1945, durch die Richter Jackson bestallt wurde, erfuhr durch Präsident Truman ihre Aufhebung. Nach Jacksons Rücktritt sollte sein Nachfolger, Oberst, später Brigadegeneral Telford Taylor, „Hauptankläger für Kriegsverbrechen" sein. Er wurde vom US-Militärgouverneur in Deutschland bestallt. (Anordnung des Präsidenten Nr. 9676 vom 16. Januar 1946.)

General Taylor sollte nach Ende des Nürnberger Prozesses auch die Anklagebehörde gegen solche Kriegsverbrecher leiten, die nicht durch das IMT abgeurteilt worden waren. Am 29. März 1946 wurde Oberst Telford Taylor von Richter Jackson dazu bestellt.

Noch während der Prozeß gegen die Hauptkriegsverbrecher im Gange war, begannen die Folgeprozesse aufgrund des Kontrollratsgesetzes Nr. 10 im Mai 1946.

Unmittelbar nach Richter Jacksons Rücktritt erfolgte die Einrichtung des Office of Chief of Counsel for War Crimes unter Telford Taylor.

Als man auch noch gegen die wegen Kriegsverbrechen angeklagten führenden deutschen Industriellen ein Militärtribunal der „Großen Vier" vorschlug, das von Frankreich und der Sowjetunion wärmstens begrüßt wurde, während England es ablehnte, schrieb Richter Jackson einen Bericht an seinen Präsidenten, der das Datum des 7. Oktober 1946 trägt. Darin schlug er vor, *keinen* Gerichtshof dieser Art mehr stattfinden zu lassen. So ließ man die Idee fallen und führte die Prozesse einzeln durch, insgesamt zwölf an der Zahl.

Durch das berüchtigte Kontrollratsgesetz Nr. 10 waren die Zonen-Befehlshaber ermächtigt, weitere Tribunale für die Verhandlungen gegen deutsche Kriegsverbrecher aller Couleur einzurichten, die unter das genannte Gesetz fielen, und selber die Bestimmungen dafür festzulegen.

In der amerikanischen Zone wurde dies unverzüglich mit der Verordnung Nr. 7 der Militärregierung durchgeführt. Sie wurde von General *Clay* am 18. Oktober 1946 verkündet.

Der US Chief of Counsel for War Crimes, der Hauptanklagevertreter der US-Zone, war darin ermächtigt worden, zu entscheiden, *wer* von diesem Gericht angeklagt werden sollte. Er hatte auch die Anklage zu erheben.

Durch den Artikel X dieser Verordnung Nr. 7 wurde bewirkt, daß beispielsweise keine Fragen mehr über den Krieg gegen Polen als Angriffskrieg zugelassen werden brauchen. Es *war* einer. Alle Entscheidungen des Forums der Rache waren auch für diese Zonengerichte bindend. Sie waren in keinem Punkt in Zweifel zu ziehen, „und wäre Gott selber für irgendeinen der Nazis als Zeuge aufgetreten". (Siehe Hrowe H. Saunders: Kontrollratsgesetz Nr. 10 und seine Folgen: „Feststellungen des Internationalen Militärgerichts stellen Tatsachenbeweise dar.")

Die Urteile des Nürnberger Tribunals waren also, soweit es sich um Schuld oder Nichtschuld handelte, endgültig und unanfechtbar (siehe Taylor, Telford: a.a.O.).

Die Richter an diesen Gerichten wurden in den USA durch das Kriegsministerium ausgewählt. Dieses übermittelte die Namen dem Militärgouverneur, der die offiziellen Ernennungen aussprach. Für die zwölf in Nürnberg geführten Nachfolgeprozesse wurden 32 Richter bestellt. Davon waren 25 staatliche Richter, von diesen wiederum 14 an den höchsten Gerichten der USA. Hinzukommen sollten einige Bundesrichter. Sie waren bereits nominiert, aber Chief Justice Vinson in Washington wünschte nicht, daß

Mitglieder der Bundesgerichte nach Nürnberg gingen; mit gutem Grund, wie sich später erweisen sollte.

Der Hauptankläger leitete nicht nur die Durchführung der Prozesse, er traf auch die Entscheidungen, *wer* angeklagt werden sollte und *was* mit den in Nürnberg als Zeugen aufgetretenen und nichtangeklagten Menschen geschehen sollte.

Insgesamt waren während der zwölf Nachfolgeprozesse 100 Anklagevertreter in Nürnberg, allerdings nicht zur gleichen Zeit. Diese Nachfolgeprozesse erforderten allein im Sommer/Herbst 1947, zur Zeit ihrer Höhepunkte, 900 alliierte Angestellte und etwa die gleiche Anzahl Deutscher als Verteidiger, Dolmetscher und Übersetzer mit deren Gehilfen.

Es wurde insgesamt gegen 177 Einzelpersonen verhandelt. Ursprünglich waren es 185 Angeklagte gewesen. Aber vier hatten Selbstmord begangen, und vier weitere waren zu alt und zu krank, um vor Gericht gestellt zu werden.

Verschiedene dieser Angeklagten wurden von allen ihnen zur Last gelegten Anklagepunkten freigesprochen und dann doch wegen ihrer Mitgliedschaft zu verbrecherischen Organisationen verurteilt.

Nürnberger Methoden

Was das Internationale Militärtribunal Nürnberg als Quelle der Wahrheit und eines künftigen neuen Völkerrechts anlangt, ob dieses Tribunal, von dem Sir Hartley Shawcross sagte, es sei dort „in vollkommener richterlicher Objektivität verhandelt" worden, wirklich objektiv war, das können am besten jene deutschen Anwälte beurteilen, die sich diesem Forum über ein Jahr, einige über drei Jahre hinaus ausgesetzt sahen.

So beispielsweise Flottenrichter Otto Kranzbühler, der in der Verhandlung den „Hauptkriegsverbrecher" Großadmiral Dönitz verteidigte. Kranzbühler bemerkte zur Objektivität:

„Für die geschichtliche Erkenntnis bietet das Nürnberger Material eine wertvolle Quelle, aber eine solche, aus der mit größter Vorsicht geschöpft werden muß. Es liegt im Wesen des angloamerikanischen Strafverfahrens, daß es ein Parteienprozeß ist, daß jede Partei nur das ihr *günstig* erscheinende Material zu den Akten bringt. Es gibt *keine gerichtliche Pflicht* zur selbständigen Erforschung der Wahrheit und schon gar keine für die Staatsanwaltschaft.

In Nürnberg hat es daher die Anklage als ihr gutes Recht angesehen, *jedes* in ihrem Besitz befindliche Dokument und *jeden* bekannten Zeugen, der für den eigenen Fall etwas Ungünstiges hätte beweisen können, sorgfältig vor dem Gericht und vor der Gegenseite geheimzuhalten."

Darüber wurden Dokumente, welche die Verteidigung vorlegte in den Fällen, in denen sie für die Angeklagten günstige Beweise waren, einfach für „belanglos" erklärt. Belanglos waren sie auch – für die Anklage, nicht aber für die Verteidigung. Diesen Vorkommnissen werden wir in allen angeführten Verhandlungen begegnen.

Was die mündlichen Zeugenaussagen für die Anklage anlangte, so waren diese mit besonderer Vorsicht zu betrachten. Wenn ein Zeuge der Anklage nicht nach den Wünschen der fragestellenden Ankläger antwortete, dann fand er sich meistensteils im Nürnberger Gefängnis wieder und sah sich unversehens einer der obskuren Anklagen gegenüber, die ausgesprochen wurden, um solche unbeliebte Zeugen kirre zu machen. Daß eine ganze Reihe nicht nur zweifelhafter Zeugenaussagen, sondern sogar völlig unrichtige *dennoch gegen* die Angeklagten verwandt wurden, ist aus den Bänden des Nürnberger Prozesses herauszufiltern, wenn man sich die Mühe macht, diese etwa 25 000 Seiten durchzuforsten. Aber in diesem Falle ist Vorsicht am Platze. In dieses „Dokumentenwerk" ist *nichts* eingeflossen, was wirklich für die Angeklagten spräche, wenn man von unbeabsichtigten Einsprengseln absieht (siehe dazu: Launay, Jacques de: Geheimdiplomatie 1939–1945, Wien 1963).

Auch die vorgelegten Tagebücher verschiedener Herkunft sind nicht das, was sie zu sein vorgeben. Was beispielsweise die Jodl-Tagebücher anlangt, erklärte der Generaloberst vor dem Gericht, als er von seinem Verteidiger Prof. Dr. Exner dazu befragt wurde:

„Während des Krieges gibt es kein Tagebuch von mir; aber ich habe natürlich Dutzende Notizhefte ausgeschrieben, und wenn ein solches Aufschreibeheft fertig war, habe ich die wichtigen Stellen am Rande rot angestrichen, und diese hat dann meine Sekretärin später herausgeschrieben, weil sie für die Kriegsgeschichtsschrei-

bung und für das amtliche Tagebuch des Wehrmachtführungsstabes von Bedeutung sein konnten. Das ist das Dokument 1809-PS."
Auf die Frage von Dr. Exner, ob er kontrollieren konnte, was seine Sekretärin zusammengestellt habe, erwiderte Jodl:
„Nein, das habe ich nicht mehr kontrolliert und nicht mehr gesehen. Das fiel dann der Anklagebehörde in die Hände."
Dies bedeutet nicht mehr, aber auch nicht weniger, daß die maschinenschriftliche Ausfertigung des Tagebuches Jodl nicht unbedingt Jodls Worte enthalten mußte. Daß darüber hinaus von der Anklagebehörde nur diejenigen Abschnitte freigegeben wurden, die für *sie* nützlich waren, vermindert den Wert dieser „Jodl"-Tagebücher weiter.
Ebenso verhält es sich mit den 43 Bänden Tagebücher des Generalgouverneurs von Polen, Hans Frank, die sogar nicht nur nicht von Frank geschrieben wurden, sondern in die auch Berichte und Befehle, Versammlungs-Protokolle und andere „Tatsachen" eingeflossen sind, bei denen Frank überhaupt nicht zugegen war. Vieles hatte sich Frank von Delegierten berichten und dann von Schreibern in seine Tagebücher einbringen lassen.
Was nun die übrigen als Dokumente bezeichneten Memoiren anlangt, so hat niemand anderer als der zweite US-Hauptankläger sie treffsicher gekennzeichnet:
„Wir müssen mit dem Klatsch zweitrangiger Figuren vorlieb nehmen." (Siehe Taylor, Telford: Die Ursprünge des Zweiten Weltkrieges.)
Sooft Verteidiger aus den erbeuteten polnischen und französischen Archiven vortragen wollten, die die Frage des Angriffskrieges gegen Polen betrafen, wurde dies abgelehnt, obgleich *dies* Original-Dokumente und keine Abschriften oder Übersetzungen mit allen ihren Fehlern – gewollten oder ungewollten – waren.
In dem gedruckten Werk über den Nürnberger Prozeß wurden die politischen Geheimdokumente und die militärischen Planungen der Siegerseite entfernt, weil diese unzweifelhaft unter Beweis gestellt hätten, daß *sie* als Beweismittel im Falle der „Anzettelung von Angriffskriegen" vor dieses Gericht gehört und die deutschen Angeklagten entlastet hätten. Diese Pläne und Dokumente waren dem Gericht *zur Verurteilung* der deutschen Kriegsverbrecher „nicht nützlich" gewesen (siehe dazu: Heydecker Joe, Leeb Johannes: Der Nürnberger Prozeß, Köln–Berlin 1960).

Vom Tribunal wurden des weiteren Dokumente vorgelegt und in dem Falle, daß sie der Anklage nützlich waren, zugelassen, auch wenn sie den Anspruch darauf, Dokumente zu sein, in keiner Weise erfüllten. So die sogenannten „Schlüsseldokumente". Dazu der US-Hauptankläger Telford Taylor: „Diese Dokumente wurden nicht nur ausgewählt, um die Kriegsschuld der vor Gericht stehenden Männer zu beweisen, sondern auch, um die der verfolgenden Mächte zu verbergen." (Siehe Taylor, Telford: Die Ursprünge des Zweiten Weltkrieges.) *Warum* dann Oberst, später Brigadegeneral Taylor sie überhaupt zugelassen und darauf seine Anklage und den Schuldspruch aufgebaut hat, diese Frage zu klären, bleibt dem Leser überlassen.

Von den 1363 Dokumenten, die wirklich welche waren und von der Verteidigung dem Gericht vorgelegt wurden, erfuhr nur ein verschwindender Teil den Vorzug der Veröffentlichung.

„Bedingungsloser Haß" – *Verbrecherische Deutsche*

Wie konnte es in England ebenso wie in den USA zu jener überschwappenden Haßwelle kommen, die solche Vorschläge wie den Morgenthau-Plan und den Kaufman-Plan zeitigten?

Es bedeutete im England der Kriegsjahre 1940 bis 1945 „eine wirkliche Gefahr, die Deutschen nicht zu beschimpfen. Wer zwischen 1940 und 1945 so etwas wie Sympathie für den deutschen Feind zum Ausdruck brachte, der mochte sich sehr schnell im Gefängnis wiederfinden und als gemeiner Verbrecher behandelt werden. (Siehe Captain Russell Grenfell: Unconditional Hatred.)

Diese Grundhaltung habe ich auch in England erlebt und auf meinen Urlauben von der Front immer wieder bestätigt gefunden. Während wir Soldaten auf Kreta, in Afrika und Italien immer wieder die Feststellung treffen mußten, daß unsere deutschen Gegner Soldaten wie wir auch waren; nicht besser, aber auch nicht schlechter, sah dies in unseren Medien ganz anders aus.

Viele meiner Landsleute und auch viele Amerikaner fielen angesichts der nach dem Kriege über sie hereinbrechenden Enthüllungen über *eigene* Kriegsverbrechen aus allen Wolken. Das hatten sie ja im Kriege in Rundfunkansprachen völlig anders gehört und in Zeitungen völlig anders gelesen.

Deutschland war plötzlich nicht mehr die einzige Ursache der beiden Weltkriege, und die totale Niederlage hatte denn auch nicht den Frieden herbeigeführt, wie die sehr rasch nach dem Zweiten Weltkrieg ausbrechenden neuen Kriege bewiesen.

Nun stellte sich allen Engländern und Amerikanern die Frage, ob denn jene hochgestellten Persönlichkeiten und Autoritäten, die Deutschland zu jener Teufelsnation verurteilt hatten, die für alle Leiden der Menschheit verantwortlich war, gelogen hatten.

Captain Grenfell hat das Phänomen treffsicher beleuchtet, als er schrieb: „Wie es zum Beginn des 17. Jahrhunderts gefährlich gewesen war, den überkommenen, von den Päpsten und der Inquisition offiziell gestützten Glauben anzuzweifeln, die Sonne bewege sich um die Erde, und Galilei unter Androhung der Folter seinen neuen Lehren abschwören mußte, in *gleicher Weise* brachte sich während des letzten Krieges *jeder* Engländer in ernste Ungelegenheiten, der an der Richtigkeit der eigenen offiziellen Propaganda, daß die Deutschen das verworfenste Volk unter der Sonne seien, seine Zweifel äußerte."

Auch ich konnte eine Fülle entgegenstehender Beweise anführen, daß wir Engländer nicht eben zimperlicher waren als die Deutschen. Hatten wir nicht viel früher als diese Konzentrationslager benutzt? Waren wir nicht im August und September 1942 bei den großen Unruhen in Indien fünfmal gegen indische Volksversammlungen mit Bordwaffenbeschuß vorgegangen, um die Menschen solcherart zu „befrieden"?

Als dann Anfang 1952 im Bericht des dazu eingesetzten Kongreßausschusses festgestellt wurde, daß die angeblich von Deutschen an Polen begangenen Massenmorde von Katyn, die der sowjetische Chefankläger General Rudenko vor dem IMT vorgebracht hatte, um sie sodann, als die Sache zu heiß wurde, einfach fallenzulassen, von den Russen verübt worden waren, war dies für uns alle ein Schock. Aber jeder Leser konnte dies im Daily Telegraph vom 3. Juli 1952 lesen. Damit war allen ein weiterer Grund zum Nachdenken gegeben. Zwar hatten die Deutschen dies schon bei Entdecken der Massengräber mit internationaler Hilfe eines Untersuchungsausschusses klären können, doch in Nürnberg hatte General Rudenko die Stirn besessen, es den Deutschen trotzdem in die Schuhe zu schieben, wobei er selbstverständlich einbrach (siehe Kapitel über Generaloberst Jodl).

Konnte dies nicht auch in bezug auf andere Anklagen zutreffend sein?

Bereits lange vorher hatte der Sunday Pictorial vom 23. Januar 1949 die sensationelle Meldung auf der Titelseite gebracht: „Americans Torture to Extort ‚Confessions' – Amerikaner foltern Deutsche, um Geständnisse zu erpressen!" Darin wurde dem englischen und amerikanischen Bürger mitgeteilt, der Untersuchungsausschuß der US-Kommission unter Leitung von US-Richter Edward L. van Roden habe herausgefunden, wie junge deutsche kriegsgefangene Soldaten mißhandelt worden waren, daß „starke Männer zu gebrochenen Wracks wurden, bereit, *jedes* Geständnis zu murmeln, das ihre Ankläger von ihnen verlangten". (Siehe Kapitel: Malmédy – Eine Division vor Gericht.)

Wir müßten nur das gesamte vorhandene Beweismaterial zum Nürnberger Prozeß untersuchen, und nicht nur *dasjenige,* das wir zu prüfen wünschten, um zu dem Ergebnis zu gelangen, daß Kriegsverbrecher auf *beiden Seiten* des Zaunes saßen.

„Daß die Deutschen Coventry angegriffen und dabei zivile Häuser und sogar die Kathedrale zerstört hatten, wurde nicht nur dem deutschen Reichsmarschall Göring zur Last gelegt, sondern auch dem deutschen Generalstab, obgleich die Zielkarten einwandfrei belegten, daß nur Ziele der Rüstungsindustrie angegriffen werden sollten und durften, aber Fehlwürfe vorkamen.

Anders mit Dresden! Dort wurde von vornherein gesagt, daß die alliierte Luftwaffe, sowohl die Royal Air Force mit ihren Nachtangriffen als auch die folgenden Tagangriffe der US-Air-Force, den *zivilen* Häusern und den Zivilisten galten und etwa 60 000 Menschen, überwiegend Frauen und Kinder, umbrachten, ohne auch nur mit der Wimper zu zucken. Im Gegenteil: In der englischen Öffentlichkeit wurde mit keinem Wort der Anteilnahme an diesem Vernichtungsrekord so vieler Unschuldiger gedacht, sondern von den meisten Zeitungen des Königreiches besonders erfreut vermerkt, daß diese hohe Zahl an deutschen Toten ‚eine unerwartete glückhafte Extra-Dividende' (siehe: Russell Grenfell: a.a.O.) der Bombeneinsätze bedeutete."

Und während noch in Nürnberg darüber verhandelt wurde, daß deutsche Soldaten Menschen heimatlos gemacht hätten, rollte die größte Völkerwanderungswelle, von den Alliierten mit größter Brutalität und ebensolcher Kaltschnäuzigkeit in Bewegung gebracht, mit 13 Millionen Menschen; von ihnen verreckten zweieinhalb Millionen unterwegs am Wegesrand oder in den Straßengräben, wenn sie nicht von russischen Fliegern gebombt oder von russischen Panzern in den Schnee gewalzt wurden.

Als im Juni 1952 den Vereinten Nationen durch die US-Regierung eine Dokumentation mit Beweismaterial über die Zwangsarbeit in Rußland übergeben wurde, von der es hieß: „sie war die schlimmste Sklaverei der Geschichte" (siehe Daily Telegraph vom 30. Juni 1952), da ernteten die Herausgeber dieser Dokumentation nur ein müdes Lächeln.

Der hochgelobte Anspruch, daß mit den Gesetzen und Paragraphen von Nürnberg sich weitere Verbrechen gegen die Menschlichkeit bekämpfen lassen würden, hatte sich als leeres Gewäsch gezeigt.

Noch niemals im Leben der Völker sind die Bumerangs so schnell und so zielsicher auf die Werfer zurückgeflogen und haben dieselben getroffen wie die der Schleuderer der englischen Haßkampagnen in Nürnberg, welche die britische Weisung 18 B auslöste.

In Nürnberg wurden die Luftangriffe deutscher Fliegerverbände auf offene Städte als Höhepunkt einer verbrecherischen Luftkriegführung gebrandmarkt und mit allen Mitteln der Propaganda ausgeschlachtet. Das begann mit der vielfachen Verlesung der Anklagen und endete mit der Vorlage und Übergabe der Unterlagen an die internationale Presse, die sich dort versammelt hatte. Es wurde in diesen Anklagen und mit den vorgelegten „Beweisen" dieses von Deutschen begangene Verbrechen immer wieder beteuert.

Als dann von einem der hochstehenden britischen Beamten des Luftfahrtministeriums bekanntgemacht wurde, daß die Bombardierung nichtmilitärischer Ziele eine englische Erfindung sei und daß man stolz darauf zu sein habe, dies angefangen zu haben, stürzte für manchen Engländer eine Welt zusammen. Aber J. M. Speight, ehemals Erster Staatssekretär im Luftfahrtministerium, hat in seinem Werk „Bombing Vindicated – Gerechtfertigte Bombenangriffe" nicht mehr und nicht weniger als dies zum Ausdruck gebracht, ohne dafür getadelt zu werden. Er sagte im Urtext:

„Da wir uns nicht im klaren waren, wie eine propagandistische Verdrehung der Wahrheit psychologisch wirken würde – die Wahrheit nämlich, daß wir mit der strategischen Bomberoffensive begonnen hatten –, *deshalb* scheuten wir davor zurück, unserer großen Entscheidung vom 11. Mai 1940 die verdiente Publizität zu geben. Es war *ein prächtiger* Entschluß." Und Speight fährt in diesem Werk fort:

„Es war recht wahrscheinlich, daß unsere Hauptstadt und unsere Industriezentren nicht angegriffen worden wären, wenn wir weiterhin Angriffe gegen die entsprechenden Ziele in Deutschland unterlassen hätten."

Planmäßige Haßinjektionen für die Bevölkerung Englands hatten alle mäßigenden Einflüsse in Großbritannien schwinden lassen. Die Engländer waren in diesem Zweiten Weltkrieg derart mit Haß gegen Deutschland vollgepumpt worden, daß die Formel „bedingungslose Kapitulation" die Folge davon wurde. In einer solchen Proklamation aber war kein Raum für klug berechnete Mäßigung.

Die Verordnung 18 B, die in England erlassen wurde, gestattete es den englischen Behörden, die Freiheit der Person mit Gewalt abzuschneiden, sie gestattete es den Regierungsorganen, Männer und Frauen gleicherweise ins Gefängnis zu werfen, ohne Anklage erheben zu müssen und ohne diesen gefangengesetzten Menschen einen Rechtsbeistand beizugeben, und sie so lange in Haft zu belassen, wie es dem Innenminister gefiel. Einziges Erfordernis war es, daß dieser einen vernünftigen Grund zu der Annahme hatte, die Haft sei im öffentlichen Interesse wünschenswert. Womit England genau das Gegenstück jener deutschen Konzentrationslager schaffte, die im Lande selbst so sehr angegriffen wurden.

Daß man auch in den USA gleich nach Ausbruch des amerikanisch-japanischen Krieges Hunderttausende gebürtiger Japaner, die teilweise schon lange US-Bürger geworden waren, einfach in Lager einsperrte, in denen es immer wieder zu Exzessen der Brutalität kam, ist nie publiziert worden. Daß diese Unglücklichen enteignet wurden, versteht sich.

Wenn Churchill und Roosevelt durch die Weltgeschichte reisten und schließlich auch Stalin hinzukam, um auf den verschiedenen Konferenzen darüber zu beraten, wo welchem Staat der Verlierer Land weggenommen und wie viele Flüchtlinge man durch diese Konferenzen ins Nichts und in den Tod schicken konnte, dann war dies ein Kriegsverbrechen erster Güte, das jedem deutschen Politiker angekreidet worden wäre und ihn Jahrzehnte seines Lebens – wenn nicht den Kopf – gekostet hätte.

Churchill war es schließlich, der im britischen Unterhaus die Sauberkeit seines Bundesgenossen Josef Stalin beteuerte und dann erklärte: „Ich kenne keine Regierung, die, und sei es auch zu ihrem eigenen Nachteil, fester zu ihren Verpflichtungen steht als die russische Sowjetregierung." (Siehe The Times vom 28. II. 1945.)

Wenn Luftmarschall Harris, wegen seiner Verdienste der Vernichtung deutscher Zivilisten zum Sir geadelt, in einer Rundfunkansprache sagte: „Ich werde ihre Wohnungen bombardieren", so kennzeichnet es die Sachlage genau und zutreffend. Als im Jahre 1941 der „Black record", eine Propagandaschrift von Lord, damals Sir Robert Vansittart, erschien, der als ausgebildeter Diplomat diplomatischer Chefberater des britischen Foreign Office war, überzeugte dies jeden Engländer. Immerhin war der Verfasser ja eine Persönlichkeit von Rang und von einem unbeugsamen Wahrheitswillen beseelt; glaubte man. Immerhin war dieser Schrift bereits eine mehrfolgige Rundfunksendung des Lords vorausgegangen.

Daß dies ungerügt geschehen konnte, zeigt auf, daß die Regierung mit dem Inhalt dieser Sendung einverstanden war. Das Hauptthema dieser Sendung und der Propagandaschrift aber war, daß Deutschland seit Anbeginn der Geschichtsschreibung nichts anderes gewesen sei als jener Kriegshetzer und Störenfried, auf dessen Konto alle Kriege aller Zeiten kamen und daß die ganze Welt demgegenüber eine Welt von Saubermännern und Friedliebenden gewesen sei: unschuldiges Opfer der deutschen Aggressionen. Dafür führte er dann auch Karl den Großen als einen jener „Deutschen" an, der schon elfhundert Jahre vorher jedes Jahr einen Krieg habe führen müssen.

Vansittart prangerte auch an, daß die Deutschen den Versailler Vertrag gebrochen hätten, in der Absicht, eine riesige Armee aufzustellen und wieder einen Krieg vom Zaune zu brechen. Diese lächerliche Anklage wurde auch in die Nürnberger Anklageschrift aufgenommen, obgleich fest stand, daß Deutschland allein abgerüstet, alle übrigen Staaten aber hemmungslos aufgerüstet hatten.

Die Fakten waren, daß Deutschland nur noch eine 100 000-Mann-Armee hatte, daß ihnen Panzer und Flugzeuge ebenso wie U-Boote verboten waren, während die Alliierten der Siegermächte so schnell wie möglich aufrüsteten.

Lloyd George, der englische Hauptdelegierte auf der Friedenskonferenz des Jahres 1927, sagte denn auch, daß sich alle Nationen verpflichtet hätten, dem deutschen Beispiel zu folgen und abzurüsten, daß sie aber noch *keinen* Schritt in dieser Richtung getan hätten.

Als die Genfer Abrüstungskonferenz des Jahres 1932 stattfand, hatte noch niemand anderer als Deutschland abgerüstet, und keiner dachte daran, dies zu tun. Die Konferenz war ein Mißerfolg erster Güte. Nur von Deutschland verlangte man, daß es die Abrüstungsbestimmungen von Versailles einhalten *müsse* (siehe Kapitel: Versailles: Ursache zum Zweiten Weltkrieg).

Damit hatten sich die Abrüstungsverpflichtungen der Siegerstaaten als ein großer Bluff herausgestellt. Abrüstung sollte offenbar – entgegen den Bestimmungen des Vertrages – nur für Deutschland und dies *für immer* gelten.

Freiwillig, durch keinen Sieger gezwungen, weil sie selber ja Sieger waren, hatten die Sieger des Ersten Weltkrieges sich zur Abrüstung bereit erklärt und durch Vertrag verpflichtet. Als Hitler an die Macht kam, war ihm ebenso wie allen anderen Führern in Deutschland und in der ganzen Welt klar, daß die anderen Staaten ihren Verpflichtungen niemals nachkommen würden.

In Nürnberg, wo den Deutschen die „Riesenrüstung" angekreidet wurde, war man sich ebenso darüber klar, daß keine noch so forcierte deutsche Rüstung in der Lage war, den Vorsprung der Gegner Deutschlands wettzumachen.

Die 14 Punkte des US-Präsidenten Wilson wurden einfach von den Siegern ignoriert, sobald Deutschland die Entwaffnungsbestimmungen des Versailler Vertrages erfüllt hatte. Die 14 Punkte waren – selbst wenn Präsident Wilson dies nicht so gesehen hatte – ein großer Bluff, die Deutschen zu ködern. Wie charakterisierte Lord Buckmaster im Jahre 1922 diese alliierte Handlung:

„Eine Nation, so böse und abscheulich sie auch sein mag, auf der Grundlage bestimmter Bedingungen zur Waffenniederlegung zu veranlassen und dann, wenn sie wehrlos ist, ihr *andere* Bedingungen aufzuerlegen, ist ein Akt der Ehrlosigkeit, der niemals ausgetilgt werden kann."

So war es auch, die Deutschen vergaßen diesen Betrug nie.

Und weiter sagt Grenfell: „Als England am 21. März 1939 den Polen eine Garantie gab, ihrem Land gegen jeden Feind beizustehen, hatte es den Zweiten Weltkrieg vorprogrammiert. Was wollte

Deutschland? Es wollte den Polnischen Korridor und die Stadt Danzig zurückhaben, die ihm durch das Versailler Diktat genommen worden waren. Das Korridorgebiet, das 1919 dem neugeschaffenen Polen übereignet wurde, trennte Ostpreußen vom Reich und isolierte Danzig völlig, womit denn auch der folgende wirtschaftliche Ruin dieser ehemals blühenden Hansestadt eingeleitet wurde."

Daß die Garantie Englands an Polen reine Täuschung war, hat sich sehr rasch erwiesen. Die Möglichkeit, daß Chamberlain und Daladier durch den US-Präsidenten Roosevelt zur Leistung dieser Garantieerklärung gezwungen worden seien, wird von mehreren Fachleuten dargelegt. So schreibt der Amerikaner Chr. Tansill, Professor für Geschichte, in seinem Werk „Back Door to War – Hintertür zum Krieg", bereits im Jahre 1952, daß Roosevelt jedes Mittel nutzte, an Chamberlain heranzukommen, um diesen zum Krieg gegen Deutschland zu drängen. Tansill führte in diesem bemerkenswerten Buch aus, daß Roosevelt nicht nur Franzosen und Engländer antrieb, diesen Krieg zu führen, sondern daß er sogar nicht davor zurückschreckte, seine Alliierten in den Glauben zu versetzen, er würde ihnen im Falle eines Krieges *sofort* zur Hilfe eilen. Es war der Botschafter der USA in England, Joseph Patrick Kennedy, der in bezug darauf mehrfach zu Premierminister Chamberlain sagte: „Amerika wird England und Frankreich im Falle eines unprovozierten Angriffs jederzeit zur Hilfe eilen." Ebenso verfuhr Botschafter Bullitt in Paris.

Polen blieb dennoch allein, als es sich gegen den deutschen Angriff zur Wehr setzen mußte, den es zum größten Teil auch selber provoziert hatte. Hatte nicht der polnische Botschafter in Berlin, Lipski, bemerkt, daß es keine Verhandlungen geben werde und daß Polen kämpfen und binnen zweier Wochen in Berlin einmarschieren werde? (Siehe dazu das Kapitel Reichsmarschall Göring.)

Nachdem der Völkerbund von 1919 bis zum Jahre 1939 eine einzige Kette von Versagen hinter sich zurückließ, indem er weder im Abessinienkonflikt Italiens noch in andere Konflikte eingriff, waren Englands Garantien wirkungslos verpufft. Sowohl die eine wie die andere erwiesen sich als nichts anderes denn als „ein Blasebalg, um einen kleinen Konflikt zu einem großen Feuer anzufachen" (siehe Russell Grenfell: a.a.O.).

Das Vorgehen polnischer Politiker und die eigene Nachgiebigkeit trieben England 1939 in den Krieg gegen Deutschland hinein.

1941 wurde Großbritannien schließlich durch die amerikanische Politik in einen weiteren Krieg, diesmal gegen Japan, gezerrt, weil Winston Churchill dem US-Präsidenten Roosevelt einen Blankoscheck auf Hilfeleistung ausgestellt hatte.

Das Ergebnis davon war ein England, das, 1945 seiner Dominien beraubt, am Rande des Chaos dahintaumelte und als Siegermacht ebenso ohnmächtig war wie die Verlierer, mit der *einen* Ausnahme, daß seine Kriegsverbrecher nicht vor Gericht gestellt wurden.

Als man Großadmiral Raeder auf dem Nürnberger Tribunal 1946 der Vorbereitung und Führung eines Angriffskrieges gegen Norwegen anklagte und zu lebenslanger Haft verurteilte – was soviel wie Tod im Gefängnis bedeutet hätte, wenn nicht rechtzeitig ein Einsehen und eine nüchterne Betrachtung der Situation Raum gegriffen hätte, ihn zu entlassen –, war es den Richtern klar, daß nicht der deutsche Großadmiral, sondern *ihre* militärische Führung auf der Anklagebank hatte sitzen müssen. Nun aber ging es darum, den neuen Feind, die Sowjetunion, in Schach zu halten, und dazu mußte man sich der deutschen Stärke bedienen, um dies in Europa überhaupt zu schaffen.

Die amtliche britische Geschichtsschreibung enthüllte – für Nürnberg ebenso wie für alle anderen Gerichte, vor denen deutsche Soldaten verurteilt worden waren, zu spät – im Jahre 1952 die gesamte Vorgeschichte des Norwegenfeldzuges. Dabei kam heraus, daß bereits im November 1939 (!) unter dem Vorwand, die Finnen gegen die Russen unterstützen zu wollen, ein genauer Angriffsplan auf Norwegen entworfen worden war. Und zwar von englischen und französischen Generalstäblern. Darin wurde minuziös die Invasion Norwegens durch britisch-französische Truppen vorbereitet.

Daß diese Pläne nicht verwirklicht wurden, lag in der Tatsache begründet, daß der russisch-finnische Krieg, der von seiten der Russen auch ein Angriffs- und Eroberungskrieg war, früher zu Ende ging, bevor England und Frankreich diesen Angriff vorbereitet hatten.

Die Geschichte als einen einzigen Maskenball zu verkleiden, das ist den Alliierten in Nürnberg gelungen. Von der Wahrheit unter der Maske war allerdings nichts mehr zu erkennen. Und die Tatsache, daß eine Nation ebensogut wie die andere vor Gericht hätte stehen können, stehen *müssen,* wurde für Deutsche jedenfalls gut genug und in der Hoffnung, dies sei für immer gelungen, verschleiert.

Zusammenfassend kann zu dieser kleinen Vorweg-Kommentierung nur noch der Prozeß gegen den deutschen U-Boot-Kommandanten Heinz-Wilhelm Eck genannt werden, der im November 1945 vor einem britischen Militärgericht zum Tode verurteilt wurde, weil er Wrackteile des griechischen Schiffes „Peleus" vernichtete, das er am 13. März 1944 mit seinem Boot U 852 torpediert hatte. Er war darum bemüht, seinen Standort geheimzuhalten, und begann damit, die auf dem Wasser schwimmenden Wrackteile zu versenken. Dabei waren Schiffbrüchige zu Tode gekommen, die sich auf diesen Wrackteilen befunden haben sollen. Eck jedenfalls hatte diese nicht bemerkt, und „wenn er sie bemerkt hatte, in Kauf genommen, sie dabei zu töten, weil dies die einzige Möglichkeit schien, sein Boot unerkannt bleiben zu lassen" (siehe Prozeß „Peleus").

U 852 wurde auf derselben Feindfahrt am 3. Mai 1944 vor der Somaliküste durch Fliegerbomben versenkt. Eck und seine Besatzung konnten sich retten. Er und seine Offiziere wurden vor Gericht gestellt, zum Tode verurteilt und am 30. November 1945 erschossen.

Dies war der einzige Vorfall dieser Art, der deutscherseits begangen wurde. Richten wir unseren Blick auf den Pazifik, lassen wir den japanischen Konvoi vorbeipassieren, der am Morgen des 2. März 1943 in See stand, um die japanischen Basen Lae und Salamaua auf Wau zu versorgen.

Dieser Geleitzug bestand aus acht Transportern, auf denen 6900 japanische Soldaten nach Lae übergeführt werden sollten. Geleitet wurde er von acht Zerstörern. Diese Schiffsansammlung wurde am 2. März 1943 von einem amerikanischen Aufklärer erfaßt und danach mehrfach von US-Bombern angegriffen. Bei dem um 10.15 Uhr erfolgenden Angriff von 34 Bombern der 5. Heeresflieger-Division wurden zwei Transporter versenkt und ein dritter beschädigt.

Admiral Kimura, der Befehlshaber des Konvois, befahl zweien seiner Zerstörer, die Überlebenden aufzunehmen. Die „Asagumo" und die „Yukikaze" nahmen 950 Soldaten an Bord und brachten sie nach Lae. Danach kehrten sie zu ihrem Transport zurück. Dieser wurde am Morgen des 3. März mehrfach von insgesamt 335 US-

Flugzeugen angegriffen. Diese Flugzeuge der Australian Air Force Southpacific unter Generalleutnant Kenney versenkten sämtliche japanischen Transporter und vier Zerstörer.

Die Flugzeuge stießen anschließend herunter und schossen mit allen Bordwaffen auf die noch an Bord der brennenden Transporter befindlichen Soldaten. Soweit nach den Kriegsgesetzen gut.

Die beiden noch schwimmenden Zerstörer, die von Lae zurückgekehrt waren, begannen ihre zweite Rettungsaktion und nahmen in einer beispiellosen Leistung 2734 schiffbrüchige Japaner an Bord. Dann tauchten plötzlich US-Jagdbomber auf, und zum Entsetzen der Männer, die dies beobachteten, stießen sie tief auf die See herunter und begannen systematisch die noch im Wasser schwimmenden Tausende Schiffbrüchiger mit Bordwaffenbeschuß und Sprengbomben zu belegen.

Zum Schluß kamen dann noch, wie um zu dokumentieren, daß dies nicht etwa versehentlich geschehen war, die Motor-Torpedoboote PT 66, PT 67, PT 68, PT 121, PT 143, PT 149 und PT 150. Unter Führung ihres Commodore, Lieutenant Commander *Atkins*, warfen sie Wasserbomben unter die dichten Gruppen der Schiffbrüchigen, die durch die Druckwellen getötet wurden. Danach eröffneten sie noch mit ihren Maschinenwaffen das Feuer auf jene, die noch immer im Wasser schwammen.

Etwa 3000 schiffbrüchige Japaner wurden auf diese Weise hingemetzelt. Die Begründung dafür: „Wir mußten verhindern, daß die japanische Armee auf Lae durch an Land schwimmende Schiffbrüchige verstärkt wurde."

Die Namen des Generalleutnants Kenney und des Lieutenant Commander Atkins oder jene ihrer Vorgesetzten tauchten natürlich in keiner Kriegsverbrecherliste auf.

Ebenso werden wir die Namen der beiden U-Boot-Kommandanten nicht finden, die im Golf von Siam vom 3. Juli bis zum 11. August 1945 alles versenkten, was ihnen vor die Rohre kam. Insgesamt wurden 220 Fischerboote, Fähren und Kleinfahrzeuge der Landesbewohner, vollgepackt mit Menschen und ohne Rücksicht auf Verluste, durch die Boote „Bugura" unter Commander A. F. Schade und „Blenny" unter Commander W. H. Hazzard versenkt, ohne daß es in den USA auch nur einen Menschen erregt hätte, daß hierbei Aberhunderte Zivilisten, Frauen, Kinder und Greise getötet worden waren.

Auch diese beiden Namen tauchten in keiner Verhandlung gegen Kriegsverbrecher auf. Der einzige Grund, warum es sie nicht erwischte: Sie gehörten zu den Siegern. Zum Schluß ein Beispiel von englischer Seite. Das Enterkommando von U 110 erschoß kaltblütig den Kommandanten des Bootes, Kapitänleutnant Lemp, der ebenso hilflos im Wasser schwamm.

Alles dies und die in den nächsten Abschnitten mit Dokumenten gemeldeten russischen, polnischen, französischen Verbrechen zeigen eines auf: Dies war ein Tribunal, bei dem es darum ging, Rache zu üben, denn von Gerechtigkeit konnte angesichts dieser Erkenntnisse nicht die Rede sein.

Der Prozeß beginnt

Erste Sitzung in Berlin

Am 18. Oktober 1945 um 10.30 Uhr begann die Eröffnungssitzung des Internationalen Militärtribunals in Berlin. Alle Mitglieder des Gerichtshofes und ihre Stellvertreter waren anwesend, als der Vorsitzende des Tribunals, Lordrichter Lawrence, für das Vereinigte Königreich von Großbritannien und Nordirland das Wort ergriff und folgendes ausführte:

„Im Sinne der zwischen der Regierung der Union der Sozialistischen Sowjet-Republiken, der Provisorischen Regierung der Französischen Republik, der Regierung der Vereinigten Staaten von Amerika und der Regierung des Vereinigten Königreiches von Großbritannien und Nordirland für die Strafverfolgung und Bestrafung der Hauptkriegsverbrecher der europäischen Achse in London am 8. August 1945 getroffenen Vereinbarung und im Sinne des Artikels 22 des dort beigefügten Statuts, durch das dieser Internationale Militärgerichtshof errichtet worden ist, wird diese Sitzung zum Zweck der Entgegennahme der Anklageschrift gemäß dem Abkommen und dem Statut in Berlin abgehalten." (Siehe Anlage: Das Londoner Abkommen.)

Nachdem dieser Vortrag in alle Sprachen des Gerichts übersetzt worden war, gab jedes seiner Mitglieder in seiner eigenen Sprache eine Erklärung folgenden Wortlauts ab:

„Ich erkläre feierlich, daß ich alle meine Befugnisse und Pflichten als Mitglied des Internationalen Militärgerichtshofes ehrenhaft, unparteiisch und gewissenhaft ausüben werde."

Der Leser wird in den folgenden Abschnitten selber die Frage beantworten können, ob sich diese Männer an das hier eingangs gegebene Versprechen und an ihre eigene Verpflichtung zur Unparteilichkeit gehalten haben.

Die Mitglieder und stellvertretenden Mitglieder des Gerichtshofes waren:

>Lord-Richter Lawrence – Mitglied für das Vereinigte Königreich von Großbritannien und Nordirland als Vorsitzender.

Richter Birkett – als stellvertretendes Mitglied,
Francis Biddle – Mitglied für die Vereinigten Staaten von Amerika,
Richter John P. Parker – als stellvertretendes Mitglied,
Professor Donnedieu de Vabres – Mitglied für die Französische Republik,
Appellationsgerichtsrat R. Falco, als stellvertretendes Mitglied,
Generalmajor I. T. Nikitschenko, Mitglied für die Union der Sozialistischen Sowjet-Republiken,
Oberstleutnant A. F. Wolchkow – als stellvertretendes Mitglied.

Im Generalsekretariat des Militärtribunals saß vor allem der Gerichtsmarschall. Bis zum 26. Juni 1946 war dies Oberst Charles W. Mays, danach bis zum Ende des Tribunals Oberstleutnant James R. Gifford.

Chef der Dolmetscher war Oberst Leo Dostert bis zum 17. April 1946; danach übernahm Fregattenkapitän Alfred Steer der USNR diese Position.

Drei Generalsekretäre teilten sich während dieses Prozesses ihre Aufgabe. Es waren in der Reihenfolge der Ernennungen:

Brigadegeneral W. M. L. Mitchell (bis zum 24. Juni 1946),
Oberst John E. Ray (ab dem 4. Juni 1946),
Harold B. Willey (vom 20. November 1945 bis zum 6. November 1946; sowie als US-Sekretär bis zum 11. Juli 1946).

Die Anklagebehörden der vier Ankläger setzten sich aus dem Hauptankläger, den Anklägern und den Hilfsanklägern zusammen (siehe Anlage: Die Anklagebehörde des IMT).

Die Hauptankläger waren: Justice Robert H. Jackson für die Vereinigten Staaten von Amerika; S. M. Generalstaatsanwalt Sir Hartley Shawcross für Großbritannien und Nordirland; General R. A. Rudenko für die Union der Sozialistischen Sowjet-Republiken; François de Menthon und Auguste Champetier für die Französische Republik.

In dieser ersten und letzten Berliner Sitzung erklärte der Vorsitzende, nachdem die Generalien abgehandelt worden waren, daß eine Anklageschrift vom Kollegium der Hauptankläger beim Gerichtshof eingereicht worden sei, in der die Anklagen gegen die Angeklagten Hermann Wilhelm Göring, Rudolf Heß, Joachim von

Ribbentrop, Robert Ley, Wilhelm Keitel, Ernst Kaltenbrunner, Alfred Rosenberg, Hans Frank, Wilhelm Frick, Julius Streicher, Walter Funk, Hjalmar Schacht, Gustav Krupp von Bohlen und Halbach, Karl Dönitz, Erich Raeder, Baldur von Schirach, Fritz Sauckel, Alfred Jodl, Martin Bormann, Franz von Papen, Arthur Seyß-Inquart, Albert Speer, Constantin von Neurath und Hans Fritzsche enthalten seien.

Lordrichter Lawrence erklärte weiter, daß der Gerichtshof die Verfahrensvorschriften dahingehend formuliert habe, wie ein gerechtes Prozeßverfahren gewährleistet werden könne, das auch den Angeklagten die Möglichkeit gebe, sich uneingeschränkt zu verteidigen.

Die in Haft befindlichen „Hauptkriegsverbrecher", wie sie schon vor Prozeßbeginn bezeichnet wurden, obgleich doch erst in diesem Prozeß ihre Schuld oder Unschuld ermittelt werden sollte, wurden darüber verständigt, daß sie sich binnen 30 Tagen nach Zustellung der Anklageschrift für den Prozeß bereitzuhalten hätten.

Bereits in Berlin wurde verkündet: „Im Hinblick auf Artikel 9 des Statuts wird auch bekanntgegeben, daß die Anklagebehörde dem Gericht anheimstellen wird, die folgenden angeführten Organisationen und Gruppen, in denen die Angeklagten oder einige von ihnen Mitglieder waren, zu verbrecherischen Organisationen zu erklären. Jedes Mitglied einer solchen Gruppe oder Organisation sollte das Recht haben, beim Gerichtshof zu beantragen, über die Frage des verbrecherischen Charakters einer solchen Gruppe oder Organisation gehört zu werden. Die Organisationen, um die es sich handelt, sind folgende:

Die Reichsregierung (Reichskabinett); das Korps der Politischen Leiter der Nationalsozialistischen Deutschen Arbeiterpartei (Führerkorps der Nazipartei); die Schutzstaffeln der Nationalsozialistischen Deutschen Arbeiterpartei (allgemein als SS bekannt); die Geheime Staatspolizei (allgemein als Gestapo bekannt); die Sturmabteilungen der Nationalsozialistischen Deutschen Arbeiterpartei (allgemein als SA bekannt), schließlich der Generalstab und das Oberkommando der deutschen Wehrmacht." (Siehe: Der Nürnberger Prozeß gegen die Hauptkriegsverbrecher vom 14. November 1945 bis zum 1. Oktober 1946.)

Als Angeklagte enthielt die Anklageschrift jene Namen, die bereits vorher genannt worden sind und deren Träger die als verbrecherisch angeklagten Organisationen als Angeklagte angeführt hatten.

Unter I) heißt es in der Anklageschrift: „Die Vereinigten Staaten von Amerika, die Französische Republik, das Vereinigte Königreich von Großbritannien und Nordirland und die Union der Sozialistischen Sowjet-Republiken haben die Unterzeichneten Robert H. Jackson, François de Menthon, Hartley Shawcross und R. A. Rudenko rechtmäßig zu Vertretern ihrer Regierungen und zum Zwecke der Untersuchung der Beschuldigungen gegen die Hauptkriegsverbrecher und deren Verfolgung bestellt.

In Ausführung des Londoner Abkommens vom 8. August 1945 und des diesem Abkommen beigefügten Status des Gerichtshofes beschuldigen sie die obengenannten Regierungen der Verbrechen gegen den Frieden, der Verbrechen gegen das Kriegsrecht und der Verbrechen gegen die Humanität in dem im Folgenden erörterten Sinn und eines gemeinsamen Planes und einer Verschwörung zur Begehung dieser Verbrechen, wie diese im Statut des Gerichtshofes definiert sind, und klagen dementsprechend wegen der weiter unten angeführten Punkte an." (Es folgten abermals die Namen der bereits genannten „Hauptkriegsverbrecher" und jene der als verbrecherisch angeklagten Organisationen.)

Anklagepunkt I

Gemeinsamer Plan oder Verschwörung

mit der Feststellung des Verbrechens, der Einzelheiten des Wesens und der Entwicklung des gemeinsamen Planes oder der Verschwörung.

A) Der Nazi-Partei als Mittelpunkt des gemeinsamen Planes oder der Verschwörung.
B) Der gemeinsamen Ziele und Methoden der Verschwörung.
C) Der Grundsätze und ihrer Anwendung in dem gemeinsamen Plan oder der Verschwörung.
D) Der Erlangung totalitärer Kontrolle über Deutschland: politisch.
E) Der Erlangung der totalitären Kontrolle in Deutschland

– wirtschaftlich – und die Planung und Mobilmachung der Wirtschaft für einen Angriffskrieg.
F) Verwendung der Nazi-Kontrolle für den Angriff auf das Ausland (mit der Aufzeichnung aller „angegriffenen" Staaten).

Anklagepunkt II

Verbrechen gegen den Frieden
mit der Feststellung des Verbrechens.
Der Aufzählung der geplanten, vorbereiteten, entfesselten und geführten Kriege.

Anklagepunkt III

Kriegsverbrechen mit
A) Ermordung und Mißhandlung der Zivilbevölkerung von oder in besetzten Gebieten und auf hoher See.
B) Deportation der Zivilbevölkerung von und aus besetzten Ländern zur Sklaverei und für andere Zwecke:
Aus den westlichen Ländern.
Aus den östlichen Ländern.
C) Mord und Mißhandlung von Kriegsgefangenen und anderen Angehörigen der Streitkräfte solcher Länder, mit denen Deutschland im Kriege stand, und von Personen auf hoher See:
In den westlichen Ländern.
In den östlichen Ländern.
D) Ermordung von Geiseln:
In den westlichen Ländern.
In den östlichen Ländern.
E) Plünderung öffentlichen und privaten Eigentums:
In den westlichen Ländern.
In den östlichen Ländern.
F) Eintreibung von Kollektiv-Strafen.
G) Frevelhafte Zerstörung von großen und kleinen Städ-

Der Staatsmann Hitler.

Und seine Besucher, hier: Ministerpräsident Gömbös.

Auch Außenminister Eden und Simon finden sich in der Reichskanzlei ein.

Hitler im Gespräch mit dem polnischen Außenminister Oberst Beck.

Aus dem fernen Japan erscheint eine Marineabordnung.

Hitler im Gespräch mit dem Doyen des politischen Korps.

Neujahrsempfang 1935: der französische Botschafter Francois Poncet bei Hitler.

Sitzung der Reichsstatthalter in der Reichskanzlei.

Parteitag 1935 in Nürnberg: die ausländischen Militär-Attachés vollzählig versammelt.

ten und Dörfern und Verwüstungen ohne militärisch begründete Notwendigkeit:
In den westlichen Ländern.
In den östlichen Ländern.
H) Zwangsweise Rekrutierung von Zivilarbeitern:
Aus den westlichen Ländern.
Aus den östlichen Ländern.
I) Zwang für Zivilbewohner besetzter Gebiete, einer feindlichen Macht den Treueid zu leisten.
J) Germanisierung besetzter Gebiete.

Anklagepunkt IV

Verbrechen gegen die Humanität
Feststellung des Verbrechens.
A) Ermordung, Ausrottung, Versklavung, Deportation und andere unmenschliche Handlungen gegen die Zivilbevölkerung vor oder während des Krieges.
B) Verfolgung aus politischen, rassischen und religiösen Gründen in Ausführung von und in Zusammenhang mit dem in Anklagepunkt I erwähnten gemeinsamen Plan.

Über die Verantwortlichkeit von Einzelpersonen, Gruppen und Organisationen für das den Gegenstand von Anklagepunkt IV bildende Verbrechen wurde folgendes formuliert:
„Es wird hiermit auf die in Anlage A der Anklageschrift enthaltenen Angaben betreffend die Verantwortlichkeit der einzelnen Angeklagten für das unter Anklagepunkt IV angeführte Verbrechen Bezug genommen. Ferner wird auf die in der Anlage B der Anklageschrift enthaltenen Angaben betreffend die Verantwortlichkeit der Gruppen und Organisationen, hier als verbrecherische Gruppen und Organisationen bezeichnet, für das in Anklagepunkt IV der Anklageschrift dargelegte Verbrechen Bezug genommen.

Nach alledem wird hiermit diese Anklage vor dem Gerichtshof in Englisch, Französisch und Russisch erhoben, wobei jeder Text gleiche Geltung hat; die hierin gegen die obenerwähnten Angeklagten erhobenen Anklagen werden hiermit dem Gericht überreicht."
gez. Robert H. *Jackson*
Für die Vereinigten Staaten von Amerika.

gez. François *de Menthon*
für die Französische Republik.
gez. Hartley *Shawcross*
für das Vereinigte Königreich von Großbritannien und Nordirland.
gez. R. A. *Rudenko*
für die Union der Sozialistischen Sowjet-Republiken.
Berlin, den 6. Oktober 1945.

Gegen deutsche Offiziere

Die in diesem Werk behandelten „Fälle" der „Hauptkriegsverbrecher" betreffen jene Generale, Feldmarschälle, Admirale und Großadmirale der Deutschen Wehrmacht, die sowohl vor dem Internationalen Militärtribunal als auch später in den Nachfolgeprozessen und vor anderen Tribunalen verschiedener Kriegsverbrechen angeklagt wurden.

Über die Persönlichkeiten aus Politik, Wirtschaft, Diplomatie und Medizin und deren Prozesse ist bereits in großer Zahl und erschöpfend berichtet worden. Über den ganzen Umfang der Anklage und Prozesse gegen deutsche Offiziere und vor allem gegen das Oberkommando der Wehrmacht und den deutschen Generalstab jedoch herrscht in Deutschland mehr als in den Siegerstaaten völlige Unkenntnis vor. Dies ist *ein* Grund, jene Kapitel der Prozesse gegen die genannten Personen und Organisationen zu untersuchen. Es geht vor allem darum, aufzuhellen, wie es kommen konnte, daß deutsche Offiziere, nur weil sie Generale waren, vor Gericht gestellt und zum Tode und zu langen Haftstrafen verurteilt werden konnten. Zunächst schien dies unmöglich.

Feldmarschall Sir Bernhard Montgomery gab mir den letzten Anstoß, dieses Wagnis auf mich zu nehmen, als er in einem seiner Werke und auch in öffentlicher Rede sagte:

„Die Nürnberger Prozesse haben einen verlorenen Krieg zum Verbrechen gestempelt. Die Generale der besiegten Seite wurden erst vor Gericht gestellt und dann an den Galgen gebracht."

Im weiteren Verlauf meiner Recherchen erfuhr ich noch etwas, was es für mich zur Pflicht machte, diesen Riesenkomplex, der mit soviel Unwahrheiten, Halbwahrheiten, so vielen Irrungen und

Wirrungen verknüpft ist, zu durchleuchten. Der amerikanische Hauptankläger Justice Robert H. Jackson hat einmal vor dem IMT erklärt: „Die Arbeit des Internationalen Militärtribunals bedeutet die Fortsetzung des Krieges mit anderen Mitteln."

Ein anderes Mittel war die erfundene Verschwörungstheorie. „Die Verschwörungstheorie, die aus einer legal vom deutschen Volk gewählten Regierung eine Meute von Verschwörern machte", war nach den Erkenntnissen der im IMT sitzenden Ankläger „die *einzige* Methode, um alle Angeklagten auch als Hauptkriegsverbrecher einstufen zu können".

Das Ziel dieser neuen Nachkriegs-Offensive war es, alle deutschen Politiker und Soldaten, jeden Zivilisten vom SA-Mann bis zum Pimpf zum Naziverschwörer zu stempeln. Und auf diesem Wege wurden die deutschen Offiziere und Soldaten in der Steigerung dieses Begriffes zu „Nazimördern".

Was ich eruieren konnte, soll in den folgenden Abschnitten niedergelegt werden als ein Beweis dafür, daß noch immer nicht das letzte Wort über Nürnberg gesprochen ist und daß es auch heute noch, 40 Jahre nach den Nürnberger Urteilssprüchen, *nicht zu spät ist,* den Prozeß neu aufzurollen und den deutschen Soldaten wenigstens posthum Gerechtigkeit zuteil werden zu lassen.

Nürnberg und das mit diesem Namen verbundene Militärtribunal, das keines war, weil beispielsweise den deutschen Feldmarschällen und Großadmiralen keine ranggleichen Richter gegenübersaßen, die den Umfang der Verantwortung dieser soldatischen Führer im Kriege hätten ermessen können, sollte ein neues Völkerrecht schaffen. So wenigstens lauteten die Bekundungen der dort zu Gericht sitzenden Richter. Ein Völkerrecht, nach dem auch nach Ende dieses Prozesses Recht gesprochen werden konnte. Wurde dieses hohe Ziel geschafft? Nein, das erreichten sie nicht; bei weitem nicht.

Was sie erreichten, war nach den Unterlagen und Zitaten, die ich von führender Seite erhalten konnte, das eine: Sie hatten ein vollendetes Forum der Rache geschaffen, vor dem die Angeklagten bereits *vor* Verkündung des Urteils als Verbrecher bezeichnet wurden. Sie bildeten eine Schaubühne, auf der Macht und Gewalt Regie führten und das Recht mit Füßen traten. Dies soll in den folgenden Abschnitten in bezug auf die vor den Gerichten stehenden deutschen Soldaten dargelegt werden.

Die Verantwortlichen:

„Die Feststellung der Verantwortlichkeit von Einzelpersonen für Verbrechen, aufgezählt in den Anklagepunkten I, II, III und IV", lautete:

Für den ehemaligen Reichsmarschall
HERMANN GÖRING

„Der Angeklagte Göring war in der Zeit von 1932 bis 1945 Mitglied der NSDAP, Reichsführer der SA, General der SS, Mitglied und Präsident des Reichstages, Preußischer Innenminister, Präsident der Preußischen Polizei und Chef der Preußischen Geheimen Staatspolizei.

Er war Präsident des Preußischen Staatsrates, Treuhänder des Vierjahresplanes, Reichsluftfahrtminister, Präsident des Ministerrates für die Reichsverteidigung, Mitglied des Geheimen Kabinettsrates, Oberhaupt des Hermann-Göring-Konzerns und designierter Nachfolger Hitlers.

Der Angeklagte Göring benutzte die genannten Stellungen, seinen persönlichen Einfluß und seine enge Beziehung zum Führer in der Weise, daß er die Machtergreifung der Nazi-Verschwörer und die Befestigung ihrer Kontrolle über Deutschland, angeführt in Anklagepunkt I, sowie die militärische und wirtschaftliche Vorbereitung für den Krieg, angeführt im Anklagepunkt I, förderte; daß er an der von den Naziverschwörern unternommenen Planung und Vorbereitung von Angriffskriegen und Kriegen in Verletzung internationaler Verträge, Abkommen und Zusicherungen, angeführt im Anklagepunkt I und II, und daß er die in Anklagepunkt III der Anklageschrift angeführten Verbrechen gegen die Humanität, darunter viele verschiedenartige Verbrechen gegen Personen und Eigentum, genehmigte, leitete und an ihnen teilnahm."

Daß die Tätigkeit Görings als Oberbefehlshaber der deutschen Luftwaffe hier unerwähnt blieb, bedeutete nicht, daß er nicht vor dem Tribunal als solcher angeklagt wurde, wie das Kapitel „Göring im Zeugenstand" erhärten wird. Kein Gericht der Erde wird jemals beweisen können, daß ein einzelner in einer solchen Anhäufung von Ämtern auch nur sporadisch hätte wirken können.

Für den ehemaligen Generalfeldmarschall
WILHELM KEITEL

„Der Angeklagte Keitel war von 1938 bis 1945 Chef des Oberkommandos der Deutschen Wehrmacht, Mitglied des Geheimen Kabinettrates, Mitglied des Ministerrates für die Verteidigung und Feldmarschall.

Der Angeklagte Keitel benutzte die vorangegangenen Stellungen, seinen persönlichen Einfluß und seine intimen Beziehungen zum Führer dazu: Daß er die militärischen Vorbereitungen für einen Krieg, wie in Anklagepunkt I der Anklageschrift angeführt, förderte.

Er nahm an den politischen Plänen und Vorbereitungen der Nazi-Verschwörer für Angriffskriege und Kriege in Verletzung von internationalen Verträgen, Vereinbarungen und Zusicherungen teil, wie in den Anklagepunkten I und II angeführt; er übernahm die Verantwortung für die Ausführung des Planes und führte den Plan der Nazi-Verschwörer für Angriffskriege und Kriege in Verletzung von internationalen Verträgen, Vereinbarungen und Zusicherungen aus, wie im Anklagepunkt IV angeführt; er genehmigte und leitete Kriegsverbrechen und Verbrechen gegen die Humanität, die mit der üblen Behandlung von Kriegsgefangenen und der Zivilbevölkerung besetzter Gebiete verbunden waren, und nahm an diesen Verbrechen teil."

Für den ehemaligen Generaloberst
ALFRED JODL

„Der Angeklagte Jodl war von 1932 bis 1945 Oberstleutnant in der Operationsabteilung der Wehrmacht, Oberst, Chef der Operationsabteilung des Oberkommandos der Wehrmacht, Generalmajor und Chef des Wehrmachtsführungsstabes und schließlich Generaloberst.

Der Angeklagte Jodl benutzte die vorangegangenen Stellungen, seinen persönlichen Einfluß und seine enge Beziehung zum Führer dazu: daß er die Machtergreifung der Nazi-Verschwörer und die Festigung ihrer Kontrolle über Deutschland, wie in Anklagepunkt I angeführt, förderte; er stärkte und festigte die Vorbereitung für den Krieg, wie in Anklagepunkt I angeführt; er nahm an den militärischen Plänen und Vorbereitungen der Nazi-Verschwörer für Angriffskriege und Kriege in Verletzung internationaler Verträge, Vereinbarungen und Zusicherungen teil, wie in den Anklagepunkten I und II angeführt; er genehmigte und leitete Kriegsverbrechen, wie in Anklagepunkt III angeführt und Verbrechen gegen die Humanität, wie in Anklagepunkt IV ausgeführt, einschließlich vieler Verbrechen gegen Personen und Eigentum, und nahm an diesen Verbrechen teil."

Für den ehemaligen Großadmiral
ERICH RAEDER

Der Angeklagte Raeder war von 1928 bis 1945 Erster Befehlshaber der Deutschen Kriegsmarine, General-Admiral, Großadmiral, Admiralinspektor der Deutschen Kriegsmarine und Mitglied des Geheimen Kabinettsrates.

Der Angeklagte Raeder benutzte die vorgenannten Stellungen und seinen persönlichen Einfluß dazu: Daß er die Kriegsvorbereitungen, wie in Anklagepunkt I angeführt, förderte; er nahm an den politischen Plänen und Vorbereitungen der Nazi-Verschwörer für Angriffskriege und Kriege in Verletzung von internationalen Verträgen, Vereinbarungen und Zusicherungen teil, wie in den Anklagepunkten I und II angeführt. Er führte den Plan aus und übernahm die Verantwortung für die Ausführung des Planes der Nazi-Verschwörer für Angriffskriege und Kriege in Verletzung von internationalen Verträgen, Vereinbarungen und Zusicherungen, wie in den Anklagepunkten I und II angeführt; er genehmigte und leitete Kriegsverbrechen, wie in Anklagepunkt III angeführt, insbesondere Kriegsverbrechen im Seekrieg und nahm an diesen Verbrechen teil.

Für den ehemaligen Großadmiral
KARL DÖNITZ

Der Angeklagte Dönitz war von 1932 bis 1945 Befehlshaber der U-Boot-Flottille Weddigen, Befehlshaber der U-Boot-Waffe, Vizeadmiral, Admiral, Großadmiral und Oberster Befehlshaber der deutschen Kriegsmarine, Hitlers Ratgeber und *Hitlers Nachfolger als Haupt der deutschen Regierung.*

Der Angeklagte Dönitz benutzte die vorangegangenen Stellungen, seinen persönlichen Einfluß und seine engen Beziehungen zum Führer dazu: Daß er die Kriegsvorbereitungen, wie im Anklagepunkt I angeführt, förderte; er nahm an den militärischen Plänen und Vorbereitungen der Nazi-Verschwörer für Angriffskriege und Kriege in Verletzung von internationalen Verträgen, Vereinbarungen und Zusicherungen teil, wie in den Anklagepunkten I und II angeführt, und er genehmigte und leitete Kriegsverbrechen, wie in Anklagepunkt III angeführt, besonders Verbrechen gegen Personen und Eigentum auf hoher See, und nahm an diesen Verbrechen teil.

Diese letzte Anklage ist besonders kurios, als darin Dönitz ab 1932 als Befehlshaber der U-Boot-Flottille „Weddigen" genannt wird, obgleich diese Flottille derzeit noch nicht bestand und auch Dönitz noch nicht in der U-Boot-Waffe diente.

Andere Dinge kommen hinzu, die noch in dem Kapitel über „Großadmiral Dönitz auf der Zeugenbank" geklärt werden sollen.

Nach dieser pauschalen, immer gleichen Anklage, die blindlings für jeden der fünf Militärs ausgetauscht werden konnte und genauso paßte, sei im Folgenden zunächst der Beginn des Nürnberger Prozesses dargestellt, bevor dann die Anklagen gegen die deutschen Offiziere und den deutschen Generalstab und das Oberkommando der Wehrmacht weiterverfolgt werden sollen.

Das Nürnberger Tribunal

Der Nürnberger Justizpalast, der mit seinem verwirrenden Irrgarten von Gefängnissen, Verwaltungs- und Gerichtsgebäuden Schauplatz des Prozesses gegen die Hauptkriegsverbrecher werden sollte, war durch alliierte Panzerwagen und eine Unmasse von Postenstellen in eine Festung verwandelt worden, in der sich das Tribunal eingenistet hatte.

Hier herrschte am frühen Morgen des 20. November 1945, einem Dienstag, geschäftiges Treiben. Aus ihren Käfigen mit den Schildern der darin vegetierenden „Kriegsverbrecher" über den Türen, in deren einer Dr. Robert Ley Selbstmord begangen hatte und ein zweiter das gleiche nach dem Urteilsspruch tun würde, wurden die Angeklagten gegen 7.00 Uhr rasiert. Um 9.00 Uhr führten die Guards ihre Gefangenen in den Gerichtssaal.

Sie wurden auf ihre Plätze geführt, wie dies vorher schon in einer Generalprobe geschehen war. Den Anklagebänken gegenüber ragte in drei Etagen der Standort des Tribunals empor. Dort standen lederne Sessel bereit, um die Richter ganz oben, ihre Sekretäre in der mittleren und die Stenographen in der unteren Reihe aufzunehmen.

Über den Richtern an der Wand hingen das Sternenbanner, der Union Jack, die Trikolore und die rote Fahne mit Hammer und Sichel.

Links von den zwei Reihen der Angeklagten befand sich ein Sitzpult mit einem Stuhl dahinter: der Zeugenstand. Daran schlossen sich die sechs Tische der Anklage an. Dahinter befand sich eine Barriere, welche die Zuschauer aus dem doppelgeschossigen Zuschauerraum vom Ort der Handlungen im Saal fernhalten sollte.

Die Pressebänke waren von Journalisten besetzt, deren „loyaler" Berichterstattung man sicher sein durfte.

Als Gerichtsmarschall Colonel Mays die Anwesenden aufforderte, ihre Plätze einzunehmen, und nachdem dies auch geschehen war, rief er sein „Attention!".

Die vier Richter hielten mit ihren vier Vertretern Einzug. An der Spitze die beiden Franzosen, gefolgt von den Amerikanern und Engländern in ihren Roben. Die zum Schluß eintretenden Sowjetrussen trugen Uniformen, die einzigen, die vage an ein Militärtribunal erinnerten.

Dann begann das Verlesen der Anklageschrift. Von nun an lief das Spießrutenlaufen für die Angeklagten mit der Regelmäßigkeit eines schnurrenden Uhrwerks.

Vier Monate lang wurde von allen vier Anklägern die immer gleiche Anklage verlesen, mit winzigen eingestreuten Einzelheiten. Die Formulierungen waren zwar nicht wortgleich, aber die Wirkung war es.

„Die Anklage trat mit einer Karikatur des Nationalsozialismus gegen uns an, die die feindliche Propaganda vor und während des Krieges gezeichnet hatte." (Siehe: Springer, Hildegard: Das Schwert auf der Waage.)

Als die Anklage bis zum 10. März 1946 nach vier Monaten mit ihrem Vortrag fertig war, wurden die deutschen Verteidiger der Angeklagten vom Gericht dazu aufgefordert, jene Dokumente, die sie zur Entlastung der Anklagen vorzulegen wünschten, dem Gericht vorzulegen und durch dieses übersetzen und vervielfältigen zu lassen.

Die ersten Verteidiger, die dieser Aufforderung nachkamen, stellten zu ihrer Verblüffung und zu ihrem Entsetzen fest, daß nach der Abgabe ihrer Entlastungsdokumente sowohl das Gericht als auch die Ankläger dasselbe sofort lesen und intensiv studieren konnten. Das bedeutete, daß jeder Überraschungseffekt, den die Anklage meisterhaft vorgebracht hatte, für die Verteidigung verlorenging.

Als die Verteidiger das Gericht um Auskunft darüber ersuchten, mußten sie erfahren, daß gerade *das* vom Gericht beabsichtigt war. Das Gericht erklärte: „Ankläger und Anwälte sind gleicherweise berechtigt, Dokumente der Gegenseite zu beanstanden; dann werde das Tribunal über Annahme oder Verwerfung der Verteidigungs-Dokumente entscheiden. Danach würden die zugelassenen Texte übersetzt und kopiert."

In Tausenden von Fällen wurden dann auch später Entlastungsdokumente, die wirkliche Dokumente und nicht irgendwelche Papierschnipsel waren, einfach abgelehnt. Immer nach der Feststellung von Justice Jackson:

„Gemäß dem Statut ist es unsere Pflicht, den Fall für die *Anklage* vorzutragen. In keinem Falle werde ich zwei Herren dienen." (Siehe IMT Bd. III, S. 614)

Damit war eine erfolgreiche Verteidigung der Angeklagten zu Fall gebracht worden, denn durch die „Vorzensur der Staatsanwaltschaft" (so Dr. Horn in Band VII des IMT-Prozesses) wurden entlastende Dokumente ausgesiebt und verworfen. Diejenigen Verteidigungsdokumente, die für die Entlastung der Angeklagten dienlich gewesen wären, wurden als „unerheblich" abgelehnt (sie waren ja auch, wenigstens für die Anklage, unerheblich).

Unter diesen abgelehnten Dokumenten befanden sich auch Urkundensammlungen, die zweifelsfrei bewiesen, daß der Versailler Vertrag nicht durch Deutschland gebrochen wurde, sondern daß Deutschland nach dem Bruch des Vertrages durch alle Sieger sich nicht mehr an den gebrochenen Vertrag gebunden fühlte.

Das deutsche Weißbuch „Bolschewistische Verbrechen gegen Kriegsrecht und Menschlichkeit", das Kriegsverbrechen der Roten Armee unter Beweis stellte und diese durch neutrale Zeugenaussagen erhärtete, war „unerheblich" (Siehe Bd. IX, S. 758). Für die Anklage und das Gericht, versteht sich.

Das deutsche „Weißbuch zur britischen Aufrüstung und Kriegshetze gegen Deutschland" verschwand ebenso von der Bildfläche wie die Dokumente des deutschen Weißbuches über das polnische Vorgehen gegen die deutschen Volksgruppen von 1919 bis zum März 1939, die das Gericht ebenfalls ablehnte.

Die in den deutschen Weißbüchern Nummer 5–7 gesicherten Dokumente und Unterlagen des französischen Generalstabes wurden abgelehnt, weil das Gericht diese Behandlung für „reine Zeitverschwendung" betrachtete. Der französische Ankläger bezeichnete die Vorlage der Generalstabsunterlagen der jugoslawischen Armee als „ganz unerheblich" und ließ sie vom Gericht ablehnen.

Die Kriegspolitik der Vereinigten Staaten und die berüchtigte „Quarantäne-Rede" des US-Präsidenten Roosevelt vom 5. Oktober 1937 „scheint zu lange zurückzuliegen, um noch von irgendwelcher Erheblichkeit zu sein", wie der britische Ankläger ausführte. Aber die 1919 angeblich erfolgten nebulösen deutschen Vergehen waren brandaktuell.

Die Verbrechen der französischen Seite gegen deutsche Kriegsgefangene im Frankreich-Feldzug wurden zwar durch das Genfer Rote Kreuz als zutreffend erkannt, waren aber nach Justice R. Jackson „für die Anklagepunkte, die wir jetzt untersuchen, nicht erheblich." (Siehe IMT, Band X, S. 360.)

Der deutsche Historiker Hans-Günther Seraphim schrieb dazu: „Hier sind Methoden zur Tatsachenfeststellung vorgeschrieben, die den Voraussetzungen einer wissenschaftlichen Geschichtsforschung in keiner Weise entsprechen, ja in klarem *Widerspruch* dazu stehen. (Siehe Seraphim, Hans-Günther: Nachkriegsprozesse und zeitgeschichtliche Forschung, in: Festschrift für Herbert Kraus.)

In diesem Sinne ist auch ein Ausspruch des englischen Chefanklägers zu verstehen, der betonte: „Was wir bei diesem Verfahren abschaffen wollen, ist die Diskussion darüber, ob die Handlungen Verletzungen des Völkerrechts sind oder nicht. Wir erklären einfach, *daß* das Völkerrecht *ist,* so daß es keine Diskussion geben wird, ob es Völkerrecht ist oder nicht." (Siehe Heydecker und Leeb a.a.O.).

Die Gesamtverteidigungserklärung am 19. November 1945

„Zwei furchtbare Weltkriege und die gewaltsamen Zusammenstöße, durch die der Frieden unter den Staaten in der Zeit zwischen diesen großen erdumspannenden Konflikten verletzt worden ist, haben in den gepeinigten Völkern diese Erkenntnis reifen lassen: Eine wirkliche Ordnung zwischen den Staaten ist nicht möglich, solange jeder Staat kraft seiner Souveränität das Recht hat, zu jeder Zeit und zu jedem Zweck Krieg zu führen.

Die öffentliche Meinung der Welt hat es in den letzten Jahrzehnten immer schärfer abgelehnt, daß der Entschluß zur Führung eines Krieges jenseits von Gut und Böse stehe. Sie unterscheidet zwischen gerechten und ungerechten Kriegen und verlangt, daß die Staatengemeinschaft den Staat, der einen ungerechten Krieg führt, zur Rechenschaft zieht und ihm, wenn er siegen sollte, die Früchte seiner Gewalttat versagt. Ja, es wird gefordert, daß nicht nur der schuldige Staat verurteilt und haftbar gemacht wird, sondern daß darüber hinaus die Männer, die an der Entfesselung des ungerechten Krieges schuldig sind, von einem Internationalen Gericht zur Strafe verurteilt werden. Darin geht man jetzt weiter als selbst die strengsten Rechtsdenker seit dem frühen Mittelalter.

Dieser Gedanke liegt der ersten der drei Anklagen zugrunde, die in diesem Prozeß erhoben worden ist, nämlich der Anklage wegen Verbrechens wider den Frieden. –

Aber heute ist dieser Gedanke noch nicht geltendes Völkerrecht. Weder die Satzung des Völkerbundes, dieser Weltorganisation gegen den Krieg, noch der Kellogg-Briand-Pakt noch irgendein anderer Vertrag, der nach 1918 in der ersten Welle der Versuche, den Angriffskrieg zu ächten, geschlossen worden ist, hat diesen Gedanken verwirklicht. Vor allem aber ist die Praxis des Völkerbundes bis in die allerjüngste Zeit in diesem Punkt ganz eindeutig. Er hatte mehrfach über Rechtmäßigkeit oder Unrechtmäßigkeit des gewaltsamen Vorgehens eines Bundesmitgliedes gegen ein anderes zu entscheiden. Aber er hat *stets* das gewaltsame Vorgehen nur als Verstoß des Staates gegen das Völkerrecht verurteilt und nie daran gedacht, Staatsmänner, Generale und Wirtschaftsführer des gewaltübenden Staates zu beschuldigen, geschweige denn vor ein internationales Strafgericht zu stellen.

Und als in diesem Sommer 1945 in San Francisco die neue

Weltfriedensorganisation errichtet wurde, hat man keinen Rechtssatz geschaffen, nach dem in Zukunft ein internationales Gericht die Männer, die einen ungerechten Krieg auslösen, zu Strafe zu verurteilen wird.

Der jetzige Prozeß kann sich deshalb, soweit er Verbrechen gegen den Frieden ahnden soll, nicht auf geltendes Völkerrecht stützen, sondern ist ein Verfahren aufgrund eines neuen Strafgesetzes, eines Strafgesetzes, das erst *nach* der Tat beschlossen wurde. Dies widerstrebt einem in der Welt geheiligten Grundsatz der Rechtspflege, dessen teilweise Verletzung in Hitler-Deutschland außerhalb und innerhalb des Reiches erregt mißbilligt worden ist. Es ist der Satz:

,Bestraft werden darf nur, wer gegen ein zur Zeit seiner Tat bereits bestehendes Gesetz verstoßen hat, das ihm Strafe androht.'

Dieser Satz gehört zu den großen Grundsätzen der Staatsordnung gerade der Signatarstaaten des Statutes für diesen Gerichtshof, nämlich Englands seit dem Mittelalter, der Vereinigten Staaten von Amerika seit ihrer Geburt, Frankreichs seit seiner großen Revolution und der Sowjetunion.

Und als jüngst der Kontrollrat für Deutschland ein Gesetz erließ, das die Rückkehr zu einer gerechten deutschen Strafrechtspflege sichern soll, verfügte er in erster Linie die Wiederherstellung dieses Satzes:

,Keine Strafe ohne ein Strafgesetz, das zur Zeit der Tat schon galt!'

Dieser Satz ist eben nicht eine Zweckmäßigkeitsvorschrift, sondern entspringt der Einsicht, daß sich *jeder* Angeklagte ungerecht behandelt fühlen muß, wenn er nach einem nachträglich geschaffenen Gesetz bestraft wird.

Die Verteidiger aller anwesenden Angeklagten würden ihre Pflicht verletzen, wenn sie das Verlassen des geltenden Völkerrechts und die Zurücksetzung eines allgemein anerkannten Grundsatzes der modernen Strafrechtspflege schweigend hinnähmen und Bedenken unterdrückten, die heute auch außerhalb Deutschlands offen ausgesprochen werden. Dies um so mehr, als die Verteidigung einhellig überzeugt ist, daß dieser Prozeß auch *dann, ja, gerade* dann in hohem Maße dem Fortschritt der Weltordnung dienen könnte, wenn er sich *nicht* vom geltenden Völkerrecht entfernt. –

Die Verteidigung ist weiter der Anschauung, daß auch andere Normen strafrechtlichen Inhalts in dem Statut den Rechtsgrundsatz ‚Nulla poene sine lege' gegen sich haben."

Nach dieser Einleitung, die bereits genug Zündstoff in sich barg, kam Dr. Stahmer zum Kern seiner Vorbehalte, um dies juristisch geschliffen zu bezeichnen, als er fortfuhr:

„Die Verteidigung ist schließlich verpflichtet, schon jetzt auf eine andere Eigenart dieses Prozesses hinzuweisen, mit der dieser von allgemein anerkannten Grundgesetzen der modernen Strafrechtspflege abweicht: Die Richter sind nur von Staaten bestellt, die in diesem Krieg die eine Partei gewesen sind. Diese eine Streitpartei ist alles in einem: Schöpfer der Gerichtsverfassung und der Strafrechtsnormen, Ankläger und Richter. Daß dies nicht so sein dürfte, war bisher gültige Rechtsüberzeugung, wie denn auch die Vereinigten Staaten von Nordamerika als Vorkämpfer für die Einrichtung einer internationalen Schiedsgerichtsbarkeit und Gerichtsbarkeit *stets* verlangt haben, daß die Richterbank mit *Neutralen oder* mit Neutralen unter Zuziehung von Vertretern *aller* Streitparteien besetzt werde.

Im ständigen Internationalen Gerichtshof im Haag ist dieser Gedanke in beispielgebender Weise verwirklicht worden.

In Hinblick auf die Vielfalt und Schwierigkeit dieser Rechtsfrage stellt die Verteidigung den Antrag: Der Gerichtshof möge von international anerkannten Völkerrechtsgelehrten Gutachten über die rechtlichen Grundlagen dieses auf dem Statut des Gerichtshofes beruhenden Prozesses einholen."

Dieses Verfahren erschien dem Gericht denn doch zu windig, was *seine* Position anlangte. Es lehnte es ab. Nicht nur, daß *kein* Gutachten angefordert wurde, Dr. Stahmer durfte diesen Schriftsatz nicht einmal vor Gericht verlesen, denn dann hätte es *vielleicht* doch den einen oder anderen wahrheitsliebenden Journalisten veranlassen können, diesen Text, der eine Menge Anschuldigungen enthielt und trotz seiner vorsichtigen Formulierung geeignet war, das gesamte Gericht und sein Verfahren unglaubwürdig zu machen, in seiner Zeitung zu veröffentlichen. Voraussetzung war natürlich, daß ein solcher Journalist widerstandsfähig genug war und sich nicht davor fürchtete, ebenfalls in Nürnberg oder anderswo eingesperrt zu werden.

In dumpfer Unkenntnis über die in Nürnberg gepflogenen Praktiken waren alle Deutschen darauf angewiesen, das zu erfahren und zu glauben oder es nicht zu glauben, was aus dem Gerichtssaal in die Zeitungen sickerte. Das aber war sorgsam gesiebt.

Unter jenen, die Nachrichten aus Nürnberg verbreiteten, war auch ein gewisser Gaston Oulman, der mehrere Rundfunksender vertrat. Er wurde bespielsweise von einem der Psychiater am Gerichtshof, Dr. Gilbert, als „wichtigster in Nürnberg weilender Publizist" apostrophiert. Dieser Oulman sprach täglich 15 Minuten im Rundfunk. Dieser Mann bezeichnete bei jeder sich bietenden Gelegenheit den Nürnberger Prozeß als „Meilenstein auf dem Wege der Menschheit zum Frieden". Er wurde aber auch nicht müde, die 21 vor den Schranken des Gerichts sitzenden „Hauptkriegsverbrecher" schon vor ihrer Verurteilung zu verurteilen und dies lauthals zu verkünden.

Daß sich dieser Oulman in „Ausnutzung seiner praktisch unbegrenzten Macht unter der Vorspiegelung, ihnen helfen zu können, den Frauen und Töchtern von toten und gefangenen Prominenten näherte", wird von einem der 21 „Hauptkriegsverbrecher", Hans Fritsche, der dann nach Prozeßschluß wegen erwiesener Unschuld entlassen werden mußte, berichtet. Hans Fritzsche kennzeichnet dessen Verhalten so:

„Er war einer der *vielen* Leichenfledderer, die im Gefolge der Sieger kamen."

Daß er damit nicht unrecht hatte, zeigt der Steckbrief, der ein Jahr nach den Nürnberger Prozessen dem flüchtigen Oulman alias Hans Ullmann oder Johannes Lehmann, dem „Kubaner" aus Wien, hinterherlief. Die französische Polizei nahm ihn schließlich wegen Betruges, Erpressung und Handels mit falschen Pässen fest.

Um *ihre* neuen Gesetze und Statuten zu verteidigen, erläuterten die Siegermächte im Anschluß an die Auflistung aller von Deutschen begangenen Kriegsverbrechen durch den Chef-Ankläger Amerikas, Justice Jackson, das Verfahrensrecht. Daß die Auflistung aller Greueltaten, der bewiesenen und unbewiesenen, in dieser Hinsicht zur Einstimmung auf die neuen Regeln dieses Gerichtshofes wichtig erschien, war nicht zu leugnen. Justice Jackson erklärte:

„Das Ende des Krieges stellte die siegreichen Alliierten, als die Angeklagten in Gefangenschaft gerieten, vor die Frage, ob sich

Männer in führender Stellung vor Gericht für Taten zu verantworten hätten, wie ich sie hier geschildert habe.

Muß solches Unrecht entweder übergangen oder nur in der Wallung des Zorns gesühnt werden? Bietet das Recht keine überkommene Regel, nach der darüber mit Bedacht und Vernunft geurteilt werden könnte?

Das Statut dieses Gerichts beruht auf dem Glauben, daß der Gedanke des Rechts nicht nur das Verhalten kleiner Leute beherrschen soll, sondern daß auch die Mächtigen, die Herrscher selbst ‚Gott und dem Gesetz untertan sind', wie es der oberste Richter des Landes, Coke, einmal König Jakob gegenüber ausgedrückt hat. Die Vereinigten Staaten glaubten, das Recht habe seit langem feste Begriffe geschaffen, nach denen eine gerichtliche Untersuchung geführt werden könne, und zwar so, daß die Strafe *nur die richtigen Männer* und aus dem rechten Grunde treffe. Nach den Anweisungen des verstorbenen Präsidenten Roosevelt und der Entscheidung der Konferenz von Jalta beauftragte Präsident Truman Vertreter der Vereinigten Staaten, einen Entwurf für ein internationales Abkommen auszuarbeiten.

Auf der Konferenz von San Francisco wurde dieser Entwurf den Außenministern Großbritanniens, der Sowjetunion und der provisorischen Regierung Frankreichs unterbreitet, und nach vielen Abänderungen entstand dann aus ihm die Satzung dieses Gerichtshofes.

Das Abkommen stellt die Regeln und Grundsätze auf, nach denen über die Angeklagten Recht gesprochen werden soll. Es drückt aber nicht nur die Absichten jener Mächte aus, die es unterzeichnet haben. Auch *andere* Staaten mit verschiedenartigen, aber sehr angesehenen Rechtsauffassungen haben sich dazu bekannt, nämlich Belgien, die Niederlande, Dänemark, Norwegen, die Tschechoslowakei, Luxemburg, Polen, Griechenland, Jugoslawien, Abessinien, Australien, Haiti, Honduras, Panama, Neuseeland, Venezuela und Indien.

Sie, meine Richter, sprechen dieses Recht nach einem Gesetz, das die Weisheit, das Gerechtigkeitsgefühl und den Willen von 21 Regierungen, einer überwältigenden Mehrheit aller zivilisierten Menschen, vertritt.

Das Statut, von dem dieser Gerichtshof sein Dasein ableitet, verkörpert gewisse Rechtsbegriffe, die von seiner Rechtsprechung untrennbar sind und seine Entscheidungen bestimmen müssen. Sie verbürgen auch, wie ich bereits gesagt habe, den Angeklagten die Zusicherung, angehört zu werden.

Die Bestimmungen dieser Satzung sind für uns alle in ihrer Rechtskraft bindend; gleichgültig, ob wir als Richter oder Anklagevertreter hier sind; wie auch die Angeklagten ihnen unterworfen sind, denn sie konnten auf kein anderes Gesetz verweisen, das ihnen ein Recht gäbe, *überhaupt gehört zu werden.*" (Siehe IMT: a.a.O.)

Daß diese Formulierung sehr bezeichnend ist, dürfte klar sein, denn ein Gesetz, das einem Angeklagten *kein* Recht gäbe, gehört zu werden, existiert in der ganzen Welt nicht. Immer davon ausgehend, daß *Recht* gesprochen und nicht Rache geübt werden sollte.

Daß sowohl Justice Jackson als auch alle übrigen Richter wußten, auf wie tönernen Füßen dieses neue selbstgestrickte Gesetz stand, wird aus den folgenden Ausführungen von Justice Jackson deutlich:

„Obwohl die Verkündung des Gesetzes durch das Statut endgültig ist, könnte eingewandt werden, daß die Angeklagten in diesem Prozeß ein Recht darauf hätten, daß dieses, wenn überhaupt, nur mit größter Nachsicht auf ihr Verhalten angewandt werden dürfe. Es könnte gesagt werden, daß es ein *neues* Gesetz sei und zu der Zeit, da sie diese Taten begangen hätten, die es verdamme, noch nicht in Kraft gewesen sei und daß daher die Verkündung dieses Gesetzes sie überrascht habe.

Die Angeklagten stützten sich ja überhaupt nicht auf ein Gesetz. Ihr Programm mißachtete jedes Gesetz und widersetzte sich ihm. Das geht aus vielen Handlungen und Erklärungen hervor, von denen ich nur wenige anführen will.«

Hier drängt sich die Vermutung auf, Justice Jackson habe durch die Aufzählung begangener oder nur in Worten ausgesprochener Gesetzesmißachtungen beweisen wollen, daß auch dieses neue Statut bzw. Gesetz allemal auf solche Rechtsbrecher angewandt werden könne, auch wenn es kein wirkliches Gesetz war.

Justice Jackson fuhr in der Rechtfertigung des Statuts fort: „Völkerrecht, natürliches Recht, deutsches Recht, *jedes* Recht überhaupt war diesen Männern nur eine Propagandaformel; sie bedienten sich seiner, wenn es ihnen helfen konnte, und sie verzichteten darauf, wenn es das, was sie tun wollten, verdammte.

Daß *jedermann* den Schutz genießt, sich auf das Gesetz verlassen zu können, das zur Zeit der Tat gilt, ist der Grund, weshalb wir Gesetze mit rückwirkender Kraft für ungerecht halten. Aber diese Männer können nicht beanspruchen, daß solch ein Grundsatz, der in manchem Rechtssystem" (auch dem amerikanischen) „Gesetze mit rückwirkender Kraft verbietet, auch für sie wirksam sein müsse. Sie können nicht beweisen, daß sie sich jemals in irgendeiner Lage auf das Völkerrecht gestützt oder im geringsten darum gekümmert hätten. –

Aber selbst *wenn* die Ansicht vertreten werden sollte, daß das Statut, dessen Bestimmungen uns alle, wie wir zugeben werden, binden, neues Recht enthalte, stehe ich nicht an, von dem Gericht eine strenge Anwendung zu verlangen. –

Es ist allerdings richtig, daß wir im Rechtsleben kein Beispiel oder Vorbild für das Statut haben. Aber das Völkerrecht ist mehr als eine gelehrte Sammlung abstrakter und unveränderlicher Grundsätze. Es bildet sich aus Verträgen und Abkommen unter den Staaten und aus angenommener Gewohnheit. –

Das Recht war, soweit Völkerrecht überhaupt in Gesetze gefaßt werden kann, klar ausgesprochen, als die Taten, über die wir hier verhandeln, begangen wurden. Daher fühle ich mich auch nicht dadurch beengt, daß es in der Geschichte des Rechts ein ähnliches Beispiel für die von uns beantragte Untersuchung nicht gibt."

Es waren noch viele Worte mehr, die Justice Jackson für sein Statut und dessen Anwendung fand, aber je mehr er dieses zu rechtfertigen suchte, desto unglaubwürdiger wurde er. Und daß nach Ende der Nürnberger Prozesse dieses Statut, das neues Völkerrecht hätte sein sollen, spurlos in der Versenkung verschwand, bezeichnet seinen Wert für die Welt.

Selbst als sich in Korea die USA und die UdSSR gegenseitig der Vorbereitung und Durchführung eines Angriffskrieges beschuldigten, trat dieses Statut nicht in Kraft und wurde auch von den dazu prädestinierten Organisationen nicht einmal mit der Feuerzange angerührt.

Zurück zum Geschehen im Gerichtssaal, in dem nach vier endlos langen Monaten mit der viermaligen Verlesung der Anklageschrift aller Hauptankläger die Presse in vierfacher Ausfertigung über alle Schandtaten der Angeklagten unterrichtet wurde.

Schuldig oder nicht schuldig?

Am Vormittag des 21. November 1945 wurde der von allen Verteidigern eingereichte Antrag mit dem Tenor, daß dieses Gericht nicht für die Angeklagten zuständig ist, vom Vorsitzenden, Richter Shawcross, mit der Begründung abgewiesen, daß er im Widerspruch zum Artikel 3 des Statuts stehe, der diesen Gerichtshof ausdrücklich für diese Angeklagten vorsah. Dann fuhr er fort:
„Gemäß Artikel 24 des Statuts, der vorsieht, daß nach Verlesung der Anklageschrift die Angeklagten im Gerichtshof aufgerufen werden sollen, um sich schuldig oder nicht schuldig zu bekennen, ersuche ich die Angeklagten hiermit, sich schuldig oder nicht schuldig zu bekennen."

Bevor diese Befragung begann, meldete sich Dr. Dix mit der Beschwerde, daß es den Angeklagten am Morgen dieses Tages verboten worden sei, mit ihren Verteidigern zu sprechen. Dr. Dix führte aus, daß es immer erlaubt sei, vor allem vor Beginn einer Sitzung, mit seinem Mandanten zu sprechen. Der Anwalt wollte damit erreichen, daß die Verteidiger mit ihren Mandanten sprechen durften, wenn sie in den Verhandlungssaal geführt worden waren, weil sie dann noch immer geraume Zeit hatten, bis das Gericht erschien. Er führte als Begründung dazu aus:

„Wir sind sonst, glaube ich, nicht in der Lage, die Verteidigung sachdienlich zu führen."

Der Vorsitzende bedauerte und erklärte, daß sich Verteidiger und Angeklagte im Gerichtssaal nur schriftlich miteinander verständigen könnten.

Da nach dem Statut zur Frage schuldig oder nicht schuldig des Gerichtes nur ein „ja" oder „nein" zugelassen war, kam es während dieser Befragung gleich beim ersten Angeklagten, Reichsmarschall Göring, zu einem Zwischenfall, als dieser eine Erklärung dazu abgeben wollte. Dies wurde abgelehnt, und Hermann Göring sagte: „Ich bekenne mich im Sinne der Anklage nicht schuldig."

Alle übrigen Angeklagten bekannten sich ebenfalls für nicht schuldig. Als zum Schluß dieser Befragung Göring noch einmal versuchte, das Gericht anzusprechen, blockte der Vorsitzende abermals ab und erklärte, daß er und alle übrigen Angeklagten nicht mehr zum Gericht sprechen könnten, außer durch ihre

Verteidiger. Danach rief er Justice Jackson auf, und dieser begann in seiner inzwischen bekanntgewordenen hochtrabenden Art:

„Der Vorzug, eine Gerichtsverhandlung über Verbrechen gegen den Frieden in der Welt zu eröffnen, wie sie hier zum erstenmal in der Geschichte abgehalten wird, legt eine ernste Verantwortung auf. Die Untaten, die wir zu verurteilen und zu bestrafen suchen, waren so ausgeklügelt, so böse und von so verwüstender Wirkung, daß die menschliche Zivilisation es nicht dulden kann, sie unbeachtet zu lassen; sie würde sonst eine Wiederholung solchen Unheils nicht überleben.

Daß vier große Nationen, erfüllt von ihrem Siege und schmerzlich gepeinigt von dem geschehenen Unrecht, nicht Rache üben, sondern ihre gefangenen Feinde freiwillig dem Richtspruch des Gesetzes übergeben, ist eines der bedeutendsten Zugeständnisse, das die Macht jemals der Vernunft eingeräumt hat.

Es ist ein Fall von besonderer Schwere, den die Vereinigten Nationen Ihnen, meine Herren Richter, jetzt unterbreiten.

Auf der Anklagebank sitzen einige zwanzig gebrochene Männer, von der Demütigung derer, die sie einmal geführt, fast ebenso bitter geschmäht wie von dem Elend derer, die sie angegriffen haben. Die Möglichkeit, jemals wieder Unheil zu stiften, ist ihnen für immer genommen. Man mag sich beim Anblick dieser armseligen Gestalten, wie sie es hier als Gefangene vor uns sind, kaum die Macht vorstellen, mit der sie als Nazi-Führer einst einen großen Teil der Welt beherrscht und fast die ganze Welt in Schrecken gehalten haben. –

Sie sind lebende Sinnbilder des Rassenhasses, der Herrschaft des Schreckens und der Gewalttätigkeit, der Vermessenheit und Grausamkeit der Macht. Sie sind Sinnbilder eines wilden Nationalismus und Militarismus und all jener ständigen Umtriebe und Kriegstreiberei, die Generationen auf Generationen in Europa in Kriege verstrickt, Männer vernichtet, Heime zerstört und Leben arm gemacht haben.

Sie haben sich so sehr mit den von ihnen erfundenen Lehren und den von ihnen gelenkten Gewalten gleichgesetzt, daß jede Weichheit ihnen gegenüber gleichbedeutend wäre mit einer triumphierenden Aufmunterung zu all den Schandtaten, die mit ihrem Namen verbunden sind.

Die Zivilisation kann für diese Kräfte der menschlichen Gesellschaft keine Nachsicht zeigen; sie gewönnen nur von neuem Macht, wenn wir mit den Männern, in denen diese Gewalten lauernd und unsicher noch am Leben sind, zweideutig oder unentschieden verführen.

Wir werden Ihnen geduldig und mit Mäßigung enthüllen, für welche Dinge diese Männer einzustehen haben. Wir werden Ihnen unwiderlegbare Beweise für unglaubliche Vorfälle unterbreiten. In der Liste der Verbrechen wird nichts fehlen, was krankhafte Überhebung, Grausamkeit und Machtlust nur ersinnen konnten.

Diese Männer errichteten in Deutschland unter dem ‚Führerprinzip' eine nationalsozialistische Gewaltherrschaft, der nur die Dynastien der östlichen Antike gleichkommen. Sie nahmen dem deutschen Volk all jene Würde und Freiheit, die wir als natürliche und unveräußerliche Rechte jedes Menschen erachten." (Siehe IMT Bd. 2 Seiten 11–117)

In der Mitte dieser endlosen Ausführungen über die noblen und edlen Gefühle, die die Sieger geleitet hätten, diesen Gerichtshof einzusetzen, erlaubte sich Justice Jackson, auf die Vorteile hinzuweisen, die den „Hauptkriegsverbrechern" hier geboten würden:

„Wir haben für die Angeklagten einen Internationalen Gerichtshof geschaffen. Ein besserer Schutz kann, soviel wir wissen, keinem Menschen gegeben werden, dessen Verteidigung es wert ist, angehört zu werden. Sind diese Männer die ersten, die sich als Kriegsführer einer besiegten Nation vor dem Gesetz zu verantworten haben, so sind sie auch die ersten, denen Gelegenheit gegeben wird, im Namen des Rechts ihr Leben zu verteidigen.

Nüchtern betrachtet, ist das Statut dieses Gerichtshofes, der ihnen Gehör schenkt, gleichzeitig ein Quell ihrer einzigen Hoffnung. Hier haben sie unleugbar eine *würdige* Möglichkeit, sich zu verteidigen – eine Gunst, die sie selbst, als sie die Macht hatten, ihren eigenen Landsleuten selten gewährten.

Mag auch die öffentliche Meinung ihre Taten bereits verdammen, so glauben wir dennoch, daß ihnen *hier* an dieser Stelle die Annahme ihrer Schuldlosigkeit zugebilligt werden müsse. Wir nehmen daher die Last auf uns zu beweisen, daß verbrecherische Taten unter der Verantwortung der Angeklagten begangen worden sind."

Wie dieses faire Verhalten aussah, wie den hier „unschuldig" bis zum Beweis des Gegenteils gefangengehaltenen Männern jede

Möglichkeit einer wirksamen Verteidigung genommen und wie sich das mit der Behandlung vertrug, die den Gefangenen widerfuhr, ist nicht miteinander in Einklang zu bringen.

Als der ehemalige Reichsmarschall Göring die Wache vor seiner Zelle um den Stuhl bat, der ihm jeden Morgen aus der Möbelkammer gebracht wurde, setzte sich der Wachposten vor Görings Zelle auf diesen Stuhl und reagierte auf die Bitte Görings, ihm den Stuhl hereinzubringen, in keiner Weise, sondern trieb nur einigen Unfug mit seinem Schlagstock.

Göring steckte daraufhin seine Hand durch die Türluke, tippte den Posten auf die Schulter und bat, für die gegenüberliegenden Häftlinge deutlich vernehmbar: „Give me the chair, please!"

Der Posten sprang wuterfüllt auf, riß die Tür zurück, drang in die Zelle ein und schlug mit seinem Holzknüppel hart auf Göring ein. Da eine einzige Abwehrreaktion für Göring hätte tödlich ausgehen können, hielt dieser nur beide Hände über den Kopf. Dazu Hans Fritzsche:

„Ich sah alle Einzelheiten der Szene, da sie sich in der Zelle Nummer 5 abspielte, die der meinen genau gegenüberlag. Minutenlang blieb der Gefangene völlig passiv.

Endlich kam auf mein lautes Rufen der Prison-Officer aus seinem Büro. Er fiel dem rabiaten Guard in den Arm, nahm ihn mit und schickte einen Ersatzmann.

Die Folge der von dem Posten angezettelten Schlägerei: Göring hatte eine Reihe besonderer Schikanen zu ertragen.

Noch schlimmer erging es Julius Streicher. Jene Brutalität, die man dem Herausgeber des Stürmer und früheren Gauleiter von Nürnberg zum Vorwurf machte, geschah nun ihm in *jener* Zelle, die nach Meinung des Justice Jackson als „Quell der einzigen Hoffnung" angesehen werden sollte.

In öffentlicher Gerichtssitzung schilderte Streicher, wie ihn schwarze US-Soldaten vor Prozeßbeginn nach seiner Einlieferung in Nürnberg behandelt hatten. Sie hatten ihn unter Duldung ihres weißen Offiziers zusammengeschlagen, einige Zähne ausgeschlagen, ihm den Mund aufgerissen und hineingespuckt. Danach zwang man ihn zu den scheußlichsten Dingen.

Das Gericht ließ den Angeklagten alle diese Fakten vorbringen, um am Schluß kaltschnäuzig zu verkünden, daß man diese Schilderung zur Kenntnis nehme, eine Untersuchung dieses Falles aber zu weit führen würde; so etwas könne doch überall vorkommen! Man schlage vor, diese Ausführungen Streichers, die der Außenwelt über Mißhandlungen in Nürnberg hätten Auskunft geben können, aus dem Protokoll zu streichen. Das Gericht stimmte Justice Jackson zu, und die Sache war „unter dem Teppich" wie die vielen anderen auch, die eruiert werden konnten.

Allerdings muß gesagt werden, daß Justice Jackson zwar die Kollektivschuld-Anerkennung der evangelischen Pfarrer kannte, sie dennoch – auch wenn sie in sein Konzept gepaßt hätte – ablehnte, da sie für ihn indiskutabel war. Zu diesem Problem führte er aus:

„Wir möchten klarstellen, daß wir nicht beabsichtigen, das ganze deutsche Volk zu beschuldigen. Wir wissen, daß die Nazipartei nicht mit Stimmenmehrheit an die Macht gelangt ist.

Das deutsche Volk sollte wissen und inzwischen erfahren haben, daß das amerikanische Volk ihm ohne Furcht und ohne Haß gegenübersteht. Es ist richtig, daß die Deutschen uns die Schrecken des modernen Krieges und der modernen Kriegführung erst gelehrt haben; aber die Verwüstungen vom Rhein bis zur Donau *zeigen, daß wir – gleich unseren Verbündeten – keine ungelehrigen Schüler gewesen sind.*

Wenn uns daher auch die Tapferkeit und die Tüchtigkeit der Deutschen im Kriege nicht in Schrecken versetzen konnten und wenn wir auch von ihrer politischen Reife nicht überzeugt sind, so haben wir doch Achtung vor ihrer Geschicklichkeit in den Künsten des Friedens, vor ihren technischen Fähigkeiten und vor dem nüchternen Fleiß und der Selbstzucht der Massen des deutschen Volkes. –"

Wenden wir uns nunmehr jenen Abschnitten zu, in denen die Ankläger den inhaftierten deutschen Generalen und Marschällen und dem Oberkommando der Wehrmacht sowie dem Generalstab ihre Anklagen entgegenschleuderten! Lassen wir wenigstens in den Kernpunkten die Vorwürfe aufgreifen, die von ihnen den vor den Schranken des Gerichts stehenden höchsten deutschen Offizieren gemacht wurden!

Gegen deutsche Offiziere

„Der letzte Schritt, periodisch wiederkehrende Kriege zu verhüten, die bei internationaler Gesetzlosigkeit unvermeidlich sind, ist es, die Staatsmänner vor dem Gesetz verantwortlich zu machen. Und lassen Sie es mich deutlich aussprechen:
  Dieses Gesetz wird *hier* zwar zunächst auf *deutsche* Angreifer angewandt, es schließt aber ein und muß, wenn es von Nutzen sein soll, den Angriff *jeder anderen* Nation verdammen; nicht ausgenommen jene, die jetzt hier zu Gericht sitzen. Wir können im Innern Gewaltherrschaft, Willkür, Zwang und Überfall derer, die gegen die Rechte ihres eigenen Volkes an der Macht sind, nur beseitigen, wenn wir *jedermann* vor dem Gesetz verantwortlich machen.
  Dieser Prozeß ist der verzweifelte Versuch der Menschheit, die Strenge des Gesetzes auf *die* Staatsmänner anzuwenden, die ihre Macht im Staate benutzt haben, um die Grundlagen des Weltfriedens anzugreifen und die Hoheitsrechte ihrer Nachbarn durch Übergriff und Überfall zu verletzen.
  Um den Wert dieser Bemühungen, Gerechtigkeit zu üben, abschätzen zu können, darf das Gesetz oder Ihr Urteilsspruch nicht gesondert betrachtet werden. Dieser Prozeß ist ein Teil der großen Anstrengung, *den Frieden sicherer zu machen!*
  Die wahre Klägerin vor den Schranken dieses Gerichtes ist die Zivilisation. Sie ist noch unvollkommen und ringt in allen unseren Ländern. Sie behauptet nicht, daß die Vereinigten Staaten oder irgendein anderes Land an den Zuständen schuldlos seien, die das deutsche Volk so leicht dem Schmeicheln und der Einschüchterung der Nazi-Verschwörer haben zum Opfer fallen lassen."

Anklage gegen die Gruppe Generalstab und Oberkommando der Wehrmacht

Bevor die der Kriegsverbrechen angeklagten höchsten Offiziere der Deutschen Wehrmacht in ihrer Befragung durch ihre Verteidiger zu Wort kommen werden, um sich mit den ihnen angelasteten Verbrechen auseinanderzusetzen, sei an dieser Stelle die Anklage gegen die letzte jener Gruppen wiedergegeben, die zu den verbre-

cherischen Organisationen gezählt wurde. Diese Anklage wurde am 4. Januar 1946 verlesen.
Oberst Telford Taylor, zu jener Zeit noch der beigeordnete Ankläger für die Vereinigten Staaten, führte aus:
„Eure Lordschaft!
Hoher Gerichtshof!
Die Anklageschrift stellt sechs Gruppen oder Organisationen wegen Verbrechen gemäß Artikel 9 bis 11 des Statuts unter Anklage; die letzte in der Anklageschrift aufgeführte Gruppe trägt die Bezeichnung: Der Generalstab und das Oberkommando der Deutschen Wehrmacht.
Auf den ersten Blick scheinen diese sechs Gruppen und Organisationen untereinander in ihrer Zusammensetzung wie auch in ihren Funktionen ziemlich weitgehende Verschiedenheiten aufzuweisen; dennoch ist es folgerichtig, sie gleichzeitig anzuklagen, da sie die hauptsächlichen Handlanger und Hauptwerkzeuge waren, durch die die Nazi-Verschwörer ihre Ziele zu erreichen trachteten.
Alle sechs Gruppen wurden entweder von den Nazis geschaffen, kontrolliert oder verbündeten sich mit ihnen, und sie trugen wesentlich zu deren Erfolg bei. Sie waren gleichzeitig die hauptsächlichen und unentbehrlichen Werkzeuge: Die Partei, die Regierung, die Polizei und die Wehrmacht. Es ist *meine* Aufgabe, die Anklage insbesondere gegen den Generalstab und das Oberkommando der Wehrmacht vorzutragen.
Alle vorgenannten Gruppen verdanken ihre Entstehung und ihre Entwicklung den Nazis oder wurden automatisch nazifiziert, als Hitler an die Macht kam.
Dies ist hinsichtlich der Gruppe, die wir jetzt behandeln, nicht so. – Aus diesem Grunde möchte ich, bevor ich mich dem Beweismaterial zuwende, ganz kurz die Natur unseres Falles gegen diese Gruppe skizzieren, die, wie ich bereits erwähnt habe, einzigartige Besonderheiten aufweist.
Als ein Ergebnis der deutschen Niederlage von 1918 und des Vertrages von Versailles war die Größe und das erlaubte Tätigkeitsfeld der Deutschen Wehrmacht stark eingeschränkt. Daß diese Beschränkung den deutschen Militarismus nicht vernichten, ja nicht einmal ernstlich untergraben konnte, hat sich in den letzten Jahren überreichlich gezeigt. Zur vollen Blüte kam das deutsche militärische Potential durch die Zusammenarbeit zwischen den

Nazis einerseits und den Berufsoffizieren der Deutschen Wehrmacht, den Berufssoldaten des Heeres, der Marine und der Luftwaffe andererseits.
Als Hitler an die Macht kam, fand er auf diesem Gebiet kein Vakuum vor. Er fand eine kleine Reichswehr und einen Bestand von Berufsoffizieren vor mit einer inneren Haltung und Zielsetzung, die in der deutschen Militärgeschichte wurzelten. Die Führer dieser Berufsoffiziere stellen die in der Anklage genannte Gruppe dar, den Generalstab und das Oberkommando der Wehrmacht. Der vorliegende Teil des Verfahrens betrifft diese Gruppe von Männern.
Der Soldatenberuf ist ein ehrenvoller Beruf und kann ehrenvoll ausgeübt werden; aber es ist unbestreitbar, daß ein Mann, der Verbrechen begeht, sich nicht zu seiner Verteidigung darauf berufen kann, diese Verbrechen in Uniform begangen zu haben."
Der Vortragende erklärte weiter, daß nicht jedes Mitglied dieser Gruppe Verbrechen begangen habe, daß sie aber in ihrer Gesamtheit erst Hitler und das Naziprogramm durch die „Übung und Erfahrung in der Entwicklung und Anwendung bewaffneter Macht" zur Regierung verholfen habe. Und er fuhr fort, daß das Hauptmotiv, das diese Gruppe geleitet habe, Hitler zu dienen, die ihnen von Hitler übertragene Möglichkeit war, bei der Erreichung seiner Ziele eine Hauptrolle zu spielen.
„Die Generale wie auch Hitler wollten Deutschland auf Kosten der Nachbarstaaten vergrößern und waren bereit, dazu Gewalt anzuwenden. Macht, bewaffnete Macht war der Grundstein dieses Gebäudes; ohne sie wäre nichts möglich gewesen."
Diese Definition ist mit Sicherheit falsch, denn Deutschland *war selber* auf Veranlassung seiner Nachbar- und Siegerstaaten *verkleinert* worden und begehrte nur das ihm Entrissene wieder zurück.
„Die Nazis gaben den Generalen die Möglichkeit, vieles zu erreichen, was sie durch den Ausbau der Deutschen Wehrmacht und die Erweiterung der deutschen Grenzen zu erreichen wünschten. –
Kurz und gut, Hitler zog die Generale durch den Glanz der Eroberungen an sich, und es gelang ihm, sie politisch unter seinen Einfluß zu bringen. Mit dem fortschreitenden Krieg wurden sie seine Werkzeuge; aber wenn auch diese militärischen Führer die Werkzeuge der Nazis wurden, kann man doch nicht annehmen, daß

sie nichtsahnend waren oder daß sie nicht voll und ganz an vielen Verbrechen teilgenommen haben, die wir zur Kenntnis des Gerichtshofs bringen werden. Die Bereitwilligkeit und in der Tat der Eifer des deutschen Berufsoffizierskorps, mit den Nazis zusammenzugehen, wird eingehend dargelegt werden.
Eure Lordschaft!
Das Vorbringen wird aus drei Hauptteilen bestehen.
1. Aus einer Beschreibung der Zusammensetzung und der Arbeit des Generalstabes und des Oberkommandos der Wehrmacht, wie in der Anklageschrift definiert.
2. Aus dem Beweismaterial zur Unterstützung der Anklage wegen Verbrechens gemäß den Punkten I und II der Anklageschrift.
3. Aus dem Beweismaterial zur Unterstützung der Anklagepunkte III und IV der Anklageschrift.

Die Mitglieder des Gerichtshofes haben zwei Dokumentenbücher vor sich, die die Beziehung ‚CC' tragen.

Das erste Buch besteht aus einer Reihe eidesstattlicher Erklärungen oder Affidavits, die dem Gerichtshof in englischer, russischer und französischer Sprache zur Verfügung stehen und den Angeklagten in deutscher Sprache vorgelegen haben.

Beim zweiten und dritten Buch handelt es sich um die gewöhnliche Art von Dokumentenbüchern, nur zur leichteren Handhabung aufgeteilt.

Das zweite Buch enthält Dokumente der C- und L-Serie, das dritte Buch solche der PS- und R-Serie. Zur Bequemlichkeit des Gerichtshofs haben wir eine Liste der Dokumente in jener Reihenfolge erstellt, in der darauf Bezug genommen werden wird.

Dem Gerichtshof liegt noch ein weiteres Dokument vor, betitelt: „Grundlegende Informationen über die Organisation der Deutschen Wehrmacht". Es ist gleichfalls in englischer, russischer und französischer Sprache abgefaßt und steht im Informationszimmer der Verteidigung in deutscher Sprache zur Verfügung."

Danach ließ Oberst Taylor in einer breit angelegten Rede die allgemeine Struktur und Organisation der Deutschen Wehrmacht folgen und betrachtete die Zusammensetzung dieser Gruppe bis zur Einführung der Allgemeinen Wehrpflicht in Deutschland.

Anschließend versuchte er – immer wieder gegen die Tücke des Objektes ankämpfend, das er nicht ganz durchschaute – die Reorganisation in der Führungsspitze der Deutschen Wehrmacht nach der Ablösung von Feldmarschall von Blomberg als Oberbefehlshaber der Wehrmacht und Reichskriegsminister und von Generaloberst von Fritzsch als Oberbefehlshaber des Heeres im Februar 1938 zu durchleuchten.

Das Oberkommando der Wehrmacht unter Hitlers Führung erhielt einen Chef des Stabes des OKW, General Keitel. Die wichtigste Abteilung im OKW war der Wehrmachtsführungsstab, der unter den Befehl von General Jodl trat.

Im Reichsgesetzblatt vom 4. Februar 1938 wurde dies ebenso verkündet.

Oberbefehlshaber des Heeres wurde Generaloberst von Brauchitsch, Oberbefehlshaber der Kriegsmarine blieb Generaladmiral Raeder, Oberster Befehlshaber der Luftwaffe Hermann Göring.

Oberst Taylor arbeitete sich mehr schlecht als recht durch diese Gruppierung hindurch und kam zu der Überzeugung, daß die vier Wehrmachtsteile und das Oberkommando der Wehrmacht jeweils eigene Stäbe hatten, von denen jener des Heeres als Generalstab bekannt war.

Die Gruppe der angeklagten deutschen Soldaten umfaßte über die bereits genannten hinaus nach Taylors Ausführungen „erstens diejenigen Offiziere, die die Spitzenstellungen in den vier eben beschriebenen Oberkommandos, und zweitens diejenigen Offiziere, die die Oberbefehlshaber-Stellungen in der Truppe innehatten.

„Wenn ich mich zuerst den Offizieren zuwende, die die wichtigsten Stellungen in den Oberkommandos innehatten, so finden wir, daß die Inhaber von neun solchen Stellungen unter diese Gruppe fallen. Vier davon waren Stellungen der höchsten Befehlsstufe:

> Der Chef des OKW, Keitel;
> der Oberbefehlshaber des Heeres, von Brauchitsch, später Hitler;
> der Oberbefehlshaber der Kriegsmarine, Raeder, und später Dönitz;
> der Oberbefehlshaber der Luftwaffe, Göring, später Ritter von Greim.

Vier weitere Stellungen sind die der Chefs der Stäbe dieser vier

Oberbefehlshaber. Der Chef des Wehrmachtsführungsstabes, Jodl, der Chef des Generalstabes des Heeres, Halder, und später andere, der Chef des Generalstabes der Luftwaffe, Jeschonnek (und später Koller) und der Chef der Seekriegsleitung.

Die neunte Stellung ist die des stellvertretenden Chefs des Wehrmachtsführungsstabes. Während des größten Teiles des Krieges war dies General Warlimont. Das besondere Aufgabengebiet dieses Stellvertreters von Jodl war strategische Planung; aus diesem Grunde wurde sein Amt in die in der Anklageschrift umschriebene Gruppe aufgenommen.

Die in der Anklage genannte Gruppe umfaßt alle Einzelpersonen, die eine dieser neun Stellungen zwischen Februar 1938 und dem Ende des Krieges im Mai 1945 innehatten.

Februar 1938 wurde als das Anfangsstadium gewählt, denn in diesem Monat wurde die oberste Führung der Deutschen Wehrmacht reorganisiert und nahm im wesentlichen *die* Form an, die bis zum Ende des Krieges weiterbestand.

22 Personen haben diese neun Stellungen während dieser Zeit innegehabt, und von diesen 22 leben noch 18.

Wir wenden uns nun den Offizieren zu, die die obersten Truppenkommandos innehatten. Die Anklageschrift schließt als Angehörige dieser Gruppe alle Fronttruppen-Oberbefehlshaber ein, die innerhalb des Heeres, der Kriegsmarine oder der Luftwaffe die Stellung eines Oberbefehlshabers bekleideten. – Beim Heer hatten die Führer von Heeresgruppen und Armeen immer den Titel und die Stellung eines Oberbefehlshabers. In der Luftflotte waren es die Kommandeure der Luftflotten, die die Stellung eines Oberbefehlshabers einnahmen. In der Kriegsmarine hatten Offiziere, die den Oberbefehl über einen bestimmten Bereich innehatten und denen damit die Marineoperationen in diesem Bereich unterstanden, die Stellung eines Oberbefehlshabers.

Ungefähr 110 Offiziere hatten während des fraglichen Zeitraumes den Rang eines Oberbefehlshabers in den drei Waffengattungen der Deutschen Wehrmacht inne. Alle mit Ausnahme von ungefähr einem Dutzend sind noch am Leben.

Die gesamte Gruppe Generalstab und OKW, wie sie in der Anklageschrift erläutert ist, umfaßt ungefähr 130 Offiziere, von denen vermutlich noch 114 am Leben sind.

Aufbau und Arbeitsweise der Gruppe deutscher Generalstab

und OKW wurden in einer Reihe von eidesstattlichen Erklärungen von einigen der hervorragendsten deutschen Feldmarschälle und Generale beschrieben. –

Die erste eidesstattliche Erklärung ist die von Franz Halder, der den Rang eines Generalobersten bekleidete. Halder war Chef des Generalstabes des OKH von September 1938 bis September 1942. Er gehörte demnach dieser Gruppe an und ist aufgrund seiner Stellung sehr gut in der Lage, über diese Organisation auszusagen."

Nachdem diese Erklärung verlesen war, legte Taylor die eidesstattliche Erklärung von Generalfeldmarschall von Brauchitsch vor. Sie war mit der von Halder fast identisch.

Auch der persönliche Adjutant von Reichsmarschall Göring, der Oberst der Luftwaffe von Brauchitsch, ein Sohn des Feldmarschalls, wurde nach den Befehlsstrukturen in der Luftwaffe befragt. Er erklärte, daß die Luftflottenchefs den Armee-Oberbefehlshabern gleichzusetzen seien, wenngleich sie bis zum Sommer 1944 lediglich die Bezeichnung Befehlshaber getragen hätten.

Anhand eines Befehls vom 9. Juni 1941, mit dem alle führenden Soldaten der Deutschen Wehrmacht nach Berchtesgaden zur „Besprechung Barbarossa" befohlen wurden, erläuterte Telford Taylor, wer von den Teilnehmern, die auf dieser Liste standen, zur angeklagten Gruppe gehörte, und wer nicht dazu zählte. Danach führte er aus, welche Truppenbefehlshaber nach den Oberbefehlshabern noch zu der angeklagten Gruppe gehörten:

„Wir gehen nun zu den Truppenbefehlshabern des Feldheeres über:

Generaloberst von Falkenhorst, Armeeoberkommando Norwegen, Mitglied der Gruppe.

Generaloberst Stumpff, Luftflotte 5, Mitglied der Gruppe.

Rundstedt, Reichenau, Stülpnagel, Schober, Kleist, alle vom Heer und Mitglieder der Gruppe.

Luftwaffe: Generaloberst Löhr Luftflotte 4, Mitglied der Gruppe.

Generaloberst Fromm und Generaloberst Udet, nicht Mitglied der Gruppe.

Marine: Raeder, Mitglied der Gruppe; Fricke, Chef des Stabes der Seekriegsleitung und Mitglied der Gruppe; Generaladmiral Carls, Marinegruppe Nord, Mitglied der Gruppe; ebenso Schmundt.

Dann weiter von der Armee: Leeb, Busch, Küchler, alle als Oberbefehlshaber Mitglied der Gruppe; Keller Mitglied der Gruppe; Bock, Kluge, Strauß, Guderian, Hoth, Kesselring, sämtlich Mitglieder der Gruppe. –
Ich habe nun den ersten Teil der Ausführungen beendet, d. h. die Beschreibung des Generalstabes und der Gruppe Oberkommando der Wehrmacht, deren Zusammensetzung, Aufbau und allgemeine Arbeitsweise. Ich wende mich nun den Anklagen zu, die in der Anklageschrift gegen diese Gruppe erhoben werden.

Anhang B beschuldigt diese Gruppe der Hauptverantwortung für die Planung, Vorbereitung, die Auslösung und Führung der rechtswidrigen Kriege, die in den Anklagepunkten I und II dargelegt sind, und für Kriegsverbrechen und Verbrechen gegen die Menschlichkeit, die in den Anklagepunkten III und IV näher beschrieben sind.

Die Gruppe Generalstab und Oberkommando der Wehrmacht ist durch die einzelnen Angeklagten hier stark vertreten. Fünf Angeklagte, also ein Viertel der Angeklagten, gehören dieser Gruppe an.

Wenn wir sie der Reihe nach hernehmen, kommt zuerst der Angeklagte GÖRING. Göring ist vor diesem Gerichtshof aus zahlreichen Gründen angeklagt. Kraft seiner Stellung als Oberbefehlshaber der Luftwaffe, von deren erstem offenen Auftreten und offizieller Gründung an bis ungefähr einen Monat vor Kriegsende gehörte Göring zur Gruppe Generalstab und OKW. Während des letzten Kriegsmonats wurde er in dieser Eigenschaft durch Ritter von Greim ersetzt, der kurz nach seiner Gefangennahme bei Kriegsende Selbstmord beging. Die Verbrechen, deren Göring bezichtigt wird, fallen unter sämtliche Punkte der Anklageschrift.

Der nächste Angeklagte, der dieser Gruppe angehört, ist KEITEL. Er und die übrigen drei Angeklagten sind vorwiegend oder ausschließlich wegen ihrer militärischen Tätigkeit angeklagt; alle vier sind Berufssoldaten.

Keitel wurde Chef des Oberkommandos der Wehrmacht oder OKW, als das OKW im Februar 1938 gegründet wurde. Er blieb während der gesamten einschlägigen Zeit in dieser Dienststellung. Den größten Teil der Zeit bekleidete er den Rang eines Feldmarschalls und, abgesehen von seiner Stellung als Chef des OKW, war er Mitglied des geheimen Kabinettrates und des Ministerrates für die Reichsverteidigung. Keitel ist unter sämtlichen vier Punkten der Anklageschrift angeklagt.

Der Angeklagte JODL war Berufssoldat. Als die Nazis an die Macht kamen, war er Oberstleutnant. Er rückte schließlich zum Range eines Generaloberst auf. Er wurde Chef des Wehrmachtführungsstabes und behielt diese Stellung während des ganzen Krieges. Die Verbrechen, deren er bezichtigt wird, fallen unter sämtliche vier Punkte der Anklageschrift.

Die beiden anderen Angeklagten, die Mitglieder dieser Gruppe waren, gehören der Marine an. Der Angeklagte RAEDER ist im gewissen Sinne das älteste Mitglied der gesamten Gruppe, da er bereits im Jahre 1928 Oberbefehlshaber der Deutschen Kriegsmarine war. Er erreichte den höchsten Rang in der Kriegsmarine, den des Großadmirals. Er gab das Oberkommando der Kriegsmarine im Januar 1943 ab und wurde durch Dönitz ersetzt. Raeder ist unter den Punkten I, II und III der Anklageschrift angeklagt.

Der letzte der fünf Angeklagten, DÖNITZ, war bei der Machtergreifung der Nazis ein Offizier von verhältnismäßig niedrigem Rang. Während der ersten Jahre des Nazi-Regimes spezialisierte er sich auf das U-Boot-Gebiet und war bei Ausbruch des Krieges „Befehlshaber (Führer) der Unterseeboote". Er rückte in der Kriegsmarine ständig im Range auf, wurde 1943 nach Raeders Rücktritt als dessen Nachfolger ausersehen und damit Oberbefehlshaber der Kriegsmarine und erhielt den Rang eines Großadmirals.

Als die Deutsche Wehrmacht bei Kriegsende zusammenbrach, wurde Dönitz Hitlers Nachfolger als deutscher Regierungschef. Dönitz ist unter den Punkten I, II und III der Anklageschrift angeklagt.

Vier dieser fünf Angeklagten sind für die Gruppe als Ganzes mehr oder weniger typisch. Wir müssen den Angeklagten Göring ausnehmen, der in erster Linie Parteipolitiker war und als Ergebnis seiner Laufbahn 1914 bis 1918 eine Vorliebe für das Flugwesen hatte.

Die anderen machten das Soldatsein oder das Seemannsein zum Lebensinhalt. Sie arbeiteten mit den Nazis zusammen und beteiligten sich an ihren wichtigsten Abenteuern, aber sie gehörten nicht zu den älteren Parteimitgliedern. Sie unterscheiden sich nicht wesentlich von den übrigen 125 Mitgliedern dieser Gruppe. Sie sind ohne

Zweifel in gewisser Beziehung fähige Leute. Sie rückten in die höchsten Stellungen der Deutschen Wehrmacht auf, und alle mit Ausnahme von Jodl erreichten den höchsten Rang. Sie können jedoch als ausgezeichnete Studienobjekte und als Vertreter der Gruppe gelten; wir können ihre Gedanken so überprüfen, wie sie diese in diesen Dokumenten und in ihren Handlungen ausgedrückt haben, in der ziemlich sicheren Annahme, daß diese Gedanken und Handlungen auch für die übrigen Mitglieder der Gruppe kennzeichnend sind." (Siehe IMT Bd. 3–4, S. 452–455)

Im weiteren Verlauf seiner Anklagerede gegen die Gruppe Generalstab und OKW versuchte der Ankläger die entscheidende Rolle der Gruppe bei der Vorbereitung und Führung eines Angriffskrieges zu untermauern. Er fügte aber gleich zu Anfang ein, daß die Durchführung von „Sandkastenspielen oder anderen simulierten Kriegsspielen die normale Aufgabe eines Generalstabes" sei, und daß nichts „Verbrecherisches" dabei sei, derartige Übungen abzuhalten.

Zunächst versuchte er anhand eines ganzen Dokumentenberges, der eher das Gegenteil dessen zu erreichen schien, was ein einziges stichhaltiges Dokument bewirkt hätte, den Beweis dafür anzutreten, daß diese nun vor Gericht stehende Gruppe „dem Ziel der Nazis, Deutschland durch Gewaltandrohung und -anwendung zu vergrößern, zugestimmt und begeistert am Aufbau der deutschen Wehrmacht teilgenommen habe, um mit diesem Instrument des Krieges das ersehnte Ziel zu erreichen." Sie habe schon vorher gewußt, daß sie diese aufgebaute Wehrmacht zu Angriffskriegen einzusetzen hatte. Dazu führte Taylor die geheime Wiederaufrüstung mit dem Aufbau der Luftwaffe und der Panzertruppe, das Gesetz über die Einführung der allgemeinen Wehrpflicht vom 16. März 1935 und die „Wiederbesetzung" des Rheinlandes am 7. März 1936 an.

Lauter Aktionen, die von den übrigen Staaten Europas und von den USA in ihren Staatsgebieten als selbstverständlich in aller Öffentlichkeit durchgeführt wurden, womit sie bereits einen Stand erreicht hatten, der jenem der aufzubauenden Deutschen Wehrmacht um ein Mehrfaches überlegen war, ohne daß für sie die Zweckbestimmung „kriegerisch" in Erwägung gezogen worden wäre.

Sowohl die Denkschrift der Marine mit dem Titel „Der Kampf

General Eisenhower, Oberbefehlshaber der alliierten Streitkräfte bleibt an der Elbe stehen.

Fünf-Sterne-General George Marshall, sagt für deutsche Generale gut aus.

US-Finanzminister Henry Morgenthau jr.

Bernard M. Baruch, Roosevelts Berater in Kriegswirtschaftsfragen.

US-Kriegsminister Stimson.

Cordell Hull, Berater Roosevelts, riet diesem von einer zu engen Bindung mit der Sowjetunion ab.

der Marine gegen Versailles", die vom OKM im Jahre 1937 herausgegeben worden war, als auch die von Admiral Carls fertiggestellte „Entwurfsstudie Seekriegsführung gegen England" vom September 1938 wurden vorgelegt. Daß in diesen Dokumenten nichts Greifbares über einen Angriffskrieg enthalten ist *und* daß Deutschlands Flotte gegenüber jener des Inselreiches England nicht einmal ein Zehntel betrug und erst nach dem deutsch-englischen Flottenvertrag aus dem Jahre 1935 Deutschlands Hochseeflotte auf ein Drittel und die U-Boot-Waffe auf 45 % der englischen aufgebaut werden durfte und bis Anbruch des Krieges nicht einmal dieses Ziel erreichte, verweist die immer wieder von allen Hauptanklägern und Anklägern in beredten Worten zu Gehör gebrachte Version von Deutschlands „gigantischer Rüstung" in das Reich der Fabel.

Die Rüstungsanstrengungen, die beispielsweise die USA in den sieben fiskalischen Jahren zwischen 1933 und 1940 aufbrachten, übersteigt jene der deutschen um eine Vielfaches, obgleich die USA nicht so von potentiellen Gegnern und Neidern umgeben waren wie gerade Deutschland.

So verkündete Präsident Roosevelt in seinen „Hausplaudereien" zur Nationalen Verteidigung vom 26. Mai 1940 seiner Nation:

„Zwischen 1933 und diesem Jahr 1940 – während der letzten sieben fiskalischen Jahre also – hat unser Land eine Milliarde und 487 Millionen Dollars für die Marine *mehr* ausgegeben als in den sieben Jahren vorher. Das Personal der Marine ist von 79000 auf 145000 Mann erhöht worden. Während dieser Periode wurden 215 Schiffe für die Kampfflotte gebaut oder auf Kiel gelegt, praktisch siebenmal mehr als in den vergangenen sieben Jahren.

Von diesen 215 Schiffen sind 12 Kreuzer, 63 Zerstörer, 26 U-Boote, drei Flugzeugträger, zwei Kanonenboote, sieben Versorgungsschiffe der Navy und viele kleinere Fahrzeuge. Unter den vielen Schiffen, die sich nun in Bau befinden, sind acht (!) neue Schlachtschiffe."

Die deutsche Zerstörerwaffe verfügte zu Kriegsbeginn erst über 22 Einheiten, also ein Drittel jener Zahlen, wie sie in den USA in den sieben genannten fiskalischen Jahren neu gebaut wurden. Die Zahl der britischen Zerstörer belief sich auf einige Hundert. Von den Schlachtschiffen nicht erst zu reden, von denen Deutschland bei Kriegsbeginn insgesamt zwei in Dienst brachte. Zwei Schlachtkreuzer kamen hinzu. Dagegen betrug die Zahl der britischen Schlachtschiffe zwölf und jene der Schlachtkreuzer und weiterer „Capital-Ships" 14.

Was die US-Air Force betraf, sagte Roosevelt: „Sprechen wir erst von der Luftwaffe, die mit der Marine zusammenarbeitet! Im Jahre 1933 hatten wir 1127 einsatzbereite Flugzeuge, und heute haben wir 1892 Flugzeuge zur Verfügung und im Bau. Fast alle 1933 in Dienst befindlichen alten Typen sind durch moderne, neue ersetzt worden."

Die US-Army wiederum wurde von Roosevelt so vorgestellt: „Die Armee der Vereinigten Staaten bestand 1933 aus 122 000 Soldaten. Nunmehr, 1940, hat sich diese Zahl verdoppelt. Auch die existierende Nationalgarde ist mit den modernsten Waffen neu ausgerüstet worden.

Seit 1933 haben wir 5640 Flugzeuge angekauft einschließlich der modernsten Typen von Fernbombern."

Was diese Fernbomber, die im IMT als direkte Angriffswaffen gekennzeichnet wurden, zur Heimatverteidigung beitragen sollten, von der Roosevelt in diesem „Speech" in mehreren Variationen berichtete, ist völlig unklar.

Zum Schluß dieser Rede führte Roosevelt noch aus: „Wir sind aufgerufen, alle Ressourcen, die Effizienz und das Wissen der amerikanischen Industrie zum Bau und zur Herstellung von Kriegsmaterial, aller Waffen – Flugzeuge, Panzer, Kanonen, Schiffe und Ausrüstung – einzusetzen. Vor allem wird auch die private Industrie aufgerufen, für diese Sektoren intensiv zu arbeiten. In diesem Sinne wird die Regierung der Vereinigten Staaten allen privaten Fabriken und Fertigungsstätten das benötigte Geld zur Verfügung stellen, um neue Fertigungsanlagen einzurichten.

Die heutige Bedrohung unserer nationalen Sicherheit ist nicht nur eine Sache der militärischen Waffen allein. Wir kennen einige neue Methoden des Angriffs gegen uns. Das trojanische Pferd – Die Fünfte Kolonne! Spione, Saboteure und Verräter sind die Akteure dieser neuen Strategie. Mit diesen Gegnern müssen und werden wir mit allen Kräften aufräumen."

Nach dieser Einstimmung des amerikanischen Volkes auf einen Kampf gegen einen heimtückischen Gegner, der als Fünfte Kolonne schon im Lande sei, begann es und wurde in dem Kamingespräch mit dem Thema „Überblick der amerikanischen Politik in der Weltkrise" fortgeführt.

Dort nannte der US- Präsident bereits Roß und Reiter, als er am 27. Mai 1941 ausführte:
„Im März verabschiedete der Kongreß das Lend-Lease-Gesetz und setzte dafür sieben Milliarden Dollar ein. Die Herren Deutschlands", führte er weiter aus, „die das Volk der Österreicher, der Tschechen, Polen, Norweger, Niederländer, Belgier, Franzosen, Griechen und Südslaven neben den Bewohnern Italiens und Deutschlands mit ihren Kindern und Kindeskindern in die Sklaverei geführt haben, werden uns nicht kapitulieren sehen. Wir werden eine starke Streitmacht sein, stark genug, um dieses Nazi-System zu zerreißen."

In dieser Tonart ging es weiter, und in seiner Rede vom 27. Oktober 1941, als der US-Zerstörer „Kearny", der, als Sicherung an einem britischen Konvoi fahrend, ein deutsches U-Boot angegriffen hatte, vom U 568 torpediert wurde, wobei der Zerstörer 11 Tote zu beklagen hatte, verkündete Präsident Roosevelt, der ebenso wie jeder Seeoffizier der Navy wußte, daß ein Zerstörer, der in einem englischen Geleit zur Sicherung eingesetzt wird, mit einer Beschießung rechnen mußte:

„Amerika ist angegriffen worden! – sehr einfach und sehr grob – wir sind jetzt aufgerufen, all unsere Kräfte in der Vernichtung des Hitlerismus einzusetzen!"

Diese Worte während der Feier des Navy Day wurden im Kongreß als eine „unautorisierte Kriegserklärung des Präsidenten" bezeichnet. Die deutsche Presse wiederum brandmarkte sie auch als solche und wies diese Rede den „Delirien eines Wahnsinnigen oder Kriminellen" zu.

Roosevelt jedoch war nicht faul im Herbeischaffen von „Dokumenten" (die auch in Nürnberg wieder auftauchten). Sie sollten beweisen, daß die Deutschen in einem Geheimpapier den Aufbau einer neuen Weltordnung festgelegt hätten, laut welcher Südamerika und ein Teil Mittelamerikas in fünf deutsche Vasallenstaaten aufgeteilt und unter deutsche Herrschaft gebracht werden sollte. Dies in der erklärten Absicht, einen der neuen Scheinstaaten zusammen mit der Republik Panama zu benutzen, die große Lebenslinie der Vereinigten Staaten, den Panama-Kanal, zu blokkieren. Der US-Präsident sagte an diesem 17. November 1941 wörtlich:

„Und diese Karte machte klar, daß die Nazi-Absichten nicht nur gegen Südamerika, sondern auch gegen die Vereinigten Staaten gerichtet sind."

Dann gab Präsident Roosevelt noch einen deutschen Plan zum besten, nach welchem Hitler wenig später, wenn er erst gesiegt haben würde, alle existierenden religiösen Vereinigungen abschaffen wollte, die der Protestanten ebenso wie die Katholiken, die Moslems und die Hindus; der Buddhismus und die jüdische Religion sollten weggewischt werden. Das Eigentum aller dieser genannten Kirchen solle dem Reich zugesprochen werden.

Und Roosevelt fuhr fort: „Das Kreuz und alle anderen religiösen Symbole wollen die Nazis verbieten. Die Geistlichkeit wird für immer zum Schweigen gebracht und zur Strafe in Konzentrationslager eingesperrt werden, in denen bereits so viele furchtlose Männer den schlimmsten Torturen ausgesetzt sind, die Gott über Hitler gestellt haben.

An die Stelle der Kirchen aller Zivilisationen wollen die Hitleristen eine Internationale Nazi-Kirche einrichten. An die Stelle der Bibel wird Hitlers ‚Mein Kampf!' eingesetzt und zur Heiligen Schrift erklärt. Und an die Stelle des christlichen Kreuzes werden die Nazis überall zwei Symbole einsetzen: das Hakenkreuz und das blanke Schwert." (Siehe B.D. Zevin, Hrgb: Nothing to Fear; „The selected Addresses of Franklin Delano Roosevelt 1932–1945, Foreword by Harry L. Hopkins).

Diese Rede stellte selbst den besten Dr. Goebbels weit in den Schatten. Wenn sie nicht den letzten Cowboy der USA „aufs Pferd" brachte, dann würde Roosevelt bestimmt noch weitere Finessen des Nazi-Terrors erfinden.

Roosevelts undeklarierte Kriegserklärung in Zusammenhang mit diesen Brandreden hatten nur *ein* Ziel, das amerikanische Volk so rasch wie möglich in den Krieg zu steuern, sobald sich ein Vorwand dafür finden ließ.

Ähnliche, aber in ihrer Konsequenz nicht derart verlogene und hetzerische Verleumdungen wurden deutschen Politikern zum Vorwurf gemacht, nur daß diese derlei unsinnige Parolen nicht einmal über den Gegner ausstreuten.

Doch zurück zum Ankläger, der gegen den Generalstab und das Oberkommando der Wehrmacht sowie deren prominente Vertreter zu Felde zog:

Um die „Harmonie" zu unterstreichen, die zwischen den „Nazis und den deutschen militärischen Führern bestand", legte Oberst Taylor dem Gericht die eidesstattliche Erklärung Nr. 3 des Feldmarschalls von Blomberg vor und verlas sie:

„Seit 1919 und insbesondere seit 1924 nahmen drei wesentliche Territorialfragen die Aufmerksamkeit Deutschlands in Anspruch. Es waren dies die Fragen des Polnischen Korridors, der Ruhr und des Memellandes.

Sowohl ich selbst als auch die gesamte Gruppe deutscher Stabsoffiziere glaubten, daß diese drei Fragen, unter welchen die Frage des polnischen Korridors besonders hervortrat, eines Tages gelöst werden müßten, nötigenfalls durch Waffengewalt.

Ungefähr 90 Prozent des deutschen Volkes teilten diese Ansicht bezüglich der polnischen Frage mit den Offizieren. Ein Krieg, um die durch die Schaffung des polnischen Korridors entstandene Schmach auszumerzen und die Bedrohung des vom Reich abgetrennten Ostpreußen, das von Polen und Litauen umfaßt war, zu vermindern, wurde als eine heilige Pflicht, wenn auch bittere Notwendigkeit betrachtet. Dieses war einer der Hauptgründe der teils geheimen Wiederaufrüstung, die etwa *zehn Jahre vor Hitlers Machtübernahme* begann und unter der Naziherrschaft besonders betont wurde."

Danach ging Oberst Taylor zu den einzelnen Angriffskriegen und Aggressionen über, zu denen er auch den Einmarsch ohne Waffen in Österreich zählte. Danach behandelte er die Annexion der Teile der Tschechoslowakei, ohne zu erwähnen, daß beispielsweise das Sudetenland Hitler *vor* dem Nürnberger Treffen von den westlichen Alliierten zugesprochen worden war und daß sich auch die Tschechoslowakei damit einverstanden erklärt hatte.

Oberst Taylor trug auch die „Pläne für die Liquidierung des Restes der Tschechoslowakei" vor. Keitel und Jodl wurden zitiert, um diese bösen Absichten zu untermauern.

Der Fall „Weiß", der den Angriff auf Polen enthielt, wurde eingehend erörtert und mit einer Masse von Dokumenten belegt. Sodann erklärte er: „Der Fall ‚Weiß' bildet lediglich eine vorsorgliche Ergänzung der Vorbereitungen, ist aber keineswegs als die Vorbedingung einer militärischen Auseinandersetzung mit den Westgegnern anzusehen."

Mit dem deutschen Sieg in Polen waren jene drei Hauptpunkte, die Feldmarschall von Blomberg in seiner Erklärung genannt hatte, erledigt. Oberst Taylor bemerkte dazu:

„Ganz Westpolen war in deutscher Hand". (Er vergaß zu erwähnen, daß der zweite Aggressor, Rußland, ganz Ostpolen okkupiert hatte.) „Deutschland war seinen Feinden im Westen, Frankreich und England, an Bewaffnung und Erfahrung überlegen."

Diese „Feststellung" wurde wissentlich ebenso unzutreffend wie gezielt falsch abgegeben. Sie war eindeutig unwahr, und Oberst Taylor wußte dies auch.

Als die Verteidigung durch eine Fülle ihrer Dokumente beweisen wollte, daß genau das Gegenteil der Fall war, wurde sie abermals abgeblockt.

Das Diktat von Versailles

*Versailles als Zentralthema
der „Verschwörung gegen den Frieden"*

Die Ankläger gegen die Hauptkriegsverbrecher des IMT haben unter dem Anklagepunkt I, „Gemeinsamer Plan oder Verschwörung", und unter Punkt IV, „Einzelheiten des Wesens und der Entwicklung des gemeinsamen Planes der Verschwörung", folgenden Unterabschnitt verlesen:
(A) „Die Nazi-Partei als Mittelpunkt des gemeinsamen Planes oder Verschwörung." Darin heißt es:
„Im Jahre 1921 wurde Adolf Hitler der oberste Führer (schlechtweg ‚der Führer' genannt) der Nationalsozialistischen Deutschen Arbeiterpartei, auch bekannt als Nazi-Partei, die in Deutschland im Jahre 1920 gegründet worden war. Er fungierte als solcher während der ganzen von dieser Anklage erfaßten Periode. –
Jeder der Angeklagten wurde Mitglied der Nazi-Partei und der Verschwörung in Kenntnis ihrer Ziele und Zwecke oder wurde im Besitz dieser Kenntnis ein Helfershelfer ihrer Ziele und Zwecke in dem einen oder anderen Stadium der Entwicklung der Verschwörung.
(B) Gemeinsame Ziele und Methoden der Verschwörung. Die Ziele und Zwecke der Nazi-Partei sowie der Angeklagten und verschiedener anderer Persönlichkeiten, die zum einen oder anderen Zeitpunkt Führer, Mitglieder, Förderer oder Anhänger der Nazi-Partei waren (fortan mit dem Sammelnamen ‚Nazi-Verschwörer') bezeichnet, bestanden darin oder entwickelten sich dahin, folgende Ziele mit allen ihnen gut scheinenden Mitteln, gesetzlichen und ungesetzlichen, zu erreichen, wobei sie letzten Endes auch erwogen, ihre Zuflucht zu Androhungen von Gewalt und Angriffskriegen zu nehmen:
(1) Den Versailler Vertrag und seine Beschränkungen der militärischen Rüstung und Tätigkeit Deutschlands aufzuheben und zu vernichten.
(2) Sich die Gebietsteile anzueignen, die Deutschland als das Ergebnis des Weltkrieges 1914–1918 verloren hatte, und andere

europäische Gebiete, von denen die Nazi-Verschwörer behaupteten, daß in erster Linie sogenannte ‚Volksdeutsche' sie als Lebensraum benötigten; alles dies auf Kosten der benachbarten und anderen Länder."
Bei diesen Aussagen stützte sich die Anklagevertretung auf den Bruch gewisser Bestimmungen des Versailler Vertrages. Einmal jene, „das linke Rheinufer nicht zu befestigen; die Unabhängigkeit Österreichs strengstens zu beachten; auf alle Rechte im Memelgebiet und im Freistaat Danzig zu verzichten, die Unabhängigkeit des tschechoslowakischen Staates anzuerkennen und den Heeres-, Flotten- und Luftbestimmungen gegen eine deutsche Wiederaufrüstung nachzukommen.
„Es besteht kein Zweifel", so lautete die Erkenntnis der Anklagevertretung, „daß die deutsche Regierung gegen alle diese Bestimmungen verstoßen hat."
Was war nun der Versailler Vertrag? Ein Vertrag oder ein Diktat? Haben sich die Alliierten an dessen einzelne Bestimmungen gehalten, wie dies ein zweiseitiger Vertrag vorschreibt, oder haben sie dagegen verstoßen und damit den Diktatcharakter dieses Papiers enthüllt?

Die jahrelangen Bemühungen deutscher Politiker aller Parteien um eine Revision wenigstens jener drei Deutschland diskriminierenden Hauptpunkte wurden abgelehnt. Bezüglich aller militärischen Bestimmungen des Vertrages waren es die Alliierten, die diesen Vertrag brachen. Die Siegermächte, an ihrer Spitze Frankreich, verweigerten einfach die vertraglich zugesicherte eigene Abrüstung. Alle Streitpunkte blieben bestehen. Es waren dies die Wiederaufrüstung Deutschlands, die „Rheinland-Besetzung", durch die Wehrmacht, die ja keine Besetzung war, da es sich um *deutschen* Boden handelte. Der verlangte Anschluß Österreichs an das Reich, das Sudetenland, Böhmen- und Mähren, das Protektorat, das Memelgebiet, Danzig, Posen, Oberschlesien und der Polnische Korridor.
Daß durch letzteren der Zweite Weltkrieg entbrannte, ist durch die Fakten erhärtet. Selbst wenn dieser Krieg noch weitere und geheime Gründe hatte, war die Korridorfrage der zündende Funke.
Dieser Polnische Korridor, so wurde von Dr. Seidl in seinem Plädoyer am 25. Juli 1946 erklärt, „verletzte nicht nur das Selbstbe-

stimmungsrecht der Völker – es sind darin weit über eine Million Deutsche unter polnische Herrschaft gekommen –, sondern durch ihn wurde auch das deutsche Staatsgebiet in zwei voneinander getrennte Territorien aufgespalten. Damit wurde ein Zustand geschaffen, der nicht nur jeder wirtschaftlichen Vernunft widersprach, sondern darüber hinaus vom ersten Tage an Ursache für dauernde Zwischenfälle wurde. – Es hat in Deutschland keine Partei und keine Regierung gegeben, die nicht die Notwendigkeit einer Revision des Vertrages vor allem in diesem Punkt anerkannt und verlangt hätte."

Dazu die Überzeugung des britischen Premierministers Lloyd George vor dem britischen Unterhaus vom 25. März 1919: „Der Vorschlag der polnischen Kommission, 2100000 Deutsche der Aufsicht eines Volkes von anderer Religion zu unterstellen, das noch niemals im Laufe seiner Geschichte die Fähigkeit zu stabiler Selbstregierung bewiesen hat, muß meiner Beurteilung nach früher oder später zu einem neuen Krieg in Osteuropa führen."

Und Lord D'Abernon, nach 1920 englischer Botschafter in Berlin, bezeichnete Danzig und den Korridor als „Pulvermagazin Europas".

Als direkte Verletzung des Vertrages der Alliierten mit Polen wurde die Tatsache angesehen, daß 45% der deutschen Kinder in Thorn und Posen in polnische Schulen geschickt wurden und daß die Zahl der Schulen für Deutsche in Polen um 50 Prozent zurückging. „Dies ist eine direkte Verletzung des Artikels im Vertrag mit Polen." (Siehe: Lord Noel-Buxton in seiner Aussprache vor dem britischen Unterhaus am 15. Juni 1936.)

Beim Völkerbund wurden deutscherseits 154 Beschwerden über die Verletzung der zugestandenen Rechte der deutschen Minderheiten in Polen vorgebracht. Vor der Gemischten Kommission für Oberschlesien waren es 90. Die Mehrzahl wurde als voll berechtigt anerkannt, aber die in Frage kommenden Behinderungen und Eingriffe in *keinem* Falle abgestellt.

Damit dürfte über jeden Zweifel hinweg bewiesen sein, daß alle Welt von den Mißbräuchen Polens in diesen deutschen Gebieten wußte, daß man diesen Zustand für „ein Pulverfaß in Europa" hielt und dennoch *nichts tat,* um die berechtigten deutschen Beschwerden abzustellen.

Versailles – Vertrag oder Diktat?

Die 1919 in Versailles verfügte Abrüstung Deutschlands sollte ein erster Schritt zur Verringerung und Begrenzung der Rüstung in aller Welt sein und damit „zum fruchtbarsten Kriegsverhütungsmittel" werden. Frankreich und England störten sich überhaupt nicht daran, und die USA taten ohnehin, was sie wollten. Daher bekundete 1927 der britische Chefdelegierte auf der Friedenskonferenz, Lloyd George, bedauernd, daß „jene Nationen, die sich vertraglich verpflichtet hatten, dem deutschen Beispiel zu folgen und abzurüsten, keinen einzigen Schritt in dieser Richtung unternommen" hätten. (Im Text.)

Was war der Versailler Vertrag, und wie kam er zustande? Es war überhaupt kein Vertrag, sondern nach einem alliierten Vertragsbruch ein Diktat, dem Deutschland unterworfen wurde. Deutschland hatte auf der Grundlage der 14 Friedenspunkte des US-Präsidenten Wilson den Waffenstillstand angeboten. Die Alliierten waren mit dieser Regelung einverstanden, und die USA machten sogar zur Bedingung, daß nach diesen 14 Punkten vorgegangen werden *müsse!*

Als Deutschlands Heer die Waffen niedergelegt hatte, war bei den Alliierten keine Rede mehr davon, diese 14 Punkte einzuhalten, die Deutschland einen fairen Frieden gebracht hätten. Deutschland wurde unter Androhung der Fortsetzung der Feindseligkeiten gegen die entwaffnete und demobilisierte deutsche Armee und des Einmarsches in Deutschland ein Diktat zur Unterschrift vorgelegt. Im Vertrag war – entgegen den 14 Punkten Wilsons – unter dem Artikel 231 die Alleinschuld Deutschlands am Kriege festgelegt.

Die zum Teil mit Waffengewalt erzwungene neue Grenzziehung widersprach der von den Alliierten aufgebrachten Zusicherung vom Selbstbestimmungsrecht der Völker. Die Reparationen waren so bemessen, daß Deutschland verbluten mußte.

Bei Unterzeichnung des Versailler Vertrages wurde der deutschen Abordnung eine „Kriegsverbrecherliste" mit 895 Namen übergeben. Diese 895 Kriegsverbrecher sollten ausgeliefert werden. Diese schmachvolle Forderung wurde von der seinerzeitigen Reichsregierung abgelehnt.

Bei der vorgeschriebenen Volksabstimmung in Oberschlesien

entschieden sich 60 % der Bevölkerung trotz schärfsten polnischen Druckes für die Zugehörigkeit zum Deutschen Reich. Das Gebiet wurde dennoch mit dem Teil, der riesige Bodenschätze enthielt, Polen zugesprochen. In Ostoberschlesien sollte ebenfalls abgestimmt werden, doch hier wurde die Abstimmung, deren Ergebnis unzweifelhaft für Deutschland ausgefallen wäre, nicht durchgeführt und den Polen dieser Teil Deutschlands *ohne* Abstimmung und entgegen der vertraglichen Zusicherung zugesprochen.

Als Dr. Stahmer vor dem IMT Dokumente vorlegen wollte, die bewiesen, daß Deutschland den Versailler Vertrag nicht gebrochen habe, sondern daß das Deutsche Reich nicht mehr daran gebunden war, weil er von der anderen Seite dutzendfach gebrochen worden war, wurde ihm dies vom Gerichtshof verboten. Der Vorsitzende bemerkte dazu: „Der Gerichtshof hat beschlossen, daß der Beweis über die Ungerechtigkeit des Versailler Vertrages oder die Frage, ob er unter Zwang abgeschlossen wurde, nicht zulässig ist. Aus diesem Grunde wird der Band 3 der für den Angeklagten Heß eingereichten Dokumente zurückgewiesen."

Es wurden also Heß und einige andere, darunter auch Generalfeldmarschall Göring, angeklagt, den Versailler Vertrag gebrochen zu haben, und als ihre Verteidiger Dokumente dagegen vorlegten, die zu dem entgegengesetzten Schluß kamen, daß die *Alliierten* diesen Vertrag gebrochen hatten, waren sie „unerheblich".

Wenn dies das neue Völkerrecht werden sollte, von dem die Anklagevertreter vor Beginn des Forums, während des Schauprozesses und auch noch nachher in vielen Schriften als optimal sprachen, dann gnade Gott jenen Unschuldigen, die in eine solche Mühle hineingerieten.

Die Unrechtmäßigkeit des Versailler Vertrages, die seit langem von Juristen und Historikern anerkannt ist, wurde von der Verteidigung bewiesen, doch das Tribunal wollte gar keine Beweise, es wollte Schuldzuweisungen sehen.

Daß dies so ist, wurde selbst in den USA erkennbar, wo das Versailler Diktat, das nach der Zurückziehung der 14 Wilsonschen Punkte entstanden war, einhellig abgelehnt wurde. Der italienische Ministerpräsident Francesco Ninni sagte zu diesem Thema:

„Die Verträge stehen in offenem Widerspruch zu allem, was die Entente während des Krieges immer wieder als Grundsätze proklamiert hatte, und bedeuteten in ihrer Gesamtheit eine Verletzung der 14 Punkte Wilsons." (Siehe Francesco Nitti: Das friedlose Europa.)

Welche Bedingungen waren im Versailler Diktat enthalten, die nicht den 14 Punkten des US-Präsidenten Wilson entsprachen? Deutschland wurde unter Kontrolle gestellt, seine Rüstungsindustrie verboten. Deutschland war allein am Ersten Weltkrieg schuld. Deutschland mußte allein abrüsten. Die deutschen Kolonien wurden entschädigungslos den Siegern übergeben. Deutschland mußte rein deutsche Gebiete an Belgien abgeben, Elsaß-Lothringen mußte nicht nur an Frankreich zurückgegeben werden, sondern darüber hinaus wurde aller Besitz des Deutschen Reiches in diesem Raum entschädigungslos enteignet. Südtirol mußte *ohne* die vorgesehene Volksbefragung an Italien abgetreten werden. Polen erhielt große deutsche Gebietsteile von Ostpreußen, Westpreußen, Posen und Oberschlesien mit überwiegend deutscher Bevölkerung. Die Tschechoslowakei erhielt das Sudetenland und das Hultschiner Ländchen. Dänemark wurde mit Nordschleswig bedacht, Danzig wiederum, eine deutsche Stadt, wurde dem Völkerbund übereignet, ebenso das Memelland.

Nachdem dieses Diktat vorgelegt worden war, forderte Clemenceau am 16. Juni 1919 seine Unterzeichnung. Sollte Deutschland ablehnen, so wurde in seiner Mantelnote formuliert, würde das bedeuten, daß der Krieg fortgesetzt und die Lebensmittelblockade erneut aufgenommen werden würde. Dennoch unterschrieb Ministerpräsident Philipp Scheidemann nicht, sondern trat zurück, weil er das, was ihm vorgelegt wurde, für unannehmbar hielt. Deutschland unterschrieb trotzdem.

Im selben Atemzug wurde das linke Rheinufer internationalisiert und auf Kosten Deutschlands fremd besetzt. Das Saargebiet wurde Deutschland entrissen und dem Völkerbund übergeben. Frankreich erhielt den Nießbrauch und das Eigentumsrecht an den dortigen Minen. Alle deutschen Ströme wurden internationalisiert.

All dies waren Diktate, die unter *keinen* Umständen zu einer friedlichen Nachkriegsentwicklung führen konnten.

Die Abrüstungsfrage

Deutschland hatte über zehn Jahre auf die Erfüllung der von den Siegermächten in Versailles eingegangenen Verpflichtungen, ebenfalls abzurüsten, gewartet. Die Rede des deutschen Reichskanzlers Franz von Papen vom 12. September 1932 und seine Antwort an den französischen Ministerpräsidenten Herriot vom 27. September 1932 sind Beweis dafür. Die letzte lautete im Kern: „Die Abrüstungskonferenz ist ohne Vorbehalt hinsichtlich der deutschen Gleichstellung einberufen und eröffnet worden. Deutschland ist vor sechs Jahren ohne Vorbehalt hinsichtlich seiner Gleichberechtigung in den Völkerbund aufgenommen worden, und selbst in Versailles hat niemand die ständige Disqualifizierung Deutschlands auf militärischem Gebiet zu fordern gewagt. Jetzt soll die Entwicklung der letzten zehn Jahre rückwärts revidiert und Deutschland der Status eines minderen Rechts auferlegt werden. Das können wir natürlich nicht hinnehmen."

Der deutsche Außenminister Freiherr von Neurath erklärte vor den Vertretern der internationalen Presse am 30. September 1932: „Mit nichts kann die Tatsache der einseitigen deutschen Entwaffnung *und* die Überrüstung anderer Staaten wegdiskutiert werden, ebensowenig die Verpflichtung der anderen Staaten, *ihrerseits* abzurüsten."

Und wie sah der Gegner diese Frage der Minderstellung Deutschlands? Der englische Premierminister Ramsay Macdonald erklärte vor dem Hauptausschuß der internationalen Abrüstungskonferenz am 16. März 1933:

„Einer meiner Freunde hat neulich sehr ernste Worte gesprochen. ‚Entweder erhält Deutschland Gerechtigkeit und Freiheit, oder aber Europa wird die Gefahr der Vernichtung laufen.'" *Das* war der springende Punkt!

Alle jene, die immerzu von Freiheit und vom Selbstbestimmungsrecht der Völker sprachen, hatten ihrem erklärten Feind alles dies genommen. Sie hatten sich Teile aus Deutschland herausgerissen, hatten Deutschland besetzt, ausgeraubt und geknechtet, und *nun* drehten sie den Spieß um und taten so, als wäre Deutschland und nicht sie der Aggressor, der Aufrüstende, der auf den Krieg hinarbeitende Todfeind der humanen Welt.

Die Ansprache Adolf Hitlers vom 21. März 1933, die natürlich *nicht* in die „Dokumentensammlung" aufgenommen wurde wie andere, lautete in bezug auf Deutschland, seine Nachbarn und die Welt:

„Wir wollen an die Stelle des ewigen Schwankens die Festigkeit einer Regierung setzen, die unserem Volk damit wieder eine unerschütterliche Autorität gibt. – Der Welt gegenüber wollen wir, die Opfer des Krieges von einst ermessend, aufrichtige Freunde eines Friedens sein, der endlich die Wunden heilen soll, unter denen alle leiden." (Siehe Genfer Zeitschrift der Deutschen Liga für den Völkerbund vom 11. Mai 1933.)

Der deutsche Botschafter im Hauptausschuß über die Luftabrüstung gab am 27. Mai 1933 eine Erklärung der deutschen Reichsregierung ab, die folgenden Wortlaut hatte: „Es wäre eine klare und wirksame Lösung und eine Abrüstungsmaßnahme von wirklich großer Tragweite, wenn Sie die Abschaffung der gesamten Luftstreitkräfte beschließen und für die Zukunft *die Verwendung dieser Waffe ebenso wie jeden Bombenabwurf absolut und ohne jede Einschränkung verbieten würden.*"

Zur gleichen Zeit begannen aber die USA mit dem Bau viermotoriger Fernbomber, einer ausgesprochenen Angriffswaffe. Und in England hatte Mr. Stanley Baldwin, derzeit noch Lordpräsident der britischen Regierung, bereits im November 1932 erklärt: „Nach meiner Meinung wird die Abrüstung den Krieg nicht aufhalten. – Die einzige Verteidigung ist der Angriff, das heißt also, *man muß mehr Frauen und Kinder umbringen als der Feind,* wenn man sich selber schützen will."

Hitler war zu dieser Zeit bereit, „seine gesamte militärische Einrichtung überhaupt aufzulösen und den kleinen Rest der verbliebenen Waffen zu zerstören, *wenn* die anliegenden Nationen ebenso restlos das gleiche tun."

Was nun die effektiven Stärken der Waffen anlangt, die bestanden, als keine der Siegernationen abgerüstet, sondern hektisch aufgerüstet hatte, so waren diese wie folgt:

Deutschland hatte im Jahre 1935 eine Heeresstärke von 250000 Mann einschließlich der Reservisten, keine modernen Waffen und keine Geschütze über 10,5 cm-Kaliber. Es hatte noch keine Luftwaffe, sondern erst wenige Staffeln mit veralteten Flugzeugen.

Die Marine bestand aus 15000 Mann, sie durfte kein Schiff haben durfte, das größer als 10000 Tonnen war. Sie hatte erst wenige U-Boote.

Diesen Kräften standen zur gleichen Zeit die Streitkräfte folgender Staaten gegenüber:

Frankreich mit einem Friedensheer in Stärke von 600000 Mann, das auf 1,5 Millionen Mann ausgebildeter Soldaten im Kriegsfalle zurückgreifen konnte.

Die Tschechoslowakei besaß im Kriegsfalle 600000 Mann, von denen freilich nur die Hälfte aus Tschechen bestand.

Polen konnte eine Million Mann im Kriegsfalle aufbieten.

Wer die folgenden deutschen Aufrüstungsbestrebungen der Jahre 1936 bis 1939 mit einem Wettrüsten zum Angriffskrieg bezeichnet, der hat den Blick für die Realitäten verloren oder tut dies in böswilliger Absicht.

Das Ziel Deutschlands war nach den Aussagen von Generaloberst Jodl „die militärische Parität gegenüber den Nachbarländern, da eine Abrüstung nicht zustande gekommen war. –

Als wir in Deutschland im Jahre 1935 36 Divisionen (aus den vorhandenen zwölf) aufstellten, was eine Entwicklung von Jahren bedeutete, ehe diese Rumpf-Divisionen voll ausgerüstet und aufgefüllt standen, da besaßen Frankreich, Polen und die Tschechoslowakei 90 Friedens-Divisionen und 190 Divisionen im Kriege (aus den ausgebildeten Reservisten). Wir hatten keine Panzerwaffe und keine schwere Artillerie. Der Aufbauplan des Heeres sollte 1945 fertig sein."

Und zur Frage nach den effektiv am 1. April 1938 fertigen Divisionen erklärte Jodl: „Wirklich fertig, also personell und materiell fertig, waren zu diesem Zeitpunkt etwa 27 bis 28 Divisionen."

Dies konnte in keiner Weise widerlegt werden, und die von den vier Hauptanklägern in der Anklageschrift verlesenen „gigantischen Rüstungsanstrengungen" mit der dann feststehenden ebenso „gigantischen Überlegenheit der deutschen Wehrmacht" war nichts anderes als eine Seifenblase, die platzen würde, sobald deutsche Dokumente und jene der neutralen Militärexperten gewertet worden wären. Doch diese verfielen sämtlich der Ablehnung.

Jodl führte aus, daß zu Kriegsbeginn am 1. September 1939 insgesamt „zwischen 73 und 75 deutsche Divisionen vorhanden" waren.

Als man schließlich dem Generaloberst Jodl vorhielt, daß eine solche gewaltige Aufrüstung doch *nur* einem Angriffskrieg dienlich sein könnte, erklärte dieser: „Dies ist, glaube ich, nur aus militärischer Unkenntnis zu erklären."

Womit wieder einmal mehr bewiesen war, daß eben ein Militärtribunal nicht aus Zivilisten zusammengesetzt werden konnte, die in militärischer Hinsicht ebenso ahnungslos wie unwillig waren, irgend etwas zu lernen.

In den Abschnitten, die den jeweiligen Angeklagten Göring, Keitel, Jodl, Raeder und Dönitz vorbehalten sind, wird sich Anklage und Verteidigung weiter mit diesen Fakten oder dem, was dafür gehalten und dafür ausgegeben wurde, befassen.

Abschließend hier noch einige Bemerkungen des Anklägers des Generalstabes und des Oberkommandos der Wehrmacht und deren höchste Offiziere. Oberst Taylor:

„Die Nazi-Generale dachten nur an einen Krieg, einen Krieg zur Eroberung von Europa. Neutralität, Verträge, Nichtangriffspakte spielten keine Rolle. Die waren nur unbequeme Hindernisse, und man mußte nur Mittel finden und sich Entschuldigungen ausdenken, die den jeweiligen Umständen entsprachen."

Damit hatte Oberst Taylor auf den Punkt genau die Haltung der britischen Regierung gegenüber Polen umrissen, für dessen Erhaltung Großbritannien dem Reich am 3. September 1939 den Krieg erklärt hatte. Man ließ es zu, daß Polen in einer neuen schmerzlichen Teilung von den Sowjets auseinandergerissen wurde, und entschädigten es mit einem Teil Ostdeutschlands, in dem die relativ wenigen aus dem Osten ihres Landes „umgesiedelten" Polen auch heute noch die Fäuste in den Taschen ballen, wenn sie an die Russen denken, die ihnen ihre Heimat – scheinbar zugunsten Weißrußlands und der Ukraine – genommen hatten.

Zur Invasion Norwegens, einem weiteren Angriffskrieg der kriegslüsternen Deutschen, wird an anderer Stelle etwas zu sagen sein; hier lediglich die Bemerkung Taylors, daß Hitler am 1. März 1940 die Weisung für den Plan der Invasion Norwegens und Dänemarks erlassen habe, daß dieser von der Marineseite unter Raeder gefaßt worden sei und daß man Hitler habe überreden müssen, die Idee aufzugreifen. Womit Taylor dokumentieren wollte, daß Verträge und Neutralität der Gruppe Generalstab und OKW ebensowenig wie den Nazis selber bedeuteten.

Daß dies ebenso mit den Niederlanden und Belgien gehandhabt wurde und daß der aggressive Charakter des Angriffs am 10. Mai 1940 im Westen demnach klar erwiesen sei, floß in diese Anklage mit ein, die in der Bekundung gipfelte, daß bei dem Unternehmen „Barbarossa" Hitlers Gedanken, einmal mit den Bolschewisten abzurechnen, und seine weltanschauliche Einstellung eine wesentliche Rolle gespielt hätten.

„Das Vorgehen der Russen gegen Finnland und gegen die baltischen Staaten", führte Oberst Taylor aus, „das 1939–40 stattfand, wird Hitler weiter in seiner Auffassung bestärkt haben, diese Abrechnung durchzuführen."

Nun erwähnte zwar Oberst Taylor diese Angriffskriege der Sowjetunion, ihre Annexion von Teilen Finnlands und die Einverleibung der baltischen Staaten, doch ohne auch nur mit einem Wort zu erwähnen, daß dies *echte* Angriffskriege waren.

Der Ankläger und sein Schlußwort

„Ich möchte noch einmal die Natur der Anklage gegen diese Gruppe unter den Anklagepunkten I und II klarstellen. Sie werden nicht angeklagt, weil sie Soldaten sind. Sie werden nicht angeklagt, nur weil sie gewöhnliche Dinge getan haben, die man von einem Soldaten erwartet. Der Sinn der Anklage gegen die einzelnen Angeklagten und gegen die Gruppe Generalstab und Oberkommando der Wehrmacht unter den Anklagepunkten I und II ist, daß sie sich in Ausübung ihrer Funktionen als Diplomaten, Politiker, Soldaten und Seeleute, oder was immer sie waren, miteinander *verschworen* haben und ungesetzliche Kriege planten, vorbereiteten, entfesselten und führten und damit Verbrechen im Sinne des Artikels 6 (a) des Statuts begingen. Es geht nicht an, daß die Männer, die diese Verbrechen verübt haben, sich damit verteidigen, daß sie einen bestimmten Beruf ausüben. Es ist vollkommen legal, wenn Berufssoldaten militärische Pläne vorbereiten, um für etwaige Notfälle gewappnet zu sein; und solche Pläne können rechtmäßig ausgearbeitet werden, gleichgültig, ob sie nun im militärischen Sinne offensiv oder defensiv sind.

Es ist sogar vollkommen legal, wenn militärische Führer solche Pläne ausführen und Krieg führen, sofern sie damit nicht Kriege planen, entfesseln und führen, die ungesetzlich sind, weil sie Angriffskriege sind und gegen das Statut verstoßen.

Ich glaube nicht, daß hier und vor diesem Gericht irgendein Zweifel oder eine Schwierigkeit besteht, den verbrecherischen Charakter der Gruppe Generalstab und OKW zu beweisen. Sie ist eine Gruppe im Sinne der Anklagen I und II. Die Schuld dieser Gruppe wie jene Schuld der fünf Hauptangeklagten, die der Gruppe angehören, wird ohne jeden Zweifel bewiesen werden."

Daß über diese fünf Hauptangeklagten hinaus zahlreichen anderen Mitgliedern der beiden Organisationen „wissentliche, vorsätzliche und unrechtmäßige Pläne zur Kriegsvorbereitung und Teilnahme an diesen verbrecherischen Angriffskriegen" bewiesen werden können, setzte Oberst Taylor als sicher voraus. Er nannte 19 Offiziere namentlich, gegen die belastende Dokumente vorlägen, die sie der Teilnahme an dem Verbrechen, einen Angriffskrieg zu planen und zu führen, überführten.

Zum Schluß hielt Oberst Taylor noch eine Laudatio auf den Soldatenberuf, dem ja auch *er* angehörte, und kennzeichnete ihn als angesehenen Beruf, wobei er die genannte Gruppe ausschloß, weil sie sich als militärische Führer mit anderen verschworen hätten, „das Gewissen der deutschen Nation zu untergraben und zu zerstören, und daß sie Deutschland vergrößern wollten und in diesem Bemühen notfalls auch einen Krieg führen würden."

Nachdem diese beiden Anklagepunkte vorgetragen waren, wandte sich Oberst Taylor in der Sitzung des 7. Januar 1946 den Punkten III und IV der Anklageschrift zu.

„Ich behaupte", erklärte er zu Beginn dieser Sitzung, „daß die Gruppe Generalstab und OKW eine besondere Verantwortung für Kriegsverbrechen und Verbrechen gegen die Menschlichkeit trägt.

Ich beabsichtige, in diesem Teil der Anklage zu beweisen, daß Mitglieder dieser Gruppe einschließlich der Angeklagten, die Mitglieder dieser Gruppe sind, die Begehung von Kriegsverbrechen angeordnet und geleitet und dadurch an der Begehung von Kriegsverbrechen in ihrer amtlichen Eigenschaft als Mitglieder dieser Gruppe Anteil haben.

In diesem Augenblick wollen wir dem Gerichtshof zeigen, daß der Generalstab und das Oberkommando der Wehrmacht einer Terrorpolitik ergeben waren."

Oberst Taylor bezog sich auf die Tötung von alliierten Kommandos, Fallschirmjägern und Mitgliedern militärischer Missionen unter Verletzung des Völkerrechts und der Kriegsregeln. Daß diese Kommandos, die nach dem Kommandobefehl erschossen wurden, sich selber außerhalb dieser Kriegsregeln gestellt hatten, wurde unter Beweis gestellt und wird in den Kapiteln gegen die fünf „Hauptkriegsverbrecher", die der Gruppe zugehörten, bewiesen werden.

Daß dieser deutsche Kommandobefehl unter Ziffer 5 eindeutig zum Ausdruck brachte, daß er „*nicht* für Soldaten in Uniform gilt", wurde natürlich ebenfalls verschwiegen, wenngleich die Verteidigung dies klarzustellen vermochte.

Daß auch die Partisanenbekämpfung von Oberst Taylor genau unter die Lupe genommen wurde und Zitate aus Erlassen und Befehlen das Verbrecherische der Behandlung der Partisanen durch Deutsche darlegen sollten, war verständlich, wurde doch überwiegend an diesen Befehlen gegen Partisanen mit der dort verkündeten Geiselerschießung und anderen Repressalien „aufgezeigt", daß die deutschen militärischen Führer Kriegsverbrechen begangen hatten.

Solche Sätze: „Es ist nur möglich zu bestehen, wenn die Truppe selbst sich gegen jede Bedrohung durch die feindliche Zivilbevölkerung schonungslos zur Wehr setzt" oder: „Gegen Ortschaften, aus denen die Wehrmacht hinterlistig oder heimtückisch angegriffen wurde, werden unverzüglich kollektive Gewaltmaßnahmen durchgeführt, wenn die Umstände eine rasche Feststellung einzelner Täter nicht gestatten", ferner: „Die erbarmungslose Ausrottung artfremder Heimtücke und Grausamkeit und damit die Sicherung des Lebens der Deutschen Wehrmacht in Rußland", wie dies Generalfeldmarschall von Reichenau in seinem Befehl vom 10. Oktober 1941 forderte, gehörten zu den „verbrecherischen Befehlen."

Den Einsatzgruppen wurde ebenfalls einiger Raum gewidmet, obgleich sie nicht unter die Klassifizierung der genannten Gruppe fielen.

Das Schlußwort von Oberst Taylor nach der Vernehmung des Zeugen der Anklage, SS-Obergruppenführer von dem Bach-Zelewski, und nach Abschluß der Beweisführung zu den Punkten III und IV lautete:

„Das Bild, das die Gruppe Generalstab und Oberkommando der Wehrmacht heute darbietet, ist in vieler Hinsicht das entwürdigendste von allen Gruppen und Organisationen, die vor diesem Gerichtshof stehen. Generalstab und OKW sind die Träger einer Tradition, der Tapferkeit und Ehre nicht abzusprechen sind, sie gehen jedoch aus diesem Krieg mit Verbrechen und Unfähigkeit beladen hervor.

Nachdem diese Gruppe eine Partnerschaft mit den Nazis eingegangen war, plante und führte sie viele Angriffshandlungen aus, die Europa in ein Totenhaus verwandelten. Sie ist dafür verantwortlich, daß die Wehrmacht für schimpfliche Taten verwendet wurde, für Terror, Plünderung und Massengemetzel. Niemand soll sagen, daß diese Leute sich hinter ihrer Uniform verstecken oder daß sie eine Zufluchtsstätte finden können, indem sie sich als Mitglieder eines Berufes bekannten, dem ihre Handlungen für immer zur Schande gereichen."

Die Zeugen im Kreuzverhör

Generalfeldmarschall Kesselring sagt aus

Am 12. März 1946 betrat Generalfeldmarschall Albert Kesselring als Zeuge der Verteidigung den Saal, um über seine Stellung in der deutschen Luftwaffe, vor allem aber über die Einsätze der Luftwaffe bei Warschau, Rotterdam und Coventry sowie über den Luftwaffen-Generalstab auszusagen. Er wurde von Dr. Stahmer befragt.

Nach der Klärung der verschiedenen Dienststellungen des Zeugen ab 1933 fragte Dr. Stahmer ihn, welche Aufgabe die Luftwaffe gehabt habe. Dazu Kesselring:

„Die deutsche Luftwaffe war eine reine Verteidigungswaffe. Ich muß zur Kennzeichnung jedoch anfügen, daß das Einzelflugzeug ebenso wie die gesamte Luftwaffe ihrem Wesen nach eine Offensivwaffe ist.

Die Luftwaffe hat ihre Ziele im tiefen Raum, gleichgültig, ob sie aus der Verteidigung heraus oder im Angriff angesetzt wird. Diese Erkenntnis war bei Reichsmarschall Göring und seinen Generalen vorhanden.

Es ist klar, daß beim Aufbau der deutschen Luftwaffe von vornherein nur die leichten Flugzeuge gebaut wurden oder als erste Konstruktionen zur Truppe kamen. Dementsprechend hatten wir bis zum Jahre 1936/37 nur leichte Flugzeuge. Jagdflugzeuge, Sturzkampfflugzeuge, Aufklärungsflugzeuge und einige, wie wir uns ausdrückten, ‚alte Schlitten‘, wie Ju 52, Do 11 und Do 13, also nicht kampffähige Bombenflugzeuge.

Die Offensivluftwaffe fehlte uns bis zum Jahre 1937/38 völlig, vor allem die Kampfflugzeuge. Und *die* Kampfflugzeuge, die später in die Luftwaffe eingeführt wurden, hatten weder die Reichweite noch das Beladungsvermögen, um als Eroberungs- oder Offensivwaffe eingesetzt zu werden. Es fehlten die viermotorigen Kampfflugzeuge."

Zur Frage, ob er am Angriff auf Warschau beteiligt gewesen sei, erwiderte Kesselring: „Ich habe als Chef der Luftflotte 1 diesen Angriff geführt.

Warschau war nach deutschen Begriffen eine Festung und außerdem in hohem Maße luftverteidigt, erfüllte also alle Voraussetzungen der Haager Landkriegsordnung, die an sich für den Luftkrieg eine entsprechende Handhabe bietet.

Die erste Phase des Angriffs gegen Warschau war entsprechend dem operativen Grundsatz der Verwendung der Luftwaffe die Bekämpfung oder Niederkämpfung der feindlichen Luftwaffe und der in der unmittelbaren Nähe der Flugplätze befindlichen Luftrüstungsbetriebe. Diese Angriffe sind meines Erachtens nach voll berechtigt und entsprechen den Bedingungen.

Die zweite Phase umfaßte die Bekämpfung der operativen Verschiebung der Polen. Ich füge an, daß Warschau der Knotenpunkt im nördlichen und mittleren Polen ist. Als unsere Fernaufklärung meldete, daß die Bahnhöfe stark mit Material belegt waren und der Zuzug von Truppen nach Warschau in erhöhtem Maße stattfand, wurde der Luftangriff gegen diese Bewegungen angeordnet und ausgeführt.

Er richtete sich vor allem gegen Bahnhöfe, Abstellgleise und die Weichselbrücken. Ich füge an, daß von meiner Seite zur Durchführung der Angriffe die Stukas und die Schlachtflugzeuge bestimmt worden sind, weil die Präzision dieser Waffe garantierte, daß in der Hauptsache die militärischen Ziele getroffen werden würden.

Die dritte Phase umfaßt die Zeit der Beschießung von Warschau. Ich möchte diese Beschießung als eine Sache des Heeres betrachten, wo schwache Teile einer Luftwaffe auf Anforderung des Heeres gegen militärische Ziele eingesetzt worden sind.

Ich war selbst über Warschau und habe fast nach jedem Bombenangriff die Kommandeure über die Angriffsdurchführung gesprochen; ich kann hier auf Grund eigener Einsichtnahme und Meldung versichern, daß das menschenmögliche getan worden ist, um die militärischen Ziele zu treffen und zivile Ziele nach Möglichkeit zu schonen.

Die Angriffe haben sich im Rahmen der militärischen Notwendigkeit gehalten."

„Waren Sie auch an dem Angriff auf Rotterdam beteiligt?" lautete die nächste Frage des Verteidigers Dr. Stahmer. Albert Kesselring erwiderte:

„Als Luftflottenchef 2, der ich inzwischen geworden war, habe ich Einsatzflüge gegen Holland, Belgien und Frankreich geführt, und unter meinem Kommando war auch das Luftlande-Korps tätig.

Das Luftlande-Korps befehligte General Student, der auch die Unterstützung seiner Fallschirmjäger durch einen Bombenangriff forderte. General Student ist auch die einzige Persönlichkeit, die an Ort und Stelle die Erdlage mit einer derartigen Präzision übersah, daß er als verantwortlich für Vorbereitung und Durchführung angesprochen werden muß. Die fliegerische Unterstützung wurde verantwortlich dem 4. Fliegerkoprs übertragen. – Ansatz und Durchführung des Angriffs vollzog sich einzig und ausschließlich nach den taktischen Erfordernissen im Rahmen der gegebenen technischen Möglichkeiten.

Die Zielangabe des Generals Student war eindeutig und klar nach Breite, Schwerpunkt, Schlüsselpunkt und Besetzung gegeben. Die Zielauffassung konnte bei einem kampferprobten Verband keine Schwierigkeiten bieten. Die Verbindungen: Es bestand eine Funklinie zwischen der Befehlsstelle Student und meinem Stab, die anderen Stäbe einschließlich Oberbefehlshaber der Luftwaffe hörten mit; wenn überhaupt, so kann diese Verbindung nur kurzfristig unterbrochen gewesen sein, da die Funkbefehle von mir bzw. vom Reichsmarschall abgesetzt wurden." (Die Funkverbindung von General Student zu dem Fliegenden Verband, der diesen Angriff durchführen sollte, war nicht möglich; demzufolge konnte General Student, als sich die Lage so entwickelte, daß noch ein Zeitverzug in der Bombardierung befohlen werden sollte, den Befehl zum Abdrehen der bereits gestarteten Flugzeuge *nicht* direkt an diese durchtasten, so daß dieser Angriff wie vorgeplant erfolgte. Anm. d. Bearbeiters).

Über die Notwendigkeit, diesen von Gegnern besetzten und verteidigten Punkt an den Rotterdamer Brücken freizukämpfen, um der 9. Panzer-Division den Durchstoß zu ermöglichen und damit auch die Fallschirmjäger zu entsetzen, sagte Feldmarschall Kesselring aus:

„Ich habe persönlich *nie* einen Zweifel daran gehabt, daß dieser Angriff ausgeführt werden *mußte,* nur darüber, ob er nicht unter Umständen wiederholt werden mußte; und der Klärung dieser Frage dienten meine Funkanrufe. Meiner genauen Kenntnis der Persönlichkeit des Generals Student und – ich muß das besonders

betonen – seiner Führungstechnik, seinen klaren Anforderungen zufolge war mit der Durchführung des Angriffs zu rechnen.
Der Angriff wurde planmäßig und zeitgerecht durchgeführt. Die Erfolgsmeldung über richtige Lage der Bomben im Ziel kam unverhältnismäßig rasch; damit auch die Mitteilung, daß weitere Angriffe nicht notwendig seien. – Ich habe keine Meldung in Erinnerung, daß der Bombenangriff nicht mehr dem Ablauf der taktischen Lage entsprochen hätte."
„Es soll", so die weitere Frage Dr. Stahmers, „ein Bombenabwurf erfolgt sein, als die Kapitulationsverhandlungen schon eingeleitet waren?" Dazu Kesselring:
„Ich kenne die Vereinbarungen nicht, die zwischen General Student und dem Führer der holländischen Truppe in Rotterdam getroffen worden waren. Eine entsprechende Aussprache, die ich später haben wollte, konnte nicht durchgeführt werden wegen der schweren Hirnverletzung des Generals Student." (der durch einen Tangential-Kopfschuß schwer verwundet worden war. Anm. d. Bearb.). „Wenn tatsächlich gegen meine innere Überzeugung der Angriff nicht mehr der Lage entsprochen haben sollte, so ist dies außerordentlich zu bedauern."
Auf die weitere Frage, worauf denn die schweren Brände in Rotterdam nach der Bombardierung zurückzuführen seien, antwortete Kesselring:
„Ich war aufgrund der Meldung der Truppe außerordentlich erleichtert berührt, daß sich die Wirkung der Bomben auf das Zielgebiet begrenzte. Leider wurde im Zielgebiet eine Margarinefabrik oder ähnliche Fabrik getroffen. Es ist Öl ausgelaufen, das den Brand weiter verbreitete. Die holländische Feuerwehr wurde nach dem Angriff nicht zu Löscharbeiten herangezogen, um ein Ausbreiten des Feuers einzudämmen."
„Welche militärischen Folgen hat dieser Angriff hervorgerufen?"
„Die unmittelbare Folge war die Kapitulation der Rotterdamer Truppen. Wie mir General Wenninger, der seinerzeitige Luftattaché, der meiner Flotte später zugeteilt wurde, mitteilte, war die unmittelbare Folge dieses Luftangriffs die Kapitulation der holländischen Armee."
„Haben Sie im November 1940 den Angriff auf Coventry geleitet?" fragte Dr. Stahmer weiter, und Kesselring antwortete:
„Ich habe zweifellos als Chef der Luftflotte 2 diesen Angriff

mitgemacht. Ich kann augenblicklich nicht sagen, ob auch die Luftflotte 3 beteiligt war, aber ich habe mitgemacht."

„Coventry", fuhr Kesselring fort, „war nach der Zielkarte, die bei der Archivabteilung des Oberbefehlshabers der Luftwaffe geführt wurde, ein englisches Rüstungszentrum; es wurde mit dem Truppennamen ‚Klein Essen' bezeichnet. Die Vorbereitungen aller Angriffe waren außerordentlich gewissenhaft. Ich habe mich selbst oft bei diesen eingefunden. Der Reichsmarschall hat ebenfalls hin und wieder diese Vorbereitungen überprüft. Im Falle Coventry lagen die Verhältnisse einfach, da die vorgesehenen Angriffsnächte eine günstige Wetterlage aufwiesen und Coventry ohne Funknavigation anzufliegen, die Zielverteilung in Conventry sehr einfach war und fast mit Erdsicht geworfen werden konnte, so daß ein Nichttreffen des Zieles eigentlich ausgeschlossen war.

Das Ziel, das die Luftflotte dem Verband zugewiesen hatte, wurde von uns als völkerrechtlich zugelassen angesehen, was nicht ausschloß, daß von unserer Seite auch in Einzelfällen nachgeprüft und durch Unterhaltungen mit dem Oberbefehlshaber der Luftwaffe ein Ausgleich und ein Zielwechsel herbeigeführt worden ist und daß wir die Verantwortung übernommen haben.

Im Falle von Coventry wurde kein Terrorangriff geflogen, sondern hier bot sich ein militärisch wichtiges Ziel an."

Nachdem Dr. Stahmer diesen Teil der Zeugeneinvernahme beendet hatte, wandte sich der Verteidiger Dr. Laternser, der auch die angeklagte Gruppe Generalstab und Oberkommando der Wehrmacht verteidigen sollte, an den Feldmarschall und fragte diesen, ob ihm der Umfang der Gruppe Generalstab und OKW, wie sie in der Anklagebehörde zusammengefaßt worden war, bekannt sei.

Kesselring bejahte dies, und Dr. Laternser fragte, was man unter dem eigentlichen Generalstab der einzelnen Wehrmachtteile verstehe.

Dazu Kesselring: „Der Generalstab der einzelnen Wehrmachtteile stellt eine Zusammenfassung aller derjenigen Offiziere innerhalb der ganzen Wehrmacht dar, die als Gehilfen der Führung oder über die allgemeine Verantwortung hinausgehende Verantwortung tragen.

Der Luftwaffengeneralstab", führte Kesselring nach einer diesbezüglichen Frage aus, „war eine Parallelorganisation des Heeresgeneralstabes und glich dem Heeresgeneralstab im allgemeinen wie ein Ei dem anderen.

Der Generalstab setzt sich aus der Zentralstelle, bei der Luftwaffe Führungsstab genannt, dem Führungsamt, und zwar mit dem Chef des Generalstabes an der Spitze, den Führungsabteilungen, den Organisationsgruppen, den Abteilungsführern der Luftwaffe, dem Oberquartiermeisteramt und so weiter zusammen.

Die einzelnen Kommandos, von der Luftflotte an hinunter bis zur Division und auf der bodenorganisatorischen Seite bis zu den Luftgauen, hatten Generalstabsoffiziere als Gehilfen der Führung. Auch die früher übliche Mitverantwortung des Chefs des Generalstabes einer Kommandobehörde fiel, da sie mit dem Führerprinzip als unvereinbar erklärt worden ist. Diese Chefs der Generalstäbe von den Kommandobehörden an und der große Chef der Generalstabszentralstelle hatten bezüglich der Ausbildung und Ausrichtung Einfluß auf sämtliche Generalstabsoffiziere innerhalb der Wehrmacht, ohne damit die Verantwortlichkeit der unmittelbar vorgesetzten militärischen Dienststellenleiter irgendwie zu beeinträchtigen."

Auf die Frage von Dr. Laternser nach der politischen Betätigung hoher Offiziere oder einer Verbindung hoher militärischer Führer zur „fünften Kolonne' entgegnete Kesselring:

„Wir als Soldaten haben uns im allgemeinen nicht um Politik gekümmert. Die Politik wurde von den Politikern gemacht, und wir hatten sie auszuführen. Dies ist eine Entwicklung, die seit dem 18. Jahrhundert in der deutschen Armee Fuß gefaßt hat. Mit der ‚fünften Kolonne' hat sich die militärische Führung nicht abgegeben, das stand unter dem Niveau."

Über die Behandlung der sowjetischen Zivilbevölkerung in seinem Befehlsbereich während des Jahres 1941 befragt, antwortete Kesselring:

„Ich war bis Ende November 1942 in Rußland, und ich kann nur sagen, daß das Verhältnis zwischen Bevölkerung und Truppe ein denkbar gutes war, daß die Feldküchen überall für die Armen und für die Kinder zur Verfügung gestellt wurden, daß die anerkannt hohe Sittenreinheit der russischen Frau in bemerkenswertem Umfang von deutschen Soldaten gewahrt worden ist. Ich weiß, daß die Sprechstunden meiner Ärzte von der russischen Bevölkerung gerne in Anspruch genommen worden sind. –

Ich habe es im Interesse der Erhaltung des Ansehens der Deutschen Wehrmacht für notwendig gehalten, gegen deutsche Soldaten, die gegen irgendwelche Paragraphen verstoßen haben, entschieden einzuschreiten. Ich habe vor allem Wert darauf gelegt, Vorbeugungsmaßnahmen anzuordnen. So habe ich an Vorbeugemaßnahmen in Italien angeordnet, daß Städte, oder wenn dies nicht möglich war, die Innenteile der Städte von Kommando- und Verwaltungsbehörden und von Soldaten geräumt wurden und daß Städte oder Innenteile abgesperrt werden. --- Als Überwachungsorgane habe ich verschiedene Auffanglinien von Feldgendarmerie, Feldpolizei, Feldjägern und beigeordneten fliegenden Gerichten und Kraftwagenstreifen angeordnet.

Ich habe die Fälle, die mir von den Italienern auf deutscher Seite gemeldet wurden, verfolgen lassen oder selbst verfolgt. Dort, wo Operationen an Ort und Stelle mir ein persönliches Eingreifen nicht gestatteten, wie bei Siena, habe ich der Wehrmacht bekanntgegeben, daß dieser Fall kriegsgerichtlich von mir später weiterverfolgt wird. In anderen Fällen habe ich in extrem zugespitzter Lage die Todesstrafe und das Ausnahmerecht gegen Plünderer, Räuber, Mörder usw. verhängt."

Als schließlich Dr. Laternser den Zeugen fragte, ob ihm Völkerrechtsverletzungen bekanntgeworden seien, die von der Gegenseite verübt worden waren und Feldmarschall Kesselring dies bejahte und Beispiele dafür anfügen wollte, wurde er von dem sowjetischen Ankläger, General Rudenko, unterbrochen. Dieser erklärte:

„Ich protestiere gegen diese Frage. Meines Erachtens ist der Zeuge *nicht befugt*, Erklärungen darüber abzugeben, ob Deutschlands Feinde das Völkerrecht verletzt haben."

Justice Jackson, der US-Ankläger, führte daraufhin aus: „Hoher Gerichtshof, es ist ein allgemein anerkannter Grundsatz des Völkerrechts, daß eine Verletzung desselben auf der *einen* Seite *keine* Entschuldigung oder Rechtfertigung für eine Verletzung auf der anderen Seite ist. Natürlich gibt es auch die Doktrin der Repressalie, aber sie ist sicher auf keinen der hier hervorgetretenen Fälle anwendbar."

Der Gerichtshof hielt nach einer Beratung diese Frage von Dr. Laternser für unzulässig.

Von dem Vertreter des Generalobersten Jodl, Prof. Dr. Jahrreiß, wurde Feldmarschall Kesselring über Adolf Hitler und vor allem über Generaloberst Jodl befragt. Kesselring bekundete zur Persönlichkeit Jodls, daß „Generaloberst Jodl, der unser Sachwalter beim OKW war, mit einer außerordentlich anerkennenswerten Energie seine Auffassung vor Hitler vertreten und diese Auffassung bis zum Schluß durchgestanden hat." Er erklärte weiter, auf die Befehlsgebung durch Jodl hin befragt, daß „Befehle grundsätzlicher Art *nur von einer Person* ausgingen: das war Adolf Hitler. Die anderen Persönlichkeiten und auch Generaloberst Jodl waren Exekutivorgane. Das schloß aber nicht aus, daß sie als solche ihre eigene Auffassung oder die Auffassung der unterstellten Heeresgruppen gegenüber Hitler mit Nachdruck im Sinne der Auffassung der Heeresgruppen vertraten."

Auf die Frage, ob denn Jodl nicht das willige Werkzeug Hitlers gewesen sei und ob dies wahr sei, daß Jodl ausgleichend gewirkt habe, erklärte Kesselring:

„Ja, er hat in einer unerhörten Weise unsere Interessen vertreten und damit für die Gesamtheit ausgleichend gewirkt. Ich kann nur sagen, daß ich bei den wenigen Besuchen im Hauptquartier, wenn ich mich richtig ausdrücke, Generaloberst Jodl habe rot anlaufen sehen; er hatte seine Auffassung in einer Form zum Ausdruck gebracht, die ich gerade noch an der Grenze des militärisch Möglichen angesehen habe."

Justice Jackson, der am Vormittag des 13. März 1946 das Kreuzverhör gegen Feldmarschall Kesselring führte, erklärte dem Zeugen, daß er ja gewissermaßen auch als Angehöriger des Generalstabes und des OKW, also als Angeklagter hier stehe. Dies wurde nicht zuletzt zur Einschüchterung so formuliert, denn eine ganze Reihe der Zeugen sollten tatsächlich nach ihren Aussagen hinter Gittern verschwinden.

Über Reichsmarschall Göring befragt, erklärte Kesselring, daß die gesamte Luftwaffe restlos Vertrauen zu ihrem Reichsmarschall gehabt habe, weil er „die einzige Persönlichkeit war, die einen bestimmenden Einfluß auf Adolf Hitler ausüben konnte. In dieser Richtung wußten wir uns, nachdem wir auch noch die friedliebende Einstellung des Reichsmarschalls kannten, absolut und genügend gesichert und abgestützt."

Feldmarschall Kesselring erklärte auch dem US-Ankläger, daß das Wesentliche einer Offensiv-Luftwaffe die weitreichenden viermotorigen Bombenträger großer Lasten seien, über die Deutschland nicht verfügte, die aber seit 1933 von den USA in Massen gebaut wurden, wie Präsident Roosevelt dies in seinen Speeches immer wieder zum Ausdruck brachte.

Als Justice Jackson unvorsichtigerweise auch auf die am Vortage vom Gericht abgeblockte Antwort Kesselrings über Einzelunternehmen und die Erschießung von Kommando-Angehörigen zurückkam und fragte, wann er, Kesselring, denn einen Befehl zur Erschießung von Kommandos *nicht* durchgeführt habe, konnte Kesselring erklären:

„In einem Sonderfall ist diese Frage im Hauptquartier behandelt worden. Es hat sich hier um das Kommandounternehmen Pescara gehandelt, wo Adolf Hitler trotz der Schonung der Beteiligten durch mich und meine Leute deren Erschießung angeordnet hat. Ich glaube insbesondere, daß hier die vermittelnde Wirkung Jodls entscheidend war, nämlich mit dem Erfolg, daß diese Sache vergessen wurde und daß dementsprechend die Leute in den Gefangenenlagern und Lazaretten am Leben erhalten werden konnten."

Als der britische Hauptankläger Sir David Maxwell-Fyfe daraufhin dem Zeugen vorhielt, daß es dessen Ziel gewesen sei, bei dem Angriff auf Rotterdam „durch Terrorisierung der Bevölkerung dieser Stadt einen strategischen Vorteil zu erlangen", wies Kesselring diese Unterstellung zurück. Als nunmehr der britische Chefankläger ihm ein Vernehmungsprotokoll von Mondorf vorhielt, in dem die Worte, daß eine „feste Haltung" eingenommen werden müsse, enthalten seien. So gehe daraus hervor, daß die Bevölkerung Hollands durch Terror bewogen werden sollte, Frieden zu schließen. Dazu erklärte Kesselring:

„Darf ich darauf hinweisen, daß der Begriff ‚feste Haltung' im Widerspruch steht zu der ganzen Diktion von mir, so daß ich diese Worte aus der Niederschrift *nicht* anerkennen kann, weil ich sie nicht gesagt habe. Sie sind mir auch seinerzeit nicht vorgelesen worden."

Hier legte der deutsche Generalfeldmarschall den Finger auf eine Wunde, die sich immer wieder zeigte: daß sich nämlich in den englischen, französischen und russischen Übersetzungen von deutschen Aussagen Worte und gewisse Sinngebungen wiederfanden, die nichts, aber auch gar nichts mit dem wirklich Gesagten und Gemeinten zu tun hatten. Daß hier Protokolle manipuliert wurden, ist zwar nicht erwiesen, weil dies niemand zugegeben hat, sondern immer mit „Irrtümern" gearbeitet wurde, daß solche aber stattfanden, gilt als sicher, weil immer dann Bekundungen sinnentstellt wiedergegeben wurden, wenn diese Sinnentstellungen für die Angeklagten von negativer Bedeutung waren und das Gesamtbild verschlechterten.

Sir David Maxwell Fyfe attackierte den Zeugen stets und zieh Kesselring der Lüge, als dieser erklärte, daß er über den Beginn des Polenfeldzuges nicht orientiert war und daß er auch von dem Plan „Fall Weiß – der Polenfeldzug" nichts gewußt habe. Der Chefankläger erklärte:

„Ich behaupte nun, daß dieser allgemeine Angriff auf polnische Städte wiederum ein wohlgeplanter Anschlag war, mit dem Versuch, den nationalen Widerstand gegen Ihren Angriff zu brechen."

Dazu erwiderte Kesselring: „Wenn meine Aussagen als Feldmarschall und als Zeuge unter Eid so wenig berücksichtigt werden, wie dies von Ihnen, Herr Generalstaatsanwalt, geschieht, dann hat eine weitere Aussage von mir keinen Zweck. Ich habe betont, daß es sich *nicht* um einen Angriff auf Städte handelte, sondern um einen solchen auf militärische Ziele, und das müssen Sie mir als altem Soldaten letzten Endes glauben."

„Nun, der Gerichtshof wird entscheiden, was Ihre Aussage für einen Wert hat. Ich werde das nicht erörtern."

Von nun an war der britische Chefankläger bemüht, Kesselring alle jene Geiselerschießungen und Repressalien vorzuhalten, die es in Italien in Kesselrings Befehlsbereich gegeben hatte. Die Ursachen dieser Erschießungen – die Morde an deutschen Soldaten, Nachschubtruppen, einzelnen Soldaten und dem Obersten von Gablenz durch die Partisanen – wurden natürlich *nicht* erörtert, das hätte die Deutsche Wehrmacht nach Fyfe wohl offenbar einfach so schlucken müssen, um sich durch dieses Stillhalten weiteren mehr und mehr gesteigerten Partisanen- und Banditenüberfällen auszusetzen.

Sir Maxwell Fyfe zitierte angebliche Übergriffe der 1. Fallschirmjäger-Division und der Fallschirm-Division „Hermann Göring", deren Mehrzahl Kesselring hier zum ersten Male hörte. Immerhin hatte er ja in Italien mit seiner Heeresgruppe einen Kampf auszufechten, von dem sein Hauptgegner, General Alexander, sagte, daß er der härteste des Zweiten Weltkrieges gewesen sei und daß sich die Deutschen ehrbar und fair geschlagen hätten.

Natürlich kam Sir Maxwell Fyfe auch auf die Geiselerschießung anläßlich des Bombenanschlages in Rom vom 22. März 1944 zu sprechen, bei dem eine Kompanie deutscher Landesschützen von einigen heimtückischen Mördern fast ausgelöscht wurde und es 34 Tote gab. (Siehe dazu Kapitel GENERALFELDMARSCHALL KESSELRING IN VENEDIG VOR GERICHT).

Auch in diesem Zusammenhang verwandte der Chefankläger wieder jene Formulierungen des Rotterdam-Reports mit der „Terrorisierung der Zivilbevölkerung". Der deutsche Feldmarschall erkannte diese Redewendung wieder und erklärte: „Ich habe diesen Ausdruck meines Wissens *nicht* gebraucht. Ich habe zu wiederholen, daß ich in einem, wenn ich das sagen darf, geradezu idealen Freundschaftsverhältnis zu den Italienern gestanden habe und daß ich die allergrößte Veranlassung hatte, für diese Freundschaft zu werben und nicht Feindschaft zu säen, und daß ich *nur da* eingegriffen habe, und zwar sicher in einer entschiedenen Form, wenn es sich darum handelte, innerhalb kurzer Zeit dieses Pestgewächs der heimtückischen Überfälle zu kupieren."

Noch einmal kam Sir Maxwell Fyfe auf eine „Sonderbehandlung" zurück, die drei bei Pescara gefangengenommene britische Kommandos aufgrund der Veranlassung Kesselrings erhalten haben sollten. Der Hauptankläger schloß daraus messerscharf, daß sie von der SS getötet worden sein müßten.

Kesselring erklärte noch einmal, daß die Männer der Kommandos von Pescara entgegen den Weisungen Hitlers nicht erschossen worden seien, sondern daß sie, soweit verwundet, ins Lazarett, ansonsten in ein Kriegsgefangenenlager kamen.

Weil dieser Schuß nach hinten losgegangen war, wurde Feldmarschall Kesselring über angebliche Tötungen neugeborener Kinder in Wilna durch die SS befragt und diese Art ihrer Tötung dann auch auf die gefangenen Mitglieder der genannten Kommandos übertragen. Kesselrings Antwort lautete:

„Ich versichere, daß ich über eine derartige Exekution nicht unterrichtet bin und sie auch *nicht* geduldet hätte."

In vielen Dingen, zu denen der Zeuge Kesselring befragt wurde, hatte die Verteidigung keine Unterlagen erhalten, und Dr. Stahmer, der erfuhr, daß für die Bandenbekämpfung durch die Division „Hermann Göring", deren Kommandeur direkt dem Reichsmarschall unterstand, Göring verantwortlich gemacht werden sollte, bat darum, ihm die neuen Dokumente zu überlassen, damit er sie studieren und zu diesen neuen Vorwürfen Stellung nehmen und dann den Zeugen befragen könne. Es wurde ihm erklärt, daß er den Zeugen *jetzt* befragen müsse. Der Verteidiger konnte dem Zeugen aber logischerweise nur Fragen stellen, wenn er vorher das Tatsachenmaterial kannte; er mußte also dazu jene Urkunden einsehen, auf die an diesem Tage das erstemal Bezug genommen wurde *und* welche die Anklage der Verteidigung ja in Aussicht gestellt hatte; daher versuchte er diese Chance auch wirklich zu bekommen. Dies wurde abgelehnt, und Dr. Stahmer mußte auf Kesselrings Befragung verzichten.

Abschließend meldete sich Dr. Laternser zu Wort und rügte, daß die Anklagevertretung ebenso wie der Gerichtsvorsitzende den Generalfeldmarschall Kesselring mehrfach als Angeklagten bezeichnet habe. Laternser bemerkte dazu, daß Kesselring zum erstenmal vor dem Gericht, und zwar als Zeuge, aufgetreten sei und deshalb die Bezeichnung „Angeklagter" auf ihn nicht zutreffe, auch wenn die Gruppe Generalstab und OKW angeklagt sei, denn ein einzelnes Mitglied dieser Gruppe stehe bis jetzt noch nicht unter Anklage. (Dies sollte sich sehr bald ändern. Feldmarschall Kesselring wurde nach Venedig geschafft, wo über ihn zu Gericht gesessen wurde.)

Dr. Laternser war auch nicht mit dem Beschwichtigungsversuch des Gerichtsvorsitzenden einverstanden, sondern erklärte danach, er wolle nur verhindern, „daß die Generale, obwohl sie es *nicht* sind, nunmehr als Angeklagte bezeichnet werden". Und dazu wollte er Beweismaterial haben. Der Vorsitzende erklärte nur: „gut!"

Reichsmarschall Göring im Zeugenstand

Am Nachmittag dieses 13. März nach Ende der Zeugeneinvernahme von Feldmarschall Kesselring war der Gerichtssaal bis auf den letzten Platz gefüllt. Presse, Film und Funk gaben sich wieder ein Stelldichein, um den Auftritt des an der Spitze stehenden „Hauptkriegsverbrechers" Göring nicht zu verpassen. Als erster Zeuge dieser Gruppe wurde er in den Zeugenstuhl gerufen. Von zwei Guards mit weißen Koppeln, weißen Helmen, Handschuhen und Schlagstöcken in die Mitte genommen, ging Hermann Göring die wenigen Schritte aus der ersten Reihe der Box zum Pult.

Göring schwor den Eid und begann dann mit gedämpfter Stimme

In Quebec: Morgenthau (rechts) legt Churchill seinen Vernichtungsplan vor.

Henry Morgenthau mit seinem Präsidenten.

Präsident Truman übernimmt Roosevelts Erbe und seine Berater.

Der Anfang vom Ende: Feldmarschall Montgomery hat den Rhein überschritten.

Am 3. Mai 1945 treffen britische Fallschirmjäger ostwärts Wismar auf eine russische Panzerbesatzung.

Adolf Hitler bei einer Lagebesprechung mit Feldmarschall Keitel (Mitte) und Generaloberst Jodl.

seinen Werdegang zu erhellen. Der am 12. Januar 1893 in Rosenheim in Bayern geborene Oberbefehlshaber der Luftwaffe war bereits bei diesen ersten Worten als toter Mann anzusehen, dessen Verurteilung feststand. Auch die Zeugenaussage von Feldmarschall Kesselring konnte nichts daran ändern.

Hermann Göring schilderte seinen Einsatz als Jagdflieger im Ersten Weltkrieg, in dem er neben den beiden Eisernen Kreuzen noch den Zähringer Löwen mit Schwertern, den Karl Friedrich-Orden, den Hausorden von Hohenzollern mit Schwertern und den Pour le mérite erhalten hatte.

Seine Bekanntschaft mit Hitler, die Verwundung beim Marsch zur Feldherrnhalle und seine erneute Begegnung mit Hitler im Jahre 1927 passierten rasch Revue. Göring hatte sich inzwischen freigesprochen, und das Tribunal bot ihm als einzigem die Gelegenheit, zu jeder Frage seines Verteidigers Dr. Stahmer ausführlich Stellung zu nehmen.

Sachlich und offen stellte er seine Geschichte und anschließend auch, dazu übergehend, die jüngste deutsche Geschichte dar. Er schilderte die Dinge so, wie sie vom deutschen Volk gesehen wurden.

Während der Staatsanwalt und die Hauptankläger von Göring das Bild eines Gangsterbosses entworfen und mit einer Fülle von Kriegsverbrechen verbrämt hatten, trat hier nach der Darstellung seiner Ämter ein anderer Mann hervor. Als er von Dr. Stahmer gefragt wurde, was er zu der durch die Anklage ausgesprochenen Knechtung der deutschen Arbeiterschaft zu sagen habe, war er ein anderer Göring. Dieser erklärte:

„Der Arbeiter war zu diesem Zeitpunkt der Machtübernahme ausgesogen und ausgepumpt. Er besaß kaum noch etwas, weil er während seiner jahrelangen Arbeitslosigkeit alles verkaufen oder versetzen mußte. So möchte ich hier, ohne auf die Einzelheiten einzugehen, abschließend sagen: Wir haben nicht eine freie Arbeiterschaft verknechtet, sondern wir haben die Arbeiter von dem Elend der Arbeitslosigkeit befreit."

Wenden wir uns nunmehr nach den einleitenden Worten jenen Teilen der Befragung Görings zu, die für seine Stellung als Oberbefehlshaber der deutschen Luftwaffe und als Angehöriger der angeklagten Gruppe Generalstab und OKW von Bedeutung sind, weil dies in der Intention des Buches liegt.

Göring erklärte zur Aufrüstung Deutschlands und zum Austritt aus dem Völkerbund, der erste und Hauptgrund dafür sei die Tatsache gewesen, daß nach einer vollständigen Abrüstung Deutschlands die ebenfalls zur Abrüstung verpflichteten Siegerstaaten dieser Verpflichtung nicht nachgekommen seien.

„Der zweite Punkt war", führte Göring aus, „daß man auch ein Fehlen jeder Bereitschaft und Bereitwilligkeit feststellte, auf berechtigte deutsche Revisionsanträge in irgendeiner Form einzugehen.

Drittens: daß mehrfach Verstöße aus Versailles und gegen die Völkerbundsatzung von anderen Staaten, Polen, Litauen usw. vorgekommen waren, die vom Völkerbund zunächst gerügt wurden, aber schließlich nicht abgestellt, sondern als ‚faits accomplis' hingenommen wurden.

Viertens: daß alle Beschwerden Deutschlands in den Minderheitsfragen zwar diskutiert und wohlgemeinte Ratschläge an die Staaten gegeben wurden, gegen welche die Beschwerden liefen, aber de facto nicht das geringste zu ihrer Abhilfe geschehen ist.

Das waren die Gründe, aus dem Völkerbund und aus der Abrüstungskommission auszutreten." (Siehe dazu den vorangegangenen Abschnitt Versailles und Deutschland).

Als Dr. Stahmer Göring fragte, ob sich auch noch andere Mächte außer Deutschland an der Besetzung der Tschechoslowakei beteiligt hätten, erklärte dieser: „Ja, Polen hat seinerzeit das Olsa-Gebiet an sich genommen."

Zur Frage, was der Führererlaß vom 7. Oktober 1939, der auch Görings Unterschrift trug, bedeute, erklärte Göring:

„Dieser Erlaß ist nach Beendigung des Polenfeldzuges herausgekommen. Polen war besiegt. Der polnische Staat als solcher existierte nicht mehr. Ich verweise hier auf die Note des damaligen Volkskommissars des Äußeren in Rußland, Molotow, der hierzu Stellung nimmt; nach seinen Worten war jedes Unrecht, das wir Deutschen empfunden hatten, als im Diktat von Versailles deutsche Provinzen vom Reich losgetrennt und Polen übergeben wurden, durch den Sieg der Waffen ausgeglichen. Es war deshalb für uns eine Selbstverständlichkeit, daß *jener* Teil Polens, der bis 1918 deutsch war, wieder deutsch wurde, das heißt in den Verband Deutschlands *zurückkehrte*. Dieser Führererlaß bezweckte nun, daß die weit über eine Million Deutsche, die früher dort gewohnt hatte, dort Besitz hatte und vertrieben, ausgewiesen und enteignet worden war, diesen wieder zurückerhalten mußte. *Wo* Deutsche vertrieben worden waren, *dort* mußten wieder Deutsche hinkommen.

Ich stehe absolut positiv dazu; es entsprach durchaus meiner Auffassung, daß dort, wo seinerzeit Deutsche vertrieben wurden und dies deutsche Gebiete waren, sie wieder zurückkehren sollten. Ich mache aber darauf aufmerksam, daß es sich hier *um die ehemals deutschen Provinzen handelt.*"

Göring präzisierte dies, indem er weiter ausführte, daß das Generalgouvernement beispielsweise *nicht* für die Eindeutschung vorgesehen war, sondern daß es sich um Danzig, den polnischen Korridor und Memel handele. Letzteres war von Litauen widerrechtlich besetzt worden, kurz bevor dort eine Volksabstimmung stattfinden sollte. Göring sah es als „absolutes deutsches Recht" an, diesen Übergriff der Litauer zu beseitigen und Memel deutscherseits zu besetzen.

Auf seine Stellung zum Norwegenfeldzug befragt, erklärte Göring: „Als wir uns zur Besetzung Norwegens entschlossen, hatten wir eingehende und detaillierte Unterlagen über die beabsichtigte Besetzung dieses Landes durch England und Frankreich, wie wir später in den erbeuteten englischen und französischen Generalstabspapieren bestätigt fanden. Es war uns bekannt, daß vor allem die Absicht bestand, nicht *nur* Norwegen zu besetzen, sondern in erster Linie über Narvik die schwedischen Erzlieferungen nach Deutschland auszuschalten und darüber hinaus in den damals noch bestehenden russisch-finnischen Konflikt pro Finnland einzugreifen.

Der Führer befürchtete nun, daß Schweden einem englischen Druck nachgeben würde, das heißt, unter der Vorgabe, Finnland zu helfen, einen Durchmarsch zu gestatten, und auf diese Weise eine Gesamtausschaltung des schwedischen Erzbeckens erfolgen mußte. Damit würden die schwedischen Erzlieferungen für uns zum Erliegen kommen.

Ich habe damals eine schwere Verantwortung auf mich genommen, indem ich Hitler versicherte, daß ich Schweden, sein Volk und seinen König sehr genau kennen würde, daß ich wüßte, daß, wer auch immer einen Druck auf Schweden ausübe, Schweden unter allen Umständen seine Neutralität gegen jeden bewaffnet verteidigen würde. Ich verpflichtete mich persönlich, die Verantwortung dafür zu tragen, daß er in dieser Hinsicht beruhigt sein könne."

In bezug darauf, welche Gründe für die Oberste deutsche Führung maßgebend gewesen seien, durch Holland und Belgien hindurch Frankreich anzugreifen, erklärte Göring, daß lange vor Ausbruch der Feindseligkeiten ein enger Gedankenaustausch zwischen dem französischen und dem belgischen Generalstab stattgefunden habe, der darin mündete, daß der französische Generalstab stärksten Druck auf den belgischen ausgeübt habe; daher verpflichtete sich dieser, an der Befestigungslinie der Maas gegen Deutschland mit aller Kraft zu arbeiten.

Weitere Erkenntnisse haben darüber vorgelegen, daß der französische Generalstabschef Gamelin und Admiral Darlan sowie der Chef der französischen Luftstreitkräfte im Kriegsfalle die Besetzung Belgiens zur Sicherung Frankreichs gefordert hätten.

Dazu erklärte Göring wörtlich: „Wie richtig und absolut klar diese nachrichtendienstlichen Erkenntnisse waren, ergab sich später, als wir nach dem Einmarsch in Frankreich Geheimdokumente des französischen Generalstabs und auch jene der Besprechungen des französisch-englischen Obersten Kriegsrates sahen.

Der englische Regierungschef hatte seinen Sachverständigen im Obersten Kriegsrat verpflichtet, bei den Beratungen darzulegen, „wie das Ruhrgebiet am zweckmäßigsten anzugreifen sei, und zwar dadurch, daß die englische Luftwaffe im niedrigsten Tiefflug über Belgien fliegen solle, um dann im letzten Augenblick im kürzesten Anflug von der belgischen Grenze über das Ruhrgebiet herzufallen und die dort liegenden entscheidenden Industrien zu zerstören."

Als es um die deutschen Repressalien ging, die gegenüber französischen Partisanen geübt wurden, erklärte Göring, daß die Verschärfung der Lage durch die Widerstandsbewegungen selber verursacht worden seien. Seine Ausführungen dazu:

„Überfälle auf deutsche Offiziere und Soldaten; Handgranaten und Bomben wurden in Lokale geworfen, in denen sich Frauen, Nachrichtenhelferinnen und Rotkreuzschwestern, befanden. Autos wurden überfallen, Telefonverbindungen wurden durchschnitten, Bahnen gesprengt und dies alles in zunehmendem Maße. Hierüber sind Dokumente vorhanden..."

„Hoher Gerichtshof", unterbrach Justice Jackson, „ich möchte den Gerichtshof fragen, ob er nicht von der Vorschrift des Statuts Gebrauch machen und von dem Verteidiger eine Erklärung verlangen möchte, inwieweit diese Ausführungen für die Anklagepunkte, die wir jetzt untersuchen, erheblich sind."

Es wurde also Reichsmarschall Göring zur Last gelegt, daß er rigorose Befehle gegen Banditen und Partisanen erlassen habe, und als er zu erklären versuchte, *warum* dies geschehen sei, wurde dies als unerheblich angeprangert. Was dies mit einem fairen Gericht zu tun haben sollte, ist uneinsichtig.

Jackson fuhr fort und erklärte, er wolle zugeben, daß von Partisanengruppen in den besetzten Gebieten Handlungen ausgeführt wurden, „die für den eroberungslustigen Feind sehr störend, nachteilig und schädlich" waren. Er forderte, der Verteidiger müsse genau angeben, auf welche Handlungen der deutschen Besatzungstruppen sich diese Zeugenaussage über die Partisanen, vermutlich als Entschuldigung, erstrecken sollte.

„Es geht hier nicht darum", fuhr er fort, „ob die besetzten Länder Widerstand leisteten; natürlich leisteten sie Widerstand. Es handelt sich vielmehr darum, ob Handlungen der erwähnten Art durch Repressalien entschuldigt werden können; wenn dies der Fall ist, müssen diese Handlungen zugegeben werden; auch muß die Lehre der Vergeltung viel genauer unterbaut werden."

Dr. Stahmer erwiderte darauf: „Den Angeklagten wird vorgeworfen, daß Geiseln in großem Umfange festgenommen und erschossen wurden, und es wird behauptet, daß dies zu Unrecht erfolgt sei. Auf jeden Fall wurde auf die *Motive,* die zur Festsetzung der Geiseln geführt haben, bisher *nicht* oder nur unzureichend eingegangen. Es ist zur Klärung dieser für die Entscheidung des Prozesses wichtigen Fragen meines Erachtens unbedingt erforderlich festzustellen, daß allein das Verhalten der Widerstandsbewegung zu der Festnahme und der Behandlung von Geiseln geführt hat. Es wird sehr wohl und mit Recht ausgeführt werden können, daß das Vorgehen der Widerstandsbewegung *die Ursache* für jene Maßnahmen gewesen ist, die dann von der militärischen Führung *zu ihrem Bedauern* getroffen werden mußten."

Wieder ersuchte Justice Jackson die Erörterung dieser wichtigen, ja entscheidenden Frage zu hintertreiben, doch diesmal sah sich das Gericht offenbar nicht in der Lage, so offensichtliche Verdrehungen zuzulassen, ohne sein Gesicht zu verlieren. Der Vorsitzende erwiderte auf die lange Ausführung des Anklägers, daß diese Einlassungen nach der Schulderklärung vorgebracht werden könnten, um strafmildernd berücksichtigt zu werden:

„Der Gerichtshof hält es für zweckmäßiger, die Aussage *jetzt* zu hören. Das Statut läßt, soviel ich weiß, keine Beweise mehr zu, nachdem der Schuldspruch gegen den Angeklagten gefällt ist. Darum muß alles Beweismaterial, das zur Milderung vorgebracht werden kann, *jetzt* vorgetragen werden."

Das wußte Justice Jackson als Mitschöpfer und Urheber dieses Statuts ebenfalls, aber er versuchte diesen Trick.

Noch gab er sich übrigens nicht geschlagen, sondern verwies darauf, daß ja Angeklagte möglicherweise nur in einem der vier Anklagepunkte schuldig gesprochen werden könnten, und aus dem Grunde sei eine Erörterung der Straffrage zu diesem Zeitpunkt für den Prozeßverlauf nicht förderlich.

Dazu Dr. Stahmer: „Darf ich mich noch ganz kurz zur Rechtsfrage äußern? Es steht fest, oder jedenfalls wird dies (von der Verteidigung) behauptet, daß in Frankreich völkerrechtliche Verletzungen durch die Organisationen des Bandenkrieges in großem Umfange vorgekommen sind. Die Bekämpfung dieses völkerrechtswidrigen Verhaltens kann durch Repressalien erfolgen, die soeben von Herrn Oberrichter Jackson angeführt wurden. Es ist richtig, daß für die Anwendung von Repressalien gewisse Voraussetzungen gegeben sind. Es kann hier meines Erachtens dahingestellt bleiben, ob solche..."

Der Vorsitzende unterbrach: „Darf ich Sie fragen, ob Sie damit übereinstimmen, daß die Bedingungen, die Herr Justice Jackson vorgetragen hat, richtig sind?"

„Jawohl! Es handelt sich hier aber *auch* um den Tatbestand des Notstandes, der durch das völkerrechtswidrige Verhalten bei Auslösung des Bandenkrieges entstand. Dieser Tatbestand gab den Heeresbefehlshabern das Recht, allgemeine Anordnungen zu treffen, um diesen widerrechtlicherweise herbeigeführten Tatbestand zu beseitigen. Dieser Sachverhalt ist also in jedem Falle für die Urteilsfindung erheblich und von Bedeutung."

In diesem Stadium der Anklageerhebung gegen Hermann Göring *und* dabei auch gegen die angeklagte Gruppe Generalstab und OKW erhielt auch der Verteidiger von Generaloberst Jodl, Professor Dr. Franz Exner, das Wort. Er erklärte, daß *alle* Ver-

teidiger an der Frage der Repressalien interessiert seien. Dazu meinte er:
 „Ich habe immerhin zehn Jahre Völkerrecht an der Universität gelesen, und ich glaube ein bißchen davon zu verstehen. Die Frage der Repressalien ist eines der umstrittensten Gebiete des Völkerrechts. Man kann sagen, daß nur in *einem* Punkt Sicherheit besteht, nämlich jenem, den Herr Oberrichter Jackson als ersten hervorgehoben hat: ‚Repressalien gegen *Kriegsgefangene* sind unzulässig! Alles andere ist bestritten und keinesfalls geltendes Völkerrecht.
 – – – Es wird gesagt werden müssen, aufgrund von Völkerrechtswidrigkeiten der Gegenseite dürfen wir keineswegs Repressalienkrieg gegen Kriegsgefangene ergreifen, *jede andere* Form der Repressalie dagegen ist zulässig. – – –"
 Dann kam auch Prof. Dr. Exner noch einmal auf den Taschenspielertrick von Justice Jackson zurück, die Verteidigung unter Vorspiegelung weiterer Redemöglichkeiten an der wirksamen Verteidigung ihrer Mandanten zu hindern.
 „Es ist behauptet worden, daß wir *jetzt* über einen Strafmilderungsgrund keine Ausführungen machen dürften. Ich möchte das Gericht daran erinnern, daß uns nur ein einziger Speech gestattet wird, und wenn wir also in diesem Speech, der ja *vor* der Entscheidung der Frage über die Schuld stattfindet, nicht über die Strafmilderung sprechen dürfen, so dürften wir über die Strafmilderung ja überhaupt keine Ausführungen machen."
 Damit war die Absicht von Justice Jackson durchschaut und ausgeleuchtet, und der Gerichtshof konnte nicht anders, als anzuordnen, daß das Beweismaterial zur Frage der Repressalien zulässig sei. (Die Frage der Repressalien spielte später im Prozeß gegen Feldmarschall Kesselring in Venedig eine entscheidende Rolle und führte zu seiner Verurteilung. Dieses Urteil wurde auch dann nicht aufgehoben, als in einem der Nachfolgeprozesse diese Frage zugunsten des verurteilten Generalfeldmarschalls entschieden wurde, d. Bearb.).
 Nach einer Verhandlungspause kam erneut Reichsmarschall Göring zu Wort. Er erklärte, er wolle keineswegs bestreiten, daß sich auf deutscher Seite Dinge ereignet hätten, über die völkerrechtlich außerordentlich debattiert werden könne.
 „Es sind auch bei uns Dinge vorgekommen, die man unter allen Umständen als Ausschreitungen über dieses Maß hinaus bezeich-

nen muß. Ich wollte nur darlegen, *wie* es dazu gekommen ist, nicht vom völkerrechtlichen Standpunkt der Repressalie, sondern ausschließlich aus dem Gefühl des bedrohten Soldaten heraus, der nicht durch reguläre Truppen im offenen Kampf, sondern im Rücken durch Banden an der Ausführung seiner Aufgaben dauernd gehindert wird. Durch alle geschehenen Dinge der Banden, auf die ich nicht näher einzugehen brauche (weil die entsprechenden Dokumente vorgelegt wurden; Anm. d. Bearbeiters), ist jene Erbitterung entstanden, die, spontan oder in gewissen Fällen auch als Staatsnotwendigkeit und Notstand befohlen, zu diesen zum Teil überschrittenen Einzelereignissen da und dort durch die Truppe geführt haben."

Die Balkan- und Griechenland-Frage

Bis zu diesem Zeitpunkt und auch später hatte Justice Jackson versucht, durch seine gekonnte Art, „haarscharf mit seinen Formulierungen am Kern des Problems vorbeizuziehen", Göring in die Klemme zu bringen. Auf viele eingestreute Fangfragen forderte er ein klares Ja oder Nein, was es nicht geben konnte. Aber Göring gelang es, sich diesen Fangfragen zu entziehen, und sehr bald verlor der Oberrichter der Vereinigten Staaten das Gefühl seiner stets zur Schau getragenen Überlegenheit, und selbst das siegessichere Lächeln verschwand von seinen Zügen.

„In der Folge", so einer der „Hauptkriegsverbrecher", Hans Fritzsche, „verzichtete Jackson auf den Luxus der Höflichkeit. Auch zeigte sich, daß der Hauptankläger der USA in der Materie nicht sattelfest war und kaum die Akten kannte."

Daß der Ankläger nunmehr nervös und außerordentlich grob wurde, trug nicht dazu bei, den Eindruck, den er machte, zu verbessern. Auch hier kam es immer wieder zu Pannen bei den Übersetzungen, u. a. als Justice Jackson Göring vorwarf, die „Befreiung des Rheinlandes" geplant zu haben. Als die Dokumente vorgelegt wurden, erwies sich dieser „Handstreich" mit fünf Bataillonen als Bumerang, denn es ging um keine Befreiung, welcher Art auch immer, sondern um die „Freimachung des Rheins", um die Abstoppung von Schiffen im Mobilmachungsfalle. Dies war sogar der sonst nicht sehr zimperlichen Anklage zuviel des Miesen. Das ganze Beweisstück wurde ausdrücklich zurückgezogen.

Nicht immer, ganz im Gegenteil nur selten wurden solche offensichtlichen „Irrtümer" aufgedeckt, weil die Tausende von „Dokumenten" – von der Zeitungsente bis zum Führerbefehl waren alle Dinge „Dokumente", die sich in irgendeiner Weise gegen die Angeklagten verwenden ließen –, den Verteidigern nicht bekannt waren und demzufolge solche groben „Übersetzungsfehler" massenweise vorkamen, aber doch untergingen.

Als schließlich der US-Oberrichter zu seiner Verteidigung anführte, die Mobilmachungsvorbereitungen seien immerhin von solcher Art gewesen, daß man sie unbedingt vor dem Ausland geheimhalten zu müssen glaubte, antwortete Göring:

„Ich glaube mich nicht zu erinnern, die Veröffentlichung der Mobilmachungsvorbereitungen der USA jemals vorher in der Zeitung gelesen zu haben."

Damit hatte er den wunden Punkt des Oberrichters erwischt, und Justice Jackson warf nun wuterfüllt sein Aktenbündel auf den Tisch neben dem Stehpult und protestierte, an das Tribunal gewandt, mit aller Verbissenheit und Leidenschaft gegen solche Äußerungen eines Zeugen und verbat sich die „Anmaßung" und den Hochmut des Angeklagten.

Der Präsident des Tribunals schlug dem Oberrichter vor, solche „unpassenden Bemerkungen" doch zu überhören. Dann verkündete er den Schluß der Sitzung.

Am nächsten Morgen kam Justice Jackson wieder auf diesen Vorfall zurück und erklärte, daß der Angeklagte Göring nicht nur Propagandareden vor Gericht halte, sondern auch eine Wiederbelebung des Nationalsozialismus anstrebe. Lordrichter Lawrence, der befürchtete, daß der US-Oberrichter in weitere Fettnäpfe treten könnte, versuchte mäßigend auf diesen einzuwirken, worauf sich Jackson den „Vorschriften des Tribunals fügte".

Später wurde offenbar, daß sich Oberrichter Jackson durch diese Niederlage gegenüber Göring und sein anschließendes unmögliches Verhalten, das man von einem der obersten Richter der Nation nicht erwartete, um den Posten des Obersten Richters der Vereinigten Staaten von Amerika gebracht habe. Später wurde Oberrichter Jackson durch Oberst, dann Generalmajor, Taylor ersetzt.

Doch zurück zum Verlauf der Zeugenaussage Görings, der nunmehr zur Frage des Jugoslawien-Feldzuges und des Einmarsches nach Griechenland befragt werden sollte.

Göring erklärte, Deutschland habe die denkbar besten Beziehungen zu Jugoslawien gehabt, und es sei ein Teil seiner außenpolitischen Aufgaben gewesen, diese Beziehungen weiter zu pflegen. Er sei mit dem Prinzregenten Paul und Ministerpräsident Stojadinowitsch persönlich befreundet gewesen, habe das Land mehrfach besucht und auch seinen Urlaub dort verlebt. Diese deutschjugoslawische Freundschaft wurde durch den Gegenbesuch des Prinzregenten Paul in Berlin in Deutschland untermauert. Auch zu König Boris von Bulgarien hatte Göring die besten Beziehungen des Reiches ausgebaut. Als dann Ministerpräsident Stojadinowitsch aus dem Amt schied, setzte auch sein Nachfolger diese Beziehung fort, und schließlich trat Jugoslawien dem Dreimächtepakt bei.

Zur Zeit der Unterzeichnung dieses Planes mußten wegen der ersten englischen Landungen und der erwarteten weiteren Truppenlandungen in Griechenland Truppen nach Rumänien geschafft werden, um im Falle eines Falles gegen die englischen Truppen gerüstet zu sein.

Kurz nachdem Ministerpräsident Zwetkowitsch aus Berlin nach Belgrad zurückgekehrt war, erfolgte in Jugoslawien der Putsch des Generals Simowitsch gegen die Regierung des Prinzregenten Paul und die Einsetzung des unmündigen Königs.

Wie Göring dem Gericht vortrug, erfuhr man in Deutschland kurz danach, daß sich hier die Sowjet-Politik eingeschaltet hatte und daß dieses Umsturzunternehmen auch durch den Einsatz englischer Geldmittel zustande gekommen sei. Göring erklärte dazu wörtlich:

„Die neue jugoslawische Regierung stand ohne jeden Zweifel klar und deutlich mit unseren Gegnern England und schon mit dem kommenden Gegner Rußland in Zusammenhang.

Das Simowitsch-Unternehmen war sogar der allerletzte und entscheidende Grund, um die noch da und dort vorhandenen Bedenken des Führers über die Haltung Rußlands zu zerstreuen und ihn zu veranlassen, nunmehr unter allen Umständen das Prävenire" (den Präventivschlag) „auszulösen.

Diese klare Haltung und die Zusammenhänge zwischen Belgrad und Moskau nahmen dem Führer die allerletzten Zweifel weg. Gleichzeitig wurde klar, daß Jugoslawien unter seiner neuen Regierung nur Zeit für *seinen* Aufmarsch zu gewinnen versuchte. In der

Nacht des Putsches gingen die zunächst geheimen und ganz kurz darauf auch die offiziellen Mobilmachungsorders an die jugoslawische Armee heraus."

Da zur gleichen Zeit Italien, ohne Hitler zu verständigen, in Griechenland angegriffen hatte und bereits gestoppt war, als der jugoslawische Putsch ausgelöst wurde, bestand die Gefahr, daß die Italiener durch die ihnen in Flanke und Rücken fallenden jugoslawischen Truppen zum großen Teil der Vernichtung anheimgegeben waren. Es konnte also nur durch ein rasches deutsches Handeln einmal die drohende Katastrophe der Vernichtung der italienischen Armee und zum anderen die Festsetzung der britischen Truppen auf dem ganzen Balkan, der für die kommenden Ausgangspositionen im Krieg gegen Rußland von entscheidender Bedeutung war, verhindert werden. Dazu Göring:

„Die in Marsch gesetzten deutschen Truppen für das Unternehmen ‚Marita', Griechenland, die also gegen Griechenland vorgehen (sollten), um die gelandeten englischen Divisionen wieder ins Mittelmeer zurückzuwerfen und den italienischen Bundesgenossen im Rücken (zu) entlasten..., wurden mit ihren Spitzen rechts abgedreht und nach ganz kurzen Angriffsvorbereitungen in die Flanke des jugoslawischen Mobilmachungsaufmarsches geworfen. Auch die Luftwaffe wurde von ihren Flugplätzen in Deutschland in kürzester Frist auf den Plätzen im Südostraum versammelt und ebenfalls zur Unterstützung des Angriffs angesetzt."

Damit war die Anklage gleich zum Thema geführt worden, denn sie wollte die Luftangriffe gegen eine friedliche Stadt, nämlich Belgrad, anprangern und verurteilen. Um diesen Vorwurf zu entkräften, fragte Dr. Stahmer den Angeklagten nach den ersten Zielen der Luftwaffe in Jugoslawien. Göring antwortete:

„Der Befehl an die Luftwaffe war, in erster Linie ihren Angriff auf das jugoslawische Kriegsministerium in Belgrad zu konzentrieren, um zu erreichen, daß das Unternehmen eines jugoslawischen Aufmarsches gegen Deutschland und seinen Bundesgenossen raschest zum Stillstand kam. Zweitens auf den Bahnhof von Belgrad, der ein besonderer Knotenpunkt für diesen Aufmarsch war; und dann waren noch einige wichtige Zentren, Generalstabsgebäude und ähnliche vorgesehen, weil sich zu dieser Zeit noch das gesamte jugoslawische Hauptquartier in Belgrad befand und dort alle Fäden zusammenliefen, so daß mit der Bombardierung dieses Nervenzentrums eine außerordentliche Lähmung des Widerstandes eintreten mußte. –"

Zur Frage der warnungslosen Bombardierung erklärte Göring: „Eine Warnung an Jugoslawien war aus folgenden Gründen nicht notwendig: Keiner der nun in Jugoslawien leitenden Männer war sich auch nur im geringsten im Zweifel darüber, daß Deutschland gegen sie vorgehen *mußte*. Man hatte sich selber ja schon fieberhaft mit dem Aufmarsch befaßt und nicht nur mit der Mobilmachung. Die Angriffe des deutschen Heeres erfolgten zudem *vor* dem Bombardement von Belgrad. –

Die Ziele – das betone ich noch einmal – waren, wie ich mich genau erinnere, Kriegsministerium, Bahnhof, Generalstabsgebäude und noch dieses oder jenes Ministerium. Die Stadt wurde natürlich, da diese Gebäude in ihr verstreut lagen, auch in Mitleidenschaft gezogen."

Zu den verschiedenen deutschen Luftangriffen auf Warschau, Rotterdam und Coventry, zu denen bereits Feldmarschall Kesselring Stellung bezogen hatte, ergänzte Göring:

„Ich verweise darauf, daß kurz vor dem letzten und entscheidenden Luftangriff auf Warschau der französische Militär-Attaché in Polen, der sich in dieser Stadt aufhielt, einen Bericht an seine Regierung geschickt hat, den wir vorzulegen in der Lage sind, weil wir ihn später in Paris gefunden haben. Aus ihm geht hervor, daß dieser Gegner selbst erklärte, die deutsche Luftwaffe habe in Polen *ausschließlich* militärische Ziele angegriffen; *ausschließlich* besonders betont."

Göring bezeugte auch, daß eine Funkverbindung zwischen Rotterdam und den angreifenden Flugzeugen, mittels derer man ja diese (deutschen Kampfflugzeuge) hätte abdrehen können, *nicht* bestanden habe. Er erklärte: „Die Funkverbindung ging von Rotterdam über mein Hauptquartier zur Luftflotte 2, von dort zur 4. Flieger-Division, zur Divisions-Geschwader-Bodenstelle; und von der Bodenstelle des Kampfgeschwaders 4 war eine Funkverbindung zu den Flugzeugen gegeben."

Daraus wurde klar, daß von Rotterdam aus, wie dies von der Anklage moniert worden war, keine Befehle an die Flugzeuge gegeben werden konnten.

Zur Bombardierung von Coventry erklärte der Reichsmarschall, der auch in dieser Situation unter Beweis stellte, daß er sehr wohl über seine Luftwaffe Bescheid wußte und auch imstande war, entsprechende Worte zu finden, folgendes:

„Nachdem wir nach häufigen Vorwarnungen an die englische Regierung, auch nachdem der Führer sich vorbehalten hatte, den Befehl zur Vergeltung zum Angriff auf London selbst zu geben, sehr lange gezögert hatten, nachdem immer wieder deutsche Städte ohne militärische Ziele beworfen wurden, wurde London als Angriffsziel befohlen. Das Ziel der deutschen Luftwaffe lag ab dem 6. bis 7. September – erster Angriff am Nachmittag des 6. September – in ununterbrochener Folge auf London.

Wenn dies aus Gründen der Vergeltung und dem Druck der politischen Führung zweckentsprechend erschien, so sah ich doch darin kein laufendes, erstrebenswertes Ziel. –

Als Soldat oder, besser gesagt, als Oberbefehlshaber der deutschen Luftwaffe, war für mich das Niederringen und das Ausschalten der feindlichen Luftwaffe entscheidend.

Ich habe, obwohl der Führer nach wie vor London angegriffen sehen wollte, aus eigenem Entschluß eine genaueste Vorbereitung des Zieles Coventry getroffen, und zwar *deshalb*, weil nach den Unterlagen, die ich hatte, in und um Coventry ein Hauptbestandteil der Luftwaffenindustrie und Luftwaffenzubehör-Industrie lag. Birmingham und Coventry waren die entscheidendsten Ziele. Ich entschloß mich für Coventry, weil hier die meisten Ziele in der geringsten Ausdehnung erfaßt werden konnten.

Ich habe diesen Angriff persönlich mit den beiden Luftflotten angesetzt. Bei der ersten günstigen Wetterperiode, einer Mondnacht, habe ich den Angriff angesetzt und verlangt, ihn so lange und so oft durchzuführen, bis nachhaltige Wirkung gegen die dortige englische Flugzeugindustrie erzielt sei; dann sollte auf die nächsten Ziele in Birmingham und eine große Motorenfabrik südlich von Weston übergegangen werden, nachdem vorher die Luftfahrtindustrie, teilweise bei Bristol und südlich London, angegriffen worden war.

Das war der Angriff auf Coventry. Daß hier eine Stadt stark in Mitleidenschaft gezogen wurde, ergibt sich ebenfalls daraus, daß die Industrie sehr weit verstreut in der Stadt lag; mit Ausnahme zweier neuer Werke, die außerhalb der Stadt lagen. Wenn wir heute die deutschen Städte ansehen, wissen wir ja, was Brandwirkung an Zerstörungen vermag. *Das war der Angriff auf Coventry.*"

Da schon zu diesem Zeitpunkt dem Tribunal bekannt war, daß man mit dem Thema deutscher Terrorangriffe nicht mehr zum Zuge kommen konnte, weil die Gegner Deutschlands sich auf dieses Handwerk vollkommen verstanden und seit Anbeginn des Krieges – lange vor den Deutschen – davon Gebrauch gemacht hatten, wurde in Nürnberg dieses „Verbrechen gegen die Menschlichkeit", wie es im Artikel 6c des Statuts verankert war und „als lückenhafte Erfindung der Londoner Konferenz bekannt wurde", nicht mehr in Nürnberg erörtert, weil es „nicht nützlich gewesen wäre".

Dr. Stahmer hatte die Dokumentation über die „Alleinschuld Englands am Bombenkrieg gegen die Zivilbevölkerung" vorgelegt und dazu ausgeführt:

„Die Deutsche Wehrmacht trat unter voller Wahrung der internationalen Vereinbarungen in den Krieg ein. Keinerlei Übergriffe größeren Umfangs wurden von seiten deutscher Soldaten bekannt. Einzelverfehlungen wurden streng bestraft." Und auf das Dokumentenbuch verweisend, fuhr Dr. Stahmer fort: „Es steht in diesem Werk, daß die deutsche Luftwaffe auf Hitlers Befehl in Polen *keine* offenen Städte angegriffen hat; das ist bestätigt vom britischen Unterstaatssekretär für Auswärtige Angelegenheiten, Butler, am 6. September 1939 und vom französischen Luftattaché in Warschau am 14. September 1939".

Da der britische Ankläger Sir David Maxwell-Fyfe diesem „Beweisvorbringen widersprach", konnten die nachfolgenden, bisher unveröffentlichten Ausführungen von Dr. Stahmer in Nürnberg, wo sie hätten vorgetragen werden *müssen,* nicht verlesen werden.

An dieser Stelle seien sie im Auszug vorgelegt, weil sie zeigen, *warum* der britische Hauptankläger dem Vortrage so vehement widersprach und die Unterdrückung der Dokumente dann auch durchsetzen konnte:

„Für die Frage der Schuld" (an den Bombenangriffen gegen Städte; d. Bearbeiter) „ist es wesentlich, festzustellen, daß die deutsche Luftwaffe *erst dann* zum totalen Bombenkrieg übergegangen ist, *nachdem* die englischen Luftstreitkräfte eine große Zahl von Angriffen gegen zivile Objekte geflogen hatte und trotz monatelangen Abwartens seitens des deutschen Oberkommandos solche Angriffe nicht einstellte. Das Weißbuch des deutschen Auswärtigen Amtes Nr. 8, das ich dem Gericht als Beweisstück im ganzen überreiche, stellt klar, daß der Beginn dieser Kriegführung *von England* ausgegangen ist. Vielleicht ist diese Entwicklung im Zeitalter des totalen, ja, des Atomkrieges unausweichlich, es bleibt aber festzustellen, *daß die deutsche Regierung von 1932 an bis zum Jahre 1940 immer wieder versucht hat, den Luftkrieg in zwischenstaatlichen Vereinbarungen so zu begrenzen, wie es einer großen Kulturnation würdig gewesen wäre."*

Doch in England herrschte ja, wie an anderer Stelle bewiesen wurde, die Erkenntnis oder Ansicht vor, daß ein Sieg nur dann errungen werden könne, wenn so viele deutsche Frauen und Kinder wie möglich umgebracht würden.

Dr. Stahmer zitierte weiter aus dem Weißbuch Nr. 8: „Der deutsche Vorschlag vom 18. Februar 1932 sieht eine vollständige Abschaffung aller Luftstreitkräfte vor. Deutschland besaß zu dieser Zeit keine Luftwaffe. Der zweite deutsche Vorschlag vom 17. März 1933 ging ebenfalls auf eine vollständige Abschaffung der Luftwaffe hinaus. Deutschland besaß auch zu dieser Zeit noch keine Luftwaffe. Demgegenüber stellte sich die englische Regierung zu dieser Zeit auf den Standpunkt, daß es *gewisse Teile in der Welt* gebe, in denen die Aufrechterhaltung der Ordnung nur mit Hilfe von Bombenflugzeugen möglich sei (!).

Das richtete sich gegen Bevölkerungsteile in Belutschistan und Waziristan und anderen entlegenen Teilen des britischen Imperiums, wo Bergvölker und andere Eingeborenenstämme bereits vorher durch Bombenangriffe „zur Ordnung gerufen" worden waren.

Entgegen der Tatsache, daß Deutschland noch am 13. Februar 1935 seinen Vorschlag einer allgemeinen Luftkonvention und eines Luftpaktes aller Locarno-Mächte vorschlug und dieses Angebot am 31. März 1935 wiederholte, behauptete die englische Regierung im Juni 1938, daß kein konkreter Vorschlag vorliege. Am 3. April 1938 hatten die Militärs in einer britisch-französischen Generalstabsbesprechung bereits Pläne zu Bombardierungen erörtert, die „notwendigerweise zu Verlusten unter der Zivilbevölkerung führen mußten." (Siehe Brennecke, Gerhard: Die Nürnberger Geschichtsentstellung).

Doch zurück zum Zeugen Göring und zu seiner Argumentation, die das deutsche Vorgehen gegen die Sowjetunion betraf. Dazu erklärte dieser: „Ich habe dem Führer gesagt, daß ich trotz meiner grundsätzlichen Einstellung – nicht in diesem Augenblick oder in absehbarer Zeit einen Krieg gegen Rußland zu beginnen – von Rußland immer eine Gefahr befürchtet und gesehen habe und ihn doch bitte, diese Gefahr lieber weiter in der Schwebe zu lassen und, wenn es irgendeine Möglichkeit gäbe, die Interessen Rußlands gegen England zu lenken, diese zu nutzen. Und zwar sagte ich ihm: ‚Wir kämpfen zur Zeit gegen eine der größten Weltmächte, das Britische Imperium. Wenn Sie, mein Führer, auch nicht der vollen Ansicht sind, so muß ich Ihnen widersprechen, denn ich bin der absoluten Überzeugung, daß über kurz oder lang die zweite große Weltmacht, die Vereinigten Staaten von Amerika, gegen uns aufmarschieren wird. Dies wird nicht von der Wahl des Präsidenten Roosevelt abhängen; auch der andere Präsidentschaftskandidat wird dieses nicht verhindern können. Wir stehen dann im Kampf gegen zwei der größten Weltmächte: Es war Ihr Meisterstück, bei Beginn des Krieges den Einfrontenkrieg zu ermöglichen. Mit dem Zusammenstoß, der sich jetzt in Rußland ereignen soll, würde die dritte Weltmacht gegen Deutschland in den Kampf geworfen. Damit ständen wir wiederum allein gegen praktisch die Welt, und zwar wiederum an zwei Fronten; die anderen Staaten daneben zählen nicht.'"

Hitler habe, so Göring, ihm zugestimmt und auch seine Argumente verstanden. Er habe dann aber schließlich gesagt:

„Nur wenn wir uns in einem schweren Kampf im Westen festgefahren haben, bin ich Ihrer Überzeugung, wird die russische Gefahr sich enorm steigern."

Göring erklärte weiter, daß die UdSSR für ihn kein Kriegsgegner gewesen sei. Zuerst wäre dann ja der energische Angriff auf England zum Erliegen gekommen, was dann tatsächlich eintraf, als am 22. Juni 1941 der Ostfeldzug begann. Zum anderen sei der Angriff auf Gibraltar von der Luftwaffe bereits exakt vorbereitet gewesen und wäre ein Erfolg geworden mit dem Ergebnis, daß die im Mittelmeer sitzenden englischen Verbände keine Zulieferungen mehr durch diese Meerenge erhalten hätten. Malta, Casablanca und Dakar wären dann die nächsten Ziele gewesen, um bei einem Eingreifen Amerikas in den Krieg einen Aufmarschraum zu haben.

Vor allem ging es Göring auch um folgendes: „Wie weit darüber hinaus durch ein Abkommen noch Inseln bei Kap Verde benutzt werden könnten, stand offen. Es springt in die Augen, was es bedeutet haben würde, mit Flugzeugen auf den Stützpunkt Nordwestafrikas oder mit U-Booten dort zu sitzen und den ganzen von Kapstadt heraufkommenden und von Südamerika herankommenden feindlichen Geleitzugsverkehr aus derart günstigen Positionen anzugreifen."

Dies waren die deutschen Intentionen, die sich mit Nordwestafrika und den Inseln der Kapverden verbanden und *nicht* die Schauermärchen über deutsche Angriffsabsichten auf Amerika, die Präsident Roosevelt seinen Bürgern vorpredigte.

Göring bat Hitler, diese und weitere entscheidende Erwägungen in den Vordergrund zu stellen und erst *nach* Abschluß eines solchen Unternehmens die weitere militärische und politische Lage, welche die Sowjetunion betraf, zu überprüfen.

Als man Göring mit der Version des Anklägers der UdSSR konfrontierte, daß der Krieg gegen die UdSSR „nur zu führen ist, wenn die gesamte Wehrmacht im dritten Kriegsjahr aus Rußland ernährt" würde und daß hierbei „zweifellos zig Millionen Menschen verhungern, wenn von uns das für uns Notwendige aus dem Lande herausgeholt" werde, antwortete Göring, daß er dieses Dokument, aus dem dieser Text zitiert worden war, niemals vorher zu Gesicht bekommen habe. (Es handelte sich tatsächlich auch um eine Aktennotiz aus einer Besprechung der Staatssekretäre, an der keiner der führenden Militärs teilgenommen hatte, d. Bearb.).

„Man erkennt nicht klar", führte Göring nach Überfliegen dieses Dokumentes aus, wer dabei war und wer für den darin ausgedrückten Unsinn verantwortlich ist. Die Deutsche Wehrmacht wäre weiterhin ernährt worden, auch wenn es zu *keinem* Kampf gegen Rußland gekommen wäre. Es war nicht so, daß wir, um die Deutsche Wehrmacht ernähren zu können, Rußland angreifen mußten. Sie ist *vor* dem Angriff auf Rußland ernährt worden und wäre auch weiterhin ernährt worden.

Wenn wir aber in Rußland einmarschieren und vormarschieren, dann ist es selbstverständlich, daß die Wehrmacht zunächst immer und überall aus dem Lande ernährt wird. Die Ernährung von zwei Millionen Soldaten und dem dazugehörenden Gefolge kann nicht bewirken, daß ‚zig Millionen' deshalb verhungern. Der deutsche Soldat kann nicht auf seiner Seite so viel aufessen, daß auf der anderen Seite die Lebensmittel für eine dreifache oder vierfache Anzahl von Personen fehlen. De facto und tatsächlich ist die russische Bevölkerung auch nicht verhungert.

Eine Hungerkatastrophe ist allerdings in den Bereich des Möglichen getreten wegen der Zerstörung durch die Russen selber und der Wegnahme des gesamten Saatgutes durch die Russen. Außerdem war das auf den Feldern stehende Getreide zum Teil durch die zurückgehenden russischen Truppen vernichtet worden. Alle landwirtschaftlichen Maschinen waren ebenfalls vernichtet.

Wenn trotzdem diese Krise überwunden wurde, dann *deshalb*, weil Deutschland einen scharfen Eingriff in seine eigenen Bestände machen mußte. Traktoren, Maschinen landwirtschaftlicher Art, selbst Sensen und alles mögliche mußte aus Deutschland herbeigeschafft werden, sogar das Saatgut.

Eine Hungerkatastrophe ist, soweit mir bekannt wurde, nur in Leningrad eingetreten. Nun war Leningrad eine Festung, die belagert wurde. Ich habe in der Kriegsgeschichte bis heute noch *kein* Beispiel dafür gelesen, daß der Belagerer die Belagerten ausgiebig mit Lebensmitteln versorgt, damit sie länger Widerstand leisten können. – Wir hatten also *keine* Verpflichtung, weder völkerrechtlich noch nach den Grundlagen militärischer Kriegführung, belagerte Festungen oder Städte mit Lebensmitteln zu versorgen."

Über die Beschlagnahme von Privateigentum bei Sowjetbürgern erklärte Göring: „Im großen und ganzen gab es in Rußland kein Privateigentum, infolgedessen war kein solches zu beschlagnahmen. Ich habe dort eine so unvorstellbare Armut festgestellt, daß ich mir mit bestem Willen nicht erklären kann, was man dort hätte nehmen sollen."

Was die Zerstörung von Kirchen in der Sowjetunion anlangte, erklärte Göring: „Auch hier nur ein einziges Erlebnis aus Winniza. Dort wohnte ich der Einweihung der größten Kirche bei, die man vorher jahrelang als Magazin benutzt hatte und nun unter deutscher Verwaltung wieder in eine Kirche umgestaltet wurde."

Sodann kam Dr. Stahmer auf einen der Schwerpunkte der Anklage gegen Reichsmarschall Göring zu sprechen. Dieser befaßte sich mit der Erschießung von 50 oder 75 englischen Fliegern, die im März 1944 aus dem Stalag Luft III in Sagan ausgebrochen waren, durch den Sicherheitsdienst.

Göring erklärte, daß er dies leider zu spät erfahren habe, weil er sich nachweislich zu dieser Zeit auf Urlaub befunden habe. Er habe mit Himmler gesprochen, und dieser habe ihm bestätigt, daß er vom

Führer den Erschießungsbefehl bekommen habe. Göring habe Hitler auseinandergesetzt, daß dieser Befehl nach Auffassung der Luftwaffe völlig unmöglich sei, und vorgetragen, welche Rückwirkungen er außerdem beim Einsatz seiner Flieger gegenüber dem Westgegner haben müsse. Als Hitler Göring vorgehalten habe, er wisse ja, daß die beiden Luftwaffen ein gegenseitiges Feigheitsabkommen getroffen hätten, habe er geantwortet: „Nicht wir haben ein Feigheitsabkommen geschlossen, aber irgendwie sind wir Flieger immer, auch wenn wir uns noch so bekämpfen, Kameraden geblieben."

Göring schloß seine Zeugenaussage des 15. März 1946 mit den Worten:

„Ich möchte abschließend dieselben Worte gebrauchen, die einer unserer größten, bedeutendsten und zähesten Gegner, der englische Premierminister Churchill, gebrauchte: ‚Im Kampf auf Leben und Tod gibt es schließlich keine Legalität!'"

Zum Komplex Generalstab und OKW

Am Morgen des 16. März wurde Reichsmarschall Göring vom Verteidiger des Feldmarschalls Keitel darüber befragt, ob er die vom Gericht vorgelegte zeichnerische Anordnung des OKW für richtig halte. Göring hielt sie nicht für korrekt, vor allen Dingen deshalb, weil die Bezeichnung des Generalfeldmarschalls Keitel als Chef des Oberkommandos der Wehrmacht von den Alliierten falsch interpretiert werde. Keitel sei nicht Oberbefehlshaber, sondern gewissermaßen nur Chef (des Stabes) des Oberkommandos der Wehrmacht gewesen. Die Bezeichnung „Chef" bedeute in Deutschland etwas anderes als Befehlshaber. Verantwortlich sei der Befehlshaber bzw. Oberbefehlshaber, und der Oberbefehlshaber der Wehrmacht war Adolf Hitler. Keitel habe lediglich die gesamte Stabsapparatur des Oberkommandos der Wehrmacht unterstanden. Göring wörtlich dazu:

„Das Oberkommando der Wehrmacht ist die Stabsabteilung des Obersten Führers der Wehrmacht. Das Oberkommando der Wehrmacht war für den Führer der Arbeitsapparat, und wie der Chef meines Generalstabes an die Oberbefehlshaber der Luftflotten keine direkten Befehle geben konnte und diese Befehle nur ‚Im

Auftrage des Oberbefehlshabers' erteilt werden konnten, so konnte auch Generalfeldmarschall Keitel nur im Auftrage des Führers Befehle erteilen."

Göring stellte dann auch drastisch fest, daß er als Oberbefehlshaber eines Wehrmachtsteiles, nämlich der Luftwaffe, von Keitel *keinen* Befehl entgegennehmen könne, unter dem „im Auftrage des Führers" gestanden habe. Für ihn seien nur persönliche Befehle Hitlers bindend gewesen, und zur Vorlage an ihn seien *nur* Befehle gelangt, unter denen „Adolf Hitler" gestanden habe. Womit Göring sagen wollte, daß selbst die Oberbefehlshaber der drei Wehrmachtteile von Keitel keine Befehle entgegengenommen hatten.

Für Feldmarschall Keitel führte Göring aus, daß der Chef des Oberkommandos der Wehrmacht oftmals von beiden Seiten getreten worden sei.

„Seine Aufgabe war sicherlich sehr undankbar und schwer, und ich erinnere mich, wie einmal der Feldmarschall Keitel zu mir kam und mich gebeten hat, ob ich nicht dafür sorgen könne, daß er ein Frontkommando bekäme, er nehme sogar auch als Feldmarschall nur eine Division, wenn er nur fortkäme. Ob dankbare oder undankbare Aufgabe, erwiderte ich ihm, sei gleichgültig, er müsse *dort* seine Pflicht tun, wo der Führer es befiehlt."

Über die Vorwürfe, Feldmarschall Keitel habe sich nicht energisch genug gegenüber Hitler durchgesetzt, meinte Göring:

„Dieser Vorwurf wurde ihm von einer Reihe von Oberbefehlshabern der Armeen und Heeresgruppen gemacht. Diese konnten um so leichter den Vorwurf erheben, als sie selber weit vom Schuß waren, d. h. weit von Hitler entfernt saßen und die Dinge nicht selbst vorzutragen hatten. Ich weiß, daß besonders nach dem Zusammenbruch eine ganze Reihe von Generalen sich auf den Standpunkt gestellt haben, Keitel wäre ein typischer Ja-Sager gewesen. Hierzu kann ich nur sagen, mich persönlich würde es interessieren, wenn man mir *diejenigen* vorführen könnte, die sich heute als Nein-Sager bezeichnen.

Den Vorwurf der Anklage, Keitel sei ein *politischer* General gewesen, beantwortete Göring, indem er ausführte, daß die Generale im Dritten Reich überhaupt *keine* Berechtigung hatten, politisch aufzutreten, und daß er, Göring, die einzige Ausnahme gewesen sei.

Nach einigem Hin und Her darüber wollte Dr. Nelte ein Affidavit des Reichsmarschalls über Generalfeldmarschall Keitel verlesen. Justice Jackson erhob Einspruch, und Dr. Nelte mußte dieses Schriftstück zurückziehen.

Als Flottenrichter Kranzbühler seine Fragen an Göring stellte und auf das Thema Seenotflugzeuge kam, wurde die Lage kritisch für England, denn Göring bestätigte, daß eine Reihe Seenotflugzeuge zur Rettung von abgeschossenen Fliegern im Kanal eingesetzt worden seien und daß eine ganze Reihe dieser Flugzeuge bei ihren Rettungsaktionen abgeschossen worden waren. (Einmal wurde ein deutlich gekennzeichnetes deutsches Seenotflugzeug bei der Rettung einer *englischen* Flugzeugbesatzung vernichtet; unter Inkaufnahme dessen, daß auch eigene Soldaten dabei umkamen. Deutsche Seenotflugzeuge haben dennoch insgesamt 12000 Soldaten aus Seenot gerettet, darunter über 5000 Gegner, und dies unter Einsatz ihres eigenen Lebens. Anm. d. Bearb.)

Die Frage von Dr. Laternser, ob er, Göring, Generale kenne, die zum Krieg getrieben oder gar gehetzt hätten, beantwortete Göring mit „nein"!

Im Kreuzverhör durch Justice Jackson wollte dieser das deutsche Volk als Ganzes mit als Komplizen bei der Vorbereitung und Planung eines Angriffskrieges hineinziehen, als er bemerkte: „Soweit Sie wissen, wurde das deutsche Volk in der Annahme in den Angriffskrieg gegen Rußland geführt, daß *Sie* dafür wären."

Dazu Göring: „Das deutsche Volk hat von der Kriegserklärung an Rußland *erst* erfahren, als der Krieg bereits begonnen hatte; es hat also gar nichts damit zu tun. Es ist *nicht* gefragt worden, sondern es hat von der Tatsache Kenntnis bekommen und von der Notwendigkeit, warum."

Dieser Mann im Zeugenstand erwies sich nunmehr als das, was er einmal früher gewesen war. Göring hatte dort, wo dies so war, die ganze Verantwortung auf sich genommen. Er hatte viele Menschen im Gerichtssaal davon überzeugt, daß er ein großer Soldat und Politiker war, der letztendlich bei seinem großen Vorhaben gescheitert war, ohne daß ihm die Schuld an den grausamen Vorkommnissen hätte gegeben werden können.

Zur Frage der bedingungslosen Kapitulation, und was sie bei Hitler erreicht habe, sagte Göring durchaus glaubwürdig:

„Hitler wollte verhandeln, falls Verhandlungen ihm irgendeine Aussicht gegeben hätten. Völlig aussichtslose und zwecklose Verhandlungen wünschte er allerdings auf keinen Fall. Durch die Erklärung der westlichen Gegner, unter keinen Umständen mit Deutschland zu verhandeln, sondern die bedingungslose Kapitulation zu erzwingen, wurde der Widerstand Deutschlands bis zum äußersten organisiert und *mußte* als solcher organisiert werden."

Als er schließlich danach gefragt wurde, warum Deutschland noch nach Anfang 1945 den Bombenkrieg gegen England fortgesetzt habe, berichtigte Göring den US-Chefankläger: „Ich glaube, Sie irren sich! Nach dem Januar 1945 haben keinerlei Angriffe, es sei denn durch einzelne wenige Flugzeuge, auf England mehr stattgefunden, weil ich zu diesem Zeitpunkt alles noch verfügbare Benzin für die Jäger zur Abwehr der feindlichen Bomber brauchte. Hätte ich allerdings Bombenflugzeuge und auch Benzin zur Verfügung gehabt, so hätte ich selbstverständlich bis zur letzten Minute solche Angriffe fortgesetzt als Vergeltung gegen die Angriffe, die bis zum Kriegsschluß auf deutsche Städte erfolgten; ganz gleich, wie die Chancen waren."

Als wieder einmal von Justice Jackson angebliche Protokolle von den vorher durchgeführten Verhören Görings zitiert wurden und diese Zitate sich als direkt falsch herausstellten, bekräftigte Göring: „Auch dieses Verhör muß völlig falsch wiedergegeben worden sein. Das war auch der Grund, weshalb ich mich von Anfang an geweigert habe, auch nur eines dieser Verhöre zu unterschreiben oder zu beschwören, bevor ich nicht das genaue deutsche Protokoll sehe und feststellen kann, ob es richtig verstanden *und* richtig übersetzt wurde. Nur *in einem einzigen* von vielen Fällen ist mir ein vollkommen korrektes Protokoll vorgelegt worden. Und zwar von der russischen Delegation. *Das* habe ich Seite für Seite unterschrieben und damit anerkannt. –

Einen solchen – verzeihen Sie – Schwachsinn, daß ich gesagt haben könnte, Amerika würde auch dann nicht in den Krieg eingreifen, wenn es angegriffen wird, das werden Sie verstehen, kann ich niemals gesagt haben, denn *wenn* ein Land angegriffen wird, dann verteidigt es sich auch."

„Sie haben doch dem Schweden Axel Wennergren gesagt, daß eine Demokratie nicht mobilisieren könne und nicht kämpfen würde?«, hakte Justice Jackson nach.

„Einen solchen Unsinn habe ich ihm *nicht* gesagt, denn wir hatten ja *gerade* eine Demokratie als Hauptgegner, nämlich die englische;

wie diese kämpfen würde, wußten wir aus dem letzten Weltkrieg und erfuhren wir ja während dieser Zeit wieder. Als ich mit Wennergren sprach, war ja der Krieg mit England in vollem Gange."

Als Göring noch einmal danach gefragt wurde, wie er zu einem möglichen Krieg eingestellt sei, entgegnete er:

„Nein, ich wollte keinen Krieg und sah die beste Vemeidung des Krieges in einer sehr starken Rüstung nach dem bekannten Grundsatz: Wer ein scharfes Schwert besitzt, besitzt den Frieden."

„Nun, sind Sie immer noch dieser Ansicht?"

„Dieser Ansicht bin ich heute, wenn ich die Verwicklungen sehe, mehr denn je."

Birger Dahlerus im Zeugenstand

Um diese Friedensbemühungen Görings zu verdeutlichen, wurde der schwedische Zivilingenieur Birger Dahlerus als Zeuge von Dr. Stahmer befragt. Dahlerus war zum erstenmal bereits am 6. Juli 1939 nachmittags um 16.00 Uhr in Karinhall mit Göring zusammengetroffen, um diesem zu sagen, daß die Engländer zum Krieg bereit seien und nicht blufften, wenn sie dies sagten.

Dahlerus schlug ein Treffen deutscher und englischer Unterhändler in Stockholm vor. Hitler war einverstanden, und Göring teilte dies Dahlerus mit. Auf dem Schloß Trola Beelda, das Graf Trola Wachmeester zur Verfügung stellte, sollte sie stattfinden. Die erste Vorbesprechung fand bereits am 7. August im Söhnke-Nissen-Koog in Schleswig-Holstein statt, in einem Hause, das der Frau von Ingenieur Dahlerus gehörte. Es waren sieben englische Unterhändler anwesend. Von deutscher Seite kamen Göring, sein Adjutant General Bodenschatz und Dr. Schöttl. Die anwesenden Engländer ließen keinen Zweifel daran, daß, falls Deutschland versuchen sollte, mit Gewalt fremdes Gebiet in Polen zu besetzen, das Britische Empire aufgrund seiner Verpflichtung den Polen gegenüber diesem Volk beistehen werde.

Göring seinerseits erklärte auf Ehrenwort, daß er alles tun werde, was in seiner Macht stehe, um einen Krieg zu verhindern.

Am 23. August 1939 wurde Dahlerus von Göring gebeten, rasch nach Berlin zu kommen. Am nächsten Mittag traf dieser in Berlin ein und sprach um 14.00 Uhr mit Göring, und als Göring versicherte, daß Deutschland den Wunsch habe, sich mit England zu verständigen, reiste Dahlerus nach London weiter, um am späten Nachmittag dieses 25. August mit Lord Halifax zusammenzutreffen. Am nächsten Tage kam Dahlerus abermals mit Lord Halifax zusammen und bat ihn, er möge doch der deutschen Regierung gegenüber betonen, daß auch die britische Regierung eine Verständigung wünsche. Dahlerus hatte – so versicherte er vor dem Tribunal – den Eindruck, daß Göring jener Mann war, der am wahrscheinlichsten auf einen Frieden hinarbeiten würde.

Lord Halifax schrieb einen Brief an Göring, in dem er darauf hinwies, daß die Regierung Seiner Majestät den Wunsch habe, eine friedliche Lösung herbeizuführen. Mit diesem Brief reiste Dahlerus wieder nach Berlin. Dieser Brief wurde Göring von Dahlerus übergeben. Beide fuhren mit Görings Sonderzug in dessen Hauptquartier. Göring ließ, nachdem er die deutsche Übersetzung von Dahlerus erhalten hatte, auf der nächsten Station anhalten und Hitler verständigen.

Während Göring am frühen Morgen des 27. August mit diesem Brief zu Hitler ging, wartete Dahlerus in seinem Hotel und erhielt dort 15 Minuten nach Mitternacht den Besuch zweier Offiziere, die ihn baten, sofort zu Hitler zu kommen.

Hitler legte Dahlerus seine Ansicht vor und bat ihn, sofort nach London abzureisen, um dort seinen Standpunkt vorzutragen. Die Kernsätze des deutschen Vorschlages waren:

„1. Deutschland wünsche ein Abkommen oder Bündnis mit England.

2. England solle Deutschland bei der Inbesitznahme von Danzig und des Korridors behilflich sein.

3. Deutschland gebe die Versicherung ab, daß es Polens Grenze nach diesen Rückgaben deutschen Gebietes garantieren würde. Polen sollte, damit es einen Zugang zur Ostsee habe, in Danzig einen Freihafen erhalten... Daß es auch einen Korridor nach Gdingen erhalten... würde, war bereits klar." Dahlerus bestätigte ausdrücklich, daß Hitler dies gesagt habe.

Es kam zu mehreren gegenseitigen Konsultationen und Gesprächen. Die Engländer machten, was den Korridor betraf, den Vorschlag, sofortige Verhandlungen mit Polen aufzunehmen.

Hitler habe den englischen Standpunkt angenommen, wurde

Dahlerus am Montagmorgen, dem 28. August, fernmündlich mitgeteilt, vorausgesetzt, daß die am nächsten Tage zu erwartende Antwort des britischen Botschafters Henderson im großen und ganzen den gleichen Wortlaut wie das enthielt, was er, Dahlerus, gesagt hatte.

Der Krieg schien vermieden, die Frage des Korridors und Danzigs konnte auf diplomatischem Wege mit besonderen Zugeständnissen an Polen geklärt werden.

Am frühen Morgen des 29. August wurde Dahlerus aus der Reichskanzlei durch Oberstleutnant Konrad noch mitgeteilt, daß Henderson die schriftliche Antwort seiner Regierung überreicht habe und daß sie höchst zufriedenstellend sei. Die Kriegsgefahr schien endgültig vorüber.

Als dann Henderson am Dienstagabend mit Hitler noch ein Gespräch hatte, muß es zu englischen Änderungen gekommen sein. Nach heftigem Wortwechsel seien beide Parteien auseinandergegangen.

Göring bat Herrn Dahlerus, nachdem er mit diesem die Antwort Hitlers auf die britische Note durchgegangen hatte, wieder nach London zu reisen und dort zu Gehör zu bringen, daß Hitler einen Vorschlag für Polen ausarbeite, der am nächsten Tag fertiggestellt sei.

Am Mittwochmorgen um 05.00 Uhr flog Dahlerus abermals nach London und kam unmittelbar nach seiner Landung mit Herrn Chamberlain, Lord Halifax, Sir Horace Wilson und Sir Alexander Cadogan zusammen. In dieser Besprechung zeigte es sich nach den Worten von Birger Dahlerus, daß die britischen Politiker „mißtrauisch geworden waren und geneigt waren anzunehmen, daß nichts Hitler mehr von einer Kriegserklärung an Polen abhalten würde."

Was dahinterstand, ist nicht geklärt. Aber es gibt einige Indizien, die dafür sprechen, daß Polen unter *keinen* Umständen von dem lassen wollte, was ihm 1919 zugesprochen worden war, obgleich die britische Regierung durch ihren Botschafter in Warschau den Wunsch zum Ausdruck brachte, „daß sich die polnische Regierung die größte Mühe geben sollte, irgendwelche Grenzzwischenfälle zu vermeiden."

Als Dahlerus am Mittwoch, dem 30. August, wieder mit Göring zusammentraf, erarbeiteten beide eine Note für die britische Regierung und für Polen.

Nach weiterem Hin und her traf Dahlerus Botschafter Henderson am Morgen des 31. August. Dieser bat Dahlerus, sogleich mit Forbes zum polnischen Botschafter Lipski zu fahren. Dies geschah, und Dahlerus las Lipski die deutsche Note vor:
„Doch dieser", sagte Dahlerus vor dem Tribunal, „schien ihren Inhalt nicht zu verstehen. Ich verließ deshalb das Zimmer, diktierte eine Note an den Sekretär und überreichte sie ihm. In der Zwischenzeit erklärte Lipski Forbes gegenüber, daß er *nicht daran interessiert* wäre, über diese Note mit der deutschen Regierung zu diskutieren."

Auf die Frage von Dr. Stahmer, was denn Lipski genau gesagt habe, erwiderte Birger Dahlerus:
„Er sagte, daß er keinen Grund habe, mit der deutschen Regierung zu verhandeln. Wenn es zu einem Krieg zwischen Polen und Deutschland käme, so wüßte er, da er fünfeinhalb Jahre in Deutschland gelebt habe, daß eine Revolution in Deutschland ausbreche und daß sie (die Polen) auf Berlin marschieren würden!"

Am Mittag dieses 31. August erhielt dann die Reichsregierung das Doppel eines abgehörten Telegramms von der polnischen Regierung an Botschafter Lipski. Darin war zu lesen:
„Polnische Regierung an Botschafter Lipski: Sie dürfen ohne besondere Anweisung *nicht* mit der deutschen Regierung verhandeln."

Diese Details schienen *eines* unter Beweis zu stellen, was auszusprechen das gesamte Druckwerk über den Nürnberger Prozeß mit allen Mitteln zu verhindern wußte: *Daß die polnische Regierung überhaupt nicht daran dachte, den Deutschen irgendwelche Zugeständnisse zu machen, sondern daß sie* – nicht zuletzt gestützt auf die britischen Hilfezusicherungen – *die Konfrontation suchte, um sodann nach Berlin zu marschieren.*

Als Dahlerus schließlich am Morgen des 1. September 1939 noch einmal mit Göring zusammentraf, sagte ihm dieser, daß der Krieg mit Polen ausgebrochen sei. Unmittelbar nach der Reichstagsrede Hitlers traf Dahlerus mit dem Führer zusammen. Dieser erklärte ihm, daß er bereits immer den Verdacht gehegt habe, daß England diesen Krieg wünsche.

Diese Vermutung Hitlers schien sich am 3. September zu bestätigen, als England morgens um 09.00 Uhr den Deutschen ein Ultimatum stellte. Dahlerus fuhr ins Hauptquartier zu Göring und bat diesen, eine vernünftige Antwort darauf zu erstellen. Darüber hinaus bat er ihn, nach England zu fliegen, um dort noch vor 11.00 Uhr, dem Zeitpunkt des Ablaufes des Ultimatums, mit den führenden Männern zu sprechen. Göring nahm diesen Vorschlag an und telefonierte mit Hitler, der ebenfalls damit einverstanden war.

Daraufhin gab Dahlerus das Ergebnis der Besprechung telefonisch nach London zum Außenministerium durch. Die Antwort lautete, daß es diesen deutschen Vorschlag *nicht vor* einer schriftlichen Antwort auf ihr Ultimatum in Erwägung ziehen könne. Göring schien es nach Dahlerus' Worten leid zu tun, daß der Vorschlag nicht angenommen wurde.

Trotz aller dieser Bemühungen blieb der Krieg gegen Polen ein Angriffskrieg, während der Krieg des Reiches gegen England und Frankreich nicht unter diesen Begriff gestellt wurde.

Im Juli 1940, nachdem Frankreich niedergerungen und England vom Kontinent verschwunden war – das kam ebenfalls in Nürnberg zur Sprache –, hatte Reichsmarschall Göring vorgeschlagen, der König von Schweden solle sich bemühen, die gegeneinander stehenden Mächte zu Friedensverhandlungen an einen Tisch zu bringen. Auch dieser Friedensfühler – wie auch jener Hitlers vom 19. Juli 1940 an England – wurde ausgeschlagen. Der Zweite Weltkrieg konnte sich zu jener Größe ausweiten, in der er sich später darstellte.

Im weiteren Verlauf der Verhandlungen und der Befragung des Zeugen Dahlerus kam dann noch zutage, daß Herr Lipski gegenüber George Forbes folgendes gesagt habe, was die These von der „Querstellung" Polens erhärtet:

„Das deutsche Angebot ist eine Verletzung der polnischen Souveränität, und nach meiner Meinung müssen Polen, Frankreich und England fest zusammenstehen und eine gemeinsame Front bilden. Polen wird allerdings, falls es allein gelassen wird, auch allein kämpfen und allein sterben."

Das wollten die beiden westlichen Verbündeten allerdings erst sehen, und so warteten sie mit einer formellen Unterstützung Polens bis zum 3. September ab, ehe sie wortreiche und tatenlose Hilfe leisteten, indem sie die Kriegserklärung an Deutschland aussprachen, *ohne* gleichzeitig auch im Westen loszuschlagen und Deutschland zu überrennen, was möglich gewesen wäre, wenn man die Stärkenverhältnisse von 25 Divisionen auf deutscher Seite und das Vierfache auf französisch-englischer Seite betrachtet. Aber daran dachten sie überhaupt nicht. Sie saßen ihren „drolligen Krieg", wie das Verhalten im Westen genannt wurde, einfach aus und sahen zu, wie Polen vernichtend geschlagen wurde.

Als die Rede noch einmal auf das aus Polen an den polnischen Botschafter Lipski in Berlin gesandte Telegramm kam, aus dem deutscherseits geschlossen wurde, daß Polen überhaupt nicht die Absicht hatte zu verhandeln, bemerkte Göring dazu:

„Ich habe Dahlerus spontan das von uns dechiffrierte Telegramm gegeben, und ich sagte ihm – und setzte mich damit über alle Bedenken hinweg –, daß es von größter Wichtigkeit sei, daß die englische Regierung erfahren solle, wie intransigent (starrsinnig und unversöhnlich) die Haltung der polnischen Regierung sei. –

Ich gab damit den Schlüssel preis, das heißt, ich stellte damit unter Beweis, daß wir den Chiffrierschlüssel der polnischen Diplomatie hatten, und verschüttete damit für Deutschland eine wesentliche und wichtige Quelle."

Aus *diesem* Geheimtelegramm also erfuhr die deutsche Regierung, daß Polen nie und nimmer irgendwelche Rückgaben ehemals deutscher Gebiete an Deutschland akzeptieren würde. Im Anhang an dieses offizielle Telegramm der polnischen Regierung an seinen Berliner Botschafter hieß es:

„Als besondere Geheiminformation wird mitgeteilt: *bitte unter keinen Umständen sachliche Diskussionen führen!* Im Falle des Vorbringens mündlicher und schriftlicher Vorschläge seitens der deutschen Reichsregierung erklären, daß Sie keinerlei Vollmachten zur Entgegennahme oder Diskussion hätten."

Dieses Telegramm, führte Göring aus, habe dann auch der Führer gelesen und daraus erfahren müssen, daß es hoffnungslos sei, mit Polen zu einer Verständigung zu gelangen.

Als es wieder einmal um die Frage ging, daß die deutschen Verteidiger in dem Augenblick, da die Ankläger ein neues Dokument vorbrachten, dieses ebenfalls zu erhalten wünschten, erklärte Justice Jackson dazu: „Ich erhebe keinen Einspruch dagegen. Wenn wir sie aber nicht in deutscher Sprache haben? – Es ist immer sehr schwer für uns, die deutschen Exemplare dieser Dokumente zu erhalten."

Der Vorsitzende des Gerichtes stieß in das gleiche Horn, als er sekundierte: „Es bestehen, wie wir alle wissen, die allergrößten

Schwierigkeiten, all diese Dokumente herbeizuschaffen. Die Anklagebehörde und die Übersetzungsabteilung haben außergewöhnliche Anstrengungen unternommen, um den Angeklagten Dokumente, und zwar Dokumente in deutscher Sprache, zu liefern."
Diese Einwendung war lächerlich, denn wenn es darum ging, die Presse *vorher* mit negativen Dokumenten zu versorgen, war es möglich, noch bevor Angeklagte oder Verteidiger davon etwas wußten oder sie gar kannten, 250 und mehr Exemplare an die Presse zu liefern, so daß die Angeklagten diese überraschenden Anwürfe, die sie später trafen, vorher hätten in der Presse lesen können, wenn sie mit Zeitungen versorgt worden wären.
Im weiteren Verlauf der Zeugenbefragung Görings konnte dieser immer wieder Lücken und falsche Interpretierungen und Übersetzungen feststellen. Er monierte dies auch am 20. März 1946, als er bekundete:
„Es fehlen ja immer gewisse Teile des Protokolls, das hier nicht klar ist. Ich bedaure, daß die wichtigen Stellen fehlen. Das ist merkwürdig!"
Justice Jackson kam nicht umhin zu gestehen: „Ich stimme Ihnen in diesem Punkte bei", was aber schon sehr „entgegenkommend" war.

General Rudenko tritt auf
Die Kriegsverbrechen der Sowjets

Aus der Zeugeneinvernahme Görings durch den sowjetischen Hauptankläger, General Rudenko, der Göring am 21. März ins Kreuzverhör nahm, seien die folgenden Abschnitte zitiert.
„Ich kann zusammenfassen: Aus Ihren Antworten auf meine Fragen geht ganz klar hervor, daß die deutschen Kriegsziele aggressiven Charakter trugen", begann der General der Roten Armee.
„Das einzige und zunächst entscheidende Kriegsziel", erwiderte Göring, „war die Ausschaltung der sowjetischen Gefahr für Deutschland."
„Und sich ein russisches Gebiet anzueignen", hakte General Rudenko nach.
„Ich habe versucht", konterte Göring, „völlig klarzumachen, daß

dieses vor Beginn des Krieges nicht erörtert wurde, sondern ausschließlich, daß der Führer in der Haltung Rußlands und seines Aufmarsches an unseren Grenzen eine vitale Bedrohung Deutschlands sah und sich dazu verpflichtet fühlte, diese Gefahr auszuschalten."

Auch dieser Ankläger versuchte mit Superlativen, die nicht in den Dokumenten zu finden waren, den Reichsmarschall besonders zu belasten. Doch diese plumpen Anwürfe konnte Göring mühelos parieren.

Als dann General Rudenko sich auf sehr glattem und brüchigem Eis bewegte, brach er sofort ein. Rudenko hielt Göring vor, aus einer Reihe von Dokumenten gehe hervor, daß Bürger der besetzten Gebiete zwangsweise nach Deutschland gebracht, also „zur Sklavenarbeit deportiert" worden seien.

Dazu Göring: „Nicht in die Sklaverei, sondern sie wurden zur Arbeit nach Deutschland verbracht. Ich muß aber betonen, daß nicht alle Menschen, die aus dem Osten geholt wurden und von uns in die Arbeit gebracht wurden, jene sind, die *heute* dort fehlen. Denn zum Beispiel aus Polen sind aus jenem Gebiet, das die Sowjetunion seinerzeit besetzte, bereits 1680000 Polen und Ukrainer *vorher* von der Sowjetunion nach dem Fernen Osten abtransportiert worden."

Rudenkos wütender Einwurf lautete: „Beantworten sie *die* Fragen, die ich Ihnen stelle, und zwar die Frage der Verschickung der friedlichen Bevölkerung der besetzten Gebiete nach Deutschland."

Während jener Zeit, da in Nürnberg über die Verschleppung von Menschen aus den von Deutschen besetzten Gebieten verhandelt wurde, unmittelbar zur Zeit des Urteilsspruches in Nürnberg, der auch diese Verschleppungen gegenüber Göring und anderen Gefangenen der Nachfolgeprozesse behandelte, die ja bis 1949 stattfanden, wurden in der Nacht zum 22. Oktober 1946 in einer Nacht- und-Nebel-Aktion 20000 Deutsche, die in den V-Waffen-Werkstätten im Raume Bleicherode für die Sowjets gearbeitet hatten, verschleppt. Sie wurden um 02.00 Uhr nachts aus ihren Häusern geholt, in Lastwagen gepreßt und zu dem kleinen Bahnhof von Kleinbodungen gebracht. Dort stand ein riesiger Eisenbahnzug bereit, der sie in die Sowjetunion deportierte. Alle Proteste fruchteten nichts. Die Bewohner anderer Städte erlebten die gleichen Nacht-und-Nebel-Aktionen.

Die Deutschen waren auch nach dem Kriege die modernen Sklaven des 20. Jahrhunderts geworden. Weder in Nürnberg noch in den später stattfindenden Nachfolgeprozessen, in denen es um Deportation ging, wurden diese Fakten jemals zur Sprache gebracht! (Anm. d. Bearbeiters)

Als General Rudenko Göring vorwarf, er habe einen Befehl des Oberbefehlshabers der Wehrmacht, der einem Offizier das Recht gebe, Verdächtige ohne Verfahren und Untersuchung zu erschießen, nicht verhindert oder dagegen protestiert und werde dies wohl nicht verneinen, erwiderte Göring:

„Ich verneine dies, und zwar ganz entschieden! Denn in diesem Dokument, das Sie verlesen haben, steht *nichts,* was dem Offizier ein solches Recht gibt. Wir wollen es richtig lesen. Hier heißt es: ‚Angriffe feindlicher Zivilpersonen, gegen die Wehrmacht!' Und dann heißt es weiter: ‚Wo Maßnahmen dieser Art nicht möglich sind, dort sind tatverdächtige Elemente', und *nur* um tatverdächtige Elemente und nicht um beliebige Menschen handelt es sich hier, ‚dem höchsten Offizier des dortigen Verbandes vorzuführen. Dieser entscheidet dann darüber! Nicht aber, daß ein jeder Offizier einfach über Zivilisten entscheiden kann."

„Aber es ist doch der Beschluß, zu erschießen!" erregte sich Rudenko. Göring erwiderte:

„Die Frage ist nur die, ob Sie irgendeine Unterlage haben, daß die Luftwaffe an irgendeinem Platz davon Gebrauch gemacht hat. Das ist *nicht* der Fall. Das ist das einzige, was ich Ihnen dazu sagen kann."

Als dann Rudenko Göring Geschehnisse in seinen Gefangenenlagern gegenüber sowjetischen Kriegsgefangenen anzulasten versuchte, konterte Göring leicht:

„Ich möchte zur Aufklärung betonen, daß die Luftwaffe *keine* Gefangenenlager mit Sowjetgefangenen unterhielt. Sie hatte nur sechs Lager, in denen die Luftwaffenangehörigen anderer Mächte gefangen waren."

Das hätte natürlich auch General Rudenko wissen müssen und sich dann eine weitere Abfuhr erspart.

General Rudenko wollte anschließend aus den ihm vorliegenden Dokumenten den Beweis erbringen, daß die deutsche Regierung und das OKW im voraus schon einen vorbereiteten Plan zur Ausrottung der Sowjetbevölkerung gehabt hätten. Und er fuhr fort, daß ihm – Göring – doch die Richtlinien Himmlers bekannt sein müßten, die dieser im Jahre 1941 über die Vernichtung von 30 Millionen Slawen herausgegeben habe. „Sie haben doch", insistierte Rudenko, „vor dem Gerichtshof von dem Zeugen Bach-Zelewski darüber gehört?"

Göring antwortete: „Ja, aber erstens war es kein Befehl, sondern eine Rede von Himmler, zweitens eine Behauptung von Bach-Zelewski und drittens: In sämtlichen Reden wurden von Himmler dessen Unterführer auf die strengste Geheimhaltung hingewiesen. Dies hier ist eine Aussage eines Zeugen über das, was er *gehört* hat, und kein Befehl. Infolgedessen habe ich keine Kenntnis von diesem Unsinn gehabt."

General Rudenko bohrte weiter: „Ist es nicht wahr, daß die Befehle und Anordnungen des OKW über die Behandlung der Zivilbevölkerung und der Kriegsgefangenen in den besetzten Sowjetgebieten einen Teil der generellen Weisungen über die Vernichtung der Slawen darstellten?"

„Keineswegs", lautete Görings Antwort. „Es ist zu keinem Zeitpunkt eine Anweisung vom Führer oder von anderer Seite, die mir bekannt ist, über die Vernichtung der Slawen gegeben worden."

Dann verlas General Rudenko den russischen Text über deutsche Greueltaten in Bromberg: „Am 3. September 1939 um 10.15 Uhr vormittags griffen deutsche Streitkräfte die polnische Armee an, die sich im Rahmen dieser Kämpfe aus Bromberg zurückzog. Während dieser Kämpfe wurden 238 polnische Soldaten und 223 Mitglieder der deutschen Fünften Kolonne getötet. Nach dem Eindringen der deutschen Truppen in die Stadt Bromberg begannen aufgrund dieser Zwischenfälle Massenhinrichtungen, Verhaftungen und Verschleppungen polnischer Bürger in Konzentrationslager. Dies wurde alles von den deutschen Behörden, der SS und der Gestapo durchgeführt. 10500 Menschen wurden getötet, und 13000 kamen in Lagern um."

„Ich wollte damit beweisen", fuhr Chefankläger Rudenko fort, „daß diese Ereignisse, über die der Angeklagte Göring sagte, daß sie *vor* dem deutschen Einmarsch in Bromberg stattfanden, in Wahrheit *nach* dem deutschen Einmarsch stattgefunden haben."

Göring dazu: „Ich weiß nicht, ob wir hier dasselbe Ereignis meinen. – Vielleicht haben in Bromberg *zwei* Ereignisse stattgefunden."

„Das ist möglich", gab General Rudenko zu.

Verbrüderung in Torgau an der Elbe. Amerikaner und Russen Arm in Arm.

Winston Churchill trifft in Berlin ein.

Generalissimus Stalin vor seinem größten Triumph in Berlin.

In Cecilienhof: eine Plenarsitzung: Churchill (mit Zigarre) und Truman (unten rechts) mit ihren Delegationen.

Nürnberg, ein Trümmerhaufen.

Das unversehrte Nürnberger Justizgebäude: Schauplatz des Forums der Rache.

Was war wirklich am 1. bis 3. September in und bei Bromberg?

Es war nicht nur möglich, sondern Tatsache, daß in Bromberg weder ein noch zwei Ereignisse, sondern deren drei stattgefunden haben. Das, was Göring meinte und was in den deutschen Dokumenten „Verschleppungsmärsche der Deutschen aus Posen und Pommerellen im September 1939" (Bundesarchiv Koblenz, Ost-Dokumentation Nr. 7) und „Die politischen Greueltaten an den Volksdeutschen in Polen", (Im Auftrage des Auswärtigen Amtes aufgrund urkundlichen Beweismaterials zusammengestellt) zum Ausdruck kam, waren Greueltaten, die in 6100 Einzel-Dokumenten belegt wurden. Die ersten Ermittlungen dazu wurden von der Wehrmacht-Untersuchungsstelle am 4. September 1939 an Ort und Stelle aufgenommen. Marine-Oberstabsrichter Dr. Ulrich Schattenberg und Wehrmachts-Oberinspektor Dirks führten am 7. September die ersten eidlichen Zeugenvernehmungen in Bromberg durch. Aus ihnen gingen ungeheuerliche Massaker polnischer Truppen und Zivilisten hervor.

Doktor Marcel Junod vom Internationalen Komitee vom Roten Kreuz erbat in einem Gespräch vom 22. September 1939 von Dr. Rudolf Lehmann, dem Chef der Wehrmachts-Rechtsabteilung, Belege über Bromberg, Ostoberschlesien und Galizien. Dr. Lehmann ließ dem Internationalen Roten Kreuz das Belegheft der „Untersuchungssache Bromberg I vom 14. September" und das gerichtliche Urkundenmaterial sowie die Lichtbilder der Opfer zugehen. Ebenso das Dokumentenmaterial über Pleß und Stopnica. Der Kernsatz der Ermittlungen lautete:

„Den Höhepunkt erreichte das Mordwerk der Polen am 3. September 1939 in der Zeit von 10.00 bis 11.00 Uhr vormittags bis etwa 15.00 Uhr nachmittags. Zur amtlichen Tarnung der Niedermetzelung der deutschen Bevölkerung gehörte natürlich der von fast allen Bromberger Zeugen erwähnte Vorwurf der polnischen Soldaten sowie der polnischen Zivilbevölkerung, daß aus den von Volksdeutschen bewohnten Häusern Schüsse gefallen seien oder daß Waffen in ihnen versteckt seien. Ausnahmslos alle Zeugenaussagen haben eidlich erhärtet, daß dieser Vorwand erfunden wurde, um in die

Wohnungen der Deutschen eindringen und diese abtun zu können." (Siehe dazu Alfred M. de Zayas: Die Wehrmacht-Untersuchungsstelle).

Aus den Dokumenten, die teilweise auch im polnischen Original vorliegen, geht hervor, „daß die polnischen Behörden von langer Hand Listen von zu inhaftierenden Personen angelegt hatten. Sie umfaßten die gesamte deutsche Intelligenz der beiden West-Woiwodschaften. Anhand dieser Listen wurden die Aufgeführten, soweit man ihrer habhaft werden konnte, am 1. und 2. September (also weit *vor* dem deutschen Einmarsch in Bromberg) ohne richterlichen Haftbefehl inhaftiert. Dieser Verhaftungswelle folgten weitere Verhaftungen von seiten der kommunalen Behörden. Allein im Kreis Obornik wurden 700 Deutschbürtige inhaftiert, von denen nachweislich 223 dabei umgekommen sind. Die deutsche Dokumentation nennt 1131 Ortschaften in Posen und Pommerellen, aus denen Deutsche verschleppt worden sind. Insgesamt lassen sich 40 größere Marschgruppen zwischen 10 und 1000 Menschen feststellen, die bis zu 300 Kilometer Fußmarsch zurücklegten. Die Verschleppungsortschaften sind kreisweise zusammengefaßt, die Massenexekutionen in der polnischen Karte eingezeichnet." (Siehe Zayas Alfred M. de: a.a.O.)

Diese Dokumente, die alle Völkerrechtsverletzungen hätten erhärten können, wurden vom Tribunal sofort abgelehnt, denn sie konnten ja nichts anderes zum Tribunal beitragen als jene beschämende Tatsache, daß in Sachen Kriegsverbrechen auf der Seite des Gerichtes ebensolche Täter saßen wie auf jener der Angeklagten.

Als dann der Fall Katyn zur Sprache kam und der deutsche Verteidiger Dr. Stahmer dazu Dokumente vorlegen wollte, was natürlich abgelehnt wurde, obgleich der Fall Katyn in der Anklageschrift einen sehr breiten Raum einnahm, kam es wieder zu einigen Unstimmigkeiten, die Dr. Rudolf Dix dazu nutzte, einen Appell an das Tribunal zu richten, dessen Kernsätze im folgenden wiedergegeben werden sollen:

„Ich kann es nicht als gerecht oder fair anerkennen, wenn die Anklagebehörde monatelang das Recht hatte, ihr Urkundenmaterial, und zwar nicht nur einmal, sondern mehrfach, durch Verlesung hier durch den Lautsprecher zur Kenntnis der Weltöffentlichkeit zu bringen, wobei zu bemerken ist, daß bei diesem Urkundenvortrag oft nur Teile von Urkunden vorgetragen worden sind, die nach Ansicht der Anklagebehörde für die Angeklagten belastend waren, während Teile weggelassen wurden, die nach unserer Auffassung für die Angeklagten entlastend sind. Es muß als ungerecht empfunden werden, daß ein Angeklagter nicht auch die Möglichkeit hat, durch seine Verteidigung *das* zur Kenntnis der Weltöffentlichkeit zu bringen, was nach seiner und seiner Verteidigung Auffassung zu seinen Gunsten spricht, wenn vorher die Anklage das Recht und die Möglichkeit gehabt hat, dies für das belastende Urkundenmaterial zu tun."

Damit wollte er darauf verweisen, daß die vermeintliche Schuld der Angeklagten der zuhörenden Welt immer und immer wieder eingehämmert wurde, ohne daß diese auch nur ein Wort davon erfuhr, wie die Dinge wirklich lagen.

Diese Frage der Gerechtigkeit, die immer wieder von dem Tribunal betont wurde, schien nach Dr. Dix (und dem schlossen sich alle Verteidiger an) nicht gegeben. Zu der Vorveröffentlichung durch die Presse, die von der Anklagebehörde durch das Verteilen Hunderter Presseverlautbarungen angeheizt wurde, sagte Dr. Dix:

„Wir stehen hier vor Gericht in einem geregelten Verfahren. Wir treiben *keine* Pressepropaganda, sondern die Presse soll Kenntnis nehmen und der Welt über diesen Prozeß aus dem Verhandlungssaal heraus berichten."

Als dann Dr. Stahmer dem Gericht die deutschen Weißbücher über die Kriegs- und Völkerrechtsverletzungen der UdSSR aus dem Jahre 1941 vorlegen wollte, in denen an deutschen Gefangenen und Verwundeten begangene Verbrechen gegen Kriegsrecht und Menschlichkeit dargelegt und dem Internationalen Roten Kreuz in Genf zugeleitet worden waren, sprang General Rudenko auf und erklärte erregt:

„Meine Herren Richter! Der Verteidiger des Angeklagten Göring, Dr. Stahmer, beabsichtigt, dem Gerichtshof Auszüge des genannten von der Hitler-Regierung im Jahre 1941 veröffentlichten Weißbuches bezüglich der angeblich stattgefundenen Verletzungen gegenüber deutschen Kriegsgefangenen zwecks Aufnahme ins Protokoll vorzulegen. Diese Auszüge können weder vorgelegt noch zur Aufnahme in das Protokoll verlesen werden. Und zwar aus folgenden Gründen:

Es können nur Tatsachen unter Beweis gestellt werden, die sich

auf *diese* Verhandlungen beziehen. Der Gerichtshof befaßt sich mit den Angelegenheiten, die sich auf die von den *deutschen* Hauptkriegsverbrechern begangenen Verbrechen beziehen."
  Rudenko geißelte dieses Weißbuch als faschistische Propaganda, die geschaffen worden sei, um die von den Faschisten begangenen Verbrechen zu verbergen.
  Dr. Stahmer, zum Zweck dieser Vorlage befragt, erklärte, dieses Weißbuch könne beweisen, daß Handlungen, die gegenüber deutschen Kriegsgefangenen vorgekommen seien, von Bedeutung sind, um für jene Maßnahmen Verständnis zu haben, die danach auf deutscher Seite getroffen wurden. Dazu sei die Bezugnahme auf dieses Weißbuch unbedingt nötig.
  General Rudenko wehrte sich mit Zähnen und Klauen dagegen, und Justice Jackson unterstützte ihn nach besten Kräften darin, diese Urkunden, bei denen es sich um Protokolle von gerichtlichen Untersuchungen handelte, zu unterdrücken.
  Dr. Stahmer nannte auch den Titel dieses Dokumentenwerkes: „Bolschewistische Verbrechen gegen Kriegsrecht und Menschlichkeit, Dokumente zusammengestellt vom Auswärtigen Amt, Erste Folge, Berlin 1941."
  Anschließend dazu der Gerichtsvorsitzende: „Wenn Sie die Handlungen der vier Signatarmächte, abgesehen von anderen Erwägungen, gerichtlich untersucht haben wollen, so würde das Verfahren hier überhaupt kein Ende nehmen (!). Das Vorgehen dieser Mächte ist für die Frage der Schuld der deutschen Hauptkriegsverbrecher unerheblich, es sei denn, daß das deutsche Verhalten unter Berücksichtigung der Lehre über die Repressalien gerechtfertigt werden kann, was aber nicht der Fall ist. Daher betrachtet der Gerichtshof dieses Dokument als unerheblich."
  Auch Sir Maxwell-Fyfe erhob gegen dieses Dokument Einspruch, denn wenn es zugelassen worden wäre, dann hätte auch jenes weitere Weißbuch zugelassen werden müssen, das sich mit französisch-britischen Verbrechen gegenüber deutschen Gefangenen befaßte.

Die „unerheblichen" Dokumente

Aus dem gesammelten Material der deutschen Wehrmacht-Untersuchungsstelle waren allein zum Thema Polen fünf Denkschriften angelegt worden. Sie lauteten:
a) Polnische Greueltaten in Bromberg, Pleß und Stopnica.
b) Polnische Greueltaten an Volksdeutschen und Kriegsgefangenen im Raume der Provinz Posen.
c) Kriegsverletzungen der polnischen Wehrmacht, Teil 1 und Teil 2.
d) Das Blutbad unter den Volksdeutschen im Raume Lodz.
e) Polnische Mordtaten an Volksdeutschen, Ergänzungsband.

In diesen Denkschriften wurde die Zahl der ermordeten oder vermißten Volksdeutschen mit etwa 58000 angegeben. Das Institut Zachodni in Posen gab in dem von ihm herausgegebenen Werk „The Case of 58000 Volksdeutsche" bekannt, daß „nur" etwa 2000 Volksdeutsche polnischen Ausschreitungen zum Opfer gefallen seien. (Siehe dazu: Popieszalaski, Karol: Documenta Occupationis, VII, The Case of the 58000 Volksdeutsche).

Aber auch für den westlichen Kriegsschauplatz sind Dokumentenbücher angelegt worden, in denen niederländische, belgische und französische Zivilisten über Plünderungen ihrer Häuser durch englische Truppen berichteten. Deutsche Soldaten gaben darin zu Protokoll, daß Engländer bei Le Havre etwa 15–20 Deutsche, die in Gefangenschaft geraten waren, an einer Scheunenwand erschossen hatten. (Siehe Kriegsrechtsverletzungen der britischen Wehrmacht im: Bundesarchiv/Militärarchiv, Dokument RW 2/v. 62). Eine zweite Denkschrift sagt ähnliches aus. Insgesamt wurden etwa 400 Zeugenaussagen zusammengefaßt, in denen Tötung und Verwundung Wehrloser, Angriffe auf notgelandete Flieger, Verletzungen und Mißbrauch des Roten Kreuzes u. a. m. niedergelegt waren.

Über die Kriegsrechtsverletzungen auf Kreta, die an den deutschen Fallschirmjägern und Gebirgsjägern begangen wurden, gibt es ein durch eidliche Vernehmungen zusammengestelltes Dokument, in dem zweifelsfrei die Ermordung von deutschen Verwundeten und deren Verstümmelung, die Beschießung deutscher Schiffbrüchiger der beiden Leichten Schiffsstaffeln durch die englische Kriegsmarine und andere Kriegsrechtsverletzungen registriert sind.
Stabsarzt Dr. Roddewig hat jene 40 beim Angriff gegen Castelli

Kisano auf Kreta zusammengemetzelten Fallschirmjäger fotografiert und einen detaillierten Bericht erstattet. Er sagte: „Es wurden etwa 40 deutsche Fallschirmjäger verstümmelt aufgefunden, entweder durch Halsschnitte, Brust- und Bauchschnitte, Abschneiden des Hoden oder Ausstechen der Augen."
In den eidlichen Vernehmungen befinden sich Berichte, die an dieser Stelle nicht wiedergegeben werden können und sollen.

Was nun die von General Rudenko so leidenschaftlich abgelehnten Weißbücher über sowjetische Kriegsverbrechen anlangt, so seien hier nur in wenigen Sätzen folgende genannt:

1.) Die Tötung deutscher Kriegsgefangener bei Broniki. Als Vorauserklärung zu diesen Vorkommnissen muß erwähnt werden, daß die UdSSR dem Genfer Kriegsgefangenenabkommen aus dem Jahre 1929 *nicht* beigetreten war. Sie hatte auch die Haager Konvention aus dem Jahre 1907 gekündigt.

Unmittelbar nach Beginn des Rußland-Feldzuges gingen bei der Wehrmacht-Untersuchungsstelle die ersten Meldungen über einzelne deutsche Kriegsgefangene ein, die durch Genickschuß zu Tode gekommen waren.

Am 1. Juli aber war dies anders. An diesem Tage gerieten an der Straße Klewan-Broniki etwa 180 deutsche Soldaten des II./Infanterie-Regiment 35 (mot.), der 6./Infanterie-Regiment 119 und der 5./Artillerie-Regiment 60, alle von der 25. Infanterie-Division (mot.) in sowjetische Gefangenschaft.

Als die deutschen Truppen am 2. Juli diesen Standort in Besitz nahmen, wurden nach der Meldung des Divisionsrichters der 25. ID (mot.), Dr. Heinrich, 153 dieser Gefangenen tot gefunden. Bei einer späteren Suche wurden zwölf weitere Tote gefunden.

Sechs überlebende Soldaten, denen die Flucht gelungen war, wurden sofort befragt. Sie erklärten, daß sie Stiefel und Strümpfe und die Jacken ausziehen mußten und dann in Gruppen von 10–15 Männern zusammengestellt wurden, auf welche die Rotarmisten das Feuer eröffneten und sie solcherart niedermetzelten.

Insgesamt wurden zwölf Überlebende befragt. Vier Kriegsgerichtsräte leiteten diese Verhöre, die unter Eid geführt wurden.

Zahlreiche Fotos und Filme von diesen Massakern liegen im Filmarchiv des Bundesarchivs in Koblenz.

Diese Meldungen rissen während des gesamten Ost-Feldzuges nicht ab. In die Gefangenschaft der Roten Armee gerieten insgesamt 3 155 000 deutsche Soldaten. Von diesen sind nach den amtlichen Unterlagen „Die deutschen Kriegsgefangenen in sowjetischer Hand" von Kurt Böhme, München 1966) 1 110 000 in Rußland umgekommen. Von den in den Jahren 1941–1942 gefangengenommenen deutschen Soldaten sind nach Böhme 90 bis 95 Prozent in der UdSSR aus ungeklärten Ursachen „verstorben".

Jacobsen wiederum berichtet in „Kommissarbefehl und Massenexekutionen" von 5,7 Millionen deutscher Kriegsgefangener in der Sowjetunion, von denen 3,3 Millionen oder 57,8 Prozent aus ungeklärter Ursache ihr Leben verloren haben. Anm. d. Bearb.

In erbeuteten Gefechtsberichten der Roten Armee ist in folgenden und ähnlichen Formulierungen die Rede von Erschießungen: „Auf dem Schlachtfeld ließ der Gegner ungefähr 400 Tote zurück. Etwa 80 Mann hatten sich ergeben, die erschossen wurden." (Erbeuteter Operationsbericht Nr. 11 vom 13. Juli 1941, 10.00 Uhr, Stab der 26. Schützen-Division, nördlicher Waldrand 1 km westlich von Slastjena).

Oder: „Feindverluste an Gefangenen: 13 Polizisten und zwei Deutsche, *die im Viehstall verbrannt wurden.*" (Meldung des 5. Bataillons des Banden-Polk 13 vom 7. August 1943).

In dieser Art sind die Berichte, die durch erbeutete Befehle Gefangenenaussagen und Abhören russischen Sprechfunks erlangt werden konnten.

Die sowjetische militärische Führung hatte für die Behandlung von Kriegsgefangenen eine offizielle Version und eine inoffizielle. Meistenteils wurde nach der infoffiziellen verfahren, wie im zweiten Deutschen Weißbuch des Auswärtigen Amtes „Bolschewistische Verbrechen gegen Kriegsrecht und Menschlichkeit" bekannt wurde. In diesem Werk wird eine Rede des sowjetischen Diktators Josef Stalin vom 9. November 1941 wiedergegeben:

„Von nun an ist es unsere Aufgabe, die Aufgabe der Völker der Sowjetunion, der Kämpfer, Kommandeure und Politischen Kommissare der Roten Armee und Flotte, *alle Deutschen bis zum letzten Mann* zu vernichten. Keine Gnade den deutschen Eindringlingen, Tod den deutschen Okkupanten!" (Siehe BA-MA 2/v. 156)

Dieser Aufruf ist auch in ähnlicher Form in dem 1967 erschienenen russischen Buch der Stalin-Reden enthalten. Dort heißt es:

„Nun gilt es, diese Ziele zu verwirklichen, wir müssen die deutsche Kriegsmacht vernichten, wir müssen alle deutschen Okkupanten bis auf den letzten Mann vernichten. Für die völlige Vernichtung der deutschen Eindringlinge! Tod den deutschen Okkupanten!" (Siehe dazu: Robert McNeal Hrgb.: I.V. Stalin, Works).

Es würde zu weit führen, in diesem Werk die Sowjet-Massaker von Lemberg, Feodosia, von Grischino und vor allem von Winniza aufzuzählen, die Liquidierungen in den sowjetischen Konzentrationslagern von Rumschiske, Pravieniske und Kowno darzustellen. Eines jedoch steht nach dem Studium dieser Dokumente fest:

Massaker und Tötungen von Zivilisten und Kriegsgefangenen waren *keine* Erfindung der Deutschen. Der Krieg hatte es mit sich gebracht, daß sich *auf beiden Seiten* des Zaunes solche Verbrechen ereigneten. Im Falle eines deutschen Sieges *und* der Einsetzung eines Sieger-Tribunals hätten in der gleichen Weise alliierte „Hauptkriegsverbrecher" auf der Anklagebank gesessen; vorausgesetzt, die Deutschen hätten ebenfalls ein Forum der Rache errichtet.

Als dann doch noch der Fall Katyn durch den sowjetischen Hauptankläger vorgetragen wurde, erlebte dieser eine derartige Abfuhr, daß nach einigen Geplänkeln dieser Fall so rasch wie möglich unter den Teppich des Schweigens gekehrt wurde. Zwar hatte General Rudenko erklärt: „Wir stehen auf dem Standpunkt, daß dieser Ausschnitt aus der verbrecherischen Tätigkeit der Nationalsozialisten durch das von der sowjetischen Anklagebehörde vorgelegte Beweismaterial voll erwiesen ist."

Dieses Beweismaterial war ein Bericht der Außerordentlichen Staatlichen Sowjetischen Kommission, die die Umstände untersuchte, „unter denen die Massenerschießung der polnischen kriegsgefangenen Offiziere durch die nationalsozialistischen Angreifer in den Wäldern von Katyn erfolgte."

Dieses Dokument wurde von der sowjetischen Anklagebehörde als USSR-54 am 14. Februar 1946 vorgelegt, vom Gericht als Beweisstück angenommen und *konnte gemäß* Artikel 21 des Status *nicht* angefochten werden. (Damit hatte sich die Anklagebehörde einen Status geschaffen, mit dem sie *jedes* „Dokument" von der Zeitung über Flugblätter bis hin zu Büchern aller Art und anderen schriftlichen Dingen vorlegen und anerkennen lassen konnte.)

So sagte denn auch General Rudenko, daß die von der deutschen Verteidigung erbetene Aussage bestimmter Zeugen zum Komplex

Katyn vollkommen „unnötig ist, weil die Massenerschießung von Polen durch Deutsche in den Wäldern von Katyn eine Tatsache ist, die durch die Außerordentliche Kommission eindeutig erwiesen wurde". Damit konnte irgendeine Kommission oder Gruppe irgend etwas behaupten und dem Gericht vorlegen. Wenn es als Beweis anerkannt wurde – was immer der Fall war –, dann war es ein unwiderlegbarer Beweis.

Gerade Katyn hat die ganze Heuchelei einer solchen „Rechtsprechung" drastisch und unmißverständlich unter Beweis gestellt, indem diese Anklage still und heimlich irgendwo in einem Schreibtisch verschwand, als klar wurde, daß dieses Lügengebäude zusammengefallen war.

Rudenko sagte weiter, daß der angeforderte Zeuge Eichborn, seinerzeit Stabsreferent der Armeegruppe Mitte, „nicht als unparteiischer Zeuge angesehen werden kann."

Unparteiisch aber war die außerordentliche Staatliche Sowjetische Kommission, die die Morde der roten Seite auf deutsche Schultern lud.

Diese Kommission war nach den Worten Rudenkos „eine besonders kompetente staatliche Untersuchungskommission, die mit der größten Sorgfalt untersucht hat". Als Ergebnis dieser Untersuchung sei festgestellt worden, „daß das Verbrechen in den Wäldern von Katyn von Deutschen verübt wurde und nur ein Glied in der Kette vieler bestialischer Verbrechen darstellt, über welche dem Gerichtshof bereits zahlreiche Beweise vorgelegt worden sind."

Damit hat General Rudenko unter Hinweis auf Artikel 21 des Gerichtsstatus den Beweisantrag von Dr. Otto Stahmer ausgeschaltet.

Dr. Stahmer führte dazu aus: „In dem Protokoll, das von der Sowjetunion vorgelegt wurde, ist die Beschuldigung erhoben, daß Mitglieder des Pionierstabes, der dort in der Nähe von Katyn gelegen hat, die Tötung dieser polnischen Offiziere ausgeführt haben. Sie sind namentlich benannt worden, und *ich bringe nun den Gegenbeweis,* und zwar durch Mitglieder desselben Stabes, dafür, daß in der ganzen Zeit, da dieser Stab dort gelegen hat, *keinerlei Tötungen polnischer Offiziere* vorgekommen sind. Ich glaube, das ist eine schlüssige Behauptung *und* auch eine schlüssige Beweisvertretung.

Man kann nicht einen Zeugen damit ausschalten, daß man be-

hauptet, er sei der Täter gewesen. Bezüglich dieser Leute steht das noch gar nicht fest, ist auch im Protokoll gar nicht erwähnt.

Ich halte es für ausgeschlossen, einen Zeugen dadurch zu eliminieren, daß man sagt, er habe die Tat begangen. Das soll ja erst durch die Beweisaufnahme festgestellt werden!

Vorsitzender: „Sehr gut, wir werden Ihre Argumente berücksichtigen."

Die nach dem Kriege in dieser Sache durchgeführten Untersuchungen förderten einige wichtige Einzelheiten zutage. Und zwar war bereits am 2. August 1941 bei der Vernehmung des sowjetischen Kriegsgefangenen Merkulow der Wehrmacht-Untersuchungsstelle eine Aussage gemacht worden, die wie folgt niedergelegt wurde:

„Ferner will er (Merkulow) mit Bestimmtheit wissen, daß alle polnischen Offiziere, die im russisch-polnischen Krieg 1939 in russische Gefangenschaft gerieten, erschossen wurden." (Siehe: BA-MA 2/v 149, S. 124)

Seit September 1941 befand sich der Wald von Katyn in deutscher Hand, aber erst im Februar 1943 haben die deutschen Besatzungsbehörden durch einheimische Zivilisten erneut von diesem Vorkommnis erfahren. Diesmal aber waren die Aussagen so dicht, daß Generalrichter Dr. Johannes Conrad, Heeresgruppenrichter der Heeresgruppe Mitte, sich nach Katyn begab und eine große Zahl von Zeugen eidlich vernahm. Alle sagten übereinstimmend aus, daß im März 1940 „Güterzüge aus dem Gebiet um Tambow mit jeweils 5–6 angehängten großen Pullman-Arrestwagen Häftlinge aus Kosielsk, überwiegend polnische Offiziere in Uniform, nach Katyn geschafft hätten. Diese Ausladungen wurden bei Nacht durchgeführt und dauerten 28 Tage.

Am 25. Juni 1946 gab Generalrichter Conrad diese Fakten auch in einer eidesstattlichen Erklärung dem IMT zu Protokoll.

Er erklärte darin: „Aus den gefundenen Tagebüchern und Briefen ergab sich, daß die Erschießung der polnischen Offiziere im April 1940 vor sich gegangen sein muß. Soweit ich mich erinnere, waren die letzten Eintragungen mit dem 7. April datiert." (Affidavit Nr. 1204 IMT). Einer der internationalen Ärzte, Dr. Markov, der seinerzeit bei der Obduktion dabei war, erklärte nach Kriegsschluß (nachdem er vor ein Volkstribunal gestellt worden war und hier um sein Leben kämpfte), daß seine Stellungnahme in Katyn unter Zwang abgegeben worden sei und daß er sie widerrufe.

Er wurde vor dem Tribunal Dr. Stahmer gegenübergestellt. Hier mußte der Zeuge zugeben, daß er *doch* Deutsch sprach und daß er *doch* in den Kleidern der exhumierten Offiziere Briefe und Zeitungen aus dem April 1940 gefunden habe.

Der Gerichtsmediziner Prof. François Naville aus der Schweiz erklärte ebenso wie alle übrigen seinerzeit als Sachverständige nach Katyn gekommenen internationalen Ärzte, daß die Untersuchung dort völlig unparteiisch durchgeführt worden sei. Er hatte persönlich mehrere der 100 Leichen untersucht, die in ihrer Anwesenheit aus dem Boden exhuminiert worden waren.

Der Ausschuß des US-Kongresses, der sich 1951 bis 1952 damit befaßte, erfuhr von Dr. Helge Tramsen, einem dänischen Gerichtsmediziner und Armeearzt, daß die gefundenen Leichen nicht im Herbst 1941 – wie von den Russen behauptet –, sondern im Frühjahr 1940 verscharrt worden seien. „Die polnischen Offiziere sind 1940 ermordet worden!" (Siehe US-House of Representatives: The Katyn Forest Massacre). Eine Reihe polnischer Autoren, die im Londoner Exil lebten, haben die Schuld der Sowjets als erwiesen angesehen und dieser Tatsache Rechnung getragen, als sie auf dem Gunnersbury-Friedhof in London ihren Gedenkstein für die ermordeten polnischen Offiziere aufstellten. Auf dem Obelisken ist oben das Emblem des polnischen Adlers abgebildet, darunter aber steht in Großlettern: „KATYN – 1940"

In seinem Schlußwort erklärte Reichsmarschall Göring: „Ich habe keinen Krieg gewollt oder herbeigeführt: ich habe alles getan, ihn durch Verhandlungen zu vermeiden. Als er ausgebrochen war, tat ich alles, um den Sieg zu sichern."

Im Hinblick auf das deutsche Volk erklärt er: „Ohne Kenntnis der schweren Verbrechen, die geschehen sind, hat das deutsche Volk treu, opferwillig und tapfer den ohne seinen Willen entbrannten Existenzkampf auf Leben und Tod durchgekämpft und durchlitten.

Das deutsche Volk ist *frei von Schuld!*"

Als Hermann Göring dann nach zehn Tagen Verhör und Befragungen vom Zeugenpult in seine Box zurückkehrte, war eines klargeworden: Die Anklage stand auf tönernen Füßen. Deshalb wurde in den nächsten Monaten immer neues Anklagematerial gegen diesen „Hauptkriegsverbrecher" zusammengetragen, obgleich dessen Fall bereits abgeschlossen war.

Aber auch Hermann Göring wußte, daß ihn nichts vor dem Galgen würde retten können, weil die Anklage sich auf seine Verantwortung für alle Dinge stützte, die er persönlich übernommen hatte. Hermann Göring hatte dennoch hier bewiesen, daß er wieder der Alte war und daß er trotz der Tatsache (oder vielleicht gerade deswegen?), daß sein Urteil schon vor Prozeßbeginn feststand, nicht vor den Anwürfen seiner Ankläger kapituliert hatte.

Generalfeldmarschall Wilhelm Keitel

Von der Verhaftung zur Anklagebank

In Flensburg wurde am 13. Mai 1945 der Chef des Oberkommandos der Wehrmacht, Generalfeldmarschall Keitel, von Engländern verhaftet und abgeführt. Wenige Tage vorher hatte er als amtlicher Verhandlungspartner der deutschen Reichsregierung im sowjetischen Hauptquartier in Karlshorst die Kapitulationsurkunde unterzeichnet. Dort war alles noch zeremoniell zugegangen. Man hatte dem Feldmarschall das größte Auto zugewiesen, mit dem Bemerken, daß er der Ranghöchste, der Feldmarschall, sei. Fünf ganze Tage später wurde er wie ein Schwerverbrecher verhaftet und abgeführt.

Das war ein Siegerverhalten, wie es Keitel völlig ferngelegen hatte. Als er seinerzeit nach der französischen Kapitulation am 22. Juni 1940 den Unterzeichner des Waffenstillstandsvertrages, General Huntzinger, empfangen hatte, war es anders zugegangen. Sowohl Jodl als auch Keitel, die den greisen General damals begrüßten, waren jene alten Soldaten, die auch den Besiegten Ehre erwiesen. Gerade der spätere Feldmarschall Keitel suchte Huntzinger aufzurichten, indem er sprach:

„Es ist ehrenvoll für den Sieger, einen Besiegten zu ehren. Es drängt mich, der Tapferkeit der französischen Soldaten Tribut zu zollen. Ich bitte um eine Minute Schweigen zum Gedächtnis derer, die auf beiden Seiten für ihr Vaterland ihr Blut vergossen haben."

Als Keitel und Huntzinger unterzeichnet hatten, erhoben sich alle Anwesenden und salutierten.

Diese Zeiten waren nach der bedingungslosen Kapitulation der Deutschen Wehrmacht vorbei. Nunmehr sollte es ganz anders werden.

Von dem Befehl „Hose runter und Hände hoch!" bis zur Leichenfledderei, begangen an dem Großadmiral von Friedeburg, zum Diebstahl der Marschallstäbe des Großadmirals Dönitz und anderer Wertsachen war da alles drin, und so manchem deutschen Offizier und Befehlshaber wird bereits angesichts dieser

Geschehnisse aufgegangen sein, welche Gestalten ihm nun als große Männer vorgesetzt würden.

Aber keine noch so makabre Phantasie konnte auch nur erahnen, was ihnen allen bevorstehen würde, die vor alliierte Gerichte gestellt werden würden.

Nicht nur, daß alle einschließlich des Generalfeldmarschalls Wilhelm Keitel als „Verschwörer" in den diversen Anklagereden gebrandmarkt wurden, man verfehlte auch nicht, sie alle möglichst gemeinen Erniedrigungen auszusetzen. Der Verteidiger des Feldmarschalls Keitel, wies diese „Conspiracy – Verschwörung" – als nicht zutreffend ab und erklärte, daß Generalfeldmarschall Wilhelm Keitel als Soldat in der Ausübung seiner Pflicht gehandelt hatte. Diese Ausübung der Pflichten eines Soldaten aber habe nichts mit einer wie auch immer gearteten Form von Verschwörung zu tun.

Dr. Neltes Worte sollen hier an den Anfang des Kapitels über den Chef des Oberkommando der Wehrmacht, Feldmarschall Keitel, gestellt werden.

„Ein Soldat kann wohl einer Verschwörung angehören, die sich *gegen* jene Pflichten richtet, die er als Soldat übernommen hat. Niemand aber kann seine Tätigkeit im Rahmen seiner soldatischen Funktionen als Verschwörertätigkeit bezeichnen."

Als Zeuge im Kreuzverhör

Am Mittwoch, dem 3. April 1946, trat Feldmarschall Wilhelm Keitel während der Vormittagssitzung in den Zeugenstand und leistete den Eid darauf, nichts anderes als die Wahrheit zu sagen, und, zu seiner Person befragt, führte er aus:

„Ich bin Anfang März 1901 als Offiziersanwärter in ein Artillerie-Regiment der preußischen Armee eingetreten.

Bei Beginn des Ersten Weltkrieges war ich Adjutant meines Regimentes. Nach Verwundung im September 1914 bin ich im November Batteriechef in meinem Regiment gewesen.

Ab Frühjahr 1915 habe ich in verschiedenen Generalstabsstellungen Verwendung gefunden. Zunächst bei höheren Kommandobehörden des Feldheeres, später als Divisions-Generalstabsoffizier. Zuletzt war ich erster Generalstabsoffizier des Marinekorps in Flandern.

Ich bin dann freiwillig in die Reichswehr übergetreten. Ab 1929 war ich Abteilungsleiter der Heeresorganisationsabteilung im Reichswehrministerium. Nach einer Unterbrechung vom Jahre 1933–1935 wurde ich am 1. Oktober 1935 Chef des Wehrmachtsamtes des Reichskriegsministeriums, also Chef des Stabes beim Kriegsminister. Während meiner Frontzeit wurde ich Generalmajor. Ich habe damals eine Infanterie-Brigade geführt. Am 4. Februar 1938 wurde ich dann überraschend in die Stellung als Chef des Stabes beim Führer oder Chef des OKW berufen. Ab 1. Oktober 1939 wurde ich General der Infanterie und nach dem Feldzug im Westen Feldmarschall."

Der Generalfeldmarschall antwortete auf eine dahingehende Befragung, daß er das Ritterkreuz des Eisernen Kreuzes bekommen habe und daß keine weiteren deutschen Kriegsauszeichnungen gefolgt seien.

Die Frage seines Verteidigers, Dr. Nelte, welche Grundeinstellung er zu den Problemen habe, mit denen er als Soldat, als Offizier und Feldmarschall konfrontiert gewesen sei, beantwortete Keitel dahin, daß er Soldat aus Neigung und Überzeugung gewesen sei. Er fuhr fort: „Ich habe 44 Jahre lang meinem Vaterland und meinem Volk als Soldat gedient und immer das Bestreben gehabt, mein bestes Können in den Dienst meines Berufes zu stellen. Ich wollte dies in rastloser Arbeit und völliger Hingabe an jene Aufgaben tun, die mir in meinen vielen und verschiedenen Stellungen aufgetragen wurden. Ich habe dies mit gleicher Hingabe unter dem Kaiser, unter dem Präsidenten Ebert, unter dem Feldmarschall von Hindenburg und unter dem Führer Adolf Hitler getan."

„Und wie stehen Sie heute dazu?" lautete Dr. Neltes nächste Frage.

„Als deutscher Offizier", erwiderte Keitel, „halte ich es für meine selbstverständliche Pflicht, für das einzustehen, was ich getan habe, auch wenn es falsch gewesen sein mag. Ich bin dankbar, daß mir Gelegenheit gegeben wird, hier und vor dem deutschen Volk darüber Rechenschaft abzulegen, was geschehen ist und über meinen Anteil daran. Ob Schuld oder schicksalhafte Verstrickung, das wird nicht immer klar zu trennen sein. Nur *eines* halte ich für unmöglich, daß man den Mann vorderster Linie, daß man die Unterführer und Führer der Front etwa mit einer Schuld belastet und daß die höchste Führung die Verantwortung dafür ablehnt. Das ist nach meiner Auffassung unwahr, und das halte ich auch für unwürdig. Ich bin davon überzeugt, daß die große Masse unserer Soldaten im Grund anständig war und daß überall dort, wo die Grenzen des Zulässigen überschritten worden sind, unsere Soldaten im guten Glauben an militärische Notwendigkeiten gehandelt haben."

Um klarzustellen, daß der Generalfeldmarschall *nicht* der Oberbefehlshaber der Wehrmacht, sondern nur der Chef des Stabes des Oberkommandos der Wehrmacht war, wurde Keitel von Dr. Nelte zu erklären veranlaßt, was der Führererlaß vom 4. Februar 1938 bedeutet habe und wie sich die Führung der Wehrmacht danach darbot. Klar und prägnant erklärte Keitel:

„Bis zum 4. Februar 1938 hatten wir einen Oberbefehlshaber der Wehrmacht; das war der Feldmarschall von Blomberg. Und außerdem den Obersten Befehlshaber der Wehrmacht, das war verfassungsgemäß das Staatsoberhaupt, in diesem Falle Adolf Hitler.

Mit dem Ausscheiden des Feldmarschalls von Blomberg als Oberbefehlshaber der Wehrmacht war nur noch ein Oberster Befehlshaber der Wehrmacht vorhanden; das war Hitler selbst. Von diesem Zeitpunkt an übte er die Befehlsgewalt über die drei Wehrmachtsteile, Heer, Luftwaffe und Marine, aus. Es heißt ja dann auch ‚von jetzt ab unmittelbar.'

Dies sollte ganz eindeutig feststellen, daß irgendeine Zwischenstelle mit Befehlsbefugnissen nicht mehr existieren sollte, sondern daß die Befehle von Hitler als *Oberstem* Befehlshaber der Wehrmacht unmittelbar an die Wehrmachtsteile und ihre Oberbefehlshaber ergingen. Da heißt es noch ‚unmittelbar' und ‚persönlich'. Auch das hatte seinen Inhalt, denn das ‚persönlich' sollte ausdrücken, daß es eine, ich möchte sagen, Vertretung in diesen Befugnissen nicht gab, nicht geben konnte."

In dem Führerbefehl vom 4. Februar 1938, der diese neuen Befehlsverhältnisse zum Ausdruck brachte, stand auch jener Absatz, daß „das bisherige Wehrmachtsamt im Reichskriegsministerium mit seinen Aufgaben als Oberkommando der Wehrmacht und als mein" (Hitlers) „militärischer Stab unmittelbar unter meinen Befehl tritt".

Über den dort genannten Stab befragt, erklärte der Angeklagte

Keitel unmißverständlich, was dieser war und wie er gehandhabt wurde:

„Der Oberbefehlshaber der Wehrmacht hatte im Wehrmachtsamt seinen militärischen Stab, das heißt also, in dem Wehrmachtsamt im Kriegsministerium. Und dieses Wehrmachtsamt übernahm Hitler als Oberster Befehlshaber als einen militärischen Stab; und damit sollte dieser Stab unter ihn – als sein Arbeitsstab – persönlich treten. Es wurde ja auch gleichzeitig mit der Abschaffung des Oberbefehlshabers der Wehrmacht der Reichskriegsminister abgeschafft. Es gab also kein Kriegsministerium und keinen Kriegsminister wie bisher, und damit kam auch klar zum Ausdruck, *was* Hitler auch wollte: nämlich zwischen ihm und den Wehrmachtsteilen – sowohl auf dem Kommandowege als auch in ministerieller Funktion – sollte kein Amtsträger mehr stehen, der irgendwelche Eigenbefugnisse hatte."

„Sie wurden demnach", fuhr Dr. Nelte in der Zeugenbefragung fort, „nach diesem Erlaß mit der Bezeichnung Chef OKW als neue Dienststelle übernommen. Mir liegt daran klarzustellen, ob diese Bezeichnung Chef OKW richtig ist, das heißt, ob das, was sie nach außenhin zu sagen scheint, auch im eigentlichen Sinne bestehend war."

„Ich muß sagen", erwiderte Keitel, „daß mir eigentlich erst jetzt zum Bewußtsein gekommen ist, daß diese Bezeichnung in ihrer abgekürzten Form eigentlich nicht zutreffend ist. Genaugenommen hätte es heißen müssen: ‚Chef des Stabes des OKW.' Aus Darlegungen der Anklagebehörde habe ich hier mehrfach entnehmen müssen, daß man den Begriff ‚Chef' hier so aufgefaßt hat, als ob dies ein Befehlshaber sei und Chef einer Dienststelle mit Befehlsbefugnissen; dies ist eine irrige Schlußfolgerung. Es war weder eine Stelle im Sinne des Chefs als Befehlshaber noch auch, was man vielleicht annehmen könnte oder angenommen hat, daß es eine Art Stellung als Generalstabschef gewesen wäre. Auch dies ist nicht richtig. Ich war niemals Generalstabschef der Wehrmacht."

Wie kein anderer vor oder nach ihm gelang es Feldmarschall Keitel, viele irrige Annahmen der Anklagebehörde zurechtzurükken. Präzise und genau machte Keitel seine Angaben über Tatbestände. Er bewies hier im Gerichtssaal, daß die Etiketten, die man ihm ungehängt hatte, falsch waren. Er war nicht der „Lakeitel", als der er beschimpft worden war. Er war nicht der bedingungslose

Jasager gegenüber Hitler. Er war ein Soldat, der gegebenen Befehlen gehorchte und der auch dann, ohne zu zögern, Wahrheiten aussprach, wenn sie ihn belasten konnten.

Feldmarschall Wilhelm Keitel begehrte nicht gegen den ehemaligen Gefreiten Hitler auf, denn für ihn war der Gehorsam des Soldaten *der* Grundbestandteil des Soldatentums überhaupt. Woher jener Souverän kam, dem er zu gehorchen hatte, das war dem Soldaten Keitel gleich. Und Keitel wußte auch, daß er mit Engelszungen hätte predigen müssen, ehe es ihm gelingen würde, seine eigene Zwangslage und die Zwangslagen vieler anderer Soldaten begreiflich zu machen. Für Sieger gab es keine Zwangslagen.

Und dennoch, ohne daß er darauf hinarbeitete, zeigte sich immer wieder, daß die Vorwürfe, die man ihm machte, oftmals aus der Luft gegriffen waren.

Auch als er darüber befragt wurde, welche Aufgaben er als Chef des OKW gehabt habe, blieb er präzise und genau:

„Zunächst einmal war es eine wesentliche Aufgabe, dem Führer alle Unterlagen, dann die vielen von ihm gewünschten Auskünfte und Rückfragen gemeinsam und unter Ausnützung des Wehrmachtsführungsstabes zu beschaffen. Ich darf sagen, daß der Wehrmachtsführungsstab in dieser Beziehung etwa die Funktionen ausübte, daß er Hitler die ummittelbaren und engen Verbindungen zu den Generalstäben der Wehrmachtsteile vermittelte und besorgte.

Als zweite Funktion kam hinzu, daß ich bei allen Besprechungen, die mit den Oberbefehlshabern der Wehrmachtsteile und ihren Generalstabschefs stattfanden, ebenso wie der Chef des Wehrmachtsführungsstabes in der Regel anwesend war und anwesend sein mußte, da bei diesen Gelegenheiten sofort eine Reihe mündlicher Befehle erteilt wurden und diese Befehle nach militärischen Grundsätzen selbstverständlich nachträglich schriftlich bestätigt werden mußten."

Keitel erklärte, daß diese Befehle später ausschließlich von ihm unterzeichnet wurden. Um darzulegen, daß die Befehle von Hitler ausgegangen und längst in Anwendung gebracht waren, hatte Keitel bei solchen Befehlen stets die Redewendung gebraucht: „Der Führer hat daher befohlen..."

Jene Befehle, die Hitler persönlich unterschrieb, trugen im Briefkopf die Bezeichnung „Der Führer und Oberste Befehlshaber der Wehrmacht".

Auf die Frage, ob er das Bewußtsein gehabt habe, Hitlers Vertrauen zu besitzen, antwortete Keitel, daß dies in keiner Weise der Eigenheit Hitlers entsprochen hätte, in der Form eines „Vertrauten" Berater zu haben. Hitlers letzte Antwort sei immer folgende gewesen: „Das ist mein Entschluß, und der ist unabänderlich."

Als nach dieser ersten Zeugenrunde Mittagspause war und der Gerichts-Psychologe Gustave M. Gilbert den Angeklagten Keitel fragte, ob er aufgeregt gewesen sei und ob die Tatsache, daß ein Chef des OKW vor diesem Gericht aussagen müsse, der Grund zu seiner Erregung gewesen sei, antwortete der Feldmarschall: „Ja, das ist es! Wenn man denkt, daß es so weit gekommen ist. Das haben wir bestimmt nicht verdient."

Großadmiral Dönitz wurde ebenfalls von Herrn Gilbert darüber befragt, was er von Feldmarschall Keitel halte. Und Dönitz antwortete: „Er ist ein ehrenwerter Mann!"

Keitel erklärte im weiteren Verlauf seiner Befragung, daß es Hitlers Eigenart gewesen sei, jeden Ressortchef unter vier Augen zu sprechen und aus ihm herauszuholen, was er von ihm wissen wollte. Es habe keine Versammlungen der Generale gegeben, auf denen beraten wurde, was zu tun sei, sondern Hitler habe allein seine Gedanken über einen bestimmten Punkt dargelegt, ohne daß danach erörtert wurde. Dazu Keitel: „Es war eine Befehlsausgabe und keine Beratung."

Als Dr. Nelte die Beschuldigung der Anklagebehörde gegenüber Keitel zur Sprache brachte und auf den Terminus „Vorbereitung und Planung eines Angriffskrieges" kam, erklärte der Feldmarschall, daß der Begriff „Angriffskrieg" ein ausgesprochen politischer Begriff sei und kein militärisch-soldatischer.

Keitel brachte weiter zum Ausdruck, daß die Frage, ob ein Krieg zum Angriff gegen ein Land oder zur Verteidigung des eigenen Landes geführt werde, oder ob er ein gerechter oder ungerechter Krieg sei, für ihn und alle Offiziere überhaupt nicht vorhanden sein konnte. Er wollte dies auch nicht nachträglich bestätigen, um einen besseren Eindruck zu machen, daß das jemals von ihm so durchdacht worden sei, denn dies waren nach seiner Überzeugung rein politische Ermessensfragen. Für ihn galt das, was er mit den Worten umschrieb:

„Der Soldat muß verlangen, daß er seiner Staatsführung vertrauen kann, und dementsprechend ist er berufen, seine Pflicht zu tun und zu gehorchen."

Auf die oftmals zitierte Ansprache Hitlers vom 22. August 1939 angesprochen, die auf dem Obersalzberg vor den versammelten Generalen gehalten wurde, glaubte Keitel feststellen zu müssen, „daß es bestimmt nicht zum Krieg kommen könne, sondern daß nach dem Abschluß des Paktes mit der Sowjetunion eine Basis für Verhandlungen gefunden worden sei".

Von Dr. Nelte befragt, ob er denn davon wisse, daß mit England verhandelt wurde und daß England zu vermitteln versucht habe, führte Keitel aus:

„Nein, ich habe von diesen Dingen nichts erfahren, beziehungsweise das erste, was außerordentlich überraschend für mich war, war, daß ich in diesen Tagen, die hier mehrfach erörtert worden sind, 24. oder 25. August, also wenige Tage nach der Besprechung auf dem Obersalzberg, plötzlich zu Hitler gerufen wurde und dieser mir sagte: ‚Sofort alles anhalten! Holen Sie sofort von Brauchitsch her! Ich brauche Zeit zu Verhandlungen.'"

Am 30. August, gab Keitel zu Protokoll, seien er und von Brauchitsch noch einmal in die Reichskanzlei gerufen worden mit der Begründung, es werde ein Bevollmächtigter der polnischen Regierung erwartet. „Der Angriffstermin sollte abermals um 24 Stunden hinausgeschoben werden. Danach trat keine Veränderung der militärischen Anordnungen mehr ein."

Auch diese Aussage bewies, daß Görings Verhandlungen über Birger Dahlerus mit der englischen Regierung von deutscher Seite durchaus ernst genommen wurden und man *noch* am 30. August gehofft hatte, zu einer akzeptablen Lösung zu kommen.

Auch Feldmarschall Keitel wurde wie Jodl darüber befragt, ob er den Durchmarsch durch Belgien und Holland, den Krieg gegen Jugoslawien und Griechenland als Angriffskriege betrachtet habe und zugebe, daß diese konsequent vorbereitet waren. Dazu erklärte Keitel, daß nach seiner Erkenntnis und nach seinem persönlichen Erleben dieser Szenen Hitler über das Hineinziehen des Balkans in den Krieg äußerst entrüstet gewesen sei; nur die Tatsache, daß Italien mit Deutschland verbündet war, habe den Bruch mit Mussolini verhindert. Keitel erklärte weiterhin, daß der Entschluß, gegen Jugoslawien militärisch vorzugehen, ein „völliges Umwerfen aller bis dahin vorgesehenen militärischen Vormärsche und Ansätze bewirkt" habe.

Zu „Barbarossa" – dem Feldzug gegen die Sowjetunion – befragt, erklärte auch Keitel, daß er vom Generalstabschef des Heeres, Generaloberst Halder, erfahren habe, daß 150 Divisionen der Roten Armee an der deutsch-sowjetischen Demarkationslinie aufmarschiert seien.

„Dann waren Luftaufnahmen über eine große Anzahl von Flugplätzen gezeigt worden, kurzum, es war ein Grad der Bereitschaft auf sowjetrussischer Seite vorhanden, der jederzeit zu militärischen Aktionen führen konnte."

Erst die wirklichen Aktionen hätten dann nach dem 22. Juni den Beweis dafür erbracht, *wie weit* die Vorbereitungen der UdSSR bereits gediehen waren.

Als es darum ging, den „Nacht-und-Nebel-Erlaß" Hitlers vom 12. Dezember 1941 zu erhellen, erklärte Feldmarschall Keitel:

„Ich muß erklären, daß es mir völlig klar ist, daß die Verbindung meines Namens auch mit diesem sogenannten ‚Nacht-und-Nebel-Erlaß' eine schwere Belastung darstellt, wenn auch aus den Dokumenten hervorgeht, daß es ein Führerbefehl ist. Ich möchte deshalb dazu sagen, wie dieser Befehl entstanden ist:

Seit Beginn des Ostfeldzuges und vollends im Spätherbst 1941 und im Winter bis Frühjahr 1942 mehrten sich außerordentlich stark die Aufstandsbewegungen, Sabotageakte und alles, was damit zusammenhängt, in allen militärisch besetzten Gebieten; militärisch wurden sie als Bindung und Fesselung der Sicherheitsgruppen empfunden. So habe ich dies damals gesehen.

Durch die täglichen Lagemeldungen kamen diese Dinge laufend in einer besonderen Vortragsfolge zur Darstellung. Hitler verlangte in jedem einzelnen Fall Vortrag darüber. Er war sehr unzufrieden, wenn ihm solche Vorgänge von den militärischen Dienststellen verschwiegen wurden. Er erfuhr sie doch.

In diesem Zusammenhang hat er mir gesagt, es sei ihm sehr unsympathisch und für die Befriedung sehr ungünstig, daß sich dadurch in den besetzten Gebieten die kriegsgerichtlichen Todesurteile gegen Saboteure und Hilfeleistende mehrten. Er erklärte, daß eine Befriedung nur erreicht werde, wenn statt der Todesurteile – um es kurz zu machen – die Betreffenden, wenn nicht in kürzester

Frist – wie es hier in dem Erlaß heißt – ein klares Todesurteil zu erwarten und zu vollstrecken sei, daß dann die betreffenden Verdächtigten beziehungsweise Beschuldigten ohne Kenntnis der Angehörigen nach Deutschland abgeführt und in Deutschland interniert beziehungsweise in Gewahrsam genommen würden.

Ich habe dagegen größte Bedenken geäußert und weiß genau, daß ich damals sagte, ich befürchte von diesem Verfahren genau das Gegenteil von dem, was offenbar mit ihm bezweckt würde.

Ich habe dann eingehende Beratungen mit dem Rechtsberater der Wehrmacht gehabt, der die gleichen Bedenken hatte, da man hier den ordnungsgemäßen Rechtsweg ausschaltete. Ich habe erneut versucht, dies zu verhindern oder abzubiegen.

Es wurde dies nicht anerkannt und mir gedroht, der Justizminister würde beauftragt werden, einen entsprechenden Erlaß auszuarbeiten, wenn die Wehrmacht dies nicht könne."

Keitel wies darauf hin, daß nunmehr vom OKW Richtlinien in den Erlaß eingebaut worden seien, daß eine Deportation oder Überführung in das Reichsgebiet *nur* erfolgen dürfe, nachdem ein kriegsgerichtliches Ermittlungsverfahren stattgefunden hatte, und daß nur der Gerichtsherr, also mindestens ein Divisionskommandeur, eine solche Maßnahme verfügen dürfe, nachdem er seine Ermittlungen darüber angestellt habe.

Damit glaubte Keitel jede Willkür und übermäßige Anwendung dieses Erlasses ausgeschlossen zu haben. Selbst die Möglichkeit einer gerichtlichen Nachprüfung wurde eingebaut, um auch dies offenzuhalten. Daß es – wie vorgehalten – ganze Lager von solchen durch den Nacht-und-Nebel-Befehl deportierte Menschen gegeben habe, halte er für ausgeschlossen.

Dr. Nelte kam nun auf die Beschuldigungen der Anklagebehörde, Keitel habe Befehle zur Tötung beispielsweise auch der bei Stavanger gefaßten englischen Kommando-Soldaten gegeben. Dazu war Feldmarschall Keitel ebenso wie auch General von Falkenhorst schon vorher verhört worden.

Es waren drei Dokumente, die Dr. Nelte dem Angeklagten Keitel dazu überreichte (498-PS, 508-PS und 527-PS).

Auch die französische Anklagebehörde legte ein Dokument ähnlicher Art vor, in dem es um die Behandlung jener Angehörigen ausländischer Militärmissionen ging, die bei den Bandeneinsätzen gefangengenommen worden waren. Dieses Dokument trug die

Bezeichnung 537-PS. Auch dazu war Keitel bereits in der Voruntersuchung gehört worden. Hitler hatte dazu entschieden, daß solche Angehörige fremder Militärmissionen bei den Banden als Saboteure anzusehen und nach dem Kommandobefehl vom 18. Oktober 1942 zu behandeln seien.

Als Feldmarschall Keitel von Flottenrichter Kranzbühler befragt wurde, ob er Führer der deutschen Delegation gewesen sei, welche die Kapitulation unterschrieben hatte, bejahte Keitel dies, und auf die Frage, ob man von ihm auch eine Vollmacht verlangt habe, bestätigte Keitel dies ebenfalls und erklärte dazu: „Ich habe eine Vollmacht nach Berlin mitgenommen. Sie war von Großadmiral Dönitz in seiner Eigenschaft als Staatsoberhaupt und Oberbefehlshaber der Wehrmacht ausgefertigt."

„Wurde diese Vollmacht geprüft?" forschte der Flottenrichter nach.

„Im Laufe des Nachmittags des 8. Mai wurde sie von mir erbeten; sie ist dann offenbar geprüft worden. Sie wurde mir wenige Stunden später von einem hohen Offizier der Roten Armee wieder mit den Worten zurückgegeben, diese Vollmacht hätte ich bei der Unterschrift vorzuzeigen."

Professor Jahrreiß fragte den Feldmarschall, wer denn im Wehrmachtsbericht jenen Satz verfaßt habe:

„In Zukunft werden sämtliche Terror- und Sabotagetrupps der Briten und ihrer Helfershelfer, die sich nicht wie Soldaten, sondern wie Banditen benehmen, von den deutschen Truppen auch als solche behandelt und, wo sie auch auftreten, rücksichtslos im Kampf niedergemacht werden."

Keitel erklärte: „Das war der Führer persönlich. Ich war dabei, als er dies diktierte und korrigierte."

Rudenko und Maxwell-Fyfe beim Kreuzverhör

Schließlich versuchte auch General Rudenko, der sowjetische Hauptankläger, den deutschen Feldmarschall zu demütigen und zu diskreditieren. Als er darauf zu sprechen kam, daß er, Keitel, Hitler aufgesucht habe, um ihn zu beschwören, die Pläne hinsichtlich der Sowjetunion abzuändern, ergänzte Keitel:

„Ja, nicht nur abändern, sondern diesen Plan fallenzulassen und *keinen* Krieg gegen die Sowjetunion zu führen. Das war der Inhalt meiner Denkschrift."

Auf die Anklage, daß Deutschland sich Gebiete der Sowjetunion aneignen wollte und daß er, Keitel, davon gewußt habe, verneinte der Feldmarschall dies und erklärte, es sei ihm wohl zu Bewußtsein gekommen, daß die baltischen Staaten in eine Abhängigkeit von Deutschland gebracht werden sollten und daß man auch die Ukraine in ein enges Verhältnis von ernährungs- und wirtschaftlichen Beziehungen bringen wollte, daß ihm aber konkrete Eroberungsprojekte nicht bekanntgewesen seien.

Auf den Vorwurf, daß Leningrad zerstört werden sollte, antwortete Keitel, daß „weder durch die Einwirkungen der Belagerungsartillerie noch durch das Einwirken der deutschen Luftwaffe ein Zerstörungswerk in dem Sinne vonstatten gegangen ist, wie wir es von anderen Stellen" (gemeint war Dresden) „besser kennen. Es ist niemals zu einer systematischen Beschießung von Leningrad gekommen."

Als dann General Rudenko den Angeklagten dazu aufforderte, doch zuzugeben, „daß die Methode der Kriegführung der deutschen Armee im Osten mit der elementarsten Auffassung der militärischen Ehre einer Armee und dem Begriff der Kriegsnotwendigkeit im krassen Widerspruch" stehe, erwiderte Keitel fest:

„Nein, das kann ich in dieser Form nicht anerkennen, sondern daß die Entartung des Krieges gegen die Sowjetunion und was im Osten geschehen ist, *nicht* der Urheberschaft der deutschen Armee zuzuschieben ist, sondern dem Umstand, den ich in meinem Affidavit durch meinen Verteidiger dem Gerichtshof habe vorlegen lassen. Ich werde den russischen Anklagevertreter bitten, es zu lesen, wenn er die Ansicht erfahren möchte, die ich darüber habe." (In diesem Affidavit waren die russischen Kriegsgreuel, derer wirklich Legion war, im einzelnen aufgeführt. Aber die wünschte General Rudenko wirklich nicht zu lesen. Anm. d. Bearb.).

Der sowjetische Ankläger verwies statt dessen auf jene Dokumente, welche die Anklagebehörde der UdSSR dem Gericht und dem Verteidiger Keitels vorgelegt hatte. Dabei hob Rudenko vor allem das Dokument C-50 vom 13. Mai 1941 hervor, aus dem Rudenko und die sowjetische Anklage herauslesen zu können glaubte, daß jeder deutsche Offizier das Recht habe, Menschen ohne Gerichtsverfahren und Voruntersuchung zu erschießen.

General Rudenko verwies ebenso auf das Dokument vom 12. Mai 1941, „welches anordnete, die politischen Leiter der Roten Armee nicht als Kriegsgefangene anzuerkennen, sondern zu vernichten".

Als Keitel das Dokument, das so etwas befahl, zu sehen wünschte, wurde ihm das Dokument 884-PS übergeben, und Rudenko erklärte dazu: „Dieses Dokument trägt den Titel ‚Behandlung gefangener politischer und militärischer Funktionäre.'"

Der Angeklagte erkannte dieses „Dokument" sofort als „Eine Vortragsnotiz der Abteilung Landesverteidigung mit dem Bemerken, daß Entscheidungen des Führers (dazu) noch erforderlich sind. Er erklärte eindeutig: „Die Vortragsnotiz" (die hier zum Befehl nachstilisiert worden war) „bezieht sich auf den Vorschlag eines Befehls. Das Ergebnis des Vorschlages ist hier nicht vermerkt."

General Rudenko agierte auch in diesem Kreuzverhör mit Begriffen, die in keinem der deutschen Dokumente standen. Er verstieg sich sogar dazu, aus einem Befehl herauszulesen, daß dieser „auch gegen Frauen an Kinder angewandt" werden könne, und glaubte daraus entnehmen zu müssen, daß mit ihnen ebenso wie mit den festgenommenen des Bandenkampfes überführten Gefangenen verfahren werden sollte.

Es handelte sich aber, und das ging zweifelsfrei aus dem Befehl hervor, darum, daß Kinder und Frauen aus dem Kampfgebiet zu entfernen seien, damit ihnen *nichts* geschehe. Wieder einmal hatte Rudenko mit „entfernen" töten verstanden und es auch so ausgelegt, wie er offen zugab.

Maßnahmen wurden in „beliebige Maßnahmen" umgeschrieben. Zum Schluß seiner Ausführungen fragte General Rudenko den Angeklagten Keitel: „Sie, Angeklagter Keitel, der Sie sich Feldmarschall nennen und sich vor dem Gerichtshof wiederholt als Soldat bezeichneten, Sie haben mit Ihrer blutdürstigen Entscheidung vom September 1941 die Ermordung unbewaffneter Soldaten, die zu Ihnen in die Gefangenschaft geraten sind, unterstützt und sanktioniert. Ist das richtig?"

„Ich habe die beiden Erlasse unterzeichnet und trage damit die Verantwortung im Rahmen meiner Dienststelle und übernehme sie auch. Die Befehle vor dem Kriege habe ich ebenfalls unterzeichnet. Alle haben aber nicht das Wort ‚Ermordung' enthalten."

Rudenko abschließend: „Muß man denn nicht von allem, was hier gesagt worden ist, annehmen, daß Sie ein Hitler-General aus Überzeugung waren?"

„Ich habe hier ausgesagt, daß ich ein loyaler und gehorsamer Soldat meines Führers war, und ich glaube nicht, daß es Generale in Rußland gibt, die dem Marschall Stalin nicht gehorchen."

Nach dem sowjetischen Ankläger ergriff noch einmal Sir David Maxwell-Fyfe das Wort, um Keitel einige seiner Befehle vorzuhalten, wobei ebenfalls herauskam, daß Keitel in den Durchführungsbestimmungen ausdrücklich die Schonung von Frauen und Kindern verlangt hatte.

Generalfeldmarschall Wilhelm Keitel wurde in allen vier Punkten der Anklageschrift für schuldig gesprochen, auch in jenen, zu denen er jede Täterschaft verneinte. Das Urteil erging im Namen der Menschheit. Es ist einer jener bösen Treppenwitze der Geschichte, daß einige der Anklagepunkte, in denen Feldmarschall Keitel schuldig gesprochen worden war und wegen derer er zum Galgen geführt wurde, wenige Monate nach der Vollstreckung des gegen ihn ergangenen Urteils ein ganz anderes Gesicht bekamen.

Im Prozeß gegen die deutschen Südostgenerale beispielsweise erklärte das amerikanische Militärgericht, daß Geiselerschießungen an sich *nicht* völkerrechtswidrig seien. Zwei Jahre nach dem Tode des Generalfeldmarschalls Keitel, der verurteilt wurde, weil er Befehle ausgeführt hatte, kamen im indonesischen Krieg der Niederlande zwei niederländische Soldaten vor ein Kriegsgericht, weil sie sich geweigert hatten, Dörfer der Eingeborenen anzuzünden.

Keitel hatte sich nicht darauf gestützt, daß es nach dem Paragraphen 47 des deutschen Militärgesetzes kein Verbrechen ist, Befehle auszuführen. Er hatte zugegeben, Befehle weitergeleitet zu haben, auch wenn sie verbrecherisch waren, und er hatte zu dieser seiner Handlung gestanden. Was ihm bevorstand, wußte er.

In seinem Aufruf vom 15. Mai 1945 an das Oberkommando der Wehrmacht hatte Feldmarschall Keitel bereits zum Ausdruck gebracht, was ihm in Nürnberg widerfahren würde, als er erklärte:

„Es wird mir schwer, für immer aus diesem Kameradenkreis zu scheiden. Als Kriegsgefangener sehe ich der Aburteilung als Kriegsverbrecher entgegen; mein einziger Wunsch dabei ist, damit von jedem meiner bisherigen Untergebenen ein gleiches Schicksal abzuwenden. Meine militärische Laufbahn ist beendet; mein Lebensweg steht vor dem Abschluß." (Siehe Görlitz, Walter: Keitel, Verbrecher oder Offizier? Erinnerungen, Briefe, Dokumente des Chefs des OKW.)

Übrigens verließen die im Gerichtssaal anwesenden Generale der Alliierten den Raum, als die Todesurteile gegen ihre Berufskollegen verlesen wurden. Einer der Augenzeugen, der den Henkertod des deutschen Generalfeldmarschalls Keitel miterleben mußte, übermittelte der Nachwelt: „Der Anblick (besser: die Wirkung, d. Bearb.) auf die anwesenden Militärs, als dem abgehärmten, in soldatischer Haltung verharrenden Feldmarschall die Schlinge über den Kopf gestreift wurde, war fürchterlich." (Siehe Härtle, Heinrich: Freispruch für Deutschland.)

Wilhelm Keitel war die Bitte, die Todesstrafe durch Erhängen in eine solche durch Erschießen umzuwandeln, verweigert worden. Seine letzten Worte, die manchem seiner Richter noch lange in den Ohren widerhallten, auch wenn sie leise gesprochen wurden, waren:

„Alles für Deutschland!"

Generaloberst Alfred Jodl

Verbrecher oder Soldat?

Prof. Dr. Exner war Verteidiger für Generaloberst Alfred Jodl. Er nahm den Angeklagten Jodl zuerst in den Zeugenstand und befragte ihn nach seinem Herkommen. Dazu sagte der Angeklagte: „Ich heiße Alfred Jodl und wurde am 10. Mai 1890 als Sohn einer bayerischen Familie geboren, in der viele Mitglieder den Soldatenberuf ergriffen hatten. So: Vater, Onkel, Bruder, etc.

Zur Wahl Hitlers zum Reichskanzler sagte er: „Ich wurde davon völlig überrascht. Als ich am Abend mit einem Kameraden durch die bewegten Massen nach Hause ging, da sagte ich zu ihm: Das ist mehr als ein Regierungswechsel, das ist eine Revolution. Wohin sie führt, das wissen wir nicht, aber die Person Hindenburgs, der ja diese Revolution legalisiert hat, Namen wie von Papen, von Neurath, Schwerin-Krosigk in der neuen Regierung beruhigten mich und gaben mir eine gewisse Garantie gegen revolutionäre Erwartungen."

General von Vormann, zu Jodls damaliger Einstellung befragt, erklärte: „Der damalige Major i. G. Jodl war 1933 mein Gruppenleiter. Er schwamm völlig im Fahrwasser des damaligen Chefs der Heeresleitung, des Generals von Hammerstein, und lehnte Hitler und die Partei völlig ab.

In einer Besprechung vor Offizieren seiner Gruppe führte Jodl aus: ‚Hitler ist der bestehenden Verfassung und den geltenden Gesetzen nach an die Spitze des Reiches berufen worden. Eine Kritik darüber steht uns nicht zu. Wir haben zu gehorchen und als Soldaten unsere Pflicht zu tun!'"

Zur Ernennung Hitlers zum Staatsoberhaupt, erinnerte sich von Vormann, sagte Jodl: „Die Vereinigung der beiden Ämter in einer Person hat mir große Sorge bereitet. In Hindenburg verloren wir den in der Wehrmacht und im ganzen deutschen Volk geliebten Feldmarschall. Was wir mit Hitler bekamen, wußten wir nicht."

Und Jodl weiter: „Das Ergebnis der Volksabstimmung über dieses Gesetz hatte ein derartig überwältigendes Plus für Hitler, daß damit der Volkswille erfüllt war, und ein höheres Gesetz als den Volkswillen gibt es nicht. Wir Soldaten hatten also mit vollem Recht unseren Eid auf Adolf Hitler geleistet."

Am 3. September 1939 wurde Jodl Hitler in dem Befehlszug durch Feldmarschall Keitel vorgestellt, in welchem die Stabsoffiziere an die Ostfront fuhren. „An diesem Tage", erinnerte sich der Generaloberst, „habe ich das erste Wort mit Hitler gesprochen."

Jodl zum FHQ und zu Hitler befragt: „Das Führerhauptquartier war eine Mischung zwischen einem Kloster und einem Konzentrationslager. Es war von zahlreichen Drahtzäunen und Stacheldrähten umgeben und durch weit abgesetzte Außenposten an den Zufahrtsstraßen abgesichert. In der Mitte lag der Sperrkreis 1.

Die Zusammenarbeit mit Hitler vollzog sich dergestalt, daß ich täglich mindestens zwei Vorträge zur Lage hielt. Ich habe an weit über 5000 Besprechungen teilgenommen. Diese Lagebesprechungen, der Vortrag über die militärische Lage, war gleichzeitig eine Befehlsausgabe. Der Führer entschied aufgrund dieses Vortrages über die Ereignisse sofort, was für den nächsten Tag zu befehlen war."

„War es möglich, Hitler zu widersprechen?" wurde Jodl im weiteren Verlauf seiner Befragung um Auskunft gebeten. Er gab darauf offen und ungeschminkt zur Antwort:

„Man kann nicht sagen, es war grundsätzlich unmöglich, dem Führer zu widersprechen. Ich habe viele, viele Male und in der schärfsten Form widersprochen; aber es gab Momente, wo man tatsächlich *keinen* Ton erwidern konnte. Ich habe den Führer durch Widerspruch von vielen Dingen abgebracht."

Den Zeugen Gisevius, der von Jodl sagte, daß dieser eine Riegelstellung bei Hitler gehabt habe, kannte Jodl nicht einmal. Er hatte diesen Namen in Nürnberg das erstemal gehört und Gisevius vor Gericht zum erstenmal gesehen.

Aussage Rittmeister Scheidt: „Als Obergruppenführer Fegelein Generaloberst Guderian und Generaloberst Jodl über die Schandtaten der SS-Brigade ‚Keminski' in Warschau berichtete, hat Jodl diese Tatsache sofort Hitler vorgetragen. Dieser hat die *sofortige Auflösung der Brigade befohlen.*"

„Was war mit Canaris? Hat er Hitler unbequeme Dinge gesagt?" ging die Befragung weiter.

„Canaris war Dutzende Male beim Führer. Er konnte ihm melden, was er wollte und was er wußte, und mir scheint, daß er erheblich mehr gewußt hatte als ich, der ich ausschließlich mit der operativen Kriegführung befaßt war; aber *er hat niemals auch nur einen Ton gesagt.* Auch zu mir hat er keinen Ton gesagt, und es ist auch ganz klar, warum. Der Tote hatte das beste Einvernehmen zu Himmler und Heydrich; das brauchte er nämlich, damit diese nicht gegen sein Verschwörernest mißtrauisch wurden.

„Der Zeuge Gesevius hat viel von Putschen und Putschabsichten gesprochen. Haben Sie jemals derartige Absichten erfahren?" Damit kam Prof. Dr. Exner zu einem wichtigen Punkt der Zeugeneinvernahme. Auch hierzu kam Jodls Antwort wie aus der Pistole geschossen:

„Der Zeuge hat vom Putschen gesprochen wie vom Händewaschen. Das beweist mir schon, daß er sich niemals ernstere Gedanken darüber gemacht hat. Das Ergebnis des 20. Juli 1944 zeigt dies, daß ein Putsch unter diesen Umständen unmöglich ist. Obgleich in der Wehrmacht niemand mehr auf einen Sieg hoffte, hat sich bei diesem Putsch nicht ein Soldat, nicht eine Waffe, nicht ein Arbeiter erhoben.

Die Attentäter und Putschisten waren allein. Um aber das nationalsozialistische System zu stürzen, hätte es einer Revolution bedurft, mächtiger und gewaltiger, als es selbst die nationalsozialistische gewesen ist. Hinter dieser Revolution *mußte* die Masse der Arbeiterschaft stehen, und es *mußte* hinter ihr im wesentlichen die *ganze* Wehrmacht stehen und nicht nur vielleicht der Kommandeur der Garnison Potsdam, von dem der Zeuge sprach.

Wie man aber einen Krieg nach außen hin um Sein oder Nichtsein führen und gleichzeitig eine Revolution machen sollte, um dabei etwas Positives für das deutsche Volk herauszuholen, das weiß ich nicht. *Das können nur solche Genies beurteilen, die in der Schweiz leben.*

Wenn Leute, die aktiv mitgearbeitet haben, um Hitler an die Macht zu bringen, die außerdem an den Gesetzen beteiligt waren, die uns Soldaten mit unserem Treueid an Hitler banden, wenn *diese* Leute von der Wehrmacht Revolution und Meuterei forderten, als ihnen der Mann nicht mehr gefiel oder als Mißerfolge eintraten, dann kann ich das nur als unmoralisch betrachten."

Als er dann danach befragt wurde, wer Hitler offen gegenübergetreten sei, erwiderte der Generaloberst:

„Unter den wenigen Offizieren, die es gewagt haben, dem Führer Auge in Auge entgegenzutreten, und zwar in einem Ton und in einer

Form, daß die Zuschauer den Atem anhielten, weil sie eine Katastrophe befürchteten, zu diesen wenigen Offizieren gehörte ich."

Zum Vorwurf der Anklagebehörde, daß sich Jodl in Hitlers Gnade gewärmt habe: „Das, was ich dazu vorgebracht habe, ist die Wahrheit; was die Anklage darüber vorgebracht hat, ist, ich muß es leider sagen, Phantasie."

Auf die Anwürfe der Anklage, sich aus den besetzten Gebieten bereichert zu haben, die übrigens allgemein *allen* Offizieren vorgeworfen wurde, sagte Jodl: „Wenn in der Anklageschrift summarisch der Satz steht: ‚Die Angeklagten bereicherten sich aus den besetzten Gebieten‘, so kann ich das, was mich betrifft, mit *einem* Wort bezeichnen. Ich muß offen sagen: Das ist die Verleumdung eines anständigen deutschen Offiziers."

„Was hat Ihnen an Hitler imponiert, und was wirkte abstoßend auf Sie?" lautete die nächste Frage von Prof Dr. Exner.

„Hitler war eine Führerpersönlichkeit von ungewöhnlichem Ausmaß. Sein Wissen und sein Intellekt, seine Rhetorik und sein Wille triumphierten letzten Endes bei jeder geistigen Auseinandersetzung gegenüber jedermann. In einer seltenen Weise mischten sich bei ihm Logik und Nüchternheit im Denken und Skepsis mit einer ausschweifenden Phantasie, die sehr oft das Kommende erahnte, aber auch oft irreging.

Geradezu bewundert habe ich ihn, als er im Winter 1941/42 mit seinem Glauben und mit seiner Energie die wankende Ostfront zum Stehen brachte, da zu dieser Zeit eine Katastrophe drohte wie im Jahre 1812.

Sein Leben im FHQ war nichts als Pflicht und Arbeit. Die Bescheidenheit in seiner Lebensführung war imponierend. Es gab keinen Tag, den er in diesem Krieg nicht ..."

Der Vorsitzende des Gerichtes, Lawrence, unterbrach den Zeugen: „Wir haben kein Interesse daran!"

Jodl bestätigte nunmehr auf Anfrage von Prof. Dr. Exner, daß sein Verhältnis zu Hitler ein rein dienstliches war und daß er nicht zu Hitlers privatem Kreis gehörte. Zu dem Jodl zum Vorwurf gemachten Vortrag vor den deutschen Gauleitern im November 1943 sagte der Generaloberst:

„Diesem Vortrag war der italienische Abfall vom Bündnis vorausgegangen. Es war die Zeit schwerster Luftangriffe und in dieser Zeit bestand das begreifliche Bedürfnis, politischen Führern der Heimat ein ungeschminktes Bild über die gesamte militärische Lage zu geben und sie gleichzeitig mit Vertrauen zur Führung zu erfüllen. Diesen Vortrag, der betitelt war ‚Die strategische Lage Deutschlands zu Beginn des fünften Kriegsjahres' konnte nicht irgendein Blockleiter halten, dazu mußte schon ein Offizier des Wehrmachtsführungsstabes her; und so ist es zu meinem Vortrag gekommen."

„Und wie war der Inhalt desselben?"

„Der Inhalt war ein Überblick über die strategische Lage. Hier vor Gericht wurde *naturgemäß*" (weil allein belastend, der Bearb.) „nur die Einleitung verlesen, die einen Überblick über das gab, was hinter uns lag.

Ich identifizierte mich in diesem Vortrag keinesfalls mit der Nationalsozialistischen Partei, wohl aber, wie es für einen Generalstabsoffizier selbstverständlich ist, mit meinem obersten Befehlshaber, denn zu dieser Zeit drehte es sich um Sein oder Nichtsein des deutschen Volkes. Es gab auch in Deutschland Patrioten, nicht nur in seinen Nachbarländern, und ich rechne mich zu diesen Patrioten so lange ich atme. Im übrigen ist es nicht maßgebend, vor wem man spricht, sondern für was man spricht. Im übrigen kann ich feststellen, daß ich denselben Vortrag auch vor Wehrmachtsbefehlshabern und den hohen Offizieren des Ersatzheeres gehalten habe."

Da dieser „Gauleitervortrag" weiter von dem Hauptankläger angezogen wurde, bemerkte Jodl dazu.

„Im übrigen möchte ich noch etwas Entscheidendes sagen: Das, was die Anklagebehörde als Dokument L-172 hier vorgelegt hat..."

Dr. Exner: „Das ist der Gauleitervortrag."

„Das ist *nicht* der Gauleiter-Vortrag, den ich gehalten habe, das ist nichts anderes als der Papierkorb dieses Vortrages. Es ist nämlich ein erster Rohentwurf dazu, der völlig umgearbeitet und abgeändert wurde, weil er viele Unrichtigkeiten enthielt, und das gesamte Kernstück, nämlich der Abschnitt über die heutige Lage, der Abschnitt über den Feind und seine Machtmittel und Absichten, fehlt. Das, was hier als ‚*DOKUMENT*' vorliegt, das sind Hunderte von Vortragsnotizen, die mir mein Stab geschickt hat, aus denen ich dann den Vortrag erst herausgearbeitet habe, und das ganze Zeug gab ich dann meinem Stab wieder zurück."

„Das ist also nicht das Manuskript?" hakte Prof. Dr. Exner nach.

„Keinesfalls das Manuskript", antwortete Jodl, „dieses sieht gänzlich anders aus."

Aus dem Tagebuch von Generaloberst Jodl, 1. Band, Seite 2, wurde von der Anklagevertretung als erwiesen befunden, daß dieser sich immer wieder mit dem Eindringen der SS in die Armee beschäftigt habe. Dies wollte die Anklage aus folgendem Satz herauslesen:

„H. beim Chef Wehrmachtsamt, trägt ihm seine Bedenken über die Entwicklung der SS vor."

Aus dem „H" wurde von der französischen Anklagebehörde „Heydrich" gemacht, und schon war die Verbindung Jodls zur SS hergestellt.

Daß diese Interpretation Unsinn war, geht bereits aus dem Satz hervor, denn Heydrich hätte sicherlich *keine* Bedenken gegen eine weitere Entwicklung der SS gehabt. „H" hieß in diesem Falle aber lediglich „Halder", wie Jodl mit einem Blick auf das „Dokument" feststellte, womit die französische Anklage wieder einmal mehr zu Lasten des Angeklagten fehlgeschossen hatte.

Hunderte und Aberhunderte solcher falscher „Übersetzungen und Interpretationen" haben das gleiche bei allen übrigen Angeklagten bewirkt.

So sah sich denn auch Prof. Dr. Exner dazu veranlaßt festzustellen, daß er eine ganze Reihe von Übersetzungsfehlern im englischen und französischen Dokumentenbuch gefunden, eine Eingabe an den Generalsekretär gemacht und um Korrektur derselben gebeten habe. Prof. Dr. Exner wörtlich:

„Ich muß allerdings sagen, diese große Zahl an Übersetzungsfehlern stimmt bedenklich, besonders wenn sie derart sind, daß für ein H ‚Heydrich' eingesetzt wird und der Chef des Wehrmachtsamtes dadurch mit einer der unerfreulichsten Figuren in Zusammenhang gebracht wird."

„Es sind" (so Exner) „dem Gericht noch im Laufe der letzten Monate Hunderte von Dokumenten vorgelegt worden, deren Übersetzungen wir nicht kontrollieren konnten. *Wenn* wir einmal kontrollierten, so stellten wir ziemlich viele Mängel fest."

Der Verteidiger Jodls setzte seine Befragung fort: „Welche Stellung und Aufgabe hatten Sie in der Zeit des Krieges?"

Jodls Antwort: „Ich hatte die gesamte Generalstabsarbeit für die strategische und operative Kriegführung zu leisten. Daneben war mir die militärische Propagandaabteilung unterstellt. Ihr oblag die Zusammenarbeit mit der Presse. Als drittes hatte ich eine Dienststelle, die, im großen gesprochen, die Nachrichtenmittel auf die einzelnen Wehrmachtsstellen zu verteilen hatte. Dieses ganze Aufgabengebiet füllte mich derart aus, daß eine Durcharbeitung Nacht für Nacht bis 3.00 Uhr die Regel war. Mich noch um andere Dinge zu kümmern, blieb keine Zeit. Ich mußte schon die Zusammenarbeit mit der Presse, die ja täglich informiert werden mußte, fast ausschließlich meinem persönlichen Generalstabsoffizier überlassen."

„Hatten Sie als Chef des Wehrmachtführungsstabes eine Befehlsgewalt?" setzte Prof. Dr. Exner nach.

Jodl: „Nein oder, besser gesagt, nur über meine Arbeitsstäbe. Ich unterstand dem Feldmarschall Keitel, und auch dieser war *nicht Befehlshaber, sondern nur Chef des Stabes.* Aber selbstverständlich habe ich in diesem Krieg viele operative Einzelheiten selbst entschieden und selbst unterschrieben. Es gab darüber niemals die geringsten Konflikte mit den Oberbefehlshabern, weil ich ihr Vertrauen besaß und im allerbesten Einvernehmen mit ihnen handelte."

Im Falle des Kommissarbefehls hatte die Anklagebehörde einen Entwurf mit „Statement" gleich Feststellung übersetzt. Das OKH hatte jedoch, wie im Original nachzulesen war, „einen Entwurf für die Richtlinien politischer Hoheitsträger betreffend Kommissare" vorgelegt. Da dies von besonderer Wichtigkeit war, stellte Jodls Verteidiger fest: „Der erste Befehl ist an die Truppe gerichtet; der zweite ist eine Erläuterung dazu für die Befehlshaber. Der erste Befehl bedroht „feindliche Soldaten bei banditenhafter Kampfführung mit der Vernichtung". Er beruft sich dabei auf den Wehrmachtsbericht vom 7. Oktober 1942. Dazu Jodl:

„Der Kommandobefehl ist mit dem Zusatz im Wehrmachtsbericht vom 7. Oktober 1942 untrennbar verbunden, denn es ist der Ausführungsbefehl zu dieser Ankündigung im Wehrmachtsbericht."

Jodl erklärte hier, daß er versucht habe, den Wehrmachtsbericht vom 7. Oktober 1942 dem Gericht vorzulegen, und daß er dies nicht durfte (weil er für England belastend war und die Anklagebehörde ihn nicht aufzugreifen wünschte. Anm. d. Bearb.). Er sei für Objections – gegenstandslos erklärt worden. Dies brachte den Vorsitzenden des Gerichts in Rage.

„Wenn der Angeklagte behauptet, die Anklagevertretung wünsche nicht, daß er diese Sache vorlegt oder zu dem Dokument Stellung nimmt, so ist das eine ganz unangemessene Erklärung."

Daraufhin durfte Jodl doch noch etwas zu diesem Wehrmachtsbericht sagen, der nach der Version der Anklagevertretung ein Befehl zur Ermordung von Soldaten war. Jodl erklärte: „Der Wehrmachtsbericht steht in unmittelbarem Zusammenhang mit dem Kommandobefehl. Aber nur der letzte Absatz des Wehrmachtsberichtes ist wichtig, der vom Führer selbst verfaßt wurde, wie der Feldmarschall Keitel ausgesagt hat, und den auch Prof. Jahrreiß hier im Gericht verlesen hat. Es ist der Satz, der folgendermaßen lautet:

‚In Zukunft werden sämtliche Terror- und Sabotagetrupps der Briten und ihrer Helfershelfer, *die sich nicht wie Soldaten, sondern wie Banditen benehmen,* von den deutschen Truppen auch als solche behandelt werden und, wo sie auch auftreten, rücksichtslos im Kampf niedergemacht werden.'

Dieser Zusatz stammt Wort für Wort vom Führer persönlich."

Jodl führte dazu weiter aus, daß sein Verteidiger den Wehrmachtsbericht vom 7. Oktober 1942 als Dokument und als Beweismittel vorlegen wollte und daß er davon Abstand genommen habe, weil die Anklagebehörde gegen dieses Dokument Einspruch erhoben habe.

Sir David Maxwell-Fyfe, der englische Chefankläger, wollte dies nunmehr nicht mehr wissen. Er antwortete:

„Hoher Gerichtshof! Ich habe bestimmt gegen dieses Dokument *niemals* Einspruch erhoben. Ich habe Herrn Roberts befragt, und er sagte mir, daß auch er niemals Einspruch erhoben habe. Soweit wir wissen, hat niemand von der Anklagebehörde Einspruch dagegen erhoben. Obwohl ich Mitglied der englischen Regierung zur Zeit der Veröffentlichung dieser Angelegenheit war, habe ich zwar niemals früher etwas davon gehört, doch habe ich absolut keine Einwendung dagegen."

Hier stellte sich wie schon so oft vorher und nachher die Tatsache ein, daß Ankläger und Richter „niemals etwas von irgendwelchen entlastenden Dingen gehört" hatten. Wenn deutscherseits von einem der Angeklagten eine solche Antwort gegeben wurde, zog man sie in Zweifel. *„Der mußte etwas von allen Dingen gehört haben",* selbst wenn die Ereignisse zehn und mehr Jahre zurücklagen.

Jodl wurde aufgefordert, diesen Wehrmachtsbericht noch einmal zu erklären. Er führte aus. „Der ganze erste Teil dieses Wehrmachtsberichtes hat mit Kommandotrupps gar nichts zu tun, sondern er befaßt sich mit der berüchtigten Affäre der *Fesselung deutscher Kriegsgefangener* am Strande von Dieppe durch ein englisches Kommando. Ich werde noch darauf zurückkommen."

Vorsitzender: „Der erste Teil des Wehrmachtsberichtes stammt also hauptsächlich von Ihnen?"

Jodl: „Das absolut! Den ersten Teil des Wehrmachtsberichtes habe ich formuliert, und er enthält die nachweisliche Widerlegung einer englischen Rundfunkerklärung, die das britische Kriegsministerium abgegeben hat. Diese Erklärung war falsch. Warum sie falsch war, das habe ich hier zusammengestellt aufgrund unserer bei uns vorliegenden Protokolle, Fotografien und eidliche Aussagen. Mit Kommandos und Repressalien hatte diese Angelegenheit zunächst noch nichts zu tun. Das ist erst in diesen Wehrmachtsbericht hineingekommen durch den Zusatz des Führers, der mit dem Satz beginnt: ‚Das Oberkommando der Wehrmacht sieht sich daher gezwungen, folgendes anzuordnen.'

Mein Wunsch war nun ein ganz anderer. Meine Absicht war es, einen Befehl überhaupt zu vermeiden. Ich erwartete eigentlich, daß auf die Ankündigung im Wehrmachtsbericht hin, die ja nicht verheimlicht worden ist, sondern durch den Äther in die ganze Welt ging, das englische Kriegsministerium, sei es unmittelbar, sei es auf dem Weg über Genf, erneut an uns herantreten würde, wie es vorher schon einige Male geschehen war. Damit hoffte ich die Angelegenheit auf die Ebene des Auswärtigen Amtes zu schieben. Das geschah aber nicht, das englische Kriegsministerium blieb zu diesem Vorwurf stumm."

Der Chefadjutant Hitlers, General Schmundt, überbrachte nun am 17. Oktober 1942 Jodl eine Weisung Hitlers, daß der Führer den Ausführungsbefehl erwarte. Jodl gab ihm wörtlich mit auf den Weg: „Sagen Sie dem Führer einen schönen Gruß! Einen solchen Befehl mache ich nicht."

Jodl wollte mit dieser Weigerung erreichen, seine Bedenken vortragen zu können oder hinausgeworfen zu werden. „In beiden Fällen war mir geholfen, aber keines von beidem geschah. Nach einigen Minuten rief mich Schmundt an und teilte mir mit, der Führer mache den Befehl selbst. Am 18. Oktober brachte mir dann wieder Schmundt persönlich die beiden Befehle des Führers, den Befehl an die Truppe und die Begründung für die Kommandeure."

Der Vorwurf, wie Banditen vorgegangen zu sein, geht darauf zurück, daß die Soldaten der britischen Angriffsgruppe bei Dieppe Angehörige der OT und Soldaten so gefesselt hatten, daß sie sich erwürgen mußten, wenn sie versuchten, sich zu befreien.

Über die englischen Befehle für Dieppe erklärte Jodl: „Auf die Frage, ob diese Haltung Hitlers gegenüber solchen Soldaten, die nicht als Soldaten handelten, verständlich gewesen sei, muß ich betonen: Das war mir absolut verständlich und nicht nur mir! Der Führer hatte nämlich bittere Meldungen erhalten, und wir hatten sämtliche Befehle der kanadischen Landungsbrigade von Dieppe erbeutet. Sie sind mir im Original vorgelegt worden. In diesen Unterlagen war befohlen worden, daß, wo immer dies möglich sei, deutschen Gefangenen die Hände zu fesseln sind. Aber nach einiger Zeit bekam ich durch den Oberbefehlshaber West gerichtliche Protokolle und Zeugenaussagen, mit Fotos belegt; daraus ging jedenfalls eindeutig für mich hervor, daß mehrere Leute, die der Organisation Todt angehörten, Familienväter, unbewaffnet, alte Leute, aber mit einer Hakenkreuzbinde am Arm – das war nämlich ihre Ausstattung –, so gefesselt worden waren, daß eine Schlinge um ihren Hals war und das Ende des Strickes um ihre zurückgebogenen Unterschenkel, so daß sie sich selbst erdrosselt hatten.

Ich darf dazu sagen, daß ich diese Fotos, diese für mich als Tatsache so erschwerenden Vorgänge, dem Führer verschwiegen habe. Ich habe es dem deutschen Volk verschwiegen und deshalb auch dem Propagandaministerium.

Es kam dann die englische Mitteilung über den Rundfunk, die lautete, es werde nachdrücklich in Abrede gestellt, daß irgendein deutscher Soldat in Dieppe gefesselt worden ist.

Nach einiger Zeit gab es den Überfall durch einen Kommandotrupp auf der Insel Sercq. Wieder erhielten wir amtliche Protokolle, daß dabei Soldaten gefesselt worden waren, deutsche Gefangene. Und endlich erbeuteten wir die sogenannte englische Nahkampfvorschrift, und diese schlug beim Führer dem Faß den Boden aus. Auch die habe ich genau studiert. In ihr waren Abbildungen dargestellt, wie man Menschen fesseln kann, daß sie sich selbst durch die Fesselung töten, und es war genau registriert, in welcher Zeit der Tod eintritt.

Weitere Vorfälle betrafen ein englisches U-Boot in der Ägäis und den Befehl, deutschen Kriegsgefangenen in Afrika nicht eher

Wasser zu geben, bevor sie vernommen waren. Es waren eine Menge solcher Meldungen eingegangen." Damit war klar ersichtlich, daß der Kommandobefehl Hitlers nicht eine *Aktion* war *gegen das Kriegsrecht,* sondern eine *Reaktion auf brutale Kriegsrechtsverletzungen des Gegners.*

Diese Dinge wurden von diesem Gericht als „viel früher ereignet" herausgestellt und betont, daß es ihm unmöglich sei zu untersuchen, was so lange Zeit vorher geschehen war.

Von deutscher Seite jedoch wurden Dinge hervorgezerrt, die bis in das Jahr 1933 zurückführten. In solchen Fällen konnte man untersuchen, und dabei *mußten* auch die Angeklagten wissen, *was* es war und *wie* sie vor zwölf Jahren gehandelt und was sie seinerzeit gesprochen hatten.

„Ich will dadurch nur nachweisen", erklärte Jodl, „daß jene Begründungen, die der Führer für den Befehl gegeben hat, nicht nur einer krankhaften Phantasie entsprungen sind, sondern daß er schon sehr reale Unterlagen dafür hatte und wir auch!

Daß vielfach Vorbestrafte und Verbrecher mit bei den Kommandos, die ja aus verwegenen Menschen bestanden, beteiligt waren, darüber lagen Gefangenenaussagen vor. Daß sie Gefangene gefesselt hatten, dafür hatten wir erbeutete Befehle und Zeugenaussagen.

Das englische Kriegsministerium hat uns mitgeteilt – ich weiß nicht mehr sicher, über Genf oder über den Rundfunk –, daß es sehr wohl Fälle geben könne, in denen man Kriegsgefangene fesseln müsse, weil man sonst gezwungen wäre, sie zu töten."

Jodls Beteiligung an dem Kommandobefehl bestand darin, daß er ihn auf ausdrückliche Anordnung Hitlers erteilen ließ. Jodl widersprach der Anklage und bewies dies auch, daß er *keinen* der beiden Befehle unterschrieben hatte, wie die Anklagebehörde behauptete. Er stellte ohne jeden Zweifel klar, daß er eine allgemeine Geheimhaltungsverfügung zu den Befehlen unterschrieben habe, und zur Verteilung, die er durchführen ließ, bemerkte er:

„Wenn ich die Weitergabe eines Befehls vom Führer persönlich verweigert hätte, wäre ich auf der Stelle abgeführt worden, und da muß ich auch sagen, mit Recht!"

Befragt, ob er Gegenvorschläge zu diesem Befehl hätte machen können, sagte Jodl: „Zu anderen Zeiten wahrscheinlich ja. In dieser Zeit, die ja eine Konfliktzeit mit dem Führer war, habe ich ihn persönlich gar nicht sprechen können. Ich hatte aber die Absicht, bei der Ausführung dieses Befehls eine möglichst weitherzige Praxis zu befolgen, und ich war sicher, daß auch die Oberbefehlshaber dies tun würden."

Auf die ergänzende Frage, was er denn damit meine, erwiderte Jodl: „Der Befehl gab zwei Handhaben, um zu vermeiden, daß wirklich anständige Soldaten wie Verbrecher behandelt werden: Handelte es sich um ein Erkundungs- oder Aufklärungsunternehmen, dann fiel die Kampfhandlung nicht unter den Begriff des Kommandobefehls. War es ein wirklicher Sabotage- oder Zerstörungstrupp, so mußte geprüft werden: Wie war er ausgerüstet? Hatte er Zivil unter der Uniform, trug er die berüchtigte Achselpistole, aus der sich der Schuß löst, wenn man die Hände hochhebt, um sich zu ergeben? Hat er sich sonstwie im Kampf gemein benommen? Je nachdem, wie diese Prüfung ausfiel, konnten die Oberbefehlshaber handeln."

Jodl hatte Hitler zwar die Fesselung deutscher Gefangener bei Dieppe gemeldet, was er *nicht* gemeldet hatte, war die Fesselung einiger Angehöriger der Organisation Todt dergestalt, daß sie sich bei dem Versuch, sich zu befreien, erdrosselt hatten.

Generaloberst Jodl über Leningrad und Partisanenkampf

Als Leningrad von der Heeresgruppe Nord eingeschlossen war, machte Generalfeldmarschall von Leeb, der OB dieser Heeresgruppe, die Meldung, daß die Bevölkerung der Stadt bereits aus Hunger damit beginne, gegen seine Linien nach Westen und Süden herauszudrücken. Er machte darauf aufmerksam, daß es ihm unmöglich sei, diese Millionenbevölkerung der Stadt zu ernähren oder zu versorgen, wenn sie irgendwie in seine Hand gelangen sollte. Selbst die Versorgungsverhältnisse seiner Truppe und die Nachschubverhältnisse seien katastrophal.

Dazu wurde auch Generaloberst Jodl befragt. Dieser erklärte: „Nun war kurz vorher Kiew von den russischen Armeen aufgegeben worden, und wir hatten kaum die Stadt besetzt, da ereignete sich eine große Sprengung nach der anderen. Der größte Teil der Innenstadt brannte. 50000 Menschen wurden obdachlos. Deutsche Soldaten mußten zur Brandbekämpfung eingesetzt werden. Wir hatten dabei erhebliche Verluste, denn bei diesem Brand flogen weitere Sprengkammern in die Luft. Der örtliche deutsche Kommandant von Kiew dachte zunächst an Sabotage durch die Bevölkerung, bis wir eine *Sprengkarte* erbeuteten. Diese Sprengkarte enthielt etwa 50 oder 60 Objekte von Kiew, die zur Sprengung langfristig vorbereitet waren und die, wie die Untersuchungen durch Pioniere sofort ergaben, auch richtig war. Es waren mindestens noch 40 solcher Objekte sprengfertig vorhanden, und größtenteils sollten die Sprengungen durch Fernzündung von außen her mittels Funkwellen ausgelöst werden. Diese Original-Sprengkarte habe ich selbst in meiner Hand gehabt." Etwas ähnliches sei auch in Leningrad zu erwarten gewesen.

Der Vorsitzende schmetterte diese Vermutung ab; er glaube nicht, daß man auf die Sprengungen von Kiew eingehen solle, weil ja Leningrad zur Debatte stehe.

Das war es aber, was Jodl sagen wollte: daß ebenso wie in Kiew und in vielen anderen Städten im Mittel- und Südabschnitt der Ostfront, wo die Rote Armee solche Sprengungen durchgeführt hatte, danach den Deutschen diese sowjetischerseits begangenen Verheerungen mit der Anklageschrift in die Schuhe geschoben worden waren. Und so wäre sicherlich *auch* in Leningrad gehandelt worden. So hatte es sich in Kiew, Charkow und vor allem auch in Odessa und anderen Städten abgespielt, und es würde sich auch in Leningrad so abspielen. Dies um so sicherer, als der rote Rundfunk bekanntgab, daß Leningrad völlig unterminiert sei und daß die Deutschen *eine Himmelfahrt erleben* würden, wenn sie diese Stadt beträten.

In Kiew, Charkow und Odessa waren bei diesen Sprengungen ganze deutsche Stabsquartiere mit den darin lebenden Stäben in die Luft geflogen. Dieses Risiko wollte man nicht mehr eingehen. Deshalb entschied Hitler zweimal nacheinander, und zwar bei der Einkreisung von Leningrad und von Moskau, Lücken nach Osten zu lassen, damit die Massenbevölkerung dorthin abfließen konnte und solche Katastrophen vermieden wurden.

„Es war unmöglich", erklärte Generaloberst Jodl, „diese Massen zu versorgen. Die Bahnlinien wurden von Partisanen zerstört, die Schienen hätten von der russischen größeren Spurweite auf die deutsche Spurweite umgenagelt werden müssen. Es hätte eine Katastrophe gegeben, und deswegen der Gedanke, sie nach Osten hinauszudrücken in den russischen Raum hinein; ein Gedanke, der im übrigen der These widerspricht, die hier schon aufgetreten ist, wir hätten die Slawen ausrotten wollen."

Die Befragung von Jodl über Bandenkampf durch Prof. Dr. Exner beantwortete der Generaloberst damit, daß er deren Bildung und Kampfesweise darlegte:

„In den größeren russischen Städten, insbesondere in solchen mit Industrieanlagen, wurden von den Sowjets vor dem Einmarsch der deutschen Truppen sogenannte ‚Istribitjelni-Bataillone' – Vernichtungsbataillone – gebildet.

Die Aufgaben und die Kampfesweise der verschiedenen Partisanengruppen ist teils aus den Erfahrungen der Bekämpfung, teils aus den erfaßten Kampfesanweisungen der Partisanen selbst bekanntgeworden. Bezeichnend ist die Aussage eines gefangenen Partisanen: ‚Der Partisan muß alles vernichten, was er erreichen kann!'

In der sowjetischen Kampfanweisung für Partisanen heißt es: ‚daß in den vom Feind besetzten Gebieten für ihn und seine Helfer unerträgliche Bedingungen zu schaffen sind. Alle Maßnahmen des Gegners sind zu stören.'"

Jodls Verteidiger kam dann sofort auf den Kern dieser Befragung: „Die Anklage behauptet, der Bandenkampf sei nur ein Code gewesen, um die Juden und Slawen zu vernichten."

Dazu Jodl: „Der Bandenkampf war eine ungeheuerliche Realität. Ich darf nur, um eine Zahl zu nennen, darauf hinweisen, daß im Juli 1943 1560 Eisenbahnsprengungen in Rußland vorkamen, im September 2600. Das sind am Tage 90. Es existiert ein Buch von Ponomarenko (dem Chef des Stabes der weißrussischen Partisanen, d. Bearb.), aus dem eine amerikanische Zeitung zitiert hat, daß 500 000 deutsche Soldaten durch Banden getötet worden sein sollen (was einer Gesamtzahl von etwa 30 Divisionen entspräche). Wenn man eine Null wegstreicht, so ist dies immer noch eine *beachtliche Leistung für eine friedliche Sowjetbevölkerung.* Aber in diesem Buch soll ja stehen, daß die Bevölkerung unaufhörlich feindseliger wurde, Mord und Terror nahmen zu, und die friedlichen, die ‚Quisling-Bürgermeister', wurden getötet. Also, es war schon ein ungeheuerlicher Kampf, der sich im Osten abspielte."

Am 1. Mai 1942 verkündete Stalin über den Rundfunk als Befehl: „Unsere Kämpfer sind böser und erbarmungsloser geworden. In allen vom Feind besetzten Gebieten ist die Vernichtung deutscher

Transportzüge und die Tötung deutscher Soldaten und Offiziere zur täglichen Erscheinung geworden. Ich befehle den männlichen und weiblichen Partisanen unter dem siegreichen Banner des großen Lenin, den Kampf im Rücken der Eindringlinge zu verstärken."

Als Jodl beschuldigt wurde, daß er sich durch die Ziffer 161 zur Bandenkampfvorschrift der Vernichtung ganzer Dörfer in Frankreich schuldig gemacht habe, erwiderte dieser:

„Das Gegenteil ist richtig. Ich habe durch diese Ziffer die Kollektivstrafe und Kollektivmaßnahmen, die der Führer angeordnet hatte, zurückgeschraubt auf das nach dem Artikel 50 der Haager Landkriegsordnung Zulässige. In diesem Artikel werden nämlich Kollektivstrafen verboten, wenn nicht die ganze Bevölkerung an gewissen Terrormaßnahmen mitschuldig war.

Ich habe mit dieser Ziffer auch nicht das Niederbrennen ganzer Dörfer, auch nicht in Ausnahmefällen, befohlen, sondern ich habe gesagt, solche Kollektivmaßnahmen dürfen nur in ganz besonderen Ausnahmefällen und dann *nur* mit Genehmigung eines Divisionskommandeurs stattfinden.

Ich habe darüber hinaus in dieser Vorschrift von der guten Behandlung der Bevölkerung gesprochen, von der Notwendigkeit, ihr das zum Leben Notwendige zu belassen und so weiter. Ich glaube jedenfalls, daß dieses Dokument wirklich ein Musterbeispiel ist, um diese Art Krieg auch in die Bahnen des Völkerrechts einzufangen."

Prof. Dr. Exner weiter: „Es werden Ihnen, Herr Generaloberst, zahlreiche Tagebuchnotizen, Befehle und so weiter zum schweren Vorwurf gemacht. Hatten Sie nicht die Möglichkeit, vor Ihrer Gefangennahme das ganze Material zu vernichten?"

Jodl: „Doch, ich hatte vom 3. Mai bis zum 23. Mai 1945 Zeit und Muße, *jedes* Papier zu verbrennen, aber ich habe an meinen Stab Befehl gegeben, *kein* Aktenstück zu vernichten, weil ich nämlich *nichts* zu verbergen hatte. Und ich habe sämtliche Akten und vor allem die besonders wichtigen, die gesamten Original-Führeranweisungen seit dem Jahre 1940 bei meiner Gefangennahme dem amerikanischen Offizier übergeben."

Jodls „Verbrechen gegen den Frieden"

Zu den in der Anklage genannten Verbrechen Jodls gegen den Frieden erklärte dieser:
„Als wir im Jahre 1935 36 Divisionen aufstellten, da besaßen Frankreich, Polen und die Tschechoslowakei 90 Friedens-Divisionen und 190 Divisionen im Krieg. Wir hatten kaum schwere Waffen, und die Panzerwaffe steckte erst in den primitivsten Anfängen. (Die 36 Divisionen waren durch Zellteilung der vorhandenen zwölf Divisionen gebildet worden und standen nur als Gerippe da, ohne mehr als zu einem Drittel wirklich vorhanden zu sein. Anm. d. Bearb.).

Prof. Dr. Exner führte als Sachverständigen zur Frage „Defensivstreitkräfte oder Offensivstreitkräfte" den Fünfsternegeneral George Marshall, den amerikanischen Generalstabschef, an: „Die einzige Verteidigung, die eine Nation jetzt aufrechterhalten kann", sagte dieser, „ist die Kraft des Angriffs."

„Die ungeheure Aufrüstung Deutschlands hat nur einem Angriffskrieg dienlich sein können." Diese Phrase von der gigantischen deutschen Rüstung wurde in Nürnberg immer wieder gegen besseres Wissen aufgetischt. Sie war, gemessen an den Potentialen der anderen Länder, Polen, der Tschechoslowakei, England, Frankreich, den USA und der UdSSR minimal, wie die offiziellen Zahlen verdeutlichen. Sie existierte einfach nicht und erstand auch nicht durch noch so lächerliche Bekundungen in der Anklageschrift. Auch dazu wurde der Chef des Wehrmachtsführungsstabes befragt und antwortete darauf mit den beweisbaren Fakten:

„Wenn wir nicht schon 1939 zusammenbrachen, so kam das nur daher, daß die rund 110 französischen und englischen Divisionen im Westen sich während des Polenfeldzuges gegenüber den 23 deutschen Divisionen, die ihnen gegenüberlagen, völlig untätig verhielten.

Wir traten in den Zweiten Weltkrieg ein mit insgesamt 75 Divisionen. Unser Friedensheer war 400 000 Mann stark gegenüber dem Friedensheer von 1914 mit 800 000 Mann. Die Vorräte an Munition und Bomben waren lächerlich gering.

Die ‚Rheinlandbesetzung' fand mit drei Bataillonen statt, die auf das westrheinische Gebiet nach Aachen, Trier und Saarbrücken vorgeschoben wurden. Insgesamt war *eine einzige Division* eingesetzt. Angriffsabsichten, die damit verbunden gewesen sein könnten, konnten nicht einmal von einem Laien angenommen werden. Ich kann nur sagen, in dieser Lage hätte uns allein die französische ‚Armée de couverture' hinweggeblasen."

„Gab es einen Aufmarschplan gegen Österreich?" stieß Dr. Exner nach.

„Es gab *keinen* Aufmarschplan gegen Österreich, das muß ich hier ausdrücklich feststellen", lautete Jodls Antwort.

Diese Frage bezog sich auf den Ankläger, der eine Weisung „Fall Otto" zitiert hatte und diesen Fall als Aufmarschanweisung gegen Österreich darstellte.

Aber der Sonderfall „Otto" war keine Aufmarschanweisung. Österreich wurde nach den Worten Jodls gegen den Willen des Volkes regiert, worauf ja auch der Bauernaufstand in der Steiermark hingewiesen habe.

„Handelte es sich um einen gewaltsamen Einmarsch?" fragte der Verteidiger.

„Nein, es handelte sich um einen reinen Friedensmarsch, charakterisiert dadurch, daß ich dem Chef der Operationsabteilung des Heeres vorgeschlagen habe: ‚Nehmen Sie die Musikkorps an die Spitze und lassen Sie alle Kraftfahrer unbedingt Brillen aufsetzen, sonst werden ihnen durch die Blumen die Augen ausgeworfen."

„Und wie verlief diese Aktion tatsächlich?"

„Sie verlief genau wie erwartet. Es war ein Jubel- und Triumphzug, wie er wahrscheinlich selten in der Geschichte stattgefunden hat, wenn man auch heute noch recht ungern etwas davon wissen will. Die Bevölkerung kam uns schon in der Nacht entgegen, die Zollschranken fielen, die Grenzbäume wurden niedergelegt, und daher nannte die ganze deutsche Truppe diesen Einmarsch nur den ‚Blumenkorso!'"

„Und wie war es mit der Tschechoslowakei?"

Nachdem am 20. Mai 1938 eine neue Entwurfsfassung für den Fall „Grün" (Aufmarschanweisung gegen die Tschechoslowakei) von Jodl entworfen war, schrieb Jodl in der Einführung dazu:

„Es liegt nicht in meiner Absicht, die Tschechoslowakei ohne Herausforderung schon in nächster Zeit durch eine militärische Aktion zu zerschlagen." Zusätzlich erklärte Jodl dazu:

„Das war am 20. Mai. Am 21. Mai, einen Tag danach, ereignete sich ein ungeheuerlicher Zwischenfall. Die Tschechoslowakei machte nämlich nicht nur mobil, sondern sie marschierte sogar an unseren Grenzen auf. Der tschechoslowakische Generalstabschef Toussaint erklärte das damit, daß zwölf deutsche Divisionen in Sachsen aufmarschiert seien. Ich kann nur feststellen, und meine Tagebuchaufzeichnungen bestätigen dies, es war *nicht* ein einziger deutscher Soldat bewegt worden. Es war deutscherseits *nichts*, aber auch gar nichts geschehen. Mit dieser Maßnahme wollte die Tschechoslowakei lediglich eine klare Stellungnahme ihrer politischen Verbündeten erzwingen."

Am 30. Mai erging dann die neue Weisung für „Grün", weil Hitler einen Prestigeverlust erlitten hätte, wenn er diese Brüskierung durch Stillhalten hingenommen hätte.

Am 13. oder 14. September 1938 berief die Tschechoslowakei acht Jahrgänge ein. Deutscherseits mußte ein verstärkter Grenzaufsichtsdienst, Zollgrenzschutz, aufgestellt werden, um die vielen flüchtigen Sudetendeutschen aufzunehmen. Am 17. September ließ der Führer aus ihnen das Korps Henlein bilden, ohne die Männer wie Keitel oder Jodl zu fragen.

Am 23. September befahl der tschechoslowakische Staatschef Benesch schließlich die Mobilmachung, und erst *danach* begann deutscherseits in Vereinbarung mit den politischen Besprechungen der militärische Aufmarsch gegen die Tschechoslowakei.

Über den Angriff gegen Frankreich erklärte der Generaloberst: „Es war ausgeschlossen, mit fünf aktiven Divisionen und sieben Reserve-Divisionen in einer Westbefestigung, die nur eine große Baustelle war, 100 französischen Divisionen standzuhalten. Das war militärisch unmöglich."

„Der politische Mitarbeiter der Times", bemerkte Jodl, „hat in einem langen Artikel am 28. September gegen diese tschechische Mobilmachung polemisiert. Kein Mensch wunderte sich, daß wir sofort nach der Unterschrift in München am 1. Oktober eingerückt sind."

Zur Anklage der „Planing against Poland – Planung eines Angriffkrieges gegen Polen, dessen Alfred Jodl ebenfalls angeklagt war, erklärte dieser: „Nein, ich habe mit keinem Federstrich an der Vorbereitung für den Polenkrieg mitgewirkt."

Zur Frage der Artilleriebeschießung und des Luftbombardements auf Warschau und seiner angeblichen Mitwirkung daran führte er aus:

„Ich war insofern mitbeeiligt, als nämlich der Oberbefehlshaber des Heeres beim Führer beantragte, die Artilleriebeschießung freizugeben, als der Artillerieaufmarsch beendet war. Der Führer lehnte das ab. Er sagte, ‚das ist ja Wahnsinn, was hier durch die Polen geschieht'. Er befahl mir, neue Flugblätter zu entwerfen, was ich auch sofort persönlich getan habe, und diese habe ich über Warschau abwerfen lassen. Erst als diese erneute Aufforderung, den aussichtslosen Widerstand aufzugeben, keinen Erfolg hatte, gab Hitler die Artilleriebeschießung und die Luftangriffe auf die Festung Warschau frei, und ich betone das Wort *Festung*."

Als Generaloberst Jodl zum Vorwurf gemacht wurde, er solle seinen persönlichen Einfluß und die engen Beziehungen zum Führer dazu benutzt haben, eine ganze Reihe neutraler Staaten anzugreifen, lautete seine Antwort:

„Das ist unrichtig. Mein Einfluß auf den Führer war leider nicht im geringsten so groß, wie er nach meiner Stellung eigentlich hätte sein können oder vielleicht auch hätte sein müssen. Der Grund liegt in der gewaltigen Persönlichkeit dieses Machtmenschen, der Berater überhaupt sehr schlecht vertrug."

Zur Besetzung Norwegens bemerkte er: „Der allgemeine Standpunkt des Führers war damals – das liegt auch schriftlich fest –, ‚ich habe keinerlei Interesse daran, die Kriegsschauplätze auszuweiten, aber wenn wirklich die Gefahr der Besetzung Norwegens durch England besteht, dann ist die Lage eine andere'."

„Um was für eine Art von Beschluß handelte es sich bei der Besetzung Norwegens?" hakte Prof. Dr. Exner nach.

„Es war ein ganz ungeheurer Entschluß. – Hitler setzte damit die ganze Flotte aufs Spiel. Das hatte zur Folge, daß wir eine Küste von über 3000 km Länge verteidigen mußten. Das kostete uns fast 300 000 Mann, die dort brachlagen. Darum hing dieser Entschluß des Führers auch *von wirklich sicheren Nachrichten* ab, daß nämlich wirklich für Norwegen eine Gefahr drohte."

Hitler selbst sagte laut dem Notizbuch von Jodl, dem „Aufschreibheft": „Um einen solchen Entschluß durchzuführen, brauche ich absolut zuverlässige Nachrichten, mit denen ich ihn auch wirklich von der Welt begründen und als notwendig beweisen kann. Ich kann nicht sagen, ich habe das nur von Herrn Quisling erfahren."

Großadmiral Raeder hatte bereits die Tatsachen dargelegt, aus denen auf die Pläne Englands zu schließen war. Jodl fügte hinzu:

„Eines ist mir noch in Erinnerung und auch in meinem Notizheft aufgeschrieben worden, das besondere, ganz öffentliche Drängen in der französischen Presse, daß Deutschland unter allen Umständen von dem schwedischen Erz abgeschnitten werden müsse. Es folgte dann das Minenlegen in den norwegischen Hoheitsgewässern durch englische Verbände; es kam der Fall ‚Altmark', der nach meinem Studium des Völkerrechts ein eklatanter Bruch dieses Abkommens über die Rechte und Pflichten neutraler Staaten im Seekrieg war, wie sie in den Artikeln 1 und 2 niedergelegt sind."

Die darauf hinweisende Eintragung in Jodls Tagebuch lautete: „Engländer beginnen in dänischen und norwegischen Hoheitsgewässern unsere Handelsschiffe zu belästigen oder gar zu beschießen." (25.3.40)

„Die endgültige Entscheidung Hitlers", fuhr der Generaloberst fort, „fiel am 2. April 1940, und zwar auf zwei Nachrichten hin: die erste waren Meldungen der Kriegsmarine über mehrfache Beschießung deutscher Handelsschiffe sowohl in den norwegischen als auch in den dänischen Gewässern. Die zweite Meldung war eine Meldung ‚Canaris', daß im Nordteil der englischen Ostküste englische Truppen und Transportschiffe zur Verschiffung bereitgestellt seien."

Großadmiral Raeder fügte noch einen weiteren Beweis hinzu, der auf eine baldige Inbesitznahme Norwegens durch England hindeutete: „Norwegen in Besitz von England – und der Krieg wäre für uns zur Hälfte verloren gewesen. Wir wären in der Nordflanke strategisch umfaßt und unfähig gewesen, infolge unserer geringen Flottenstärke das jemals wieder zu korrigieren."

Und wie war es mit Beweisen dazu, daß diese englischen Pläne wirklich existierten? Auch darüber wußte der Angeklagte Jodl eine fundierte Antwort zu geben:

„Wir erbeuteten die gesamten Akten der englischen Brigade, die in Namsos und anderswo in Norwegen gelandet war. Wir nahmen den englischen Kriegsberichter Rommilly in Narvik gefangen, der dort alles andere eher als *deutsche* Schiffe erwartete, sonst hätte er sich der Gefangenschaft entziehen können. Er sagte uns nicht, was er in Narvik über den Krieg berichten wollte.

Wir erbeuteten dann später die gesamten Akten des französischen Generalstabs, die ja zum Teil durch die Verteidiger von Großadmiral Raeder vorgelegt wurden. Besonders aufschlußreich

207

waren die Tagebücher englischer Offiziere und Soldaten, aus denen zweifelsfrei hervorging, daß diese Truppen bereits eingeschifft waren und in dem Augenblick, als unsere Truppen in Norwegen landeten, wieder ausgeschifft wurden.

Um einer Aktion Englands zuvorzukommen, die für Deutschland schwerste Folgen gehabt hätte, und zum Gelingen dieser Operation beizutragen, habe ich meine ganze Kraft eingesetzt.

Die nächtlichen Ein- und Ausflüge der englischen Luftwaffe über Belgien und Holland war von diesen Ländern ohne ein Wort der Widerrede geduldet worden, womit sie bereits Partei ergriffen hatten. Daß es für diese Staaten nicht möglich sein würde, sich neutral zu verhalten, selbst wenn sie dies gewollt hätten, war klar."

England brachte immer mehr Divisionen auf das Festland. Die Franzosen holten Divisionen aus ihrem Kolonialreich heran, und daß die westlichen Alliierten durch Belgien und Holland vorstoßen würden, das war auch durch die Tatsache erhärtet worden, daß ein Großteil dieser Kräfte, überwiegend motorisierte Divisionen, nördlich Lille mit laufenden Motoren bereitstanden. Sie wären direkt durch Belgien und Holland hindurchgerollt und nach Norddeutschland hineingestoßen, wenn wir uns in einen langwierigen Festungsangriff gegen die Maginotlinie eingelassen hätten. Dies bedeutete, daß die deutsche Wehrmacht im Norden unter Umgehung der genannten Festungswerke angreifen mußte. Dies war die von Jodl vertretene Überzeugung, die er mit folgenden Worten zum Ausdruck brachte:

„Es war für den Führer keine Kleinigkeit, sich neue Gegner in einer Stärke von 500000 Mann zu schaffen, wie sie die holländisch-belgischen Kräfte darstellten. Dies führte dazu, daß wir im Westen tatsächlich mit unterlegenen Kräften führen mußten, nämlich mit 110 Divisionen gegen 135 Divisionen. Ohne Not tut dies kein Feldherr."

Eine Meldung von Admiral Canaris besagte denn auch Mitte November 1939, daß die französische Armee mit einer eigenen Truppe bereits ein Stück über die belgische Grenze gefahren sei. Jodl erklärte zum Vorwurf, die Länder getäuscht und überfallen zu haben, den die Anklage gegen ihn erhob:

„Ich stand unter dem beweisbaren Eindruck, daß die Neutralität beider Staaten nicht mehr respektiert wurde. Und was den Ehrenkodex meines Handelns betrifft, muß ich sagen, das war der

Gehorsam; denn er ist das ethische Fundament des Soldatentums überhaupt."

Zum Einfall durch Jugoslawien nach Griechenland befragt, gab der Generaloberst zu Protokoll: „Aus dem Eventualbefehl ‚Marita' geht klar hervor, daß die Besetzung von ganz Griechenland *nur* für *den* Fall beabsichtigt war, daß wir durch das Auftreten englischer Truppen dazu gezwungen würden.

Nachdem dann britische Truppen in Griechenland gelandet waren, mußten wir den Feldzug gegen ganz Griechenland führen, und dies konnten wir nur mit einem sicheren neutralen Jugoslawien im Rücken. Diese Neutralität aber war nach dem Putsch der politisierenden jugoslawischen Offiziere gegen ihre legale Regierung nicht mehr gegeben."

Um herauszustellen, daß Griechenland bereits den Boden der Neutralität verlassen hatte, stellte Prof. Dr. Exner dem Angeklagten diese Frage: „Wie stand es mit der griechischen Neutralität am 24. März 1941, als der deutschen Luftwaffe die Angriffe in den griechischen Hoheitsgebieten von Kreta freigegeben worden waren?"

„Die Neutralität war, völkerrechtlich betrachtet, nicht mehr vorhanden. Die Engländer waren inzwischen sowohl auf Kreta als auch auf dem Piräus gelandet. Wir haben das bereits am 5. und 6. März erfahren. Der Freigabebefehl entspricht also allen völkerrechtlichen Grundsätzen."

Der Ostfeldzug: Angriffskrieg oder Präventivschlag?

Zum Angriff gegen die Sowjetunion, der in den Augen der deutschen Führung ein Präventivkrieg war, sagte Jodl aus: „Anlaß war eine Meldung von Canaris, der über den Aufmarsch von 30 russischen Divisionen am 24. Mai 1941 gegen Bessarabien berichtete." Dazu gab es eine Tagebuchnotiz Jodls: „Lage im Osten wird durch russischen Aufmarsch gegen Bessarabien bedrohlich."

Bereits nach der Lagebesprechung vom 29. Juli 1940 hielt Hitler Jodl allein zurück und – so Jodl vor dem Gericht – „sagte mir überraschend, er hätte Sorgen, daß Rußland noch vor dem Winter in Rumänien weitere Besetzungen vornehmen könnte und uns damit das rumänische Erdölgebiet, das die ‚conditio sine qua non' für unsere Kriegführung war, wegnehmen würde."

Daran anschließend fragte Hitler Jodl, ob nicht sofort ein eigener Aufmarsch erfolgen solle, um dieser Absicht der Sowjetunion mit starken Kräften entgegentreten zu können. Jodl erwiderte, dies sei unmöglich, weil für einen solchen Aufmarsch vier Monate zu veranschlagen seien. Hitler befahl, dieses Aufmarschverhältnis zu verbessern, und daraus wurde der Befehl vom 27. August 1940, der im Tagebuch der Skl festgehalten ist:

„Verschiebung von zehn Divisionen und zwei Panzer-Divisionen in das Generalgouvernement für eventuell notwendiges schnelles Eingreifen und zum Schutz des rumänischen Ölgebietes."

Hitler sprach dazu über Monate hindurch nach der Aussage von Generaloberst Jodl folgende Befürchtungen aus: „Es ist kein Zweifel mehr, England hofft auf diesen letzten Festlandsdegen, sonst hätte es schon nach Dünkirchen den Kampf eingestellt. Unter der Decke sind sicher schon Vorbereitungen getroffen. Der russische Aufmarsch ist ja unverkennbar. Eines Tages werden wir plötzlich entweder eiskalt politisch erpreßt oder angegriffen."

Diese Ausführungen erklärten, daß Hitler sich schließlich zu einem Präventivschlag gezwungen sah, als der Aufmarsch der Roten Armee tatsächlich auch in Bessarabien durchgeführt wurde.

Die deutschen Funk-Horchabteilungen stellten im Sommer 1940 100 Divisionen der Roten Armee entlang der deutsch-sowjetischen Demarkationslinie fest. Im Januar 1941 war diese Zahl auf 150 angewachsen.

Hitler versuchte in Gesprächen mit dem russischen Außenminister Molotow die Situation politisch zu bereinigen. Es war wichtig, daß die UdSSR sich neutral verhielt und durch ihre Lieferungen an das Reich zur deutschen Kriegswirtschaft beitrug. Der Angeklagte Jodl sagte dazu:

„Eine Invasion, wie am 6. Juni 1944 geschehen, war völlig ausgeschlossen, wenn wir alle Kräfte zur Verfügung gehabt hätten, die wir in dem gewaltigen Kampf gegen die Sowjetunion verbrauchten und verloren. Daß *ohne* Not *ein Staatsmann – und letzten Endes war Hitler auch ein Feldherr –* eine solche Lage preisgab, das ist mir keinen Augenblick in den Sinn gekommen. Und es ist eine feststehende Tatsache, daß auch der Führer monatelang innerlich auf das schwerste mit diesem Entschluß gerungen hat."

Im Februar 1941 waren 150 Rote-Armee-Divisionen gegen die Grenze nach Deutschland eingesetzt. Die Lage wurde bedrohlich. Die deutsche Seite mußte reagieren.

„Wir hatten", erklärte Jodl, dazu befragt, „für den Aufmarsch gegen die UdSSR 10000 Züge zu fahren. Wenn man am Tage hätte 100 Züge durchschleusen können, dann hätte dies allein 100 Tage gedauert. Aber diese Zahl haben wir nie erreicht. Also rein technisch hat dieser Aufmarsch schon vier Monate gedauert."

„Hitler hat also nach Ihrer Ansicht einen Präventivkrieg geführt. Haben später gewonnene Erkenntnisse diese militärische Notwendigkeit erwiesen?" fragte Prof. Dr. Exner weiter.

Jodls Antwort lautete: „Es war zweifellos ein reiner Präventivkrieg. Das, was wir nachträglich feststellten, war die Gewißheit einer ungeheuren militärischen russischen Vorbereitung gegenüber unseren Grenzen. Ich kann nur sagen: Es ist uns zwar die taktische Überraschung gelungen, die strategische Überraschung jedoch nicht. Rußland war in vollem Maße kriegsbereit.

Die russischen Flugplätze in Ostpolen waren beispielsweise von 20 zur Zeit der Besetzung Ostpolens durch die Russen auf weit über 100 vermehrt worden."

„Die Anklage",fuhr Jodls Verteidiger fort, „hat diese ganze Reihe von deutschen Feldzügen als einen lange vorher bedachten und vereinbarten Eroberungsplan dargestellt, den Sie als Verschwörer provoziert und ausgeführt haben. Was sagen Sie zu dieser Darstellung?"

„Ich glaube, daß ich dies historisch völlig verzerrte Bild bereits durch meine Aussagen im wesentlichen korrigert habe. Der Krieg gegen Polen brach aus, ohne daß ich an seiner Vorbereitung irgendwie beteiligt war. Er weitete sich entgegen allen Hoffnungen der deutschen Soldaten zu einem Weltkrieg aus. Für diesen Krieg mußte *alles* improvisiert werden. Es gab *nichts* anderes an den Angriffsplan gegen Polen. Es gab weder genügend Bomben noch Munition. Kein Soldat dachte damals an Norwegen, an Belgien, an Holland, an Jugoslawien, an Griechenland oder gar an Rußland (von Afrika nicht erst zu reden). Es waren keinerlei militärische Vereinbarungen mit Italien oder Japan getroffen worden. Die Darstellung des amerikanischen *Generalstabschefs, des Generals Marshall*, erkenne ich in fast allen Punkten als absolut richtig an."

Anwalt Dr. Laternser legte nun Jodl seine Fragen vor: „Herr

Generaloberst, Sie kennen den Standpunkt der Anklage, daß die militärischen Führer eine Gruppe gebildet haben sollen mit dem Ziel, Angriffskriege zu entfesseln und im Verlauf dieser Kriege Verbrechen gegen das Kriegsrecht und gegen die Gesetze der Menschlichkeit zu begehen."
 Jodl: „Ich habe den Begriff dieser Gruppe nie verstanden. Ich werde ihn auch nie verstehen. Diese Gruppe war nach der nationalsozialistischen Revolution auf allen Gebieten des Lebens in sich gespalten; politisch, weltanschaulich und ideologisch. *Das* Ziel, was sie vereinigt hat, war das Soldatentum und der notwendige Gehorsam."
 Der Angeklagte Jodl, von Dr. Laternser über das Massensterben sowjetischer Kriegsgefangener nach der letzten Kesselschlacht von Wjasma befragt, erklärte:
 „Der Grund dieses Massensterbens wurde von den dorthin entsandten Adjutanten des Führers folgendermaßen dargelegt: ‚Die eingeschlossenen russischen Armeen hatten einen fanatischen Widerstand geleistet, und zwar bereits die letzten acht bis zehn Tage *ohne* jede Verpflegung. Sie hatten buchstäblich von Baumrinden und Wurzeln gelebt, denn sie hatten sich in die ungangbarsten Waldgebiete zurückgezogen und fielen nun in einem Kräftezustand in unsere Hände, in dem sie kaum mehr bewegungsfähig waren. Es war in dieser angespannten Versorgungslage" (bei der nicht einmal die sowjetischen Stellen ihre eigenen Truppen seit zehn Tagen hätten versorgen können Anm. d. Bearb.), „in der wir uns mit dem vom Gegner zerstörten Bahnnetz befanden, unmöglich, alle Kriegsgefangenen zu fahren. Unterkünfte waren nicht in der Nähe. Der größte Teil von ihnen wäre *nur* durch eine sofortige Lazarettbehandlung zu retten gewesen. Lazarette hatten wir nicht. Sehr bald setzte dann der Regen ein und später die Kälte. Das ist der Grund, warum ein so großer Teil gerade *dieser* Gefangenen von Wjasma gestorben ist." (Bei Stalingrad war es mit den deutschen Kriegsgefangenen ebenso. Auch sie mußten sich, seit Wochen hungernd, mit letzter Kraft zu Fuß durch den Schnee vorwärtsschleppen und starben ebenfalls zu Zehntausenden auf diesem Marsch. d. Bearb.)
 „So lautete der Bericht des dorthin entsandten Adjutanten des Führers. Die gleichen Meldungen kamen vom Generalquartiermeister des Heeres."
 Die Behauptung, daß deutsche Artillerie absichtlich die Schlösser

in Leningrad vernichtet habe, wies Jodl mit den Worten ab: „Ich habe die Artillerie-Zielkarte selbst viele Wochen in meiner Mappe gehabt. Es waren ausschließlich Rüstungswerke, denn nur Wahnsinnige würden in dieser Munitionslage auf etwas anderes schießen."

„Was wissen Sie über den Befehl Hitlers und des OKH, beim Rückzug im Winter 1941 Wohnhäuser und Kamine zu zerstören?"

Jodl: „In dem furchtbaren Winterkampf bis zu 48 Grad Kälte haben die Führer von der Front und aus den Hauptquartieren gemeldet, daß es sich bei diesem Ringen ausschließlich um den Kampf um Wärmestellen handelte. Wer nicht im Besitz einer Feuerstelle war, der konnte am nächsten Tag auch nicht kämpfen. Wenn wir zum Rückzug gezwungen waren, befahl der Führer aufgrund dieser Meldungen, ‚dann müssen diese Kamine zerstört werden, nicht nur die Häuser, auch die Kamine müssen gesprengt werden!' Das allein verhinderte in dieser kritischen Lage eine Verfolgung durch die Russen.

Und da nach der Haager Landkriegsordnung *jede Zerstörung erlaubt ist,* die militärisch unbedingt notwendig ist, glaube ich, daß man für diese Art des Winterkrieges – und nur im Winter ist solches geschehen – diesen Befehl auch rechtfertigen kann."

Jodl, befragt über den Fall Katyn: „Über die Auffindung der Massengräber habe ich die ersten Meldungen durch die Propagandaabteilung bekommen, die durch ihre Propagandakompanie bei der Heeresgruppe unterrichtet war. Ich habe erfahren, daß das Reichspolizeiamt mit den Untersuchungen dieser ganzen Angelegenheit betraut worden ist. Dann habe ich einen Offizier meines Stabes meiner Propaganda-Abteilung zu den Ausgrabungen und zu den Vorführungen vor den ausländischen Sachverständigen geschickt. Von dem habe ich dann einen Bericht bekommen, der im großen dem entspricht, wie er im Weißbuch – ich glaube, des Auswärtigen Amtes – niedergelegt ist."

Auch zum Verhalten von Generalfeldmarschall Keitel im Falle von Leutnant Alexander wurde Jodl von Dr. Laternser befragt. Er kannte diesen Fall und gab zu Protokoll:

„Als Leutnant Alexander, der Sohn des britischen Feldmarschalls, mit einer deutschen Feldmütze angetan in einem Kommandounternehmen gefangengenommen wurde, wurde dieser Leutnant vor Gericht gestellt. Es war Generalfeldmarschall Keitel, der Befehl gab, dieses Verfahren einzustellen. Und es ist eingestellt worden."

Wie sich Göring verhielt, als er davon erfuhr, daß ein Teil jener 80 britischen Offiziere, die aus dem Stalag III in Sagan geflohen und danach erschossen worden waren, beschrieb Jodl so:
„Ich weiß aus den Gesprächen mit dem Generalstabschef der Luftwaffe, daß der Reichsmarschall über diese Erschießungen empört war, wie ich überhaupt weiß, daß gerade in diesen Punkten immer der ehemalige Offizier bei ihm zum Durchbruch kam, der solche Unglaublichkeiten abgelehnt hat. Da muß man der Wahrheit die Ehre geben. Es kam aus diesem Grunde zu wiederholten Auseinandersetzungen zwischen ihm und dem Führer, die ich persönlich miterlebt habe."

Flottenrichter Otto Kranzbühler fragte als Vertreter von Dönitz: „Herr Generaloberst, dem Großadmiral wird vorgeworfen, daß er im Frühjahr 1945 die Marine aufgefordert habe weiterzukämpfen. Haben Sie selbst als verantwortlicher militärischer Ratgeber dem Führer damals geraten zu kapitulieren?"

„Das war ganz ausgeschlossen; das hätte kein Soldat getan, das hätte auch *keinen Wert* gehabt."

„Auch nicht nach dem Scheitern der Ardennenoffensive im Februar 1945?" – „Auch dann nicht."

„Welche Gründe sprachen dagegen?" – „Es sprachen im Winter 1945 viele Gründe dagegen, abgesehen davon, daß die Frage der Kapitulation oder der Aufgabe des Widerstandes überhaupt nur den Obersten Befehlshaber angeht. Es sprach vor allem dagegen, daß wir keinen Zweifel darüber hatten, daß es nur eine bedingungslose Kapitulation geben konnte, denn darüber hat uns das Ausland nicht im Zweifel gelassen.

Und wenn wir noch einen Zweifel gehabt hätten, was uns bevorsteht, so ist er restlos dadurch beseitigt worden, daß wir den englischen Befehl ‚Eclipse' erbeuteten. Die englischen Herren der Kommission werden wissen, *was das ist*. Es war nämlich die genaue Anweisung über das, was die Besatzungsmacht nach der Kapitulation in Deutschland zu tun hatte. Nun erforderte diese bedingungslose Kapitulation vor allem auch ein Stehenbleiben der Fronten an *den* Stellen, *wo sie waren*, und damit die Gefangennahme durch den Gegner, der ihnen gegenüberstand.

Es mußte dasselbe – diesmal für deutsche Soldaten – eintreten, was im Winter 1941 bei Wjasma eingetreten ist. Es mußten Millionen von Gefangenen plötzlich im Winter auf freiem Felde kampieren. Der

Tod hätte eine ungeheure Ernte eingebracht, und vor allem, es wäre alles – diese dreieinhalb Millionen deutscher Soldaten ungefähr, die noch an der Ostfront standen, völlig dem Ostgegner in die Hände gefallen.
Es war unser Bestreben, möglichst viele Menschen in den westlichen Raum zu retten. Das konnte man nur dann durchführen, wenn die beiden Fronten näher aneinander herangerückt waren. *Das* waren jedenfalls die rein militärischen Überlegungen, die wir im letzten Stadium des Krieges darüber angestellt haben. Ich glaube, *daß in späteren Jahren einmal* darüber noch mehr zu sagen sein wird, als ich heute sagen kann und will." (Die im Frühjahr 1945 im Westen des Deutschen Reiches gefangengenommenen Soldatenmassen erlebten ein ähnliches Schicksal wie die der Roten Armee. Sie lagen auf der blanken Erde, wurden nicht verpflegt und krepierten auf den Rheinwiesen, bei Rheinberg und Echternach und anderswo, ohne daß die westlichen Alliierten imstande gewesen wären, sie am Leben zu erhalten. Daß dies Absicht gewesen sein soll, können und wollen wir nicht glauben." (Nicht einmal in Kenntnis der täglich vernichteten Lebensmittelmengen der Amerikaner. d. Bearb.)

Jodl, zu Generalfeldmarschall Keitel befragt, gab zu Protokoll: „Meine Zusammenarbeit mit Generalfeldmarschall Keitel ist im Laufe der Jahre durch das viele gemeinsame Leid, das wir erfahren haben, eine sehr persönliche geworden."

Dr. Nelte, der Verteidiger Keitels, befragte Jodl weiter: „Sie sind es, der seit über einem Jahrzehnt mit dem Feldmarschall zusammengearbeitet hat. Ich bitte Sie deshalb, mir in kurzen Sätzen das dienstliche Verhältnis darzulegen, wie es zwischen Keitel und Hitler war."

„Es war dasselbe wie zwischen dem Führer und mir. Es war gerade in der ersten Zeit gekennzeichnet durch dauernde Zusammenstöße zwischen einem Revolutionär und einem traditionsgebundenen preußischen Offizier. – Ein Eintrag in meinem Tagebuch beweist ja, daß am 19. April 1940 beispielsweise der Feldmarschall Keitel seine Mappe auf den Tisch warf und den Saal verlassen hat."

Gerichtsvorsitzender: „Sie haben diese Frage Keitel vorgelegt, und Keitel hat dieselbe ausführlich beantwortet."

Dr. Nelte: „Nachdem Keitel vernommen wurde, ist ein Zeuge aufgetreten, der den Feldmarschall Keitel unglaubwürdig machen will. Ich bedarf also, um klarzustellen..."

Vorsitzender: „Gerade aus diesem Grunde habe ich Sie gefragt, ob Sie durch diesen Zeugen" (Jodl) „bestätigen lassen wollten, was der Angeklagte Keitel gesagt hat."

Dr. Nelte: „Herr Generaloberst, ich halte Ihnen vor, was der Zeuge *Gisevius* hier in diesem Saal über den Feldmarschall Keitel gesagt hat. Es stand dies zum wesentlichen Teil zu dem in Widerspruch, was der Feldmarschall Keitel selber und die übrigen hier über Keitel vernommenen Zeugen gesagt haben. Ich weise darauf hin, daß Gisevius nicht aus eigener Wissenschaft eine Bekundung gemacht hat, sondern daß ihm Informationen aus dem OKW gegeben wurden. Ist also richtig, was der Feldmarschall Keitel unter seinem Eid ausgesagt hat, oder ist das richtig, was Gisevius hier gesagt hat?"

Generaloberst Jodls Antwort lautete: „Es ist ausschließlich *das* richtig, was Feldmarschall Keitel gesagt hat, und das habe ich an Tausenden von Tagen selber erlebt. Und was in dieser Hinsicht der Zeuge Gisevius gesagt hat, das sind allgemeine Redensarten. Es gab neben Hitler überhaupt keinen mächtigen Mann, und es hat keinen einflußreichen Mann neben ihm gegeben, und es *konnte* auch *keinen* geben."

Der Verteidiger Keitels brachte dann jenes Weißbuch zur Sprache, das offenbar ebenfalls völlig falsch widergegeben worden war: „Bezüglich des Weißbuches über Neutralitätsverletzungen Belgiens und Hollands, das vorbereitet worden war, hat Gisevius gesagt: ‚Erstens wurde versucht, Feldmarschall Keitel mit allen Mitteln zu bewegen, Hitler vor dem Einmarsch in Holland und Belgien zu warnen und ihm' – lies Hitler – ‚mitzuteilen, daß die von Keitel vorgelegten Informationen über niederländische und belgische Neutralitätsverletzungen falsch seien und daß Canaris diese falschen Berichte auf Befehl oder Weisung des OKW unterschreiben sollte. Canaris weigerte sich damals, diese Berichte zu unterschreiben; er hat Keitel wiederholt gesagt, daß dieser angeblich vom OKW angefertigte Bericht falsch sei.'

Jodl sollte nun bestätigen, daß man Feldmarschall Keitel und ihm selber zugemutet habe, eine Falschnachricht zu decken und daß es das OKW dann aufgrund des Vortrages von Canaris abgelehnt habe, das Weißbuch zu decken."

Jodl: „Ich möchte ganz kurz die Tatsache hier festhalten, wie es *wirklich* war, soweit mich nicht der Ekel im Halse würgt. Ich war dabei, als Canaris mit dieser Vortragsnotiz zu Feldmarschall Keitel in die Reichskanzlei kam und ihm den Entwurf des Weißbuches des Auswärtigen Amtes vorgelegt hat. Feldmarschall Keitel hat dieses Buch durchgesehen, vor allem die wesentlichen Bemerkungen angehört, die Canaris auf Wunsch des Auswärtigen Amtes gemacht hat, daß nämlich die Nachrichten vielleicht noch etwas verbesserungsbedürftig seien, daß er, Keitel, bestätigen sollte, daß eine militärische Aktion unbedingt gegen Holland und Belgien notwendig sei und daß nur noch, wie es hier ausgedrückt ist, eine letzte wirklich eklatante Verletzung der Neutralität fehle.

Bevor Canaris noch ein Wort sagen konnte, hat der Feldmarschall das Buch auf den Tisch geworfen und gesagt: ,Das verbitte ich mir! Wie komme ich überhaupt dazu, hier eine Verantwortung zu übernehmen für einen politischen Entschluß? In diesem Weißbuch stehen Wort für Wort wahr und richtig diejenigen Meldungen, die *Sie selbst, Canaris,* mir gebracht haben.'

Darauf hat Canaris gesagt: ,Ich bin genau derselben Auffassung. Es ist auch meiner Meinung nach völlig überflüssig, dieses Dokument von seiten der Wehrmacht unterschreiben zu lassen, und die Meldungen, die wir hier in ihrer Gesamtheit haben, die sind völlig ausreichend, um die Neutralitätsvergehen, die in Holland und Belgien stattgefunden haben, zu begründen.' Und *Canaris hat Keitel abgeraten, zu unterschreiben.* So hat sich das abgespielt. –

Es steht fest, daß die Phantasiemeldungen von diesem Herrn Gisevius ja *alles auf den Kopf stellen.* Diese ganzen Meldungen über die Neutralitätsverletzungen, die *stammten ja* von diesen Leuten, die nun behaupten, wir hätten sie falsch unterschrieben. *Es ist dies eine der größten Gemeinheiten, die die Weltgeschichte kennt.*"

Die Frage, ob Canaris denn nicht selbst zum Führer hätte gehen können, beantwortete Jodl: „Er ist ja in der Tat viele Dutzend Male beim Führer gewesen." (Siehe Gisevius-Keitel: Band XII. Seite 289–295)

Der US-Ankläger Mr. Roberts fühlte sich bemüßigt, hier einzugreifen: „Ich möchte Sie darauf hinweisen, daß es Deutschland war, das die Neutralität in jedem einzelnen Falle verletzt hat; die anderen Länder, die Alliierten, haben das nicht getan."

Jodls Antwort darauf lautete: „Im Falle Norwegen haben das zum erstenmal die Engländer mit dem Fall der ,Altmark' gemacht, ferner durch das Minenlegen und das Beschießen deutscher Schiffe in norwegischen Hoheitsgewässern. Das ist einwandfrei festgestellt, darüber gibt es keinen Zweifel!" (Hinzu kamen außerdem der Griechenland-Einmarsch der Engländer, die Beteiligung von US-Zerstörern an der Bekämpfung deutscher U-Boote, das Überfliegen von Belgien und Holland durch britische Flugzeugverbände zum Angriff nach Deutschland und Dutzende weiterer Neutralitätsverletzungen, d. Bearb.)

Die Enterung der „Altmark" war zweifellos ein Völkerrechtsbruch gegenüber den norwegischen Hoheitsrechten. England durfte lediglich Norwegen *ersuchen,* daß dieser die Gefangenen von der „Altmark" befreite. England durfte in norwegischen Hoheitsgewässern *keine* Kampfhandlungen durchführen.

Mr. Roberts wollte ferner von Generaloberst Jodl wissen: „Warum haben Sie Belgrad angegriffen?"

„Diese Stadt war das Zentrum einer Putschregierung, die einen mit Deutschland geschlossenen Vertrag gebrochen und die von diesem Augenblick an auf der ganzen Front mit Kriegsvorbereitungen gegen Deutschland begonnen hatte", lautete Jodls Antwort.

Mr. Roberts aber wollte es genauer wissen: „Wie viele Zivilisten, wieviel Tausende von Zivilisten, glauben Sie, wurden bei der warnungslosen Bombardierung Belgrads getötet?"

„Das kann ich nicht sagen, aber sicher nur der zehnte Teil wie zum Beispiel in Dresden, als Sie den Krieg schon gewonnen hatten."

„Sie billigen den Befehl gegen den Bandenkrieg?" fuhr Roberts fort.

„Ich billige ihn als berechtigte und völkerrechtliche Maßnahme gegen eine *völkerrechtswidrige* Aufstandsbewegung großen Ausmaßes und skrupellosester Methoden. Dafür haben wir die Beweise gehabt." (Aber in Nürnberg wurde nicht über den Terrorkrieg der Banden in all seiner Abscheulichkeit, sondern nur über den Gegenterror gesprochen. Deutsche Soldaten sollten sich offenbar von Partisanen abschlachten lassen, ohne die Hände zur Gegenwehr zu rühren, d. Bearb.)

Mr. Roberts kam danach zum Kommandobefehl. Zuerst befaßte er sich mit der hinterhältigen Fesselung, indem er erklärte: „Das ist nicht wichtig." Das war der größte Fehlschuß, den sich Mr. Roberts bei seiner reichen Fehlschußtätigkeit leistete. Der Befehl zur „Fesselung" war für Hitler *der auslösende Punkt,* den Kommandobefehl zu erlassen, und Mr. Roberts wußte dies auch aus der vorangegangenen Verhandlung. Dennoch führte er aus: „Das nächste Dokument ist der von der Rechtsabteilung verfaßte Befehlsentwurf: ‚Angehörige von Terror- und Sabotagetrupps der großbritannischen Wehrmacht, die sich *nachweislich* über die Regeln einer ehrenhaften Kampfesweise hinwegsetzen, werden als Banditen behandelt!"

„Die Tatsache der Zerstörung eines Objektes durch einen Sprengtrupp halte ich für völkerrechtlich vollkommen zulässig", erklärte Jodl dazu, „aber ich halte es *nicht* für zulässig, daß man dabei Zivil unter der Uniform trägt und daß man Achselpistolen hat, die in *dem* Augenblick zu feuern beginnen, wo man die Arme zur Übergabe hebt. Das halte ich *nicht* für zulässig!"

Mr. Roberts: „Sie sprechen von Ihrer inneren Überzeugung. Ich glaube, Keitel hat über sein inneres Gewissen gesprochen. Aber hätten wir etwas über die innere Überzeugung oder das innere Gewissen gehört, wenn Deutschland den Krieg nicht verloren hätte?"

Jodl: „Nein, aber dann hätten wir vielleicht von den Erdrosselten von Dieppe gehört; in einem ähnlichen Prozeß mit anderen Vorzeichen."

Die nächste Frage des Verteidigers von Jodl zielte auf die Klarstellung ab, daß deutsche Führungsstellen unberechtigte oder zweifelhafte Erschießungen ahndeten. Prof. Dr. Exner fragte den Angeklagten:

„Als General Dostler jene 15 Männer eines Kommandotrupps erschießen ließ, der in amerikanischer Uniform einen Eisenbahntunnel La Spezia–Genua bei Stazione di Farmura sprengen sollte und dabei gefaßt wurde, was geschah dann?"

„General Dostler wurde vor ein Kriegsgericht gestellt und aufgrund von dessen Urteil erschossen, weil er entgegen den Weisungen dieses Befehls gehandelt hatte."

Abermals versuchte nun Mr. Roberts dem Angeklagten am Zeug zu flicken: „In dem norwegischen Regierungsbericht sind viele Fotos von zerstörten Dörfern und Städten, die zu Ruinen gebombt wurden, enthalten. Ist das Ihre Vorstellung von einer ordnungsgemäßen Besetzung?"

Jodls Antwort darauf: „Am Tage der Landung wurden nur einige Küstenbatterien und Befestigungen bombardiert, keine Städte. Dörfer sind erst im Kampf mit der englischen Brigade bei Dombas und Lillehammer zerstört worden." (Und zum größten Teil durch englische Bombardierungen beispielsweise der FJ-Kompanie Schmidt. d. Bearb.) „Bei der Besetzung selber ist *nichts* zerstört worden. Da standen die Norweger interessiert am Kai und sahen sich die Landungen an."

Für den Leser ist folgender Sachverhalt von Bedeutung. Offizielle Stellen der norwegischen Exilregierung, darunter auch Kronprinz Olaf als Oberkommandierender der norwegischen Streitkräfte, hatten weit vom Schuß in London, ebenso wie dies König Georg von Griechenland von Alexandria aus getan hatte, in mehreren Reden und Aufrufen die Heimatbevölkerung zu Sabotageaktionen und Mordanschlägen aufgestachelt. Wenn dann diese Zivilisten bei der Ausführung dieser Mordbefehle gefaßt und erschossen wurden, erhob sich ein großes Wehgeschrei von seiten dieser Stellen, die als intellektuelle Urheber der Anschläge *und* deren Bestrafung gelten.

„Was bezeichnen Sie als eigene norwegische Regierung? Etwa die von den Deutschen eingesetzte Marionettenregierung?", lautete Mr. Roberts nächste Frage an den Angeklagten.

„Ja, die meine ich. Es gab damals immerhin eine Regierung Quisling, und wir hatten *auf jeden Fall* – völkerrechtlich gesprochen – das Land besetzt und waren infolgedessen nach den völkerrechtlichen Bestimmungen berechtigt, Rechtsanordnungen zu erlassen und ihre Durchführung zu erzwingen. *Das ist gültiges Völkerrecht, und Widerstand dagegen hieß immer in der Welt Rebellion. Das geht uns ja heute in Deutschland genauso!*"

Mr. Roberts, immer noch auf der Suche nach belastenden Elementen, drang in Jodl mit der Frage: „Sie haben nach dem Anschlag auf Hitlers Leben vor ihrem Stab am 24. Juli 1944 eine Rede gehalten, nicht wahr?" – Jodl: „Jawohl, sogar noch mit verbundenem Kopf!"

Roberts: „Haben Sie folgendermaßen begonnen: ,Der 20. Juli 1944 war der schwärzeste Tag, den die deutsche Geschichte jemals gesehen hat, und wird es vielleicht für alle Zukunft bleiben.'" Jodl: „Das ist sehr wohl möglich, ja!"

Mr. Roberts: „Warum war es ein schwarzer Tag für Deutschland? Weil jemand versucht hat, einen Mann zu ermorden, der, wie Sie jetzt zugeben, ein Mörder war?"

Jodl: „Soll ich vielleicht in dieser Situation, wo ich von einem eigenen Kameraden – mit vielen Gegnern des System zusammen – in einer feigen, hinterlistigen Weise in die Luft gesprengt wurde, das auch noch anerkennen? Das war für mich nach diesem Eindruck das Furchtbarste, was passiert ist. Wenn der Mann mit einer Pistole Hitler erschossen und sich dann gestellt hätte, das wäre etwas anderes gewesen. *Diese* Methode war für mich das Abschreckendste, was es für einen Offizier geben kann; und unter dem Eindruck dieser Erlebnisse, die wirklich zu den *schlimmsten* gehören, die ich kenne, habe ich das gesagt und halte es auch heute noch aufrecht."

Zum Schluß des Kreuzverhörs mit Mr. Roberts fragte dieser den Angeklagten Jodl: „Wollen Sie angesichts der vorgelegten Dokumente noch immer sagen, daß Sie ein ehrenhafter Soldat und ein wahrheitsliebender Mann seien?"

Der Generaloberst erwiderte ernst: „Ich behaupte das nicht nur nach wie vor, sondern ich bin der Auffassung, *daß die Vorlage dieser Dokumente* das in ganz besonderer Weise bewiesen hat."

Und so war es auch, wenn man den Worten jener alliierten Kommandeure und Generale Glauben schenken will, die Jodls Auftreten und die Überzeugungskraft seiner Argumente selber im Gerichtssaal miterlebt hatten.

Prof. A. J. P. Taylor, der englische Historiker (nicht zu verwechseln mit dem amerikanischen Ankläger gleichen Namens), ging in seiner vernichtenden Kritik des Nürnberger Prozesses und seiner Beweismittel so weit, zu erklären: „Selbst Juristen, die doch in dieser Hinsicht einiges gewöhnt sind, mußte übel werden angesichts des ‚Beweiswertes' dieses Materials.

Die Dokumente wurden nicht nur ausgewählt, um die Kriegsschuld der Angeklagten zu beweisen, sondern *vor allem,* um die Kriegsschuld der anklagenden Mächte zu verheimlichen."

Und Prof. A. J. P. Taylor bestätigte die Worte des sowjetischen Anklägers: „The documents were brought in, to sustain a conclusion which had already been settled. – Sie wurden herbeigeschafft, um nachträglich eine Schlußfolgerung zu untermauern, die vorher bereits feststand." (Siehe A. J. P. Taylor: The Origin of the Second World War, London 1961)

Großadmiral Karl Dönitz

Der „Hauptkriegsverbrecher"

Auch der Großadmiral Dönitz, das letzte deutsche Staatsoberhaupt, wurde unter Anklage gestellt, einer der Hauptkriegsverbrecher zu sein. Er mußte sich wie alle übrigen Hauptkriegsverbrecher als Einzelperson und als Mitglied einer der angeklagten Organisationen verantworten.

Im Oktober 1945 wurde ihm die Anklageschrift ausgehändigt. In der Enge der Einzelzelle des Nürnberger Untersuchungsgefängnisses las der Großadmiral die angehäufte Flut von Halb- und Unwahrheiten, mit deren Hilfe man ihm den Garaus machen wollte. Karl Dönitz bestellte nach längerem Überlegen den Flottenrichter Otto Kranzbühler zu seinem Verteidiger. Als sich dieser bei ihm meldete, erklärte ihm Dönitz die Situation, wie er sie sah:

„Sie sind nicht zu *meiner* Verteidigung von mir angefordert worden; ich habe *nichts* zu entschuldigen oder zu verteidigen. Sie müssen die Verteidigung der Kriegsmarine und insbesondere der U-Boot-Waffe übernehmen, denn diese wird vom Gegner als verbrecherisch angeklagt. Eigentlich hatte ich nicht die Absicht, ein solches Theater mitzumachen, bei dem die Verurteilung bereits vor Prozeßbeginn feststeht. Aber ich muß schon in Hinblick auf die U-Boot-Waffe, auf meine tapferen U-Boot-Männer, aussagen. Es gilt, *ihnen* den Makel zu nehmen, mit dem sie vom Gegner belegt werden. Nicht etwa von jenem Gegner, dem sie in See gegenübergestanden haben, sondern von jenen, die nichts von der Seekriegführung und noch weniger von der Führung eines U-Boot-Krieges verstehen."

„Ich verstehe, Herr Großadmiral. Nach meinen ersten Erkenntnissen werden vor diesem Tribunal die Verfahrensregeln, wie sie die Verfassung der USA zum Schutze der Angeklagten vorschreibt, nicht eingehalten. Die Drohungen bei der Einlieferung der Angeklagten ebenso wie auch Zeugen gegenüber lassen Böses erwarten. Hinzu kommt die parteimäßige Einstellung der Staatsanwaltschaft. Wenn Gesetzgeber, Richter und Staatsanwalt dieselben Personen sind, dann ist dies allein schon ein Grund, ein solches Gericht

Gericht als befangen abzulehnen. Leider haben wir nicht die geringste Einspruchsmöglichkeit."

„Was hier angeklagt wird", entgegnete Dönitz, „das sind nicht Großadmiral Raeder oder ich, sondern die Kriegsmarine als Wehrmachtsteil insgesamt und insbesondere die U-Boot-Waffe. Wenn Sie die Anklageschrift lesen, werden Sie sehen, daß wir als Piraten bezeichnet werden, die in ihrem Einsatz eine Schändlichkeit an die andere gereiht haben. *Das* dürfen wir nicht schweigend hinnehmen. Wir sind es unseren gefallenen Kameraden schuldig, daß wir nicht zulassen, daß ihr opfervoller Einsatz in den Schmutz gezogen wird.

Nicht zuletzt aber muß auch das deutsche Volk erfahren, *was* wir zu diesen Vorwürfen zu sagen haben. Es muß wissen, daß seine Soldaten kein Haufen gemeiner Verbrecher gewesen sind, wie man es ihnen täglich und stündlich einzuhämmern versucht." (Diese Methode wird auch heute noch, vierzig Jahre und mehr nach Kriegsschluß praktiziert, ohne daß jemals von Regierungsseiten – wenn wir Konrad Adenauer ausnehmen wollen – dagegen eingeschritten würde. Die Schändungen der deutschen Kriegerdenkmäler aus dem Zweiten Weltkriege, die ich in der Bundesrepublik Deutschland allenthalben gesehen habe, zeigen auf, daß es notwendig ist, auch *diese* Vergangenheit zu bewältigen, d. Bearb.)

Flottenrichter Kranzbühler hatte damit von Dönitz die Leitlinien erhalten, wie er vorzugehen hatte.

Sehr bald schon mußte der Verteidiger von Dönitz die Feststellung treffen, die er in seinem Werk „Rückblick auf Nürnberg" dargestellt hatte:

„Die Londoner Beratungen trugen nicht etwa wie beispielsweise die berühmten Haager Konferenzen den Charakter grundsätzlicher völkerrechtlicher Erörterungen, sondern sie standen ganz unverblümt unter dem Zweck, bestimmte Menschen möglichst sicher zu verurteilen. Richter Jackson verteidigte beispielsweise die Idee der Verschwörung mit folgenden Worten: ‚Wenn wir keine Verschwörung annehmen, dann können wir einen Mann wie Schacht nicht verurteilen, denn ohne Verschwörung gibt es kein Gesetz, nach dem man ihn bestrafen könnte.'

Darüber hinaus stellte der Flottenrichter klar: Die amerikanischen Gerichte nährten sich im tiefsten Grunde sehr stark von der Vorstellung, daß der gesamte Krieg ein Verbrechen ist und daher der Kriegszweck nicht erlaubt. Diese grundsätzliche Einstellung scheint mir die Erklärung dafür zu sein, daß die in Nürnberg aufgestellten Maßstäbe über die Verbindlichkeit des Befehls von keiner Armee der Welt akzeptiert werden können." (Daß der französische Richter, Professor de Vabres, davor warnte, die Prinzipien des Nürnberger Urteils, an dem er selber maßgeblich mitgewirkt hatte, auf spätere Verfahren anwenden zu wollen, weil dieses Urteil die für das Zusammenleben des Staates unerläßliche Disziplin der Bürger gefährde, sei erwähnt. Wie auch erwähnt werden soll – um den ganzen blühenden Unsinn, der für die Hunderte Angeklagten der Prozesse den Tod, Folter, Drohungen und Vernichtung der Menschenwürde bedeutete –, daß ein französischer Hauptmann, der während des Frankreich-Feldzuges vor dem Herannahen deutscher Truppen zehn deutsche Soldaten erschossen hatte, von einem französischen Kriegsgericht freigesprochen wurde. Dies sind Unterschiede in den Maßstäben, die jeder Beschreibung spotten. Die zehn Soldaten wurden mit der Begründung erschossen, daß man sie nicht hätte mitnehmen können.)

Flottenrichter Kranzbühler legte dem Gericht 550 Urkunden zum Seekriegsrecht der Siegermächte, vor allem Großbritanniens vor. Aus ihnen war klar zu ersehen, daß die Sachlage stets für Dönitz sprach. Diese Art der Verteidigung schlug durch, wie die im folgenden dargestellten Befragungen des Großadmirals ebenso wie seine Äußerungen im Kreuzverhör unter Beweis stellen.

Am 7. Mai 1946 trat Flottenrichter Kranzbühler vor das Tribunal. Zunächst, um erst einmal „einige Urkunden vorzulegen" und um einen Übersetzungsfehler zu korrigieren. Und zwar wurde Dönitz zu Kriegsbeginn als Konteradmiral und Befehlshaber der U-Boote bezeichnet, was er nicht war. Sein Rang war der eines Kapitäns zur See und die Dienststellung jene eines Kommodore und Führers der U-Boote, ein gravierender Unterschied, was seine Kompetenzen anlangte. Vor allem stellte Kranzbühler fest, daß Dönitz bis zu seiner Ernennung zum Oberbefehlshaber der Kriegsmarine *nicht* Mitglied einer jener Gruppen gewesen war, die unter der Anklage standen, verbrecherisch zu sein.

In der Dokumentenvorlage fortfahrend, wies der Verteidiger nach, daß das vorsorgliche Auslaufen der deutschen U-Boote ab dem 18. August *keine* Vorbereitung zu einem Angriffskrieg war, sondern daß es sich dabei „um Spannungsmaßnahmen" gehandelt habe, die von jedem Staat Europas um diese Zeit getroffen worden

Verhaftung der deutschen Reichsregierung.

Die deutsche Führung geht in Arrest. Von links: Reichsminister Speer, Reichspräsident Dönitz und Generaloberst Jodl.

In Cecilienhof: Stalin mit Zigarette. Rechts von ihm Molotow.

Sowjetmarschall Schukow unterzeichnet am 9. 5. 1945 in Karlshorst.

Generaloberst Jodl hat die Gesamtkapitulation bereits am 7. 5. 1945 in Reims unterzeichnet.

Karlshorst am 9. 5. 1945: Feldmarschall Keitel unterzeichnet die Kapitulationsurkunde.

Bereits am 4. 5. 1945 hat Konteradmiral Wagner in Lüneburg die Teilkapitulation unterschrieben.

Auf der „Patria" am 23. Mai 1945. Die letzte Verhandlung mit der alliierten Kommission.

Generalleutnant Veith wird abgeführt.

waren. Ein Angriffskrieg gegen England sei nicht geplant gewesen. Er wies auch nach, daß die englischen U-Boote ebenfalls lange vor Kriegsbeginn ausgelaufen waren und mit der Kriegserklärung Englands an Deutschland bereits in der Deutschen Bucht operierten.

Als es sich um die Frage des Stützpunktes Nord drehte und die Anklage daraus Norwegen machen wollte, um einen Angriff auf dieses Land zu erklären, stellte der Verteidiger des Großadmirals fest, daß es sich hierbei um den Sowjet-Hafen Murmansk gehandelt habe, den die UdSSR den Deutschen als Basis und Versorgungshafen zur Verfügung stellen wollte. Er erklärte weiter, daß mit sowjetischem Einverständnis das deutsche Ölschiff „Phönizia" bereits in Murmansk gelegen habe und daß am 22. November 1939 ein deutscher Fischdampfer zur Versorgung der „Phönizia" nach Murmansk eingelaufen sei. Alles mit Zustimmung und Billigung der UdSSR.

Der Gerichtshof wandte sich dennoch gegen die Bemerkung Kranzbühlers, daß die Moskauer Regierung einverstanden gewesen sein *müsse,* und betonte, daß die beiden vorgelegten Dokumente *dieses nicht* bestätigt hätten. Es war vor allem der sowjetische Ankläger, Oberst Pokrowski, der den Gerichtsvorsitzenden bat, dem Verteidiger von Dönitz solche Schlußfolgerungen zu verbieten. Er möge sich nur auf *das* konzentrieren, was diese Dokumente aussagten.

Sir David Maxwell-Fyfe erklärte denn auch, daß er eine ganze Reihe von Einwänden gegen die vorgelegten bzw. zur Vorlage eingereichten Dokumente der Verteidigung habe. Er hatte auch schon eine Liste aufgestellt, aus welcher hervorging, daß der Großteil dieser Dokumente nicht zugelassen werden dürfe.

Kranzbühler erklärte, daß er nichts gegen die Dokumente der Anklage gesagt habe, obgleich ihre Erheblichkeit oftmals nicht zu erkennen gewesen sei.

Aber Sir David erhielt die Erlaubnis des Gerichtes, seine Einwände sofort vorzutragen. Schließlich wies denn auch das Gericht 20 Dokumente der Verteidigung von Dönitz zurück und ließ neun, einige davon nur in Teilen, zu.

Zu den abgewiesenen Dokumenten gehörten vor allen Dingen jene, in denen deutsche Seeoffiziere für den Großadmiral aussagten. Dazu Sir David Maxwell-Fyfe: „Mein *Freund* Oberst Pokrowski und ich möchten betonen, daß diese Aussagen lediglich eine Ad-hoc-Sammlung sind; sie sind nicht nur unbeschworen, sondern auch unbestimmt und unklar. Sie stehen auch nur in ungenügendem Zusammenhang mit der Regel, an die der Fall der Anklagebehörde gebunden ist."

Am Vormittag des 8. Mai 1946, genau ein Jahr nach Kriegsschluß, trat auch Großadmiral Dönitz in den Zeugenstand. Er leistete die Eidesformel und erklärte, daß er seit 1910 Berufssoldat und seit 1913 Berufsoffizier gewesen sei, und bestätigte, daß er seit 1916 bei der kaiserlichen U-Boot-Waffe eingesetzt gewesen sei und daß er nach dem Ersten Weltkrieg am 27. September 1935 Chef der ersten deutschen U-Flottille „Weddigen" geworden war. Sein Dienstgrad zur Zeit der Übernahme der Flottille sei Fregattenkapitän gewesen.

„Die U-Boot-Waffe, die ich übernahm, bestand aus drei kleinen Küsten-U-Booten von jeweils 250 tons, den sogenannten ‚Einbäumen'. In der Schul-Flottille standen sechs weitere U-Boote zur Ausbildung der U-Boot-Soldaten bereit.

Dönitz bewies schlüssig, daß in seiner U-Boots-Ausbildung ausschließlich der Handelskrieg nach Prisenordnung geübt worden sei.

Über die Rudeltaktik, die er entwickelt hatte, berichtete er: „Die U-Boote aller Marinen hatten bisher einzeln operiert. Die Entwicklung der Rudeltaktik war weiter nichts als der Versuch, auch U-Boote genauso wie andere Kriegsschiffe zusammenzufassen und zu führen. Eine solche Zusammenfassung war notwendig, wenn ein Verband anzugreifen war, sei es ein Kriegsschiffs-Verband oder ein Geleitzug mit Sicherung. Diese ‚Rudeltaktik' hatte mit dem Handelskrieg nach der Prisenordnung nichts zu tun. Es ist eine taktische Maßnahme zur Bekämpfung von Verbänden, selbstverständlich auch von Geleitzügen, bei denen ja ein Verfahren nach der Prisenordnung nicht in Frage kommt."

Auf die Frage des Flottenrichters, ob denn die deutsche U-Boot-Waffe im Jahre 1939 technisch und taktisch auf einen Seekrieg gegen England vorbereitet gewesen sei, antwortete der Großadmiral:

„Nein, die deutsche U-Boot-Waffe bestand im Herbst 1939 aus etwa 30–40 Frontbooten. Dies bedeutet, daß jeweils nur ein Drittel von ihnen in den Kampfeinsatz kommen konnte. In der harten

Wirklichkeit sah dies nachher noch sehr viel schlechter aus. Wir haben zum Beispiel einen Monat gehabt, in dem nur zwei (!) deutsche U-Boote im Einsatz waren. – Der deutsche U-Boot-Krieg hat eigentlich erst im Jahre 1942 angefangen, nämlich dann, als jene U-Boote, die sich bei Kriegsbeginn in Bau befanden, frontreif geworden waren."

Als es darum ging, ob die U-Boot-Waffe eine Angriffswaffe sei und als die Anklage behauptete, daß alle Marinen, die eine U-Boot-Waffe aufgebaut hätten, auch einen Angriffskrieg geplant hätten, konnte Dönitz auf folgendes verweisen:

„Dann müßten ja *alle* Marinen unserer Gegner Angriffskriege geplant haben, denn diese hatten *sehr viel mehr* U-Boote als Deutschland; oftmals war dies die doppelte und dreifache Zahl."

Natürlich müsse ein U-Boot Schiffe angreifen, auch in einem Defensivkrieg müsse es dies tun. „Angriffskriege und Verteidigungskriege", erklärte Dönitz, „sind lediglich eine politische Entscheidung, die nichts mit militärischen Dingen zu tun hat."

Auch über die Besetzung Norwegens, derentwegen Dönitz ja auch angeklagt worden war, konnte er beweisen, daß er das erstemal am 5. März 1940 davon erfahren habe. Mit der Planung an dieser Operation hatte er nicht das geringste zu tun. Weder in diesem Feldzug noch am vorangegangenen Polenfeldzug hatte Dönitz Gelegenheit oder gar Befugnisse, den U-Booten Weisungen zum Angriffskrieg zu geben.

Als die Aussagen von Dönitz durch den Gerichtsvorsitzenden beschnitten werden sollten, meldete sich Flottenrichter Kranzbühler wieder zu Wort:

„Muß man, Herr Präsident, einem Angeklagten nicht gestatten, *auch* zu sagen, welche Überlegungen er anstellte oder welche Überlegungen er nicht anstellte? Ich meine, daß sich daraus die Vorwürfe der Anklage ergeben. Der Angeklagte muß dann doch auch die Möglichkeit haben, sich zu diesen Vorwürfen zu äußern."

„Wir wollen seine Aussagen hören", entschied Lordrichter Lawrence. Und Kranzbühler setzte die Zeugeneinvernahme mit der Frage fort, ob Dönitz als Führer der U-Boote bei den ihm erteilten Befehlen Erwägungen angestellt habe, ob es sich bei diesen um einen Angriffskrieg gehandelt hatte; dazu erwiderte Dönitz:

„Ich habe als Soldat militärische Aufträge bekommen und habe den selbstverständlichen Gedanken gehabt, diese militärischen

Aufträge auch durchzuführen. Ob die Staatsführung damit politisch einen Angriffskrieg machte oder nicht oder ob es prophylaktische Maßnahmen waren, stand nicht in meiner Entscheidung; *das* ging mich nichts an."

„Und wie stand es mit der Durchführbarkeit des Handelskrieges nach der Prisenordnung, Herr Großadmiral?" fragte Kranzbühler, der es niemals unterließ, Dönitz mit seinem vollen Rang anzusprechen, während die Vertreter des Gerichtes lediglich den Namen oder nur „Angeklagter" sagten.

„Gleich nach Kriegsbeginn wurden die alliierten Handelsschiffe entgegen den Bestimmungen bewaffnet. Alle Schiffe funkten, obgleich dies verboten war. Die Handelsdampfer machten von ihren Waffen auch Gebrauch." Dies habe zu Befehlen geführt, daß alle Schiffe, die beim Anhalten zum Durchsuchen auf Prisenware funkten und den Standort des U-Bootes verrieten, warnungslos angegriffen und versenkt werden konnten. Dann kam es zu dem weiteren Befehl, daß Handelsschiffe, deren Bewaffnung sicher erkannt wurde, ebenfalls warnungslos versenkt werden durften.

„Die Seekriegsleitung hatte sich", so Dönitz, „dazu entschlossen, als eine Veröffentlichung der britischen Admiralität über den Rundfunk am 1. Oktober 1939 bekannt wurde, daß die Handelsschiffe Anweisung hätten, die deutschen U-Boote zu rammen."

Diese zwangsläufige Entwicklung war nicht nur für die deutsche, sondern auch für die englische U-Boot-Kriegführung maßgebend. Flottenrichter Kranzbühler untermauerte diese Aussagen des Großadmirals durch das Verlesen einer Passage aus dem Handbuch der britischen Marine „D.M.S. 3-I-55" über das Funken. Dort heißt es im Unterabschnitt „Feindmeldungen":

„Sobald der Kapitän eines Handelsschiffes bemerkt, daß ein feindliches Schiff oder Flugzeug in Sicht kommt, ist es seine *erste* Pflicht, über Typ und Standort des Feindes durch Funkspruch Mitteilung zu machen. – Dadurch kann sich eine vielleicht nicht wiederkehrende Gelegenheit für die Vernichtung des Angreifers durch eines unserer Kriegsschiffe oder Flugzeuge ergeben."

Diese Weisung verpflichtete also die Handelsschiffe zu Kundschaftern der Navy *und* zur Vernichtung feindlicher U-Boote durch sie oder durch die Air Force. Dies bedeutete eindeutig einen feindseligen Akt und rechtfertigte die warnungslose Versenkung der so handelnden Schiffe.

Die Installierung von Wasserbombenwerfern und Wasserbomben auf Handelsschiffen, befohlen am 14. September 1939, fiel in die gleiche Kategorie.

Zu dem Vorwurf, neutrale Handelsschiffe angegriffen zu haben, verwies Dönitz auf einen Funkspruch vom 27. September 1942, der von ihm an alle Boote gegeben worden war:
„An alle!
Der Ob.d.M. hat persönlich und ausdrücklich erneut befohlen, daß alle U-Boot-Kommandanten die Befehle über die Behandlung neutraler Handelsschiffe genauestens einzuhalten haben. Übertretung dieser Befehle hat unübersehbare politische Auswirkungen zur Folge. Dieser Befehl ist sämtlichen Kommandanten sofort bekanntzugeben."

Während auf seiten der Anklage *jeder* Befehl, der auch nur den Schatten eines negativen Verhaltens deutscher Soldaten oder Befehlshaber aufwies, sofort und ausdrücklich als Dokument zugelassen wurde, verfiel dieser Befehl, der ganz eindeutig zugunsten des Befehlshabers der U-Boote *und* für jede deutsche U-Boots-Besatzung sprach, der Ablehnung.

Dönitz konnte darüber hinaus darauf verweisen, daß die USA entgegen den geltenden Seerechtsgesetzen ihre zulässige Dreimeilenzone auf 300 (!) Seemeilen ausgedehnt hatten und daß ihr dieses auch zugestanden und respektiert worden war. In dieser Sicherheitszone erfolgten keine deutschen U-Boots-Angriffe.

Zu diesem Problem bemerkte Dönitz weiter, daß er den Vorschlag gemacht habe, vor den Häfen Halifax und Reykjavik – den Plätzen des wichtigsten alliierten Handelsschiffsverkehrs – Minen zu legen. Hitler aber habe dies eindeutig abgelehnt, weil er jede Friktionsmöglichkeit mit den USA vermeiden wollte.

Damit war der Vorwurf der US-Anklage, die deutsche U-Boot-Waffe habe aufgrund von Befehlen des BdU, Dönitz, eine opportunistische und zynische Behandlung der amerikanischen Schiffe betrieben, vom Tisch.

Was die Tötung schiffbrüchiger Besatzungen anlangte, die die Anklage mit der Vorlage des Dokumentes BG-197 beweisen wollte, wo in einer Unterredung Hitlers mit dem japanischen Botschafter Oshima Hitler diesem angeblich versprochen haben sollte, er werde den Befehl zur Tötung Schiffbrüchiger geben, erklärte Dönitz, daß er weder schriftlich noch mündlich jemals einen Befehl dazu von Hitler erhalten habe. Er hätte diesen Befehl auch nicht durchgeführt, sondern ihn Hitler ausgeredet. Von einer solchen Unterredung habe *er* erstmals durch das in Nürnberg vorgelegte Papier, das jeder Beweiskraft ermangele, gehört. Es sei von jemandem angefertigt, der nicht einmal bei dieser Unterredung zugegen gewesen war. Vor allen Dingen sei ihm eines unklar, *warum* Hitler Oshima dieses Versprechen gegeben haben sollte.

Hauptanklagepunkt war die sogenannte „Laconia-Affäre". Dazu übergab Flottenrichter Kranzbühler die Kriegstagebücher der beteiligten U-Boote und jenes des Befehlshabers der U-Boote. Aus der Lektüre dieser Unterlagen zeigte sich glasklar, daß die „Laconia" ein bewaffnetes Schiff gewesen war, das 14 Kanonen geführt hatte. Als dann bekannt wurde (durch italienische Hilferufe im Wasser), daß eine große Zahl italienischer Kriegsgefangener an Bord dieses Schiffes gewesen war und daß sich außerdem britische Zivilisten auf dem Schiff befunden hätten, ließ Dönitz nicht nur die drei in diesem Seeraum stehenden U-Boote, sondern noch weitere Boote, die sich auf dem Marsch in das südliche Operationsgebiet befanden, zur Untergangsstelle marschieren, um bei den Rettungsaktionen zu helfen.

Im Verlauf der Erörterung dieses Dramas konnte Flottenrichter Kranzbühler auf den offenen Funkspruch verweisen, den der Kommandant von U 156 (der die „Laconia" versenkt hatte) mehrfach tasten ließ. Der Inhalt dieses Funkspruches lautete, daß er kein Schiff angreifen werde, das zur Rettung der Schiffbrüchigen in dieses Gebiet laufe.

U 156 hatte einige hundert Schiffbrüchige bereits gerettet, sie teilweise an Bord genommen und das Gros in Rettungsbooten an sein Boot angehängt, um sie in Richtung der sich meldenden Schiffe zu schleppen, als das Boot von einem amerikanischen Bomber angegriffen wurde. Der Bomber hatte vorher das Boot in niedrigster Höhe überflogen und mit Sicherheit die weit ausgebreitete Rote-Kreuz-Flagge auf dem Turm gesichtet. Dennoch griff er an. Er traf eines der Rettungsboote voll, das umkippte, wobei es Tote und Schwerverwundete gab.

Nunmehr mußte Kapitänleutnant Hartenstein die Schleppleine kappen und die an Bord seines Bootes befindlichen Schiffbrüchigen wieder von Bord in Boote und auf Flöße geben, um beim nächsten Angriff tauchklar zu sein und nicht als Zielscheibe zu dienen.

Auch das Boot des Kapitänleutnants Würdemann, U 506, hatte einige hundert Schiffbrüchige geborgen, als es nach der Abgabe der Schiffbrüchigen an den französischen Kreuzer „Annamite" von Seeflugzeugen gebombt wurde und die Rettungsarbeiten nicht mehr fortsetzen konnte.

Es stellte sich heraus, daß trotz dieser Bombardierungen von U-Booten und Schiffbrüchigen gleichzeitig durch die Rettungsarbeiten der deutschen U-Boote von den 811 Engländern 800 gerettet worden waren. Von den 1800 italienischen Kriegsgefangenen konnten nur 450 geborgen werden, weil sie sich zum Teil in den unteren Schiffsräumen befunden hatten und nicht mehr von Bord kamen.

Die elf englischen Verluste gehen nach Aussage der U-Boot-Besatzungen auf Konto der amerikanischen Bomber.

Nunmehr wurde vor diesem Tribunal Großadmiral Dönitz angeklagt, den Befehl zum Nichtretten von Schiffbrüchigen gegeben zu haben. Der Beweis dafür sei durch das Loswerfen der Leinen der Rettungsboote mit den Schiffbrüchigen gegeben.

Daß eine solche aberwitzige Begründung nicht stillschweigend hingenommen wurde, verstand sich. Flottenrichter Kranzbühler formulierte treffsicher dazu:

„Es war tatsächlich so, daß es nun wirklich *jeder* primitiven Vernunft einer Kriegführung, *jedem* primitiven Gesetz des Krieges widersprach, wenn einer unter größter Gefährdung rettet und dabei auch noch totgeschlagen wird."

Zu diesem Anklagepunkt noch einmal die Aussage des US Air-Force Generals, Brigadier-General Robert C. Richardson, die leider nicht in Nürnberg, sondern 17 Jahre später, am 4. August 1963, im „Sunday Express" veröffentlicht wurde:

„Ich gab den Befehl, die Schiffbrüchigen der ‚Laconia' zu bombardieren. Wir wußten nicht, daß Engländer unter ihnen waren. *Auch* wenn wir dies gewußt hätten, hätte dies *keinen* Unterschied gemacht. Ich hätte den Befehl, die U-Boote anzugreifen, in *jedem* Falle gegeben."

Mit dieser Aussage vor dem Tribunal der Rache wären in Nürnberg alle Spiegelfechtereien und gesuchten Vorwände bezüglich der Erklärung der U-Boot-Waffe als verbrecherischer Bande vom Tisch gewesen. Es wäre klargeworden, daß der Gegner nicht einmal für seine eigenen Leute eine solche Hilfeleistung gewagt hätte, wie die deutschen U-Boote sie gewagt hatten.

Das war der Unterschied zwischen der deutschen und der westalliierten Kriegführung zur See, von der ja genügend Beweise vorliegen, *was* die Westalliierten mit Schiffbrüchigen machten.

Auch die Dokumente der Anklage, die sich mit den Versenkungen der Dampfer „Noreen" und „Antonico" befaßten, wurden von Dönitz als nicht stichhaltig anerkannt und von Flottenrichter Kranzbühler bei der Zeugenbefragung ad absurdum geführt. Die Schiffbrüchigen dieser Schiffe wollten von deutschen U-Booten beschossen worden sein. Alle diesbezüglichen „Zeugenaussagen" zeigten klar, daß dies nicht der Fall gewesen war.

Dennoch stand die Sache für Dönitz noch nicht zum besten, denn nun gingen die Ankläger auf ein anderes Gebiet über und versuchten, dem Großadmiral darauf den Garaus zu machen. Es handelte sich darum, daß Dönitz mit Hitlers Tod durch diesen zum Staatsoberhaupt ernannt worden war. Daraus konstruierte die Anklage ein besonders enges Verhältnis des Oberbefehlshabers der Kriegsmarine zu Hitler. Nur weil er ein besonderer Vertrauter Hitlers gewesen sei, habe dieser ihn zu seinem Nachfolger ernannt. Dazu Dönitz:

„Ich habe am 30. April 1945 abends aus dem Führerhauptquartier einen Funkspruch bekommen, daß der Führer mich als seinen Nachfolger ausersehen hat und daß ich berechtigt sei, ab sofort Maßnahmen zu treffen, die ich für erforderlich hielte. Ich habe am nächsten Morgen, dem 1. Mai, einen weiteren Funkspruch bekommen, daß ich Reichspräsident sein sollte, der Minister Goebbels Reichskanzler, Herr Bormann Parteiminister und Seyß-Inquart Außenminister. Da der zweite Funkspruch in Widerspruch zum ersten stand, in dem mir ja volle Handlungsfreiheit zugestanden worden war, habe ich mich nicht an den zweiten Funkspruch gehalten" (der ja auch nicht von Hitler kam), „weil ich mich unter keinen Umständen auf die Mitarbeit der darin genannten Personen eingelassen hätte.

Ich hatte bereits am frühen Morgen dieses 1. Mai eine Unterredung mit dem Finanzminister Graf Schwerin-Krosigk gehabt und ihn gebeten, die Regierungsgeschäfte zu übernehmen."

Sir David Maxwell-Fyfe versuchte schließlich im Kreuzverhör den Großadmiral an die Wand zu spielen. Aber auch er konnte kein Blatt Papier vorzeigen, auf dem Dönitz etwas zur Bekämpfung von Schiffbrüchigen befohlen hätte.

Es zeigte sich glasklar, daß Großadmiral Dönitz während des ganzen Krieges von 1939 bis 1945 niemals von seinem Standpunkt abgewichen war, nicht gegen die Kampfsitten zu verstoßen, und daß für ihn und damit auch für die gesamte U-Boot-Waffe eine Bekämpfung der Besatzungen von Schiffen nach deren Versenkung *nicht* in Frage kam.

Flottenrichter Kranzbühler hätte an dieser Stelle eine Masse von Beweisen vorlegen können, daß die Feindseite gegenüber deutschen, japanischen und italienischen Schiffbrüchigen anders verfahren war und sie allesamt beschossen hatte. So die Beschießung deutscher Schiffbrüchiger bei Narvik, die Beschießung der schiffbrüchigen deutschen Soldaten auf dem Motorschiff „Osia Paraskevi" und jene der Gebirgsjäger der Leichten Schiffsstaffeln vor Kreta durch britische Zerstörer und Kreuzer. Die Schiffbrüchigen der „Osia Paraskevi" wurden übrigens nachweislich von dem britischen U-Boot „Rorqual" beschossen. Von der Beschießung und Versenkung deutscher Lazarettschiffe nicht erst zu reden, die im Osten und im Westen gleicherweise Ziele feindlicher Bomber und U-Boote waren. Zur „Rorqual-Affäre" erklärte J. D. Brown vom Naval Historical Branch des Ministry of Defence: „Es besteht *kein* Zweifel darüber, daß das U-Boot ‚Rorqual' beteiligt war."

Flottenrichter Kranzbühler verzichtete auf die Ausbreitung aller dieser Verstöße gegen das Seerecht und legte statt dessen einen britischen Originalbefehl vor, nach welchem *kein* britischer Dampfer einem torpedierten Schiff Hilfe leisten durfte, um sich nicht selber zu gefährden. Britische Schiffe mußten also an im Wasser schwimmenden *eigenen* Seeleuten vorbeilaufen, ihre Besatzungen mußten sich die Ohren zuhalten, um die Hilferufe nicht zu hören, und die Augen verschließen, um die Elenden im Wasser nicht zu erblicken. Zur Ehrenrettung für die britischen Seeleute sei gesagt, daß sie oftmals diesen menschenverachtenden Befehl trotz eigener Gefahr mißachteten und ihre Kameraden aus der See bargen. Dennoch: Der Befehl dazu war gegeben worden.

Als dann Flottenrichter Kranzbühler noch einen weiteren Befehl vorlegte, in dem der Erste Lord der britischen Admiralität am 8. Mai 1940 für die britischen U-Boote die Instruktion gab, bei Tag alle deutschen und bei Nacht sämtliche Schiffe, derer sie habhaft werden konnten, zu versenken, war in dieser Hinsicht reiner Tisch gemacht worden. Nachdenkliche Gesichter auf den Stühlen der

Ankläger und Richter. Sollte man Dönitz doch nicht den Strick um den Hals legen können?

Als dann Flottenrichter Kranzbühler noch die Behandlung deutscher Kommandogruppen auf den Tisch legte, die in alliierte Gefangenschaft geraten waren, und dabei auch die schäbige Verhaltensweise der Sieger an diesen Deutschen zur Sprache bringen wollte, wies Lordrichter Lawrence diesen Bericht zurück.

Er bemerkte dazu: „Wir sitzen hier *nicht* zu Gericht darüber, ob *andere* Mächte Völkerrechtsbrüche, Verbrechen gegen die Menschlichkeit und Kriegsverbrechen begangen haben. Wir verhandeln *hier* darüber, ob *diese* Angeklagten dies taten."

Womit wieder einmal bewiesen war, daß sich das Gericht einen Dreck um Recht und Gerechtigkeit scherte.

Was aber war es nun mit dem Kommandobefehl? Als Konteradmiral Wagner als Zeuge des angeklagten Großadmirals von Oberst Phillimore ins Kreuzverhör genommen wurde, nannte er jene englischen Kommandotrupps, die sich mit den berüchtigten Methoden des Fesselns zum Zwecke der Strangulierung befaßten, schlicht und einfach „verbrecherische Elemente". Der Konteradmiral fuhr fort:

„Man hat ihnen Befehl gegeben, die gemachten Gefangenen umzubringen – und sie taten dies auch."

Zum ersten Sabotageunternehmen gegen das deutsche Schlachtschiff „Tirpitz" erklärte der Konteradmiral: „Zu den an diesem Kommando beteiligten Männern gehörte auch der britische Matrose Evans. Bei seiner Gefangennahme trug er Zivil, führte einen Schlagring mit sich und hatte Pistolen unter den Achselhöhlen versteckt, die feuerten, wenn er die Arme hob, um sich zu ergeben. – Er wurde erschossen!"

Oberst Phillimore bestritt dies wütend und wortreich, bis sich herausstellte, daß *jene* Stelle, die in dem deutschen Verhandlungsprotokoll die Begründung für die Erschießung dieses Verbrechers gab, in der englischen Übersetzung des „Dokumentes" GB-164 schlicht und einfach herausgelassen worden war, um die Optik nicht zu verschlechtern. Es handelte sich also, wie Flottenrichter Kranzbühler feststellte, um eine Fälschung mit dem Ziele, Evans zu einem Märtyrer und die Deutschen zu seinen Mördern zu machen.

Diese Offendeckung (Hunderte anderer folgten noch) zerfetzte die Anklage förmlich. Nicht einmal Lordrichter Lawrence konnte sich nun dazu erklären, den Großadmiral in dieser Hinsicht als Schuldigen hinzustellen.

Dönitz wurde verurteilt wegen des *Wissens* um den Kommandobefehl, der sich nachweislich *nicht* auf den Seekrieg bezog. Ferner wegen des Wissens um die Beschäftigung von Konzentrationslager-Häftlingen in Schiffswerften, die ihm nicht unterstanden, und drittens wegen seines Ratschlages an Hitler, die Genfer Konvention *nicht* zu verlassen. Hätte er vorgeschlagen, diese Konferenz zu verlassen, wäre er natürlich in diesem Punkt auch verurteilt worden. Er konnte also sagen, was er wollte, *verurteilt wurde er auf alle Fälle*!

Es war allen angeklagten „Hauptkriegsverbrechern", allen Zuschauern und Zuhörern im Gerichtssaal klar, daß eine Verurteilung von Dönitz überhaupt nicht in Frage kommen konnte.

Flottenrichter Otto Kranzbühler war es gelungen, den US-Flottenchef im Pazifik, Admiral Chester W. Nimitz, dazu zu bewegen, einen 20 Punkte umfassenden Fragebogen auszufüllen. Nimitz bestätigte darin eindeutig und ohne jede Beschönigung, daß die amerikanischen U-Boote den U-Boot-Krieg im Pazifik nach jenen Regeln führten, wie sie auch von den deutschen U-Boot-Fahrern beherzigt worden waren.

„Ich habe", so Nimitz, „seit dem ersten Kriegstag gegen Japan sowohl auf Warnungen als auch auf Rettungsaktionen für Schiffbrüchige verzichtet, sobald die Kommandanten die Gefährdung des eigenen Bootes mit solchen Aktionen verbunden sahen."

Diese Art der Beweisführung durch Gegenbeschuldigungen wurde in Nürnberg in keinem Falle vorher oder nachher mehr zugelassen. Flottenrichter Kranzbühler hatte aber auch erklärt, daß er damit *nicht* beweisen wollte, daß die USA das Völkerrecht gebrochen hätten, sondern lediglich, daß sich die US-U-Boot-Waffe durchaus im Rahmen des Völkerrechts bewegt habe und die deutsche U-Boot-Waffe *mit ihr*.

Auch nach englischen Völkerrechtsverletzungen verfuhr Kranzbühler ebenso. Er erklärte, daß er „das gleiche Verhalten von Freund und Feind als Beweismittel" ansehe, „daß das Verhalten der deutschen Seekriegsleitung und der Seekriegführung rechtmäßig gewesen ist."

Der US-Richter Francis Biddle stellte sich nun – nolens volens – hinter diese Ausführungen und damit auch hinter Dönitz. Er wollte

nicht, daß durch weitere Erörterungen das Ansehen der US-U-Boot-Waffe in Verruf geriet. Dies führte dazu, daß im Urteil gegen Großadmiral Dönitz ausdrücklich erklärt wurde:
„Aufgrund dieses Tatbestandes kann der Gerichtshof Dönitz für die Unterseeboot-Kriegführung gegen bewaffnete Handelsschiffe *nicht* für schuldig erklären."

Das Urteil fährt fort: „In Anbetracht aller bewiesenen Tatsachen, insbesondere mit Rücksicht auf einen Befehl der britischen Admiralität vom 8. Mai 1940, nach welchem alle Schiffe im Skagerrak durch britische U-Boote versenkt werden durften, und endlich in Anbetracht der Antwort des Admirals Nimitz auf den ihm vorgelegten Fragebogen, nach welcher im Pazifischen Ozean seitens der USA vom ersten Tage des Eintritts dieser Nation in den Krieg uneingeschränkter U-Boot-Krieg durchgeführt wurde, ist die Verurteilung von Dönitz *nicht* auf diese Verstöße gegen die internationalen Bestimmungen für den U-Boot-Krieg gestützt."

Weil also der Gegner diese Dinge tat, waren sie auch nicht mehr strafbar!

Dieses Prinzip wurde ein einziges Mal in der Verhandlung gegen Dönitz zur Anwendung gebracht. Hätte man auch in den Fällen Jodl und Keitel nach diesem Prinzip verfahren, hätten beide Soldaten freigesprochen werden müssen.

Als sich schließlich auch General Rudenko ereiferte und Dönitz vorwarf, er habe die Admiralsuniform, die er trage, mit der Schmach schwerster Verbrechen besudelt, lautete die Antwort des Großadmirals:

„Ich habe die Kriegsmarine bis in die letzte Ecke sauber gehalten." Dem stimmten Hunderte ehemaliger Gegner des Großadmirals vollinhaltlich zu.

Am 31. August hatte Großadmiral Karl Dönitz die Gelegenheit erhalten, sein Schlußwort zu sprechen. Er führte in drei Punkten an, daß die Rechtmäßigkeit der U-Boot-Kriegführung eindeutig erwiesen sei und daß er nach seinem Gewissen gehandelt habe. Er erklärte, daß eine Verschwörung der „Hauptkriegsverbrecher" zum Angriffskrieg und zu Verbrechen gegen die Menschlichkeit nie bestanden habe. Drittens erklärte er:

„Mein Leben galt meinem Beruf und damit dem Dienst am deutschen Volke. Als letzter Oberbefehlshaber der deutschen Wehrmacht und der deutschen Kriegsmarine sowie als letztes deutsches Staatsoberhaupt fühle ich mich dem deutschen Volke gegenüber verantwortlich für alles, was ich tat und ließ."

Am 30. September 1946 wurden die Urteile über die 21 vor Gericht sitzenden Hauptkriegsverbrecher gesprochen. Die Richter mußten einander ablösen, die Urteilsverkündung zog sich Stunden über Stunden hin. Alle wußten, daß die Anklage für alle 21 Deutschen die Todesstrafe beantragt hatte. (Siehe Anlage: Die Urteilsverkündung).

Als Karl Dönitz als achter in der Reihe der zu verurteilenden Männer sein Urteil hörte, lautete es:

„Angeklagter Dönitz: Gemäß den Punkten der Anklageschrift, unter welchen Sie schuldig befunden wurden, verurteilt Sie der Internationale Gerichtshof zu zehn Jahren Gefängnis."

Nach kurzer Pause fügte Lordrichter Lawrence an: „Diese Strafe steht *nicht* im Zusammenhang und wurde auch nicht verhängt wegen Regelwidrigkeiten in der Führung des Seekrieges und des U-Boot-Krieges."

Mit Handschellen wurden am Abend dieses Tages die Verurteilten ihren Familien oder anderen Besuchern vorgeführt. Flottenrichter Kranzbühler, der den Großadmiral ebenfalls besuchte, bemerkte diesem gegenüber:

„Die zehn Jahre Gefängnis, die Ihnen, Herr Großadmiral, zudiktiert worden sind, bedeuten die Mindeststrafe für erwiesene Unschuld."

Lassen wir abschließend zum Prozeß gegen die deutschen Offiziere, die als Hauptkriegsverbrecher vor Gericht standen, Otto Kranzbühler eine Interpretation der Rede von General Taylor wiedergeben, die dieser nach dem Prozeß überall vortrug und in der er im April 1947 in Paris ausführte:

„Diese Prozesse haben einen wesentlichen Bestandteil der amerikanischen Außenpolitik gebildet und einen wichtigen Ausschnitt der Besetzung von Deutschland."

Demzufolge mußte nach den Ausführungen von Otto Kranzbühler „die Festlegung der deutschen Kriegsschuld als erstes außenpolitisches Ziel der Verfahren" bezeichnet werden. –

Diesmal sollte die Kriegsschuld nicht durch eine deutsche Erklärung, die dann später widerrufen werden konnte, „festgestellt" werden, sondern durch unangreifbare gerichtliche Feststellungen.

Die Nürnberger Tribunale haben es ängstlich vermieden, sich auf den unsicheren Grund der Forschung nach den Kriegsursachen zu begeben.

Die Nürnberger Verfahren sollten die Kollektivschuld des deutschen Volkes beurkunden. Sie haben statt dessen diese These widerlegt. Ein englischer Kommentator sagte am Ende des ersten Prozesses: „Die alten Vorstellungen gleichen den heutigen Ergebnissen wie eine Vogelscheuche einem Bauern. Die Weltmeinung hat aus dem Nürnberger Verfahren nicht die von Jackson gewünschten Konsequenzen (der Untermauerung der Kollektivschuld der Deutschen) gezogen."

Der Grund dafür war die Prozeßführung und die Tatsache, daß jene Maßstäbe, die die Anklage in Nürnberg gegenüber deutschen Angeklagten anwandte, von *keinem* der Alliierten als Richtlinien für sein Verhalten anerkannt wurden. Dieses Gefühl und die offensichtliche Verhöhnung jeder Gerechtigkeit im Saal hat auch *jene* Schulderkenntnis, die gerechtfertigt war, in den Hintergrund gerückt.

Aus diesen Erkenntnissen hat die oberste Führung der USA die Nachfolgeprozesse in Nürnberg, obgleich sie von amerikanischen Richtern und Anklägern durchgeführt wurden, nicht gedeckt. Sie erklärte vielmehr, daß diese Prozesse nicht in ihrem Namen geführt worden seien, sondern sie hätten internationalen Charakter gehabt. Daß alle Prozesse mit den Worten begannen: „Die Vereinigten Staaten von Amerika gegen..." und daß alle Schuldsprüche im Namen der USA gefällt und vollstreckt wurden, interessierte sie nicht im geringsten.

Nürnberg, eine alleinige US-Schöpfung, eine Geburt amerikanischen Denkens einiger führender Männer, wurde von seinen Vätern verstoßen, mit gutem Grund, denn dieses Verfahren hat die Geschichte gefälscht, und das aus diesem Prozeß hervorgegangene Material wurde „zum Prügel in der Hand des Demagogen". (Siehe Kranzbühler, Otto: a.a.O.)

Großadmiral Erich Raeder

Aus Moskau nach Nürnberg

Großadmiral Erich Raeder, seit dem 30. Januar 1943 entlassener Oberbefehlshaber der Kriegsmarine, lebte bis zum 23. Juli 1945 unangefochten in Berlin-Babelsberg, wo er auch gemeldet war. In einer Nacht-und-Nebel-Aktion wurden er und seine Frau plötzlich von den Russen verhaftet, nach Moskau geschafft und bis zum Beginn des Nürnberger Militärtribunals dort „interniert".
Wie der Großadmiral aus der UdSSR nach Nürnberg geschafft wurde, dazu erklärte er: „Am 17. Oktober um 06.00 Uhr morgens wurde ich völlig überraschend aus dem Haus geholt; dabei wurde mir mitgeteilt, ich hätte sofort zu einer Besprechung nach Berlin zu fliegen, von der ich nach einigen Tagen hierher zurückkehren würde.
Gegenüber meiner Frau, die zurückblieb, wurde sogar nur von einer Rücksprache in Moskau für wenige Stunden gesprochen. Ein mir unbekannter Sowjet-General brachte mich zum Innenkommissariat und von dort zum Flugplatz.
Auf dem Fluge und in Berlin stand ich unter der Obhut eines sowjetischen Oberleutnants und seines Begleiters. Ich wohnte mit diesen vorübergehend in einem Haus in Babelsberg, das auch als Unterkunft für den Publizisten Hans Fritzsche mit seiner Bewachung diente. Er war im Lubjanka-Gefängnis in Haft gewesen und mit mir nach Moskau gekommen.
Man übergab uns die Anklageschrift des Internationalen Militärgerichtshofes, wobei ich das erstemal von meiner Kriegsverbrecherschaft hörte.
Ich bat um die Zustellung meiner Moskauer Aufzeichnungen, da ich diese zu meiner Verteidigung brauche. Nach einigen Tagen wurde mir zusammen mit meinen Niederschriften ein Protokoll zur Unterschrift vorgelegt, dessen Unterzeichnung ich aber ablehnte. Es war eine teilweise falsche Zusammenstellung falsch übertragener, teilweise mißverstandener Stellen meiner Aufzeichnungen, die durch willkürliche Verstellung zu ‚Geständnissen' umgearbeitet worden waren.

Ich schrieb eine entsprechende Erklärung an den Generalsekretär des Internationalen Gerichtshofes, ohne daß ich jemals hörte, was daraus geworden ist. Meine Aufzeichnungen wurden mir aber wieder fortgenommen.

Nach wenigen Tagen wurden Fritzsche und ich von Berlin nach Nürnberg transportiert, wo wir nach langer Autofahrt durch die Novembernacht ankamen."

Sowohl gegen ihn als auch gegen Großadmiral Dönitz hätte nach den Buchstaben der Genfer Konvention *nur* vor einem Kriegsgericht verhandelt werden dürfen. Daß dann nur noch zwei Detailanklagen übriggeblieben wären, steht fest, und selbst diese beiden Anklagen brachen in Nürnberg vor dem Tribunal in nichts zusammen.

Der Fall „Athenia" und jener der „Laconia" wurden denn auch in diesem Tribunal gegen beide Großadmirale der ehemaligen Kriegsmarine mit aller Vehemenz ausgefochten. Daß auch in diesem Falle wiederum der sowjetische Ankläger, General Rudenko, die wüstesten Schmähungen gegen diese beiden höchsten Offiziere der Kriegsmarine ausstoßen würde, war zu erwarten gewesen.

Verteidiger von Großadmiral Raeder war Rechtsanwalt Dr. Siemers. Am 15. Mai 1946 stand auch Erich Raeder vor den Schranken des Gerichtes und erklärte zu seiner Person:

„Ich bin im Jahre 1867 in Wandsbek bei Hamburg geboren. Im Jahre 1894 trat ich in die Marine ein und wurde 1897 Offizier. Es folgte der normale Aufstieg: zwei Jahre Marine-Akademie; in jedem der Jahre drei Monate Sprachurlaub nach Rußland während des russisch-japanischen Krieges.

Von 1906 bis 1908 diente ich im Reichsmarineamt in der Nachrichtenabteilung von Tirpitz. Ich habe da fremde Presse und die Redaktion der Marine-Rundschau und des Nauticus geleitet.

Von 1910 bis 1912 diente ich auf der Kaiserjacht ‚Hohenzollern' als Navigationsoffizier. Von 1912 bis Anfang 1918 war ich Admiralstabsoffizier und Chef des Stabes des Kreuzerführers, ‚Admiral Hipper', auf den Schlachtkreuzern.

Nach dem Ersten Weltkrieg war ich in der Admiralität Chef der Zentralabteilung bei Admiral von Trotha. Dann schrieb ich zwei Jahre Seekriegsgeschichte im Marinearchiv. Als Konteradmiral von 1922 bis 1924 diente ich als Inspekteur für das Bildungs- und

Erziehungswesen der Marine; 1925 bis 1928 als Vizeadmiral Chef der Marinestation Ostsee in Kiel.

Am 1. Oktober 1928 wurde ich auf Vorschlag des Reichswehr-Ministers Groener durch Reichspräsident von Hindenburg zum Chef der Marineleitung ernannt. Im Jahre 1935 wurde ich dann Oberbefehlshaber der Kriegsmarine und am 1. April 1939 Großadmiral.

Am 30. Januar 1943 legte ich das Amt als Oberbefehlshaber der Kriegsmarine nieder und erhielt den Titel ‚Admiralinspekteur der Kriegsmarine', ohne daß damit eine Dienstfunktion verbunden war."

Auch Großadmiral Raeder sollte zuerst zu der Frage Rede und Antwort stehen, ob die kleine Wehrmacht sich gegen etwaige Überfälle von Feindstaaten verteidigen konnte. Er erklärte, daß Deutschland dazu in keiner Weise in der Lage war, da es über keinerlei moderne Waffen verfügt habe. Und er bemerkte, daß die große Gefahr, der sich Deutschland in den zwanziger Jahren gegenübergesehen habe, ein möglicher Einfall der Polen nach Ostpreußen gewesen sei. Als Erklärung dazu fügte er an:

„Diese Gefahr stand Deutschland deswegen so klar vor Augen, weil in jener Zeit Wilna mitten im Frieden den Litauern von den Polen weggenommen wurde und weil Deutschland von Litauen das Memelgebiet weggenommen worden war. Im Süden war auch Fiume annektiert worden, ohne daß der Völkerbund dagegen Einspruch erhoben hätte."

Das einzige, was aber Deutschland nicht passieren dürfe, war nach der Ansicht des Großadmirals die Gefahr, daß Ostpreußen auch noch dem Reich entrissen und besetzt würde.

Großadmiral Raeder erklärte auch, daß er mit Rücksicht auf diese von ihm geschilderten Gefahren alles darein gesetzt hätte, den Aufbau der Marine zu forcieren. Raeder erklärte weiterhin, daß er als OB der Kriegsmarine von 1925 an bis zum Jahre 1934 dem Reichspräsidenten, Generalfeldmarschall von Hindenburg, als Oberbefehlshaber der Wehrmacht und danach Hitler unterstanden habe.

Raeder wurde vorgeworfen, die Marine unter dem Bruch des Versailler Vertrages vergrößert und hinter dem Rücken des Reichstages und der Reichsregierung aufgebaut zu haben, „in der erklärten Absicht, einen Angriffskrieg zu führen."

Sein Verteidiger fragte ihn, zu welchen Zwecken der Aufbau der Marine von 1928 bis zum 18. Juni 1935, dem Abschluß des deutsch-britischen Flottenabkommens, durchgeführt worden sei.

Dazu Raeder: „Der Aufbau der Marine geschah in keiner Weise zu Zwecken des Angriffskrieges. Er geschah zweifellos unter gewisser Umgehung des Versailler Vertrages. Als es darum ging, daß Deutschland die im Rahmen des Versailler Vertrages genehmigten Kriegsschiffsbauten überzogen habe, verlas Dr. Siemers die erlaubte Tonnage. Demnach durfte Deutschland acht Panzerschiffe bauen. Es baute aber nur drei. Von den acht der deutschen Marine zugestandenen Kreuzern baute Deutschland nur sechs und von den 32 erlaubten Zerstörern und Torpedobooten lediglich 12 Zerstörer und kein Torpedoboot. Daraus ergab sich, daß Deutschland nicht einmal die im Versailler Vertrag zugestandenen Neubauten ausführen konnte.

Vor allem hatte Deutschland den Bau jener Schiffe, die als Offensivwaffen galten, völlig vernachlässigt: jener großen Schiffe, von denen England, Frankreich und die USA große Zahlen besaßen.

Diesem Vortrage von Dr. Siemers stimmte Großadmiral Raeder zu und erklärte, daß ihm gerade dies in späterer Zeit zum Vorwurf gemacht worden sei.

Dr. Siemers kam nun darauf, daß trotz dieser Nichtausnutzung der zugestandenen Tonnage an Kriegsschiffen Deutschland in einigen Fällen gegen das Versailler Diktat verstoßen habe, wie dies in den von der Anklagebehörde vorgelegten Dokumenten zu ersehen sei. Er wandte sich an den Angeklagten und fragte diesen, ob der Vorwurf berechtigt sei.

Der Großadmiral erklärte, daß dies in keinem Falle berechtigt sei. Er führte aus, daß er kurz nach seiner Amtseinführung als Chef der Marineleitung am 1. Oktober 1928 durch den Reichswehrminister Groener den Entschluß gefaßt habe, alle Verstöße und Abweichungen gegenüber dem Versailler Vertrag der deutschen Reichsregierung zu übertragen. Bei einer Kabinettssitzung sei denn auch in die Verfassung des Deutschen Reiches im Artikel 50 folgender Passus aufgenommen worden:

„Alle Anordnungen und Verfügungen des Reichspräsidenten, auch solche auf dem Gebiet der Wehrmacht, bedürfen zu ihrer Gültigkeit der Gegenzeichnung durch den Reichskanzler oder durch den zuständigen Reichsminister. Durch diese Gegenzeichnung wird die Verantwortung übernommen."

Damit war alles, was den weiteren Aufbau der Wehrmacht anlangte, in die Verantwortung der Reichsregierung übergegangen. Als anschließend jener Schiffsbau-Ersatzplan vorgelegt wurde, der die deutschen Neubauten von 1933 bis 1938 festlegte und der der Anklagebehörde als Beweis für die Planung eines Angriffskrieges herhalten sollte, wurde auch darin klargestellt, daß dies mit der Vorbereitung eines Angriffskrieges nichts zu tun habe. Der Grundsatz der deutschen Verfassung über den Einsatz der Wehrmacht lautete:

„Für die Wehrmacht des Deutschen Reiches, die der Verteidigung der Grenzen und dem Schutze des Friedens dient, kommen seit Ausführung der Abrüstung, die die Deutsche Republik bisher als einzige vollzogen hat, folgende Möglichkeiten des Eingreifens in Betracht:
   a) Verteidigung bei Gebietsraub.
   b) Verteidigung der Neutralität Deutschlands bei Konflikten Dritter."

Als schließlich auch der vertragswidrige Bau von Unterwasserfahrzeugen aufgetischt wurde, gelang es Dr. Siemers nachzuweisen, daß das *erste* deutsche U-Boot am 29. Juni 1935 in Dienst gestellt worden sei, zu einer Zeit also, da das deutsch-englische Flottenabkommen bereits in Kraft war.

Solcherart verpufften die einzelnen Anklagepunkte ins Nichts. So auch der Vorwurf, man habe fünf Schnellboote gebaut und bewaffnet. Dieser wurde dadurch entkräftet, daß diese fünf Schnellboote anstelle jener 16 Torpedoboote gebaut worden seien, die man Deutschland zugestanden hatte.

Wo es beim Gegner um ganze Kampfgeschwader ging, um Großkampfschiffe und Zerstörer-Flottillen in Gesamtstärken, die jedes Maß überschritten, legte man Deutschlands fünf Schnellboote als Beweis dafür aus, daß dieses Deutschland mit diesen fünf Schnellbooten die ganze Welt überfallen wollte. Man rechnete vor, daß Deutschland auch einige Minen zuviel gefertigt hatte, obgleich nach den Ausrechnungen von Großadmiral Raeder auf jeweils 27 Seemeilen der zu schützenden deutschen Küste eine Mine komme. Wie nun aber Minen als Angriffswaffe eingesetzt werden konnten, das wußte selbst der Gegner nicht zu sagen.

Die Konstruktion dieser Angriffsplanung war nichts anderes als eine Farce, um den mildesten Ausdruck für diesen Unsinn zu gebrauchen.

Selbst um einzelne Geschütze und Granaten rankte sich die Legende, daß ihr Vorhandensein im Verein mit alten Küstengeschützen einen Angriffskrieg vorbereitet hatte.

Sehr bald mußte auch Großadmiral Raeder feststellen, daß dieses Gericht überhaupt keines war. Dazu schrieb er in seinen Memoiren:

„Ein Gerichtsverfahren wie das Nürnberger, bei dem die Partei der Siegerstaaten über den besiegten Gegner zu Gericht saß und bei dem nur die Handlungen der Unterlegenen zur Aburteilung standen, dagegen diejenigen des Siegers außerhalb der Betrachtungen blieben, mußte bei der Feststellung von Tatbeständen zu unbefriedigenden Ergebnissen kommen. Unmöglich kann man das Verhalten des besiegten Gegners nach zum Teil neuen rechtlichen Gesichtspunkten anklagen und aburteilen, während man gleichzeitig die Maßnahmen der siegreichen Seite als unantastbar ansah.

Das gerichtliche Urteil des Siegers über den Besiegten muß Bedeutung und Glaubwürdigkeit verlieren, wenn sein eigenes Tun und Lassen nicht der gleichen Beurteilung unterliegt. Dies Gericht aber ließ grundsätzlich *keine* Erwähnung der alliierten Verbrechen zu.

Sehr bald stellte sich auch heraus, daß es sich auch sonst beim Nürnberger Prozeß nicht um ein Gerichtsverfahren im üblichen Sinne handelte. Das Tribunal war vielmehr aus politischen Erwägungen unserer Gegner entstanden und diente einem politischen Zweck. Es war nicht zu verkennen, daß das *deutsche Volk* in seiner Gesamtheit mit der Alleinschuld für die Führung von böswilligen Angriffskriegen belastet werden sollte." (Siehe Raeder, Erich: Mein Leben. Von 1933 bis Spandau.)

Nach langem Hin und Her, zu dem die Anklagevertretung entgegen der sonst gezeigten Eile genügend Zeit hatte, stellte Großadmiral Raeder fest, daß die deutsche Kriegsmarine bis zum Beginn des Zweiten Weltkrieges – Übertonnage einzelner Schiffe hin und her – die Gesamttonnage *nicht* überschritten hatte.

Großadmiral Raeder wurde auch das „Dokument" US-29 vorgelegt, das aus einer Reihe von Notizen ohne Unterschrift und ohne jeden Hinweis auf den Verfasser bestand und als wichtig angesehen wurde. Es sollte die Zusammenfassung der Führerrede vom 22. August 1939 sein. Diese 150 Minuten lange Rede war in viereinhalb Seiten Text zusammengeballt, und in diesen Text eingeflossen war jener angebliche Satz Hitlers, den allerdings niemand gehört hatte, der bei dieser Rede zugegen war:

„Jetzt habe ich Polen, wo ich es haben will. – Ich befürchte nur, daß im letzten Augenblick irgendein Schweinehund einen Vermittlungsvorschlag macht."

Dies wurde als Hitlers Entschluß zum Angriffskrieg auf Polen und zur Abweisung der laufenden Friedensverhandlungen, die stattgefunden hatten, herangezogen, obgleich feststand, daß es eine Fälschung war.

Ein parallel dazu vorgelegtes Dokument, US-30, das ebenfalls anonym war, enthielt „Aufzeichnungen über eine zweite Rede, die Hitler am selben Tage gehalten" haben sollte. Eine solche zweite Rede hat es zwar nie gegeben, aber der Kernsatz dieses „Dokumentes" ließ sich sehr gut anbringen und paßte optisch genau zur Anklage. Er lautete:

„Ich werde propagandistischen Anlaß zur Auslösung des Krieges geben, gleichgültig, ob glaubhaft. Der Sieger wird später nicht danach gefragt, ob er die Wahrheit gesagt hat oder nicht."

Alle Zeugen, die das Gericht dazu verhörte, stellten zweifelsfrei fest, daß Hitler *keine* zweite Rede gehalten hatte. Dr. Siemers legte dem Gericht die ausführliche Wiedergabe der einzigen Hitlerrede dieses Tages vor, die von Generaladmiral Böhm, einem der Teilnehmer an dieser Besprechung, unmittelbar nach deren Schluß diktiert worden war. Das Gericht nahm dieses Dokument zwar als „Raeder-Exhibit Nr. 27" entgegen, lehnte aber die Streichung der beiden vorgenannten Dokumente ab. So wurden die „Dokumente" US-29 und US-30, obgleich offensichtlich Fälschungen, bis zum Ende des Prozesses immer wieder zitiert. Sie waren für die Anklage eben brauchbarer als das Dokument, das unterschrieben war und die Wahrheit enthielt.

Das Tribunal artete zum Possenspiel aus. Die von deutscher Seite vorgelegten Dokumente zur Entlastung des Großadmirals wurden bis auf vier allesamt abgelehnt.

Neben den Beteiligungen an den ersten Kriegseinsätzen wurde dem Großadmiral vor allem die Besetzung Norwegens zum Vorwurf gemacht und darin die eklatante Verletzung der Neutralität eines Landes und eine definitiv bewiesene Verschwörung zu einem Angriffskrieg gesehen.

Dazu erklärte der Angeklagte, daß die Weisung für den Fall „Nord" am 1. März 1940 vorgelegen habe und am selben Tage an alle drei Wehrmachtsteile ausgegeben worden sei. Es sei eine Menge von Nachrichten in diesen Fall eingearbeitet worden, die vorgelegen hätten. Und zwar seien Nachrichten von Kapitän Schreiber, dem deutschen Marine-Attaché ebenso wie solche von Vidkun Quisling entscheidend gewesen. Letzterer habe am 14. Dezember1939 eine Unterredung mit Hitler gehabt und dabei einige entscheidende Fakten vorgetragen. Diese betrafen die Vorarbeiten, die Engländer und Franzosen in den norwegischen Häfen ausgeführt hatten. Sie befaßten sich vor allem mit den Brücken von Narvik und jener in der Nähe zur schwedischen Grenze.

„Diese Nachrichten", bemerkte Raeder, „gelangten an uns, und sie zeigten uns klar, daß in absehbarer Zeit eine englisch-französische Landung in Norwegen geplant war."

Außerdem war durch Hagelin bekanntgeworden, Storting-Abgeordnete und Mitglieder der norwegischen Regierung hätten bestätigt, daß England unter dem Vorwand der Finnlandhilfe eine kalte Besetzung Norwegens vornehmen würde.

Großadmiral Raeder fügte diesen sicheren Unterlagen einen weiteren handfesten Beweis der englischen Absichten auf Norwegen hinzu:

„Im Februar 1940 berichtete Quisling, Lord Halifax habe dem norwegischen Gesandten in London mitgeteilt, daß eine Operation der Engländer zur Erwerbung norwegischer Stützpunkte in absehbarer Zeit beabsichtigt sei. Auch diese Nachricht gelangte damals zu uns."

Zudem wurde auch die norwegische Neutralität nicht von den englischen Luftstreitkräften beachtet, die in der zweiten Märzhälfte gegen die deutschen Erzschiffe Angriffe flogen, obwohl sie sich noch in Narvik oder bei Narvik in norwegischen Hoheitsgewässern befanden; das wurde bewiesen.

Daß sich Großadmiral Raeder stets für eine gute Behandlung der norwegischen Bevölkerung eingesetzt hatte, konnte ebenfalls klar belegt werden.

Auch Sir David Maxwell-Fyfe versuchte, Raeders Verteidigung zu erschüttern. Er legte dem Großadmiral Zahlen für den U-Boot-

Bau vor, die von Admiral Aßmann zu Protokoll gegeben worden waren, laut derer anstelle der bis 1938 vorgesehenen 55 deutschen U-Boote, die gebaut werden durften, deren 118 fertiggestellt worden seien.

Raeder protestierte und verwies darauf, daß bei Kriegsausbruch, also über ein Jahr später, erst 56 deutsche U-Boote in Dienst gestellt worden seien, von denen ein großer Teil nicht einmal hochseefähig war. Obgleich dies feststehende Tatsache und einwandfrei belegt worden war, beharrte der britische Chefankläger auf dieser Zahl, die entweder ein Druckfehler oder aber eine bewußte Fälschung war, von welcher Seite auch immer sie in dieses Dokument gebracht worden war. Dr. Siemers konnte schließlich beweisen, daß sich diese Zahl 118 auf eine viel spätere Zeit bezog, denn das Dokument, aus dem man diese Zahl herausgezogen hatte, war mit den folgenden Worten unterschrieben, die wohlweislich *nicht* von Sir David verlesen wurden. Sie lauteten:

„Chef Marinehaushaltsabteilung B. Nr. E 311/42, geheime Kommandosache vom 19. November 1942."

Nach diesen Erfahrungen über den Wahrheitsgehalt und die vollständige Zitierung von „Dokumenten" durch die Anklagevertretung bat Dr. Siemers: „Ich wäre Ihnen außerordentlich dankbar, wenn ich nach *dieser* gemachten Erfahrung in Zukunft nicht nur das deutsche Exemplar, sondern gleichzeitig auch die englische Übersetzung von Sir David bekommen könnte."

Im Klartext gesprochen: Den Dokumenten der Anklage, wer auch immer von den vier Anklägern sie vor die Schranken des Gerichtes brachte, wurde auch von Herrn Dr. Siemers berechtigtes Mißtrauen entgegengebracht.

Das Gericht entschied: „Hier liegt ein Text vor, und dieser Text enthält die strittige Stelle." (Und demzufolge war er, weil er sich gegen den Angeklagten richtete, auch nicht abzulehnen, obgleich er falsch war, wie bewiesen wurde. d. Bearb.)

Doch dann rang sich der Vorsitzende des Gerichtes angesichts dieser offenbaren Falschmeldung zu der Bemerkung durch: „Vielleicht ist da ein Irrtum vorgekommen!"

Sir David fuhr anschließend noch stärkere Geschütze gegen Raeder auf, als er dem Großadmiral in der Nachmittagssitzung des 20. Mai 1946 vorwarf:

„Sie haben nicht nur die Neutralitätsverletzung von Holland und

Belgien gebilligt, sondern Sie waren zugunsten der Marine bereit, sie mit einem verschärften U-Boot-Krieg zu unterstützen."

Die Antwort des Großadmirals darauf lautete: „Das ist eine Verdrehung meiner Worte. Ich hatte mit dieser Neutralitätsverletzung gar nichts zu tun, denn wir sind nicht mit in beide Länder eingerückt, sondern ich hatte nur das Interesse, den U-Boot-Krieg Zug um Zug zu verschärfen, um den Maßnahmen der Engländer, die auch gegen das Völkerrecht verstießen, zu begegnen."

Der ehemalige Minister und Reichsinnenminister der Weimarer Republik, Karl Severing, sagte für Großadmiral Raeder aus und bestätigte alles, was dieser über den Schiffsbau zu Protokoll gegeben hatte.

Auch Admiral Schulte-Mönting, der bis zum 30. Januar 1943 Chef des Stabes bei Großadmiral Raeder und danach in der gleichen Dienststellung bei Großadmiral Dönitz war, wurde zu Norwegen befragt. Er erklärte:

„Wenn tatsächlich Norwegen von England besetzt worden wäre, wäre die Kriegführung in der Nordsee fast unmöglich geworden, jene in der Ostsee erschwert. Die Erzeinfuhr aus Schweden wäre wahrscheinlich unterbunden worden, die Gefahr aus der Luft für Norddeutschland und die östlichen Gebiete wäre furchtbar geworden. Auf weitere Sicht gesehen, wären Nord- und Ostsee restlos blockiert worden, was letzten Endes zum totalen Kriegsverlust geführt hätte."

Dennoch machte Großadmiral Raeder, wie der Zeuge bewies, Hitler auf die Gefahren aufmerksam. Schulte-Mönting bestätigte auch die wichtigen militärisch-politischen Nachrichten, die Quisling gebracht habe.

„Raeder hat Hitler gegenüber zum Ausdruck gebracht", fuhr Schulte-Mönting fort, „daß er mit dem völligen Verlust der Flotte rechnen müsse und daß, wenn die Operationen klarliefen, er immer noch mit etwa 30 Prozent Verlusten der eingesetzten Streitkräfte rechnen müsse." Und er bestätigte, daß denn auch etwa 30 Prozent der deutschen Flotte bei diesem Unternehmen verlorengingen.

Schulte-Mönting erklärte, Raeder halte eine neutrale Haltung Norwegens für besser, als dieses Risiko eingehen zu müssen, und Raeder habe der Seekriegsleitung und den Frontbefehlshabern schließlich mitgeteilt, daß er gegen alle Regeln der Kriegskunst diese Operationen durchführen müsse, weil völlige Notwendigkeit dazu vorliege.

Admiral Schulte-Mönting bewies eindeutig, daß Großadmiral Raeder in keiner Weise einen Krieg gegen die Sowjetunion befürwortet hatte, sondern daß er der Überzeugung war, nach der Niederringung Frankreichs müsse die Entscheidung gegen England im Atlantik gesucht werden.

Der Admiral bestach durch die Klarheit seiner Ausführungen und deren Präzision. Gegen diese sachlich vorgebrachten und dokumentarisch untermauerten Fakten gingen die „Dokumente" der Anklagebehörde sang- und klanglos unter. Sie strotzten vor Unsachlichkeit, und fast jeder wußte dies, und wer es nicht wußte, erkannte es sehr bald.

Großadmiral Raeder war nicht bemüht, seine Person zu schützen. Was er wollte, war eine geschichtliche Rechtfertigung der deutschen Seekriegsführung, wie auch Großadmiral Dönitz alle Kraft darein gelegt hatte, dieses Ziel zu erreichen und vor allem die U-Boot-Waffe und damit jeden einzelnen ihrer Angehörigen vom Makel des Kriegsverbrechens zu befreien. Beide übernahmen für alles bis in die kleinste Handlung eines Matrosen die Verantwortung, und Großadmiral Raeder betonte auch, „nach deutscher militärischer Auffassung (sei es) durch nichts gerechtfertigt, daß gegen Dönitz auf Grund von Fällen bei der U-Boot-Kriegführung aus der Zeit, als ich noch an der Spitze der Marine stand, Anklage erhoben wurde".

Es waren vor allem die bereits in den Verhören gegen Großadmiral Dönitz vorgelegten schriftlichen Erklärungen der britischen Admiralität und des Oberbefehlshabers der US-Marine, Admiral Nimitz, die ebenso, wie sie für Dönitz gesprochen hatten, auch für Großadmiral Raeder positiv zu Buche schlugen. Auch die Arbeit des Fregattenkapitäns Meckel in London, aus den dort lagernden Akten der deutschen Seekriegleitung Entlastungsmaterial zu beschaffen, war erfolgreich gewesen.

Als die Zeugeneinvernahme des Angeklagten und das Kreuzverhör sowie die Befragung der übrigen Zeugen zu Ende ging, war die deutsche Seekriegführung als völlig entlastet aus diesem Kreuzfeuer hervorgegangen. Es war von Befehlshabern und Oberbefehlshabern der alliierten Marinen festgestellt worden, daß die deutsche Kriegsmarine völlig mit den von ihnen geübten Regeln in Einklang stand. Das galt für beide Großadmirale und die deutsche Seekriegsführung.

Es war Flottenrichter Kranzbühler auch hier vorbehalten, in seinem Schlußplädoyer alle „Dokumente" und Thesen der Anklagebehörde zu widerlegen und unter Beweis zu stellen, daß die deutsche Kriegsmarine nach den Regeln des Völkerrechts eingesetzt wurde und sich auch dementsprechend verhalten hatte.

Alle Anklagepunkte gegen Großadmiral Raeder wurden von Flottenrichter Kranzbühler und Rechtsanwalt Dr. Siemers, der in einem vielbeachteten Plädoyer den Freispruch seines Mandanten beantragt hatte, widerlegt.

Dennoch wurde Großadmiral Raeder zu lebenslanger Haft verurteilt, was praktisch einem Todesurteil gleichkam. Vor allem wegen seines Vorgehens gegen Norwegen, welcher Vorwurf bis in die letzte Einzelheit widerlegt war, erfolgte dieses Urteil, wie in der Begründung dazu formuliert wurde. (Siehe: Anhang: Die Urteilsverkündung.)

Heute wissen wir aus den Memoiren des seinerzeitigen Kriegspremiers Winston Churchill, daß alles das, was die Verteidigung vorgebracht hatte, reine Wahrheit gewesen war. Doch das Urteil gegen Raeder wurde nicht revidiert. Eine Wiederaufnahme des Verfahrens wird es nicht geben.

Geben wir Großadmiral Raeder an dieser Stelle die Gelegenheit, sein Schlußwort in Auszügen darzulegen:

„Der Prozeß hat am Schluß der Beweisaufnahme ein für Deutschland segensreiches, für die Anklage aber unerwartetes Ergebnis gehabt: Durch einwandfreie Zeugenaussagen ist das deutsche Volk von dem schweren Vorwurf entlastet, um die Tötung von Millionen Juden und anderen Menschen gewußt, wenn nicht gar daran mitgewirkt zu haben.

Der Versuch der Anklage, das ganze deutsche Volk zu diffamieren, ist in sich zusammengebrochen.

Das zweite allgemeine, daher auch für mich wichtige Ergebnis des Prozesses ist die Tatsache, daß der deutschen Kriegsmarine grundsätzlich ihre Sauberkeit und Kampfsittlichkeit aufgrund der Beweisaufnahme hat bestätigt werden müssen. Sie steht vor diesem Gericht und vor der Welt mit reinem Schild und unbefleckter Flagge da.

Die Versuche im Plädoyer von Sir David Shawcross, den U-Boot-

Krieg auf eine Stufe mit Greueltaten zu stellen, können wir mit reinem Gewissen nachdrücklichst zurückweisen, sie sind nach den klaren Ergebnissen der Beweisaufnahme unhaltbar.

Ebenso ist erwiesen, daß die Seekriegsleitung und ihr Chef niemals ‚Verachtung für das internationale Recht' gezeigt haben, sondern vielmehr vom ersten bis zum letzten Augenblick ehrlich bestrebt gewesen sind, die moderne Seekriegführung mit den völkerrechtlichen und menschlichen Forderungen in Einklang zu bringen – auf der *gleichen* Basis wie unsere Gegner.

Ich bedaure, daß die Anklage immer wieder versuchte, mich und die Marine zu diffamieren. Ich kann mir dieses Verhalten der Anklage nur damit erklären, daß ihre Vertreter nur sehr wenig Urteil über die Grundsätze wahren Soldatentums und soldatischer Führung erkennen ließen und daher kaum berufen erschienen, über Soldatenehre zu urteilen".

Daß er selber verurteilt werden würde, war für Raeder nicht zweifelhaft. Was ihn aber überraschte, war die Tatsache, daß man auch Großadmiral Dönitz verurteilte. Dies war ihm ganz unverständlich, weil von allen Anklagepunkten gegen Dönitz „praktisch nichts übriggeblieben ist".

Am Rande des Geschehens sei an dieser Stelle vermerkt, daß jener Gerichtshof und jene Richter, die ein neues Völkerrecht schaffen wollten, sich nicht entblödeten, die Gattin des Großadmirals Raeder *nur* aus dem Grunde, weil sie Raeders Frau war, vier Jahre in sowjetischen Konzentrationslagern schmachten zu lassen. Dies zeigt mehr als seitenlange Beweise und Unterlagen die rechtliche Geisteshaltung der Sieger auf.

Übrigens war bei der Urteilsverkündung auch der Erste Seelord der Britischen Admiralität, Admiral Lord Cunningham, anwesend. Einige Tage darauf führte Flottenrichter Kranzbühler mit ihm ein Gespräch über ein Gnadengesuch für die deutschen Marineoffiziere. Lord Cunningham riet dem Flottenrichter, dieses Gesuch direkt an den britischen Admiral im Kontrollrat zu leiten, unter ausdrücklichem Hinweis auf diesen *seinen* Vorschlag. Eine Antwort darauf erfolgte nicht.

Der deutsche Generalstab

Verbrecher oder Soldaten?

Für die angeklagten Gruppen Generalstab und Oberkommando der Wehrmacht galten die Bestimmungen des Londoner Statuts in gleicher Weise wie für die fünf hauptangeklagten Feldmarschälle, Generale, Großadmirale.

Für den Fall, daß vor dem IMT in Nürnberg diese beiden Organisationen als verbrecherisch angeklagt *und* verurteilt werden sollten, waren 129 Mitglieder dieser beiden Gruppen von vornherein zu Schuldigen erklärt worden, allein aufgrund ihrer Zugehörigkeit zu diesen Gruppen und nicht etwa wegen begangener Kriegsverbrechen.

Im „Fall 12: Anklage gegen das Oberkommando der Wehrmacht" ging es um folgende Punkte: „Verbrechen gegen den Frieden, Kriegsverbrechen und Verbrechen gegen die Menschlichkeit." Hinzu kam noch der gravierende Punkt der „Verbrechen gegen feindliche Kriegführende und Kriegsgefangene, Verbrechen gegen Zivilpersonen und der gemeinsame Plan der Verschwörung und Anzettelung eines Angriffskrieges".

Es ging zunächst also vor dem Nürnberger Tribunal darum, den verbrecherischen Status der Gruppen Generalstab und Oberkommando der Wehrmacht festzulegen, ehe gegen Einzelpersonen verhandelt wurde, die *nicht* zu den „Hauptkriegsverbrechern" gehörten.

Um mit Sicherheit eine Verurteilung zu erreichen, wurde bereits der Paragraph 443 des British Manual Military Law im Jahre 1944 aufgehoben. Der Kernsatz dieses Paragraphen lautete: „Soldaten Seiner Majestät dürfen nicht wegen Kriegsverbrechen bestraft werden, die sie auf Befehl ihrer Vorgesetzten begangen haben." Damit war der deutschen Verteidigung die Möglichkeit genommen, sich auf diesen Paragraphen zu beziehen. Daß im deutschen Militärstrafgesetzbuch *kein* Paragraph bestand, der sich mit der Möglichkeit von Kriegsverbrechen befaßte und auch auf Befehl von Vorgesetzten begangene Verbrechen unter Strafe stellte, wurde nicht ins Kalkül einbezogen.

Noch vor Prozeßbeginn in Nürnberg hatte Justice Robert Houghwout Jackson, der Hauptankläger der USA, eine Erklärung abgegeben:
„Wir dürfen niemals vergessen, daß nach dem gleichen Maße, mit dem wir heute die Angeklagten messen, auch *wir* morgen von der Geschichte gemessen werden.
Diesen Angeklagten einen Giftbecher zu reichen, bedeutet, ihn auch an unsere eigenen Lippen zu setzen."
Das klingt natürlich sehr gut, aber in den vergangenen vier Jahrzehnten und mehr nach Ende des Zweiten Weltkrieges hat es kaum Stimmen gegeben, die die Verbrechen der Alliierten angeprangert hätten, und wo dies geschah, wurden diese Stimmen sehr bald zum Schweigen gebracht. Mit „Aufrechnungs-Historikern" wollte niemand etwas zu tun haben, wobei dieses Schlagwort als Hammer benutzt wurde, um solche Menschen niederzuschlagen, die dies versuchten. So Freda Utley, Russell Grenfell und viele, viele andere, vor allem im besiegten Deutschland.

Die Geschichte schreibt immer der Sieger, aber das muß nicht bis in alle Ewigkeit so bleiben! Und wenn in diesem Werk eine Ehrenrettung der deutschen Generale, des Oberkommandos der Wehrmacht und des deutschen Generalstabes erfolgt, dann kann nicht ausbleiben, daß *hier und an dieser Stelle* auch jene Taten zu Wort kommen *müssen,* die von der Siegerseite begangen wurden. Nur so ist es möglich aufzuzeigen, daß *jeder* Krieg und *jede* Seite in jedem Kriege unmerklich aus der Legalität in die Bestialität übergeht, weil dies dem Charakter von menschenmordenden Kriegen entspricht. Terror gebiert Gegenterror.

Wenn sich diese Erkenntnis durchsetzen würde und dies nach der Lektüre dieses Werkes klarer geworden ist, so ist der Zweck dieses Buches erreicht, das noch mehr warnen als anklagen soll.

Und was die Werkzeuge der Siegermächte anlangt, mit deren Hilfe weitere Kriege verhindert werden sollten, so stellte sich sehr bald heraus, daß beispielsweise die UNO nie über Deklamationen hinausgekommen ist und daß *keine* ihrer vielen Resolutionen einen zum Krieg entschlossenen Staat davon abgehalten hat, einen solchen vom Zaune zu brechen, *ohne* daß er dafür vor Gericht gestellt und verurteilt worden wäre.

Wenn Kriege vermieden werden können, dann nur aus der eigenen Erkenntnis heraus, daß sie für Sieger und Besiegte keine

Vorteile oder Nachteile bringen werden, sondern daß alle Geschlagene sein werden.

Generalfeldmarschall von Manstein kommt

Der Generalfeldmarschall Erich von Manstein hatte am 3. April 1944 für immer das Hauptquartier der Heeresgruppe Süd in Lemberg, die er in der schwierigsten Phase des Ostfeldzuges geführt hatte, verlassen. Er war am 26. März von Hitler verabschiedet worden. Damit waren nach den Worten von Mansteins „die unvereinbare Verschiedenheit der strategischen und auch der operativen Gedankengänge zwischen Hitler und mir beendet".

In Liegnitz erlebte er als nicht mehr Handelnder „und nur mit dem Herzen Beteiligter" den Vorstoß der Roten Armee während ihrer Sommer-Offensive. Er erlebte aus der Distanz die Winteroffensive der Roten Armee und mußte Liegnitz bei ihrem Nahen verlassen.

Mit seiner Familie ging er nach Schleswig-Holstein. Hier stellte er sich nach Kriegsende dem britischen Feldmarschall Montgomery.

Aus dem Gefangenenlager in Lüneburg wurde der Feldmarschall nach Nürnberg geschafft, wo er im Zeugenflügel mit Generalfeldmarschall von Brauchitsch, Generaloberst Halder, General der Artillerie Warlimont und General der Kavallerie Westphal als Zeuge für die Verteidigung des Generalstabes aussagen sollte.

Durch den deutschen Rechtsanwalt Dr. Leverkuehn erfuhren sie, daß sie aufgrund einer Empfehlung von Divisionsgeneral Donovan, der zu Beginn noch amerikanischer Hauptankläger war, zunächst eine geraffte sachliche Darstellung der Geschichte des deutschen Heeres erstellen sollten.

Feldmarschall von Brauchitsch hatte dazu von Mansteins Hilfe erbeten. Er hatte auch die drei weiteren Generale als Gehilfen zur Mitarbeit aufgefordert.

Mit seinem Gehilfen Westphal schrieb Feldmarschall von Manstein in Nürnberg über die Entwicklung der Reichswehr zur Deutschen Wehrmacht von 1920 bis 1938 und für die Zeit von 1942 bis zum Kriegsende. Die übrigen Zeitabschnitte bearbeiteten Feldmarschall von Brauchitsch und Generaloberst Halder.

Als der Text in einer Länge von 134 Seiten fertig war, bat

Rechtsanwalt Dr. Leverkuehn um eine radikale Straffung. Von General Donovan wurden sie ebenfalls gerügt, daß von Manstein keine Schuldigen namhaft gemacht hatte, die es unter Anklage zu stellen galt. Feldmarschall von Manstein erklärte unzweideutig, daß es nicht Aufgabe der deutschen Zeugen für den Generalstab sein *dürfe,* der alliierten Anklage die Schmutzarbeit zu leisten. Dazu General der Kavallerie a. D. Westphal:
„Von uns konnte man nicht erwarten, mit dem Finger auf einzelne aus unseren Reihen zu zeigen, die möglicherweise auf die Nürnberger Anklagebank gehörten. Wir waren nicht die Helfershelfer des Internationalen Militärgerichtshofes. Er sollte selbst diejenigen herausfinden, die vor Gericht zu stellen er für notwendig befand." (Siehe Westphal, Siegfried: Der Deutsche Generalstab auf der Anklagebank.)
Am 15. Dezember 1945 wurde die Denkschrift unterzeichnet. Alle fünf hohen Offiziere der ehemaligen deutschen Wehrmacht setzten ihren Namenszug darunter. Am folgenden Tage wurde der Prozeß gegen die Hauptkriegsverbrecher eröffnet.
Diese Verteidigungsschrift sollte für den Rechtsanwalt die Grundlage seines Verteidigungsplädoyers werden. Sie wurde darüber hinaus Grundlage für die Taktik der gesamten Verteidigung.
Geben wir noch einmal Generalfeldmarschall von Manstein zu dieser Vorbereitungsphase das Wort:
„Ich mußte als Seele und Motor dieser Arbeitsgemeinschaft versuchen, die alten Mitarbeiter aus den Gefangenenlagern herauszuholen, was mir auch gelang." (Siehe Kurowski, Franz: Generalfeldmarschall Erich von Manstein, im Manuskript zur Verfügung gestellt.)
Daß diese Zeit für die Entlastungszeugen kein Zuckerlecken war, ist aus vielen Berichten deutlich geworden. Zunächst war versucht worden, General Westphal als Zeugen der Anklage „umzudrehen", was dieser entschieden ablehnte. Dies wiederum sorgte dafür, daß Colonel Andrus, der „Gefangenenwächter Nummer 1", sich seiner besonders annahm. Mit den Worten „erst Autogramm, dann hängen!" wurden die Zeugen „aufgemuntert". Feldmarschall Kesselring wurde von Andrus *ohne* Grund für Monate in strenge Einzelhaft genommen.
Eines Tages hatte man denn eine besonders wirksame Schikane ersonnen. Es hieß, daß die Feldmarschälle Kesselring und von

Manstein sowie die Generale Halder und Westphal mit allem Gepäck anzutreten hätten, weil sie verlegt werden würden.

Es war inzwischen Juli 1946 geworden, und alle Heizkörper strahlten volle Hitze aus, so daß in den Zellen bei etwa 35 Grad Celsius niemand zu frieren brauchte, wie die Wächter höhnten. In eine dieser vorgeheizten Zellen – es war eine Doppelzelle – wurden die vier Männer mit ihrem Gepäck getrieben. Eine Waschschüssel stand auf der Erde. Es gab weder Tisch noch Stuhl. „Lediglich vier mit dreckigen Strohsäcken belegte Bettstellen und einen Abort gab es hier." (Siehe Westphal, Siegfried: a.a.O.)

Am nächsten Morgen wurden die vier Offiziere von einem der US-Psychiater, dem Major Goldensohn, besucht. Dieser Major war darüber hell empört, wie man die deutschen Feldmarschälle und Generale behandelte. Er setzte sich sofort mit seiner ganzen Person dafür ein, daß die Männer aus dem Verbrecherflügel in den Zeugenflügel zurückkehren durften. Den Generalen gegenüber erklärte er:

„Dies ist eine Behandlung, die wirklich der amerikanischen Nation unwürdig ist." (Siehe Kurowski, Franz: Das Vermächtnis – Siegfried Westphal: Als Generalstabschef dreier Feldmarschälle im Krieg 1939–1945.)

Generalfeldmarschall von Brauchitsch war inzwischen schwer erkrankt. Er starb am 18. Oktober 1948 in Nürnberg.

Neben den Genannten befanden sich noch die Feldmarschälle Ritter von Leeb, List und von Kleist im Zeugenflügel von Nürnberg. Letzterer war gemeinsam mit Feldmarschall von Manstein durch Hitler seines Kommandos enthoben worden. Er war nach Kriegsende von einer US-Militärpolizei-Streife festgenommen worden und wurde mit der Pistole bedroht. Im Jahre 1946 wurde er an Belgrad ausgeliefert. Doch darüber später.

Neben Halder befanden sich einige weitere Generaloberste in Nürnberg. Es waren dies Generaloberst Guderian, der vorletzte Chef des Generalstabes des Heeres, Generaloberst Reinhardt und Generaloberst von Falkenhorst; später kam noch Generaloberst Blaskowitz hinzu.

Die Zahl der Generale, die nach Nürnberg geschafft wurden, war hoch.

Was die Luftwaffe anlangte, so waren neben einem der Hauptangeklagten, Reichsmarschall Göring, noch die Feldmarschälle Kes-

Truman und Churchill in Berlin.

17. 7. 1945: Churchill, Truman und Stalin vor der 1. Plenarsitzung. Das Bild für die Presse.

Potsdam am 17. 7. 1945: die „Großen Drei".

Stalin begrüßt Truman auf dem Balkon der russischen Villa in Babelsberg. Rechts Molotow, links Byrnes, hinter diesem Gromyko.

Churchill in Teheran.

Mit Stalin vereint.

16. Juli 1945: Churchill in der zerbombten Reichskanzlei.

Die Potsdamer Konferenz ist vollzählig versammelt. Die „Großen Drei" mit ihren Beratern.

selring, Milch und Sperrle, Generaloberst Stumpff und der letzte Generalstabschef der Luftwaffe, Generaloberst Koller, nach Nürnberg geschafft worden.

Neben den beiden Großadmiralen der Kriegsmarine, Raeder und Dönitz, waren noch Vizeadmiral Schulte-Mönting, Konteradmiral Wagner und Konteradmiral Godt vertreten. Godt, der „einer der charaktervollsten Chefs des Stabes" war, wie General Westphal bezeugte, war aus den USA nach Nürnberg geschafft worden. Dort war er zeitweise im Staatszuchthaus „Sing-Sing" eingesperrt gewesen.

Es war hier Feldmarschall Kesselring, der den Reichsmarschall und Oberbefehlshaber der Luftwaffe, Göring, der ziemlich down war, wieder aufrichtete.

„Jetzt gibt es für Sie, Herr Reichsmarschall", sagte Kesselring seinem Vorgesetzten, „nur noch eines: Sie müssen für alles, was Sie veranlaßt haben, auch einstehen. Sie müssen notfalls dem Tode mit Anstand entgegensehen. Das verlangt Ihr höchstes Amt und die Ehre der Luftwaffe."

Reichsmarschall Göring sollte sich diese Worte zu Herzen nehmen. Bei seiner Vernehmung und insbesondere im Kreuzverhör mit den Hauptanklägern sollte er wieder zu seiner alten Größe emporwachsen.

Daß sich auch Generalfeldmarschall von Blomberg in Nürnberg befand, wo der 68jährige todkranke Mann am 14. März 1946 starb, wissen nur sehr wenige Zeitgenossen. Es gab noch eine Reihe weiterer hoher deutscher Offiziere, die Nürnberg und die alliierten Lager nicht überstanden. Kein Wunder!

Von zwei Ausnahmen abgesehen, deren eine ein Abwehroffizier der Gruppe Canaris war – er besaß den Rang eines Generalmajors –, haben alle in Nürnberg einsitzenden deutschen Offiziere „ungeachtet aller Demütigungen, die offenbar zielbewußt uns Offizieren zuteil wurden", ruhige Würde und Selbstbeherrschung bewahrt. Die beiden, die nach dem Ehrenkodex der deutschen Offiziere „zum Feind überliefen", wurden in die sogenannte Zeugenvilla verbracht, wo auch der oberste Fotograf des Führers, Hoffmann, saß und für die Amerikaner anhand der von ihm gemachten Fotos Personen identifizierte."

Rechtsanwalt Dr. Laternser, ein Frontoffizier und harter Verfechter der Rechte der Angeklagten, erhielt während des ganzen

Prozesses durch Feldmarschall von Manstein neue Argumente. Unter dem Titel „Beiträge zur Verteidigung des Generalstabes" ließ er dem Rechtsanwalt eine Fülle an Fakten zugehen, die diesem die Arbeit erleichterten.

Von Manstein im Zeugenstand

Am 9. August 1946 wurde Feldmarschall von Manstein in den Zeugenstand gerufen. Nachdem er seinen Namen, die letzte Dienststellung und die Frage, wie er in diese Stellung gelangt sei, beantwortet hatte, kam Dr. Laternser auf die Kernfrage der Anklage zu sprechen: „War der Generalstab eine Elite, die in der Wehrmacht den Ton angab?"

Erich von Manstein antwortete: „Die Generalstabsoffiziere waren insofern eine Elite, als sie aufgrund ihrer taktischen Befähigung und aufgrund ihres Charakters ausgewählt wurden. Tonangebend im Heer waren sie insofern nicht, als sie in ihren Auffassungen ja genau mit allen anderen Offizieren übereinstimmten.

In der Wehrmacht kann von einem Tonangeben durch den Generalstab überhaupt keine Rede sein. Die Marine hatte keinen Generalstab. Bei der Luftwaffe haben, soweit ich dies beurteilen kann, die Generalstabsoffiziere weniger eine Rolle gespielt, gewissermaßen als ‚outsider', wie Milch, Udet und so weiter, und die Wehrmacht hatte ja zunächst keinen Wehrmachts-Generalstab. Von einem Tonangeben des Generalstabes innerhalb der Wehrmacht kann also kaum die Rede sein."

Die nächste Frage befaßte sich mit der Überlegung, ob der Generalstab maßgeblichen Einfluß auf die militärischen Pläne gehabt habe. Dazu erklärte Manstein:

„Der Generalstab hat in der Zentrale, also im Reichswehrministerium, die zentralen Fragen in verschiedenen Abteilungen bearbeitet, soweit sie Führung und Verwendung der Truppe angingen. Dagegen waren alle anderen Gebiete in den Händen der Ämter oder Waffeninspektionen. Die Ämter standen gleichberechtigt neben dem Generalstab, und alles, was das eigentliche Leben der Truppe angeht, wurde in diesen Ämtern bearbeitet."

Auf die dritte Hauptfrage, ob der Chef des Generalstabes der entscheidende Berater Hitlers oder der betreffenden Oberbefehlshaber der drei Wehrmachtsteile gewesen sei, erwiderte der Feldmarschall:

„Daß der Chef des Generalstabes Hitlers entscheidender Berater war, muß verneint werden. Die Stellung eines Chefs des Generalstabes im Dritten Reich unterscheidet sich völlig von jener Stellung, wie sie beispielsweise der Chef des Generalstabes in der kaiserlichen Armee gehabt hat. Damals hatte der Chef des Generalstabes das Immediatsrecht, was bedeutete, daß er dem Kaiser direkt und unmittelbar Vortrag halten konnte.

In der Wehrmacht des Dritten Reiches und auch schon der Weimarer Republik war das völlig anders. Der Chef des Generalstabes des Heeres beispielsweise war nichts anderes als der Berater des Oberbefehlshabers des Heeres für die militärischen Führungsfragen. Zwischen ihm und Hitler standen also einmal der Oberbefehlshaber des Heeres, dann aber, solange wir einen Reichskriegsminister in Gestalt Blombergs hatten, auch noch dieser.

Insofern war also von einer Beratung Hitlers durch den Generalstabschef keine Rede. Aber auch in der Beratung des Oberbefehlshabers des Heeres teilte er sich, zumindest im Frieden, mit den ihm gleichberechtigten Amtschefs, also den Chefs des Personalamtes, des Waffenamtes, des Wehramtes und so weiter." Und der Feldmarschall fuhr fort: „In der alten Armee hatte jeder Chef des Generalstabes das Recht, wenn er anderer Ansicht war als sein Befehlshaber, diese abweichende Ansicht aktenkundig zu machen, wenn er auch den Befehl seines Befehlshabers ausführen mußte. In der Wehrmacht des Dritten Reiches wurde dies mit ausdrücklichem Einverständnis des Chefs des Generalstabes, Beck, abgeschafft."

Auf die Frage, ob denn das OKW sozusagen das Zentralhirn der Wehrmacht gewesen sei, erwiderte von Manstein, daß dieses ja erst am 4. Februar 1938 als Arbeitsstab Hitlers entstanden sei. Vorher sei Blomberg Reichskriegsminister gewesen und habe in dieser Stellung die gesamten Belange der Wehrmacht gegenüber Staat und Partei zu vertreten gehabt.

Als dann Blomberg eine stärkere Wehrmachtsführung habe schaffen wollen, sei ihm vor allem vom Oberkommando des Heeres Widerstand geleistet worden, und zwar deshalb, weil Blomberg „der Partei gegenüber zu nachgiebig war". Er versuchte dann, einen Wehrmachtsführungsstab zu schaffen, der aber zur

Zeit seines Sturzes noch nicht ausgereift war. Hitler habe dann nach diesem 4. Februar 1938 den Wehrmachtsführungsstab geschaffen. Man könne diesen aber nicht als eine Art Spitzenführung der drei Wehrmachtsgeneralstäbe ansehen oder als Dachorganisation, sondern als nichts anderes denn als Hitlers Führungsstab.

Danach ging Dr. Laternser zu einem großen Problem über, und zwar dazu, in welcher Beziehung die von der Anklagebehörde benannten 129 militärischen Führer, die als zum OKW oder zum Generalstab gehörend unter Anklage gestellt werden sollten, in Wirklichkeit zu den genannten Organisationen stünden.

„Zum OKW gehörten ja davon nur vier, nämlich Keitel, Jodl, Warlimont und Winter. Zum Generalstab gehörten nur die Chefs des Generalstabes der Luftwaffe und des Heeres. Diese haben mehrfach gewechselt. Es sind wohl von jedem Wehrmachtsteil fünf. Alle übrigen gehörten weder zum OKW noch zum Generalstab. Sie sind die Inhaber der obersten Stellen der militärischen Hierarchie, wie sie das in jedem Land sind."

„Stellten diese militärischen Führer aber nach Ihrer Auffassung eine einheitliche Gruppe mit einer einheitlichen Willensbildung dar?"

„Natürlich waren diese Führer in ihrer Berufsauffassung einig. Auch in der Auffassung der Notwendigkeit, daß Deutschland stark sein müsse, weil es von drei Nachbarn umgeben war, von denen man ja immerhin einiges erwarten konnte.

Darüber hinaus aber kann man von einer einheitlichen Gedankenbildung eigentlich nicht reden. Ich möchte sagen, es standen horizontal nebeneinander die drei Wehrmachtsteile, und jeder Wehrmachtsteil hatte andere militärische Gedanken und Ziele, die oft sogar sehr gegeneinander waren. Vertikal gesehen, gliederten sich diese 129 Offiziere in die militärische Hierarchie – also, sagen wir mal – in vier Stufen, die das Verhältnis vom Befehlen zum Gehorchen waren.

Die oberste Stufe war der Führer; dazu sein Arbeitsstab, das OKW. Bei dieser Stufe lag die gesamte politische und militärische Verantwortung bei dem wirklich obersten Führer.

Die nächste Stufe waren die drei Oberbefehlshaber der Wehrmachtsteile. Sie waren verantwortlich für die militärischen Aufgaben des Teils der Wehrmacht, der ihnen unterstellt war, und hatten in diesem Bereich natürlich die Gesamtverantwortung. Sie waren auch, wenn Hitler sie auf ihren militärischen Gebieten zu Rate zog, in gewisser Hinsicht seine Berater.

Die dritte und vierte Stufe, die es in der Form der 129 Offiziere ja nur im Kriege gab, waren die Oberbefehlshaber der Heeresgruppen und darunter als vierte Stufe die Oberbefehlshaber der Armeen.

Die Oberbefehlshaber der Heeresgruppen hatten die Verantwortung für die operative Führung der Operationen, die ihnen aufgetragen wurden.

Darunter hatten die gleiche Teilverantwortung für ihre Armee die Oberbefehlshaber der Armeen, die auch die territoriale Gewalt im Operationsgebiet ausübten. Aber diese dritte und vierte Stufe standen in keinem Konnex – sagen wir mal – gedanklich zu Hitler, zum Führer, denn dazwischen war die Stufe der Oberbefehlshaber. Sie empfing Befehle und hatte zu gehorchen; wie überhaupt im militärischen Leben das Verhältnis Befehlender und Ausführender lautet."

„War es innerhalb der von Ihnen geschilderten Verantwortlichkeit möglich, zu Plänen Hitlers Stellung zu nehmen?"

„Zu den Plänen Hitlers Stellung zu nehmen, war für die dritte und vierte Gruppe an sich unmöglich, denn sie erfuhren ja alles in Gestalt von Befehlen. Wenn in einzelnen Fällen Hitler die Oberbefehlshaber zu Besprechungen zusammenrief, dann war das *auch* die Bekanntgabe einer feststehenden Entscheidung, an der gar nichts zu ändern war.

Die Oberbefehlshaber der Wehrmachtsteile konnten natürlich, wenn sie von Hitler vorher gefragt wurden, was ich im einzelnen Fall nicht beurteilen kann, ihre Ansichten zur Geltung bringen. Wie weit sie dabei durchkommen konnten, steht auf einem anderen Blatt."

Es stellte sich heraus, daß der Begriff des OKW und Generalstabes auf der einen und der genannten 129 Offiziere auf der anderen Seite etwas völlig Verschiedenes waren, und von Manstein bekräftigte dies durch seine Worte:

„Es waren eben die militärischen Führer und nicht der Generalstab oder das OKW, und als eine einheitliche Organisation kann man dies weder ideell noch materiell, weder praktisch noch theoretisch ansehen."

Als Dr. Laternser auf die SS-Führer hinwies, die sich auch in dieser Gruppe befanden, und den Zeugen fragte, ob denn die SS als vierter Wehrmachtsteil galt, verneinte von Manstein dies und verwies darauf, daß sehr wohl Bestrebungen der vernünftigen Führer der Waffen-SS vorhanden gewesen seien, in die Armee eingegliedert zu werden, daß aber bei dem entgegengesetzten Willen Hitlers und Himmlers nicht daran zu denken gewesen sei. Er führte weiter aus:

„Die Verbände der Waffen-SS haben im Kriege als Kameraden neben uns an der Front sehr tapfer gekämpft."

Auch die Frage der Zusammenarbeit zwischen Wehrmacht und Partei kam zur Sprache, weil ja die Anklage eine enge Verbindung der Wehrmacht mit der Partei als gegeben annahm, um solcherart das Verbrecherische der Wehrmacht stärker herausstellen zu können. Dazu von Manstein:

„Die Partei arbeitete auf dem politischen Gebiet und wir auf dem soldatischen. Von einem gemeinsamen Plan Wehrmacht-Partei kann nicht die Rede sein, denn dazu fehlten alle Voraussetzungen und vor allem eine gemeinsame Grundeinstellung. Wir waren mit sehr vielen Methoden der Partei in keiner Weise einverstanden.

Hinzu kam der totale Machtanspruch der Partei, der sich ja auch immer wieder auf die Einflußnahme auf die Wehrmacht erstreckte; und ich kann wohl sagen, daß wir Offiziere stets in einem Kampf dagegen gestanden haben, daß Parteieinflüsse über unsere Soldaten Gewalt gewannen und damit das soldatische Element, das wir vertraten, beiseite schoben.

Und als drittes ist festzustellen, daß von einem Plan unter Hitler überhaupt keine Rede sein konnte. Wenn jemand einen Plan machte, dann war es Hitler allein, und unter ihm hatte kein Mensch Pläne zu machen, sondern sie hatten alle zu gehorchen."

Auf die Frage, in welcher Eigenschaft er denn im Generalstab gedient habe, erwiderte von Manstein: „Ich war von 1929 bis 1933 als erster Generalstabsoffizier in der ersten Abteilung des Truppenamtes. Danach wurde ich im Jahre 1935 Chef der Operationsabteilung des Heeres und 1936 Oberquartiermeister I, das heißt also Stellvertreter des Chefs des Generalstabes des Heeres."

Daß er in diesen Dienststellungen vor allem als Oberquartiermeister I über Ziele und Umfang der Aufrüstung informiert gewesen sein müsse, stellte Dr. Laternser heraus. Dem stimmte der Feldmarschall zu und erklärte über diese beiden Probleme:

„Das Ziel unserer Aufrüstung in den zwanziger Jahren oder den ersten dreißiger Jahren bestand in der primitivsten Sicherheit gegen den unprovozierten Angriff eines unserer Nachbarn. Wir wußten ja, daß sie alle Wünsche in bezug auf deutsches Gebiet hatten, und mußten immer mit der Möglichkeit eines Angriffs rechnen. Wir wollten zumindest so stark sein, daß wir einem solchen Angriff bestenfalls einige Wochen standhalten konnten, um dadurch zu verhindern, daß, zum Beispiel bei einem polnischen Angriff durch die Besetzung von Oberschlesien, ein Fait accompli geschaffen wurde. Wir wollten sicherstellen, daß wir so lange kämpfen konnten, bis der Völkerbund eingriff.

Da wir uns also auf den Völkerbund verließen, mußten wir alles vermeiden, was als eine Verletzung des Versailler Vertrages oder als Provokation angesehen werden konnte. Aus diesem Grunde hatten wir in der ersten Abteilung des Truppenamtes eine besondere Gruppe von Offizieren, deren einzige Aufgabe es war, bei allen Befehlen des OKH oder der damaligen Heeresleitung darüber zu wachen, daß derartige Verstöße nicht passierten."

Der Zeuge erklärte auch auf eine diesbezügliche Frage, daß es bis zum Jahre 1935 keine deutschen Aufmarschpläne gegeben habe. Erst 1935 sei der erste Aufmarschplan bearbeitet worden: der Aufmarsch Rot, ein Defensivaufmarsch am Rhein und an der Westgrenze und gleichzeitiger Aufmarsch zur Defensive an der tschechischen und polnischen Grenze. Danach sei als zweiter Plan dieser Art der Aufmarschplan Grün bearbeitet worden, der für den Fall angewandt werden sollte, wenn die Tschechoslowakei Deutschland angriff.

Der Aufmarschplan Weiß gegen Polen wurde nicht mehr zur Zeit von Mansteins bearbeitet, weil dieser am 4. Februar 1938 als Oberquartiermeister I ausschied.

Daß von Manstein auch für den Generalstab und das OKW in Sachen Rheinlandbesetzung und Einmarsch in Österreich aussagte, verstand sich aus den Vorwürfen der Anklagebehörde von selber. Über den Polenfeldzug erklärte er: „Ich war für den Polenkrieg bei der Mobilmachung als Chef des Generalstabes der Heeresgruppe Süd vorgesehen. Als ich die Aufmarschpläne bekam, war mir klar, daß dies an sich ein Angriffsaufmarsch war. Aber es gab verschiedene ganz wesentliche Punkte, die gegen einen Angriffsplan sprachen. Der erste war, daß im Frühjahr 1939 auf Befehl des Führers plötzlich angefangen wurde, die ganze Ostgrenze stark zu befestigen. Dort wurden in der Folgezeit nicht nur viele Tausende von Arbeitern, sondern ganze Divisionen zum Schanzen eingesetzt. Dies ließ jedenfalls auf alles andere eher als auf einen Angriffskrieg schließen.

Das zweite, was dagegen sprach, war, daß die Ausbildung im völlig friedensmäßigen Turnus weiterlief.

Hinzu kam dann noch die Rede Chamberlains vor dem britischen Unterhaus, in welcher dieser den Polen Englands Hilfe zusagte, und daß Hitler bei jeder Gelegenheit erklärt hatte, daß er es nie auf einen Zweifrontenkrieg ankommen lassen werde.

Andererseits aber lag uns eine völlig zuverlässige Nachricht vor, die nachher in der Praxis bestätigt wurde, daß die Polen in der Provinz Posen zu einer Offensive in Richtung Berlin aufmarschieren wollten. – – – Tatsächlich sind die Polen später *so* aufmarschiert. Man konnte also wohl mit dem Eventualfall rechnen, daß ein Krieg begann, und sehr wohl auch mit der Möglichkeit, daß die Polen in der Hoffnung auf englische Hilfe selbst eine Unvorsichtigkeit begehen und angreifen würden, wenn sie schon so in der Offensive aufmarschiert waren. Dann wäre es natürlich zu einem Krieg gekommen. Aber nach all den genannten Anzeichen konnte man nicht annehmen, daß Hitler einen Angriffskrieg sozusagen vom Zaune brechen wollte."

Auch aus der oftmals vor dem Tribunal als Indiz für Angriffsabsichten Deutschlands herangezogenen Führerrede vom 22. August 1939 hatte von Manstein „nicht den Eindruck mitgenommen, daß es unbedingt zum Krieg kommen würde. Und dieser Eindruck hat sich bei mir und bei dem Oberbefehlshaber, Feldmarschall von Rundstedt, bis zur Nacht zum 1. September erhalten, nachdem der Einmarschbefehl vom 25. August wieder zurückgenommen worden war."

Am 200. Tage des Prozesses, Samstag, den 10. August 1946, stand Feldmarschall von Manstein erneut vor dem Tribunal Rede und Antwort. Zur Debatte stand der Ostfeldzug, zu dem der Feldmarschall sagte:

„Ich habe den Krieg gegen Rußland als einen Präventivkrieg unsererseits angesehen. Nach meiner Ansicht gab es für Hitler *keinen* anderen Ausweg aus der Lage, in die er Deutschland gebracht hatte, nachdem er das Risiko einer Landung in England im Jahre 1940 nicht gewagt hatte. Wir mußten meines Erachtens in der

Sowjetunion im Jahre 1940/41 eine ganz große drohende Gefahr sehen. Die einzige Chance, dieser Lage zu entgehen, wäre eine Landung in England im Herbst 1940 gewesen; das aber hat Hitler *nicht* riskiert."

Auf die Frage Dr. Laternsers, warum Hitler nicht mehr auf seine Oberbefehlshaber gehört und den Krieg gegen die Sowjetunion allein vorgeplant habe, erklärte Manstein, daß das OKH in bezug auf den Westfeldzug – von dessen Notwendigkeit er – Manstein – überzeugt war – anderer Ansicht als Hitler gewesen sei und daß er selbst damit einen falschen Standpunkt vertreten und sich Hitlers Entscheidung als richtig herausgestellt habe.

„Der Erfolg hat Hitler auch in diesem Falle recht gegeben, und von diesem Augenblick an war er der Ansicht, daß er eben mehr verstünde als die Soldaten, und so hat er auch in der entscheidenden Frage gegen die Sowjetunion recht behalten und das OKH nicht mehr gehört."

Als Kommandierender General eines Armeekorps in der ersten Phase des Rußlandfeldzuges hatte General von Manstein natürlich auch die Militärgerichtsbarkeit ausgeübt, und zwar „nach Recht und Gesetz und im Sinne eines anständigen Soldatentums", wie er erklärte, um sodann den Fall anzuführen, daß die beiden ersten Todesurteile, die er habe verhängen müssen, zu Beginn des Rußlandfeldzuges zwei deutschen Soldaten gegolten hätten, die wegen Vergewaltigung russischer Frauen verurteilt worden waren.

Von Manstein hatte der Zivilbevölkerung erlaubt, den Gefangenen der Roten Armee, die in den Kesselschlachten des Jahres 1941 zu Hunderttausenden anfielen, Lebensmittel zu bringen. Diese Sowjet-Soldaten, die bereits halb verhungert aus den Kesseln in die Gefangenschaft gingen, hätten nicht in dem vorgesehenen Umfang versorgt werden können, weil der Transportraum der Armee dazu einfach nicht ausgereicht habe. Es war praktisch unmöglich, zusätzlich zu einer Armee noch 500 000 Kriegsgefangene zu ernähren. „Die gleichen Verhältnisse", führte von Manstein aus, „haben sich ja in Deutschland nach der Kapitulation ergeben, wo Hunderttausende von deutschen Soldaten wochenlang unter freiem Himmel gelegen haben und auch nicht richtig verpflegt werden konnten."

„Nicht richtig verpflegt" war wohl die Untertreibung des ganzen Prozesses, denn sie wurden teilweise überhaupt nicht verpflegt und sind auf den Rheinwiesen bei Bad Kreuznach und Rheinberg und anderswo buchstäblich im Schlamm der Frühjahrsregen verreckt, wie die Unterlagen beweisen.

Daß die Zerstörungen an Bahn- und Wasserkraftanlagen, Häusern und landwirtschaftlichen Maschinen nicht von den deutschen Truppen begangen worden waren, konnte unter Beweis gestellt werden. Die über jedes erdenkliche Maß hinausgehenden Zerstörungen wurden im Zweiten Weltkrieg auf Befehl der beiden Obersten Führungen angerichtet. Stalin hatte nach von Mansteins Bekundungen „mit völligem Recht" von den Kräften der Roten Armee den Kampf um jeden Fußbreit Boden verlangt und darüber hinaus befohlen, daß alle Städte uund Anlagen, die geräumt werden mußten, vermint wurden, um im gegebenen Augenblick durch Fernzündung gesprengt zu werden.

Dies alles wurde Wirklichkeit. Sewastopol wurde acht Monate lang umkämpft. Rostow und Charkow wurden jeweils zweimal erobert und zurückgewonnen, andere Städte wurden tagelang bekämpft; Stalingrad lag wochenlang unter dem Bombenhagel und Granatfeuer deutscher wie sowjetischer Waffen.

Planmäßige Zerstörungen habe es allerdings auch deutscherseits auf dem Rückzug des Jahres 1943 hinter den Dnjepr gegeben. Dadurch sollte der nachdrängende Gegner vor dem Überschreiten des Flusses gehindert werden.

Als die Anklage des Hauptanklägers der UdSSR, General Rudenko, zur Sprache kam, in welcher den Deutschen die Zerstörung von russischen Kulturstätten vorgeworfen wurde, erklärte von Manstein, daß ein Teil dieser Stätten leider zerstört vorgefunden worden sei. Sie aber hätten beispielsweise das Schloß Liwadija und das alte Tatarenschloß in Bakschissarai erhalten.

Bei Leningrad und Oranienbaum sei es die Artillerie der Roten Armee gewesen, die die Schlösser zerstört habe; er, Manstein, sei selbst einmal in einen solchen Artillerie-Überfall hineingeraten.

Als dem Feldmarschall der Kommissarbefehl, die Behandlung der Partisanen und die Judenmorde auf der Krim vorgehalten wurden und man ihm die Aussage Ohlendorfs vorhielt, daß dieser mit ihm, von Manstein, und mit dem Chef des Stabs der Armee auf dem Marsch gesprochen habe, wies von Manstein nach, daß dies nicht stimmte.

Die von Ohlendorf zugegebenen Morde an 90 000 Juden, die von Manstein als Oberbefehlshaber angelastet werden sollten, weil sie angeblich in seinem Befehlsbereich geschehen seien, schienen den Feldmarschall zu belasten, aber dieser erklärte dazu:

„Diese Menschen sind keinesfalls in meinem Befehlsbereich ermordet worden, sondern, wie Ohlendorf ausgesagt hat, hat *sein* Befehlsbereich" (aus dem er diese Meldung gemacht hatte) „von Czernowitz bis nach Rostow gereicht; das sind schätzungsweise 1200 Kilometer Ausdehnung. Und in der Tiefe waren es 300 bis 400 Kilometer. In diesem Gebiet hat nicht nur die 11. Armee" (deren Oberbefehlshaber von Manstein war), „sondern auch die 1. Panzerarmee und die 3. und 4. rumänische Armee, also vier Armeen gestanden. Von diesem riesigen Gebiet hat die 11. Armee nur ein kleines Stück auf der Krim gehabt."

Der Feldmarschall stellte sich vor seine Soldaten und erklärte, er halte es für ausgeschlossen, daß auch nur ein Soldat seiner Armee jemals an Judenerschießungen beteiligt gewesen sein könne. Er sagte: „Wenn sich ein Truppenteil oder ein Offizier meiner Armee an so etwas beteiligt hätte, wäre das sein Ende gewesen."

Im Manstein-Prozeß soll auf diese Anklage noch einmal besonders eingegangen werden, weil dieser wenigstens einige der Entlastungsmaterialien zuließ.

Die Frage, ob ein Einspruch bei Hitler diesen dazu bewogen haben könnte, den erlassenen Kommissarbefehl zurückzunehmen, verneinte Manstein.

„Das hätte Hitler sicher *nicht* getan, im Gegenteil! Es wäre für ihn und vielleicht auch für manche andere eine erwünschte Gelegenheit gewesen, uns zu beseitigen. Im übrigen ist eine offene Gehorsamsverweigerung mit dem Ziel, einen Diktator zu etwas zu zwingen, in einer Diktatur ein völlig unbrauchbares Mittel. Ein Diktator kann sich *nie* zwingen lassen. Mit *dem* Moment, wo er auch nur einmal einem solchen Zwang nachgibt, ist seine Diktatur ja erledigt."

Daß Hitler in rein militärischen Führungsfragen auf den Oberbefehlshaber der Heeresgruppe Süd gehört hatte, gab von Manstein zu, fügte gleichzeitig aber an, daß er einen dicken Band schriftlicher Vorschläge unterbreitet habe, die allesamt verworfen worden seien.

Auch bei den anderen Feldmarschällen sei es ähnlich gewesen. Immerhin habe Hitler von 17 Feldmarschällen des Heeres zehn noch im Kriege entlassen. Drei weitere seien im Verlaufe des

20. Juli ums Leben gekommen, und nur einer habe als Feldmarschall des Heeres den Krieg überdauert.

Von den 36 Generalobersten des Heeres seien ebenfalls 18 nach Hause geschickt worden und fünf im Verlaufe des 20. Juli ums Leben gekommen oder in Unehren ausgeschieden. Nur drei hätten den Krieg in ihrer Stellung überdauert.

Feldmarschall von Manstein brachte damit zum Ausdruck, daß es keinen Berufsstand gab, der derartig viele Opfer seiner Überzeugung verzeichnet hatte.

„Alle diese Führer waren militärisch hochqualifizierte Offiziere, sie konnten nicht wegen ihrer Unfähigkeit weggeschickt werden, sondern sie wurden weggeschickt, weil Hitler ihnen mißtraute oder weil er ihnen nicht die notwendige Härte in der Kampfführung zutraute."

Als die Rede auf die Verschwörung des 20. Juli kam und der Name des Zeugen Gisevius genannt wurde, der ausgesagt hatte, daß der Kreis des 20. Juli mit von Manstein Fühlung aufgenommen habe, konnte der Feldmarschall sagen, ihm sei jetzt, im nachhinein, klar, daß einige Fühlungsversuche unternommen worden seien und daß einmal der General von Gersdorff bei ihm gewesen sei, der Briefe von Goerdeler bei sich gehabt habe, sie aber nicht an Manstein übergab. Dies sei nicht erfolgt.

„Da ich immer den Standpunkt vertreten habe, daß eine Beseitigung Hitlers im Kriege zum Chaos führen mußte, hat er mir diese Briefe nicht gezeigt."

Der Feldmarschall erklärte, daß er Ende März 1944 durch Hitler seiner Stellung enthoben worden sei.

Zum Schluß der Zeugenbefragung zitierte Oberst Taylor noch einen Tagesbefehl der 11. Armee vom 20. November 1941. Darin kam zum Ausdruck, daß die 11. Armee offenbar den Kampf „nicht in der hergebrachten Form gegen die sowjetische Wehrmacht allein nach europäischen Kriegsregeln führte".

Es kam bei von Manstein zum Ausdruck, daß auch hinter der Front weitergekämpft wurde, daß „Partisanen, in Zivil gekleidete Heckenschützen, einzelne Soldaten und kleine Trupps überfielen und durch Sabotage mit Minen und Höllenmaschinen unseren Nachschub zu stören" versuchten.

Der wichtigste Satz – auf ihn wollte Taylor hinaus – kam erst danach. Er lautete: „Das Judentum bildet den Mittelsmann zwi-

schen dem Feind im Rücken und den noch kämpfenden Resten der Roten Armee und der Roten Führung. Es hält stärker als in Europa alle Schlüsselpunkte der politischen Führung und Verwaltung, des Handels und des Handwerks besetzt und bildet weiter die Zelle für alle Unruhen und möglichen Erhebungen.
Das jüdisch-bolschewistische System muß ein für allemal ausgerottet werden. Nie wieder darf es in unseren europäischen Lebensraum eingreifen."
Daraus schloß Oberst Taylor, daß Feldmarschall von Manstein den Befehl zur Ausrottung der Juden gegeben habe. Von Manstein stellte richtig:
„Wenn hier steht, daß das jüdisch-bolschewistische System ausgerottet werden muß, dann ist damit auch die Ausrottung dieses *Systems* und nicht der Menschen gemeint." Der Feldmarschall verwies auf die anderen Punkte des Befehls, daß seine Soldaten die religiösen Gebräuche anderer achten und den Bauern nicht die letzte Kuh wegnehmen dürften und daß sie vor allem das andere Geschlecht zu achten hätten. Er schloß:
„Ich weise darauf hin, daß ausdrücklich *jede* Willkür, jeder Eigennutz verboten war, jede Verwilderung und Undiszplin und vor allem Verletzung der soldatischen Ehre."
Als Oberst Taylor dem Zeugen unterstellte, er habe in diesem Befehl zum Ausdruck bringen wollen, daß die Truppe den Judenvernichtungen durch die Einsatzkommandos sympathisch gegenüberstehen sollte, erklärte von Manstein:
„Nein, davon ist keine Rede, daß ich jemals meine Truppe auch nur zwischen den Zeilen dazu hätte anregen wollen, solche Methoden mitzumachen. Davon kann gar keine Rede sein, und wie hätte ich sonst als letztes die militärische Ehre besonders hervorheben können?"
Damit war die Zeugenanhörung und das Kreuzverhör des Feldmarschalls von Manstein zu Ende. Er und seine Helfer hatten immer wieder deutlich gemacht, daß sie das Oberkommando der Wehrmacht und den deutschen Generalstab, den sie verteidigten, als völlig unschuldig einstuften. Auch General der Kavallerie Westphal, der etwa drei Stunden lang als Zeuge im Kreuzverhör stand, konnte diese Tatsache untermauern.
Als schließlich Rechtsanwalt Dr. Laternser am 27. August 1946 seine Rede hielt, gelang es ihm dank der Hilfe dieser Zeugen zu

beweisen, daß die Bezeichnungen „der Generalstab" und „das Oberkommando der Wehrmacht" falsch seien. Der betroffene Kreis der 129 hochgestellten Offiziere sei weder eine Gruppe noch eine Organisation. Von den angeklagten Offizieren seien 49 überhaupt nicht im Generalstab gewesen.

Daß in dieser Liste sogar Generaloberst Beck, Generalfeldmarschall von Witzleben und Generalfeldmarschall Rommel standen, wurde als besonders irrwitzig herausgestellt.

Dr. Laternser gelang es auch, die These der „Verschwörung" zu widerlegen und ebenso den „gemeinsamen Plan eines Angriffskrieges". Er bewies, daß es keinerlei Unterlagen gebe, die darauf hinweisen, daß überhaupt ein gemeinsamer Plan zu einem Angriffskrieg bestanden habe. Er legte einen Bericht des Chefs des US-Generalstabes, General Marshall, vor, in dem dieser seinem Präsidenten vorgetragen hatte:

„Bis jetzt ist keinerlei Beweis dafür erbracht worden, daß der deutsche Generalstab irgendeinen weitergehenden strategischen Plan hatte. Die Geschichte des deutschen Generalstabes von 1938 an ist die eines dauernden Kampfes der Meinungen, in welchem das militärische Urteil mehr und mehr den Befehlen Hitlers unterlag."

Daß die besondere Arbeit des Verteidigers darin bestand, die militärischen Führer der deutschen Wehrmacht von der Anklage zu befreien, „Verbrechen gegen feindliche Armeen, gegen Kriegsgefangene sowie gegen die Bevölkerung in den besetzten Gebieten begangen zu haben", war von vornherein klar. Dr. Laternser ging es darum, den Willen der angeklagten Generale und Feldmarschälle durchzusetzen, die geschichtliche Wahrheit festzustellen. Er schloß deshalb mit den Worten:

„Wenn einzelne unter den Betroffenen gefehlt haben, so werden sie sich zu verantworten wissen. Die Gesamtheit trägt keine Schuld an den begangenen Verbrechen. Im Gegenteil: Dieser Kreis war noch einer der Horte anständigen, humanen und christlichen Denkens und Handelns. Nur wer die ungeheuer schwierige Situation, in die jeder einzelne dieser Männer gestellt war, aus nächster Nähe erlebt hat, kann ihrer Haltung gerecht werden.

Die Geschichte hat ihre eigene Art, zu urteilen. Die hier geforderte summarische Aburteilung ist weltgeschichtlich so gut wie einzig dastehend.

Die Geschichte wird ihr eigenes Urteil auch über die hier

betroffenen Führer schreiben, und die deutschen Generale glauben, vor diesem Urteil bestehen zu können.

Diese Männer bangen nicht um ihr Leben – denn der Tod ist ihnen in jeglicher Gestalt vertraut –, sondern um die Gerechtigkeit."

Bei der Urteilsverkündung wurden der deutsche Generalstab und das Oberkommando der Wehrmacht freigesprochen. Das Gericht folgte den Darlegungen der Verteidigung. Es fühlte sich jedoch bemüßigt zu formulieren:

„Diese beiden Gruppen sind in hohem Maße verantwortlich gewesen für die Leiden und Nöte, die über Millionen Männer, Frauen und Kinder gekommen sind. Sie sind ein Schandfleck für das ehrbare Waffenhandwerk geworden. Ohne ihre militärische Führung wären die Angriffsgelüste Hitlers und seiner Nazi-Kumpane akademisch und ohne Folgen geblieben. Wenn diese Offiziere auch nicht eine Gruppe nach dem Wortlaut bildeten, so waren sie doch sicher eine rücksichtslose militärische Kaste.

Viele Männer haben mit dem Soldateneid des Gehorsams gegenüber militärischen Befehlen Spott getrieben. Die Wahrheit aber ist, daß sie an allen diesen Verbrechen teilgenommen haben, die man Hitler vorhält. Dies muß gesagt werden. Wo es der Sachverhalt rechtfertigt, sollen diese Leute vor Gericht gestellt werden, damit jene unter ihnen, die dieser Verbrechen schuldig sind, ihrer Bestrafung nicht entgehen."

Damit war bereits an diesem Tage klar, daß auch der Generalfeldmarschall von Manstein sich sehr bald vor irgendeinem Gericht wiederfinden würde.

Gegen die deutschen Südost-Generale

Die Angeklagten

Vor dem amerikanischen Militärgerichtshof V fand in Nürnberg der Prozeß gegen die deutschen Südost-Generale statt. Dieser Prozeß lief unter der Fall-Nummer 7 der zwölf Nürnberger Nachfolge-Prozesse. Insgesamt waren zwölf der höchsten deutschen Offiziere und Armeeführer angeklagt, während der Besetzung von Jugoslawien, Albanien und Griechenland Kriegsverbrechen begangen zu haben. Es waren insgesamt vier Anklagepunkte, die sich die US-Anklagebehörde, fußend auf den Bestimmungen des Kontrollratsgesetzes Nr. 10, vorgenommen hatte.

Der Prozeß lief unter der Firmierung „Prozeß der Vereinigten Staaten gegen List und andere".

Die Angeklagten waren:
Feldmarschall Wilhelm List,
Feldmarschall Freiherr Maximilian von Weichs,
Generaloberst Lothar Rendulic,
General der Pioniere Walter Kuntze,
General der Infanterie Hermann Foertsch,
General der Gebirgstruppen Franz Boehme,
General der Flieger Helmuth Felmy,
General der Gebirgstruppen Hubert Lanz,
General der Infanterie Ernst Dehner,
General der Infanterie Ernst von Leyser,
General der Flieger Wilhelm Speidel,
Generalmajor Kurt von Geitner.

Hauptstreitpunkt dieses Prozesses war die Frage, ob Geiselerschießungen völkerrechtlich zulässig waren.

Dieser Prozeß stützte sich in der Hauptsache auch auf die Nürnberger Ergebnisse zur Frage, wie es zum Kriegsbeginn auf dem Balkan gekommen war. Hauptangeklagter war der deutsche Generalfeldmarschall Wilhelm List. Dieser als Sohn einer Arztfamilie am 14. Mai 1880 in Oberkirchberg bei Ulm geborene Soldat war im Jahre 1896 bereits als Fahnenjunker in das 3. bayerische Pionier-Bataillon eingetreten. Er war 1913 in den Generalstab versetzt worden und erlebte den Ersten Weltkrieg zunächst an der Westfront und – nach seiner Verwundung – im Bayerischen Kriegsministerium. Hier wurde er im Januar 1918 zum Major befördert. Nach Ende des Ersten Weltkrieges trat Major List in das 100000-Mann-Heer ein. Nach einer Reihe Kommandierungen erhielt er als Kommandeur der Infanterieschule zu Dresden von 1930 bis 1933 nacheinander seine Beförderung zum Generalmajor und Generalleutnant.

Nach der Machtübernahme Hitlers erschien der General List als suspekt und bekam ein Auslandskommando, von dem er erst 1938 zurückkehrte, um die neugebildete Heeresgruppe 4 zu übernehmen, deren Sitz Wien war. Im Frühjahr 1939 erfolgte seine Beförderung zum Generaloberst.

Im Polenfeldzug führte Generaloberst List die 14. Armee. Für seine Führungsleistungen erhielt er am 30. September 1939 das Ritterkreuz des Eisernen Kreuzes.

Im Frankreich-Feldzug durchbrach die 12. deutsche Armee unter seiner Führung bei Sedan-Mezières die Maginot-Linie und stieß im weiteren Feldzugsverlauf bis nach Pontarlier an der Schweizer Grenze vor.

Am 19. Juli 1940 wurde er im großen Staatsakt, auf dem Hitler eine Reihe von hochrangigen Soldaten zu Feldmarschällen beförderte, ebenfalls in diesen Rang erhoben.

Während des Balkan-Feldzuges gelang es Feldmarschall List, als Oberbefehlshaber der 12. Armee auf dem Balkan die jugoslawische Armee zu schlagen und danach – nicht ohne schwerem Kampf – die Metaxas-Linie zu durchbrechen. Schon am 27. April 1941 rollten die Truppen seiner Armee nach Athen hinein. Am 1. Juli wurde Feldmarschall List zum Oberbefehlshaber Südost in Athen ernannt.

Obwohl nachher in der UdSSR eingesetzt, sollte diese vorgenannte Dienststellung und die Tatsache, daß er der Führer jener Armee war, die Jugoslawien und Griechenland bezwang, ihn vor das amerikanische Tribunal führen.

Als sich Feldmarschall List gegen Hitlers Plan aussprach, mit einem Teil seiner Truppen bis nach Baku vorzustoßen und mit dem Rest in Richtung Stalingrad einzuschwenken, wurde er am 31. August 1942 in Winniza durch Hitler seines Postens enthoben und zog sich nach Partenkirchen zurück.

Dort nahmen ihn US-Besatzungstruppen nach Kriegsschluß fest

und stellten ihn später vor das Siegertribunal, das gegen die Südost-Generale verhandeln sollte.

Feldmarschall von Weichs, ebenso „belastet" wie List, war als Oberbefehlshaber Südost und der Heeresgruppe F (Jugoslawien) ebenfalls angeklagt, konnte aber wegen seiner schweren Erkrankung nicht vor Gericht gestellt werden. General Boehme war Kommandierender General in Serbien gewesen. Er hatte nach einer Reihe von Schikanen unmittelbar vor Prozeßbeginn im Nürnberger Gefängnis Selbstmord begangen.

Generaloberst Rendulic war 1943 und 1944 in Jugoslawien Führer der 2. Panzerarmee. Alle übrigen Angeklagten hatten sich in untergeordneten Stellungen im Südostraum im Einsatz befunden.

Die Anklage warf allen Generalen gleichzeitig vor, für die Ermordung Zehntausender jugoslawischer und griechischer Zivilisten verantwortlich zu sein.

Lediglich Generaloberst Rendulic wurde außerdem noch wegen der „willkürlichen Zerstörung der Finnmarken während des Rückzuges der 20. Gebirgsarmee aus dem Polarkreisgebiet" verantwortlich gemacht. Geiselerschießungen und Tötung uniformierter Gefangener verschiedener Kommandos kamen zur Anklage hinzu. Diese stützte sich auch hier auf die angeblich bewiesene „Tatsache", daß die Deutschen einen Angriffskrieg auf dem Balkan geplant und durchgeführt hatten. Wie stand es nun damit?

„Angriffskriege auf dem Balkan? – *Wahn oder Wirklichkeit?*

Daß Deutschland auch während des Nürnberger Prozesses gegen die „Hauptkriegsverbrecher" der Vorbereitung und Führung eines Angriffskrieges gegen Jugoslawien und Griechenland für schuldig gesprochen wurde, verstand sich aus der Masse der diese Anklage erhärtenden „Dokumente", deren Wahrheitsgehalt vorausgesetzt wurde und nicht angezweifelt werden durfte.

Wie aber sah die Wirklichkeit aus? Wie steht es um die Beweiskraft der Kernsätze der Anklageschrift? Sie lauteten:

„Anläßlich des Beitrittes Jugoslawiens zum Dreimächtepakt

am 25. März 1941 bestätigte der Angeklagte Ribbentrop bei einer Zusammenkunft mit den Vertretern Jugoslawiens in Wien namens der deutschen Reichsregierung den festen Entschluß Deutschlands, die Souveränität und territoriale Unantastbarkeit Jugoslawiens für alle Zeiten zu respektieren.

Am 26. März wurden die jugoslawischen Minister, die dem Dreimächtepakt beigetreten waren, vor allem Stojadinović, bei ihrer Rückkehr nach Belgrad durch einen Staatsstreich gestürzt. Die neue jugoslawische Regierung kündigte den Pakt sofort wieder auf.

Daraufhin verkündete Hitler am 27. März bei einer Konferenz in Berlin mit dem Oberkommando, auf welcher die Angeklagten Göring, Keitel und Jodl anwesend waren, daß Jugoslawien in Anbetracht des beabsichtigten Angriffs auf Griechenland und mehr noch in Hinblick auf den für später geplanten Angriff auf die Sowjetunion ein unsicherer Faktor sei.

Hitler sagte, er sei entschlossen, alle Vorbereitungen zu treffen, um Jugoslawien militärisch und als nationale Einheit zu vernichten, ohne auf mögliche Loyalitätserklärungen der neuen Regierung zu warten. Jugoslawien war Nachbar des Reiches und lag weit außerhalb des Einflußgebiets der UdSSR.

Am 6. April marschierten deutsche Streitkräfte ohne vorherige Warnung in Griechenland und Jugoslawien ein. Belgrad wurde von der Luftwaffe bombardiert. Als der Angriff am 6. April begann, verkündete Hitler dem deutschen Volk, dieser Angriff sei notwendig, weil die Anwesenheit britischer Streitkräfte in Griechenland einen Versuch darstelle, den Krieg auf dem Balkan auszudehnen.

Daraus geht klar hervor, daß ein Angriffskrieg gegen Griechenland und Jugoslawien schon lange ins Auge gefaßt worden war. Sicherlich bereits seit August 1939. Die Tatsache, daß Großbritannien den Griechen zur Hilfe gekommen war, wurde als Vorwand für die Besetzung beider Länder genommen." (Siehe IMT: a.a.O.)

Gegen *wen* Großbritannien bei seinen ersten Truppenlandungen auf Kreta und auf der Peloponnes den Griechen zur Hilfe gekommen sein sollte, ist nicht klar. Es gab *nichts,* gegen das sich Griechenland derzeit hätte wehren müssen, es sei denn gegen Italien, das die Griechen bis tief nach Albanien zurückgetrieben hatten.

In seinen Memoiren legte denn auch Churchill eindeutig fest:

„Zu Beginn des Jahres 1941 hatten wir drei Aufgaben. Und die dritte lautete: ‚Wir mußten versuchen, eine Balkanfront gegen Deutschland zusammenschweißen.'" (Siehe: Churchill, Winston: Memoirs, Bd. 3, 1. Buch S. 18.)

Bereits am 6. Juni 1940 schrieb Churchill an Außenminister Eden: „Es könnte doch wohl unser Hauptziel sein, auf die Mobilisierung des Balkans hinzuwirken." (Siehe Churchill Winston: a.a.O.) Und er fuhr fort: „Den Deutschen war es damals sehr darum zu tun, Störungen in Osteuropa zu vermeiden. Sie fürchteten, das würde ein englisches Vorgehen auf dem Balkan zur Folge haben und könnte die Russen zu einem weiteren Eingreifen verlokken." In der Tat schlug Churchill den USA ergebnislos vor, die Invasion Europas vom Südosten her zu beginnen.

Damit hatte Churchill eine Besetzung des Balkans lange erwogen, bevor Hitler auf einen dringenden Wunsch von König Carol II. von Rumänien hin im Oktober 1940 deutsche Lehrtruppen nach dort entsandte, die nie über halbe Regimentsstärke hinausgingen.

Als während des Nürnberger Hauptprozesses der deutsche Verteidiger Dr. Horn erbeutete Generalstabsdokumente der Alliierten, vor allem Frankreichs, die sich auf den Balkan bezogen, vorlegen wollte, wehrte der französische Anklagevertreter Champetier de Ribes dies erfolgreich ab.

Später suchte der Verteidiger von Großadmiral Raeder ebenfalls solche Dokumente vorzulegen; auch dies wurde abgelehnt. Sie hätten doch nur den Angeklagten genutzt und nicht der Anklage.

Schon im September 1939 hatten Frankreich und Großbritannien Pläne zur Zerstörung der rumänischen Erdölfelder ausgearbeitet, um Deutschlands Hauptlieferanten auszuschalten.

Als die Russen am 26. Juni 1940 von Rumänien Bessarabien und die Nordbukowina forderten, wandte sich König Carol II. an Deutschland. So lieferte Deutschland den Rumänen in der Folgezeit Waffen zu seiner Verteidigung und erhielt dafür Erdöl.

Durch die Annexion Bessarabiens und der Nordbukowina war die UdSSR nahe an das rumänische Haupterdölgebiet herangerückt. Rumänien kündigte aufgrund dieses Verhaltens am 1. Juli 1940 die englisch-französische Garantie vom 14. April 1939 und bat das Reich um die Entsendung einer Heeresmission zur Sicherung der rumänischen Grenzen. Die deutschen Lehrtruppen wurden jedoch erst im Oktober 1940 nach Rumänien geschickt.

Dies war eine defensive rumänische Aktion gegen die aggressiven Aktionen der Sowjetunion.

Aus den eroberten Aufzeichnungen des Oberbefehlshabers des französischen Heeres, General Gamelin, vom 22. Februar 1940 war zu entnehmen, daß dieser und Admiral Darlan von Ministerpräsident Daladier am 19. Januar 1940 gebeten worden war, „drei Aktionen ins Auge zu fassen.
1. Angriff auf die Erdöltransporte von Rumänien nach Deutschland.
2. Angriffe auf die Hauptzentren der kaukasischen Erdölindustrie.
3. Provozierung und Steuerung eines Aufstandes unter der mohammedanischen Bevölkerung im Kaukasus. – Ein Luftangriff auf Baku wäre besonders lohnend."

Gamelin schrieb am 12. März 1940 an seinen Ministerpräsidenten: „Es liegt in unserem Interesse, die Frage des Angriffs auf Baku und Batum weiter zu verfolgen. Die in diesem Zusammenhang durchzuführenden Operationen wären eine glückliche Ergänzung unserer geplanten skandinavischen Operationen."

Dies zeigt auf, *wer* zuerst Operationen gegen Skandinavien und die Sowjetunion geplant hat. Was berichtete die „Große Geschichte des Vaterländischen Krieges der Sowjetunion" über diese Fakten?

„Die *Kriegsbrandstifter* gaben keine Ruhe und versuchten ihre bankrotte Politik fortzusetzen. Der alliierte oberste Kriegsrat beriet den ganzen März 1940 über die Frage der ‚Eröffnung der Feindseligkeiten gegen die UdSSR'.

Der französische Ministerpräsident Reynaud forderte, die Vorbereitungen für einen Überfall auf Baku binnen zweier Wochen abzuschließen. Das französische Oberkommando beschloß, die UdSSR Ende Juni oder Anfang Juli 1940 zu überfallen." (Siehe Geschichte des Großen Vaterländischen Krieges, Bd. 1, Seite 325f.)

Hier wurden also Kriegsbrandstifter genannt, und es handelte sich dabei nicht um Deutschland. Aber vor das Nürnberger Tribunal kamen solche Kriegsbrandstifter nicht.

Angriffskrieg oder nicht, das ist im Falle der UdSSR eindeutig zu klären. Was nun aber den Angriff auf Griechenland anlangt, der in diesem Prozeß Gegenstand der Verhandlungen war, so steht auch hier *jener* Teil fest, der diese Kriegsvorbereitungen zuerst traf. Das Oberkommando der deutschen Kriegsmarine hatte seit 1939 positive Nachrichten darüber, daß griechische Politiker und Militärs enge Beziehungen zum alliierten Generalstab unterhielten, die den Zweck einer Koordinierung gemeinsamer Kriegsvorbereitungen hatten. Sowohl der griechische Gesandte in Paris, Politis, als auch die hinter diesem stehende griechische Regierung forderten bereits im Mai 1939 „rasche materielle Hilfe auf dem Gebiet der Rüstung" und erklärten, daß sie auf alle Fälle dem Westen treu bleiben würden.

Der griechische Generalstab stellte den Westmächten England und Frankreich eine Reihe Stützpunkte zur Verfügung, wie der französische Oberbefehlshaber Ostmittelmeer, Armeegeneral Weygand, am 14. März 1940 an General Gamelin schrieb.

Dies stellte bereits eine schwerwiegende Verletzung der griechischen Neutralität dar. Die Tatsache aber, daß die britischen Besetzungen und Militäroperationen in Griechenland bereits sehr viel früher stattgefunden hatten als die deutschen Reaktionen darauf, sind ein zweiter feststehender Punkt, der von Dr. Siemers dem IMT vorgelegt wurde. Er legte unter anderem auch ein erbeutetes Handschreiben von General Weygand an General Gamelin vor, in dem es hieß:

„Wir sind schon dabei, das Expeditionskorps für Griechenland kampfbereit zu machen." Dieser Brief stammt vom 9. September 1939 (!). Am 5. Oktober 1939 sicherte der Unterstaatssekretär im griechischen Außenministerium dem französischen Gesandten zu:

„Griechenland wird einer bei Saloniki landenden französischen Armee nicht nur keinen Widerstand leisten, sondern sie sogar mit seinen Streitkräften unterstützen und den französischen Truppen zur Seite stehen."

Derlei Bekundungen und daraus folgende Aktionen gab es zu Dutzenden, und alle wurden sie von hochkarätigen Politikern und Militärs abgegeben. Doch dies alles war ja für die Anklagebehörde auch im Falle 7 der Südostgenerale „unerheblich", da es nicht zur Untermauerung der Schuld der Angeklagten führen würde.

Doch zurück zum Prozeß: Das Verfahren gegen die deutschen Offiziere wurde am 8. Juli 1947 eröffnet. Es endete am 19. Februar 1948 mit der Urteilsverkündung. Dazwischen lagen Tage und Monate schwerer Verhöre und gravierender Schikanen. Die Frage der Zulässigkeit von Geiselerschießungen nahm einen breiten

Raum ein. Hierzu bemerkte der Verteidiger von Feldmarschall List, Dr. Laternser, folgendes:

„Ich habe gezeigt, daß der Einwand des höheren Befehls ein seit langem anerkannter Grundsatz des Völkerrechts ist, der die Bestrafung von Kriegsverbrechen begrenzt. Aber das Kontrollratsgesetz Nr. 10, das etwas anderes bestimmt, ist für das Gericht bindend, sagt die Staatsanwaltschaft. Ich aber glaube, daß das Gericht *nur* an das Völkerrecht gebunden ist, weil das Kontrollratsgesetz lediglich auf der zusammengefaßten Autorität von vier Siegerstaaten beruht, und diese Autorität geht *nicht* weiter als die Befugnisse, die die Souveränität jedes einzelnen dieser Staaten ihm in der Völkerrechtsgemeinschaft verleiht."

Damit hatte Dr. Laternser den Gerichtspräsidenten Charles F. Wennerstrum, Richter am Obersten Gericht in Iowa, aufmerken lassen. Auch seine Beisitzer, Edgar F. Carter und George J. Burke, die beide in Militärfragen völlig unerfahren waren, aber ihr Zivilgesetz genau kannten, wußten nun, daß es darum ging, zwischen den Bestimmungen des Kontrollratsgesetzes und den völlig anderen ihrer heimatlichen Gerichte zurechtzukommen, ohne zu stolpern.

Einzig der Hauptankläger Clark Denney war aus anderem Holz geschnitzt, er wollte es „den Bastarden zeigen", wie er einmal gegenüber einem englischen Kameraden sagte. Allerdings hatte er nicht sehr lange dieses Vergnügen, denn er erkrankte, und sein Hauptmitarbeiter, Theodore F. Fenstermacher, trat an seine Stelle. Weitere Vertreter der Anklage waren Mr. Walter Rapp und Mr. Baucom Fulkerson.

Da Dr. Laternser aus der Eröffnungsrede der Anklagebehörde bereits herausgehört hatte, daß ihr Bestreben darin bestand, alle Vorwürfe gegen sämtliche Angeklagten auf einen vereinfachten Gesamtnenner zu bringen und so summarische Urteile – möglichst Todesurteile – zu fällen, kam er in seinem Plädoyer auch darauf zu sprechen. Er entgegnete auf die Rede des Hauptanklägers, daß das Prinzip, Menschenleben nicht unnötig zu vernichten, sehr edel sei, aber in keiner Weise Bestandteil des Völkerrechts. Denn wie hätten sonst die Gegner Deutschlands und auch Japans kurz vor Kriegsschluß, als ihr Sieg bereits feststand, Atombomben auf Japan werfen können? Und wie hätten sie, als Deutschlands Niederlage nur noch eine Frage von Wochen war, binnen 24 Stunden eine Stadt wie Dresden auslöschen können und „mit ihr 200000 Menschen, meist Frauen und Kinder? Und dies zu einem Zeitpunkt, in dem der Krieg für die Gegnerseite schon sicher gewonnen war?" (Siehe Laternser, Dr. Hans: Verteidigung deutscher Soldaten.)

Er hatte damit diese Frage und das von der Anklage behauptete Prinzip, daß Menschen nicht unnötig getötet werden dürften, auf jenes Maß gebracht, das sich mit der Praxis des Völkerrechts deckte. Es gelang Dr. Laternser, das Gericht mit den Ausführungen von Prof. Lauterpacht in seinem im Englischen Jahrbuch 1944 (Seite 78) veröffentlichten Aufsatz über Kriegsrecht und Vergeltungsmaßnahmen zu konfrontieren, in dem es dazu heißt:

„But as a rule, an act committed in pursuance of reprisals, as limited by international law, can not properly be treated as a war crime. – In der Regel kann eine Tat, in Verfolg von Vergeltungsmaßnahmen begangen, wie sie das Völkerrecht begrenzt, nicht mit Berechtigung als Kriegsverbrechen behandelt werden."

Danach zitierte er noch aus den amerikanischen „Rules of Land Warfare", dem bekannten Handbuch für Landkriegsführung. Darin heißt es unter dem Paragraphen 358d:

„Die dem Gesetz zuwiderhandelnden Streitkräfte und Bevölkerungsteile dürfen mit Recht angemessenen Vergeltungsmaßnahmen unterworfen werden. Geiseln, die für den erklärten Zweck genommen werden, als Sicherheit gegen ungesetzliche Handlungen von seiten der feindlichen Streitkräfte oder der Bevölkerung dienen, dürfen festgenommen und gehalten, bestraft oder getötet werden, wenn die ungesetzlichen Handlungen trotzdem begangen werden." Der Urtext dazu lautete:

„The offending forces or populations generally may lawfully be subjected to appropriate reprisals. Hostages taken and held for the declared purpose of insuring against unlawful acts by the enemy forces or people may be punished or put to death if the unlawful acts are nevertheless committed."

Auch im britischen Militärhandbuch ist übrigens dieser Punkt exakt ebenso dargelegt, und zwar unter dem Paragraphen 458; in den vorhergehenden Paragraphen 386 und 453 waren Umfang und Art gesetzwidriger Handlungen von Zivilisten und Bewohnern eines besetzten Landes dargelegt und festgestellt, daß die Besatzungsmacht zuvor die Bevölkerung aufzufordern hat, solche feindseligen Handlungen zu unterlassen. Es heißt dort:

„Although collective punishment of the population is forbidden for the acts of individuals for which it can not be regarded as collectively responsible, it may be necessary to resort to reprisals against a locality or community, for some act committed by its habitants, or members, who can not be identified. – Wenn auch eine Kollektivbestrafung der Bevölkerung für die Handlungen von Einzelpersonen, für die sie nicht als gesamtverantwortlich angesehen werden kann, verboten ist, so können Repressalien gegen eine Örtlichkeit oder Gemeinschaft für eine Handlung ihrer Einwohner oder Mitglieder, die man nicht namhaft machen kann, notwendig sein."

Abschließend zitierte Dr. Laternser noch einmal aus den amerikanischen „Rules of Land Warfare", und zwar aus dem Paragraphen 358d, aus dem er bereits Teile vorgetragen hatte. Dieser Teil aber hatte es besonders in sich:

„Hostages taken and hold for the declared purpose of insuring against unlawful acts by the enemy forces or people may be punished or put to death if the unlawful acts are nevertheless committed – Geiseln, die für den erklärten Zweck festgenommen und gehalten werden, als Sicherheit gegen ungesetzliche Handlungen von seiten der feindlichen Streitkräfte oder der Bevölkerung zu dienen, dürfen bestraft oder getötet werden, *wenn* die ungesetzlichen Handlungen trotzdem begangen werden."

Zu jener Frage, ob Partisanen und Freischärler das Recht der kämpfenden Truppe für sich in Anspruch nehmen könnten, um nach einer Gefangennahme als Kriegsgefangene zu gelten, wurde folgendes erarbeitet:

„Ebenso wie ein Spion im Interesse seines Landes rechtmäßig handeln mag, zur *gleichen* Zeit aber von seinem Feind als Kriegsverbrecher angesehen wird, so kann auch ein Freischärler seinem Lande große Dienste erweisen und sogar ein Held werden. Für den Feind aber ist er dennoch ein Kriegsverbrecher und wird als solcher behandelt!"

Das Gericht fuhr in dieser Sache fort: „Anders kann sich *keine* Armee der Welt vor der Stechfliegentaktik solcher bewaffneter Widerständler schützen. Auf der anderen Seite müssen Mitglieder solcher Widerstandsgruppen die mit dieser Art des Kampfes verbundenen *zusätzlichen* Gefahren auf sich nehmen. Solche Gruppen sind, rein technisch gesehen, *keine* kämpfenden Truppen im rechtlichen Sinne und haben *kein Anrecht* auf die Schutzregeln als Kriegsgefangene.

Wir glauben, der Grundsatz steht fest, daß ein Zivilist, der an Kämpfen teilnimmt, sie unterstützt oder sonstwie fördert, sich der Bestrafung als Kriegsverbrecher im Rahmen des Kriegsrechts aussetzt.
Kampf ist rechtmäßig *nur* für die Truppen eines Landes. Nur *sie* können fordern, als Kriegsgefangene behandelt zu werden, und setzen sich keinen anderen Schwierigkeiten aus als der Festnahme nach der Gefangennahme oder Übergabe." (Siehe: Verhandlungsniederschrift des Nachfolgeprozesses Nr. pp. 10441/42.)

Hätte man desen Spruch bereits beim Gerichtsverfahren gegenüber Feldmarschall Kesselring in Anwendung gebracht, dann wäre dieser in Venedig mit Sicherheit freigesprochen worden.

Die zweite Entscheidung des Gerichtes war nicht minder sensationell, denn auf die große Frage, ob eine Besatzungsmacht das Recht habe, Geiseln aus der Zivilbevölkerung auszusuchen und hinzurichten, erklärte das Gericht:

„Die Verhandlung hat überzeugendes Beweismaterial dafür ergeben, daß gewisse Bandeneinheiten in Jugoslawien und Griechenland den Erfordernissen des Völkerrechts entsprachen und dadurch ein Recht auf die anerkannte Stellung als kämpfende Truppe erwarben.

Der *größte Teil* der Partisanenbanden aber ordnete sich dem Kriegsrecht *nicht* unter, was ihnen eine anerkannte Stellung als Kriegführende eingetragen hätte."

Geiselfrage und Urteil

Das Gericht erklärte noch einmal ausdrücklich zur Geiselnahme, daß die Idee, einen unschuldigen Menschen für verbrecherische Handlungen anderer zu töten, unvereinbar mit jeder natürlichen Rechtsauffassung sei. Es kam dann dennoch zu dem Schluß:

„Wir verurteilen diese Ungerechtigkeit als barbarisches Überbleibsel aus alter Zeit. Es ist aber *nicht* unsere Aufgabe, Völkerrecht zu schaffen, wir müssen es anwenden, *wie* wir es vorfinden.

Die Prüfung der einschlägigen Beweismaterialien überzeugte uns davon, daß Geiseln verhaftet werden können, um die friedfertige Haltung der Bevölkerung der besetzten Gebiete zu gewährleisten. Sie können auch im Falle des Vorliegens gewisser

Umstände nach den notwendigen Vorbereitungen erschossen werden, *wenn kein anderes Mittel* hilft. Die Festnahme der Geiseln basiert grundsätzlich auf der Theorie der Kollektivverantwortung und Verantwortlichkeit.

Die Besatzungsmacht kann mit *vollem Recht* auf der Einhaltung dieser Bestimmungen bestehen, die für deren Sicherheit und für die Aufrechterhaltung von Recht und Ordnung erforderlich sind.

Um dieses Ziel zu erreichen, kann die Besatzungsmacht Geiseln verhaften und hinrichten lassen, jedoch nur als äußerstes Mittel." (Siehe: Verhandlungsniederschrift Prozeß Nr. 7 gegen die Südost-Generale, p. 104446.)

Trotz dieser völligen Rehabilitierung wurden die angeklagten Generale und Feldmarschälle überwiegend verurteilt. Generalfeldmarschall List und General Kuntze wurden zu lebenslänglicher Haft verurteilt. Fünf weitere Generale erhielten zwischen sieben und 20 Jahren Gefängnis. Generaloberst Rendulic wurde ebenfalls zu 20 Jahren Gefängnis verurteilt, jedoch von der eingeschobenen Anklage der Zerstörung der Finnmarken freigesprochen. (Das Urteil gegen sämtliche Angeklagte befindet sich im Anhang.)

Dieser Gerichtshof wandte das Völkerrecht an, „wie er es vorfand". Das verursachte lautstarke Kritiken in den Siegerländern und vor allem in Norwegen und bei den Mitgliedern der Banden- und Untergrundbewegungen.

Es hatte sich gezeigt, daß weder Feldmarschall List noch Feldmarschall von Weichs jene blutrünstigen „Nazigenerale" waren, als die sie die Anklage hingestellt hatte. Es konnte anhand der Dokumente bewiesen werden, daß beispielsweise Feldmarschall List dem Kommissarbefehl auf dem Balkan keine Gültigkeit verschafft und daß er niemals die mutwillige Zerstörung von Städten und Dörfern befohlen hatte. Weder die angebliche Ermordung von Kriegsgefangenen noch eine „Befriedung durch Terror" ist von ihm erfolgt oder befohlen worden.

Was Feldmarschall von Weichs anging, so hatte die Anklage auch ihm eine Fülle von Kriegsverbrechen vorgeworfen, ohne daß es auch nur einmal gelungen wäre, dafür Beweise zu beschaffen und vorzulegen. Eine durch ihn angedrohte Erschießung von 100 Serben für den Fall, daß weiterhin deutsche Soldaten überfallen und hinterrücks ermordet würden, wurde als Mordbefehl deklariert, obgleich eine solche Erschießung niemals stattgefunden hatte.

Auch einen Befehl darüber konnte die Anklagebehörde nicht vorlegen. Es zeigte sich, daß Feldmarschall von Weichs nach seiner Versetzung als Oberbefehlshaber auf den Balkan Ende August 1943 immer wieder gegen Übergriffe der Truppe einschritt und stets mildernd in Prozesse eingriff. Er hatte in keinem Falle – wie die Anklage fälschlicherweise behauptete, ohne auch nur den Schatten eines Beweises zu haben – die Tötung einer Zivilperson befohlen. Die deutschen Führer auf dem Balkan gingen trotz der verhängten Strafen mit blankem Ehrenschild aus diesem Prozeß hervor.

Wie aber sah es mit dem Prozeß gegen das Oberkommando der Wehrmacht aus, und gegen welche Persönlichkeiten richtete sich dieser Prozeß, und welcher Verbrechen wurden die Angeklagten beschuldigt?

Fall 12: Oberkommando der Wehrmacht

Die Angeklagten und ihre Dienststellungen

Im Rahmen der Nürnberger Nachfolgeprozesse standen sechs Organisationen oder Gruppen vor dem Tribunal. Die sechste war die des deutschen Generalstabs und des Oberkommandos der Wehrmacht. In diesem Prozeß sollte zum einen der „verbrecherische Charakter" dieser Organisation und zum anderen die „Schuld ihrer einzelnen Mitglieder allein schon wegen ihrer Zugehörigkeit zu dieser Organisation" festgestellt werden.

Unter diese Gruppe sollten alle deutschen Soldaten fallen, die in dem Zeitraum vom Februar 1938 bis zum 8. Mai 1945 in folgenden Dienststellungen gewesen waren:
1. Als Oberbefehlshaber des Heeres, der Kriegsmarine und der Luftwaffe.
2. Als Chefs des Generalstabes des Heeres, der Seekriegsleitung und als Chef des Generalstabes der Luftwaffe.
3. Der Chef des OKW, des Wehrmachtsführungsstabes und der Stellvertretende Chef des Wehrmachtsführungsstabes.

Hinzu kamen die Oberbefehlshaber der im Felde stehenden Streitkräfte des Heeres, der Marine und der Luftwaffe, als da waren: Oberbefehlshaber der Heeresgruppe und Armeen, der Luftflotten und der Marine-Gruppenkommandos.

Zu allen diesen zählten insgesamt 129 Führer der deutschen Wehrmacht. Ihnen allen wurde durch den Chefankläger, Generalmajor Taylor, vorgeworfen, „Verbrechen gegen den Frieden, Kriegsverbrechen und Verbrechen gegen die Menschlichkeit" begangen zu haben. Hinzu kamen „Verbrechen gegen feindliche Kriegführende und Kriegsgefangene, Kriegsverbrechen und Verbrechen gegen die Menschlichkeit, Verbrechen gegen Zivilpersonen und der gemeinsame Plan der Verschwörung".

Am 28. November 1947 wurde den 14 vor die Schranken des Gerichtes gestellten Angeklagten die Anklageschrift zugestellt. Am 30. Dezember 1947 begann schließlich der Prozeß. Er dauerte bis zum 28. Oktober 1948.

Der Prozeß trug die Bezeichnung „Die Vereinigten Staaten von

Amerika gegen Wihelm Leeb und Genossen". Er wurde von dem neu zusammengesetzten Militärgericht V geführt. Präsident war Richter C. Young. Als Beisitzer fungierten Winfried Hale und Justin W. Harding.

Leitender Ankläger war bis Mai 1948 James McHaney. Danach wurde sein Mitarbeiter Paul Niedermann mit der Leitung der Anklage betraut. Man beachte diese wohl zum System gehörenden Personenwechsel bei leitenden Anklägern! Zur Anklagevertretung gehörten ferner Walter H. Rapp und Baucom Fulkerson. Hinzu kamen Arnold Horlik-Hochwald, Paul Horecky, Morton Barbour, Egen H. Dobbs und James Higgins.

Generalfeldmarschall von Leeb war nach Generalfeldmarschall von Rundstedt der rangälteste deutsche Feldmarschall des Zweiten Weltkrieges, auch wenn er in der offiziellen Rangliste der fünfte war. Aber von Brauchitsch, von Bock und Keitel waren, obgleich vor ihm stehend, rangjünger.

Feldmarschall Ritter von Leeb hatte als junger Leutnant im Ostasienkrieg gekämpft, als es 1900 galt, die Gesandtschaften in Peking vor aufständischen Chinesen zu schützen.

Im Ersten Weltkrieg stand er als 1. Generalstabsoffizier der 1. Bayerischen Infanterie-Division im Osten im Einsatz. Danach kämpfte er an der Westfront und erlebte das Kriegsende als Oberquartiermeister im Stabe der Heeresgruppe Kronprinz Rupprecht von Bayern.

Nach Kriegsende diente Major von Leeb in verschiedenen Dienststellungen der Reichswehr. Im Februar 1925 wurde er Oberst und übernahm ein Jahr später das Artillerie-Regiment 7 in Nürnberg. Ab 1930 führte er als Generalleutnant die 7. Bayerische Division. In dieser Dienststellung wurde er zum Schöpfer der deutschen Gebirgstruppe.

Nach seiner Ernennung zum Oberbefehlshaber der Heeresgruppe 2 in Kassel am 1. Oktober 1933 fiel ihm automatisch die Aufgabe zu, im Kriegsfalle die Führung an der Westfront zu übernehmen, während Feldmarschall von Rundstedt (damals noch General) als Oberbefehlshaber der Heeresgruppe 1 die Ostfront zugewiesen erhielt.

Am 1. Januar 1934 wurde von Leeb zum General der Artillerie befördert. In dieser Eigenschaft erwies er sich als *der* anerkannte Abwehr-Spezialist. Er vertrat den Standpunkt, daß es die vornehmste Aufgabe eines Soldaten sei, sein Land gegen *jeden* Angriff zu schützen. Mit dieser Auffassung zog er sich den Unwillen Hitlers zu und erhielt per Kurier am 4. Februar 1938 Hitlers Weisung, sofort seine Verabschiedung zu beantragen. Er wurde am 1. März 1938 unter Ernennung zum Generaloberst verabschiedet.

Damit nahm er weder an der Besetzung des Sudetenlandes noch am Polenfeldzug teil. Nach den Mobilmachungsbestimmungen war er jedoch immer noch als OB der Westfront, Heeresgruppe C, vorgesehen und richtete sich mit seinem Heeresgruppenstab am 25. August 1939 in Frankfurt/Main ein.

Die Heeresgruppe C blieb während des ersten Teiles des Frankreich-Feldzuges in ihren alten Stellungen, um erst am 14. Juni 1940 anzutreten und nacheinander Verdun, Metz, Besançon und Epinal zu erobern. Am 19. Juli 1940 wurde er zum Generalfeldmarschall ernannt.

Im Ostfeldzug führte von Leeb die schwächste der drei deutschen Heeresgruppen, die HGr. Nord mit der 16. und 18. Armee und der Panzergruppe 4. Diese Heeresgruppe führte einige erfolgreiche Kesselschlachten. Ihr Hauptziel aber, die Eroberung von Leningrad, erreichte sie nicht.

Als schließlich Feldmarschall von Leeb die abgekämpften Truppen entgegen Hitlers Weisungen zwischen dem 7. und 23. Dezember hinter den Wolchow zurücknehmen ließ, enthob ihn Hitler seines Kommandos und ließ ihn am 13. Januar 1942 ablösen.

Feldmarschall Ritter von Leeb zog sich nach Hohenschwangau bei Füssen zurück. Hier wurde er am 2. Mai 1945 von amerikanischen Militärpolizisten festgenommen und nach Nürnberg expediert. Er war auf der Liste jener 15 Personen, die im Prozeß Nr. 12 vor Gericht standen, die Hauptperson. Die Gesamtliste sah folgendermaßen aus:

 Feldmarschall Wilhelm Ritter von Leeb,
 Feldmarschall Hugo Sperrle,
 Feldmarschall Georg von Küchler,
 Generaloberst Johannes Blaskowitz,
 Generaloberst Hermann Hoth,
 Generaloberst Hans Reinhardt,
 Generaloberst Hans von Salmuth,
 Generaloberst Karl Hollidt,
 Generaladmiral Otto Schniewind,

General Karl von Rocques,
General Hermann Reinecke,
General Walter Warlimont,
General Otto Woehler und
Generaloberstabsrichter Dr. Rudolf Lehmann.

Die Anklage gegen alle lautete: „Planung und Führung eines Angriffskrieges." Nach dem Urteil des Gerichtes waren diese höchsten militärischen Führer des Reiches von Hitlers Angriffsabsichten voll in Kenntnis gesetzt worden. Doch dies genügte dem Gericht nicht. Ebensowenig wie die Tatsache genügte, daß sie sich an Kriegen beteiligt hatten, was ja für Militärführer von hohem Rang durchaus selbstverständlich war und sie nicht zu Verbrechern stempelte.

Ohne auch nur einmal die Funktionen und Taten der einzelnen Angeklagten erörtert zu haben, kam das Gericht zu der Überzeugung, daß „die Angeklagten sich nicht auf der Stufe der leitenden Politiker befunden" hätten und deshalb in diesem Anklagepunkt nicht schuldig seien.

Weitergehend und offenbar schwerwiegender waren die Beschuldigungen gegen diese hohen Führer der Wehrmacht in bezug auf den Anklagepunkt „Verübung von Kriegsverbrechen und Verbrechen gegen die Menschlichkeit".

Der deutschen Wehrmacht seien von Hitler Befehle erteilt worden, in denen die Hinrichtung aller Kommandos und politischen Kommissare angeordnet wurden, selbst wenn sie in Uniform auf dem Kampffeld gefangengenommen worden seien. Diese Anklage war bereits nach der Aussage von Feldmarschall von Manstein und seiner Gruppe während des Prozesses gegen die Hauptkriegsverbrecher ausgiebig zur Sprache gekommen, ohne daß sich die Anklageführung in der Lage gesehen hätte, die Gegenbeweise zu bestreiten.

Im Gegenteil mußte – wenn auch widerwillig – anerkannt werden, daß dieser Kommandobefehl, der sich auf die gangsterartige Haltung und Handlung bestimmter Kommandos, so jener bei Dieppe, bezog, völlig berechtigt war. Daß viele Verbrechen gegen feindliche Kriegsgefangene bewiesen worden seien, wie der Hauptankläger General Taylor ausführte, stimmte ebenfalls nicht. Bewiesen wurde *kein einziges*.

Daß die deutsche Wehrmacht an der Deportation Hunderttau-

Reichsminister Arthur Seyss-Inquart wird in Hamburg gefaßt.

Großadmiral Karl Dönitz.

Die Richter und die Ankläger in Nürnberg. Obere Reihe von rechts: Biddle, USA, Lawrence, Vorsitzender Großbritannien, Birkett, Großbritannien, Nikitschenko, UdSSR und Volkov, UdSSR.

Die Hauptkriegsverbrecher bei der Urteilsverkündung am 1. Oktober 1946.

Generalfeldmarschall Keitel wird in die Zelle geführt.

Reichsmarschall Göring verläßt am 13. 3. 1946 den Zeugenstand.

Sir Hartley Shawcross, der britische Hauptankläger beim Kontrollposten. Hinter ihm Sir David Maxwell-Fyfe.

General Rudenko, der russische Hauptankläger betritt den Gerichtssaal.

sender Zivilisten zur Zwangsarbeit teilgenommen habe, ist ebenfalls unbewiesene Behauptung geblieben. Daß die SS-Einsatzgruppen von der Armee transportiert und verpflegt wurden, sah die Anklage als „Beihilfe zum Mord" an Millionen von Juden an.

Generalfeldmarschall Sperrle und Generaladmiral Schniewind, die ebenfalls dieser Punkte angeklagt worden waren, mußten von allen Anklagepunkten freigesprochen werden; ebenso wie sie wurden auch die Angeklagten von Salmuth und von Rocques freigesprochen. Die übrigen erhielten zwischen 15 und 30 Jahre Gefängnis. (Siehe: Die Urteile im Prozeß gegen das OKW, den Generalstab, die deutschen Generale und die Südost-Generale.)

Generalfeldmarschall Ritter von Leeb sprach als ältester und zugleich rangältester Soldat das Schlußwort:

„Wir sind im Wesen des Soldatentums erzogen worden und großgeworden. Wir erfüllten unsere soldatischen Pflichten mit gleichbleibender Hingabe unter dem deutschen Kaiser während des Ersten Weltkrieges, in der Weimarer Republik und im Dritten Reich.

Im Dritten Reich unter der Diktatur Hitlers sahen wir uns aber Entwicklungen gegenüber, die unseren Grundsätzen und unserem Wesen nicht entsprachen.

Gegen diese Entwicklung im Dritten Reich haben wir uns gestemmt. Aber die Mittel, die in einer Diktatur wirksam sein konnten, waren begrenzt.

Jede Betätigung auf irgendeinem politischen Gebiet, innen- wie außenpolitisch, war uns verwehrt. Wir konnten und durften keine Politik treiben. Wir durften nur Soldaten sein.

Auch als Soldaten haben wir nicht zum Krieg getrieben. Gerade *wir* kannten ja den Krieg mit allen seinen Schrecken. Wir haben im Gegenteil alles getan, um Hitler von seinen Kriegsplänen abzubringen."

Am 27. und 28. Oktober 1948 wurden die Urteile verkündet. Wilhelm Ritter von Leeb wurde von allen Anklagepunkten freigesprochen bis auf einen. Er wurde für schuldig befunden, einen verbrecherischen Befehl Hitlers weitergeleitet zu haben. Dafür erhielt er drei Jahre Gefängnis. Da der Feldmarschall bis dahin bereits dreieinhalb Jahre in Haft gewesen war, mußte er unmittelbar nach diesem Richterspruch auf freien Fuß gesetzt werden.

Nachträglich aber stellte sich heraus, daß auch diese letzte

„erwiesene" Beschuldigung falsch gewesen war. Aber das änderte nichts an der Verurteilung, denn an die Rehabilitierung eines deutschen Generals war unter keinen Umständen zu denken.

Ein besonders abstoßender Zug des gesamten Generalsprozesses in Nürnberg war die Aktion der Anklagevertretung, mit welcher diese den früheren Verwaltungschef der SS, in Ketten gefesselt, als Hauptzeugen präsentierte und gegen die angeklagten Generale aussagen ließ.

„Dies zeigte auf, mit welch einem Haß das Tribunal die deutschen Generale verfolgte, indem es diesen Mann und den SS-Gruppenführer Ohlendorf gegen die deutschen Generale stellte"; die Männer also, die vom Gericht als „überaus ehrlos" gebrandmarkt worden waren, sollten deutsche Generale überführen helfen. „Dies war ein besonders abstoßender Zug des Nürnberger Prozesses." (Siehe Utley, Freda: a.a.O.)

Generalfeldmarschall Albert Kesselring

Weitere Prozesse, Rückblick und Ausschau

Nach Ende der Nürnberger Prozesse blieb deren objektiven Zuhörern nur noch eines zu bemerken übrig: „Die einzige Funktion, die sie erfüllt haben, ist es gewesen, die amerikanische Justiz zum Gespött gemacht und die Deutschen mit Haß und Verachtung gegenüber unserer Heuchelei erfüllt zu haben." (Siehe Freda Utley: a.a.O.)

Als man dann Richter Jackson fragte, warum man den deutschen Verteidigern nicht mehr Dokumente gegeben habe, über welche die Anklage in so reichem Maße verfügt habe, erklärte dieser laut Aussagen der Journalistin Betty Knox wütend: „Das wäre viel zu gut gewesen für diese Bastarde!"

Alles dies aber sollte noch lange nicht das Ende des Opferganges deutscher Soldaten und höchster militärischer Führer gewesen seisein.

In Griechenland wurden sie vor ein Tribunal gestellt und erschossen. In Jugoslawien wurden sie zu Hunderten vor „Gericht" gestellt. Sie kamen aus dem Zentralgefängnis der Udba, der „Stara uprava", vor ein Tribunal, und der jugoslawische Hauptankläger Albert Vajs, der sich von 1941 bis 1945 in Deutschland in Kriegsgefangenschaft befunden hatte und nach seiner Rückkehr zum Präsidenten der Kriegsverbrecher-Kommission der Volksrepublik Jugoslawien ernannt wurde, saß über sie zu „Gericht". Auf der Liste A standen 2467 Personen und auf der Liste B 337 solcher „Kriegsverbrecher." Aufgrund jugoslawischer Auslieferungsanträge wurden aus Italien, aus dem verbliebenen Reichsrest und aus Österreich 325 Personen an Jugoslawien ausgeliefert.

Professor Dr. Albert Vajs ließ die aus der englischen und amerikanischen Gefangenschaft nach Jugoslawien ausgelieferten deutschen Generale, General der Flieger Martin Fiebig, Generalmajor Theodor Fischer, Generalleutnant Hans Fortner, Generalmajor Gravenstein, den General der Gebirgstruppen Ludwig Kübler, Generaloberst Alexander Löhr, Generalleutnant Sauberzweig, ferner die SS-Generale Dr. Benno Behrens und den Höheren Polizei- und SS-Führer Harald Turner erschießen. General der Infanterie Hartwig Ludwiger wurde ebenfalls erschossen.

Daß in Jugoslawien Abertausende deutscher Soldaten von den Partisanen hinterrücks erschossen, erstochen, in die Luft gesprengt und anderweitig in viehischster Weise ums Leben gebracht wurden, interessierte nicht. Auch als im Jahre 1961 die ersten Meldungen über ermordete deutsche Soldaten durch die italienischen Zeitungen liefen, die man in den Karsthöhlen bei Triest per Zufall nach Sprengung einer Wand gefunden hatte, gab es in Deutschland nicht das geringste Echo, obgleich feststand, daß es sich um mehrere Tausend deutscher Kriegsgefangener handelte, die hier verstümmelt, zerfetzt und dann eingemauert wurden. Sie waren von den jugoslawischen Partisanen *nach* Kriegsschluß dort umgebracht worden.

Aber nicht nur in Jugoslawien, sondern vor allem auch in der UdSSR wurde mit deutschen Generalen kurzer Prozeß gemacht. In mehreren Städten wurden sie vor Gericht gestellt oder einfach ohne Gerichtsurteil hingerichtet. Für sie alle, deren Namen nicht genau bekannt sind, stehen Generalleutnant Helmuth von Pannwitz, der in Moskau hingerichtet wurde, Generalleutnant Johann-Georg Richert, der in Minsk ebenfalls hingerichtet wurde, Waffen-SS-Obergruppenführer Friedrich Jeckeln, der in Riga den Tod auf diese Weise erlitt, und Generalleutnant Fritz-Georg von Rappard, der in Welikije Luki neben einer Reihe Soldaten seiner Division wegen der tapferen Verteidigung der Festung bis zum letzten Mann das Schafott betrat.

Bei diesen allen und auch bei General der Infanterie Friedrich-Wilhelm Müller und General der Fallschirmtruppe Bruno Bräuer, die in Athen das gleiche Schicksal erlitten, war die einzige Schuld jene, daß sie deutsche Generale waren und mit ihren Truppen tapfer gekämpft hatten.

Wie man den Fallschirmjägern unter dem seinerzeitigen Oberst Bruno Bräuer auf Kreta mitgespielt hat, das ist ja bereits in einem der Vorkapitel deutlich geworden.

Dafür, daß er keinerlei Repressalien ergriffen hatte, wurde dann der General Bräuer in Athen hingerichtet.

Der Fall Kesselring

Wenden wir uns nun dem deutschen Generalfeldmarschall Albert Kesselring zu, der in Mondorf als einziger zu Reichsmarschall Göring gehalten hatte und ihn moralisch wieder so aufrichtete, daß er als aufrechter Mann vor das Siegertribunal trat. Er war nach seiner Aussage in Nürnberg als Zeuge für den Reichsmarschall und den deutschen Generalstab sowie das Oberkommando der Wehrmacht Mitte Dezember 1945 fünf Monate im „criminal wing" (dem Verbrecherflügel) in Einzelhaft gehalten worden, ohne daß ihm auch nur ein vager Grund dafür genannt wurde. Stuhl und Tisch wurden aus seiner Zelle entfernt, weil ihm diese ebensowenig wie ein zweiter Anzug zustünden, wie Oberst Andrus, der Chef-Gefangenenwächter, dies auszudrücken für richtig befand.

Anfang 1947 wurde der Feldmarschall dann nach Venedig geschafft. Dort wurde er vor ein englisches Gericht gestellt, um sich wegen zweier Verbrechen zu verantworten, die ihm in der Anklageschrift bekanntgegeben wurden.

1. Die Durchführung der von Hitler befohlenen Repressalien als Sühne für das Attentat auf der Via Rasella in Rom.
2. Die Bekämpfung der italienischen Partisanen im Sommer 1944.

Kesselring, der in Nürnberg für Reichsmarschall Göring ausgesagt hatte, war in amerikanischem Gewahrsam gewesen. Aber als die Engländer sich dazu entschieden, eine Anzahl von Verdächtigen in Italien anzuklagen, die „nach Mussolinis Fall im September 1943 dort Kriegsverbrechen begangen" hatten, traten sie mit der Forderung, ihnen den Feldmarschall zu übergeben, an die Amerikaner heran.

Der Chief of the Counsel, der nach den Grundsätzen des Kontrollratsgesetzes Nr. 10 zu entscheiden hatte, gegen wen und wo die Anklage eröffnet werden sollte, hatte zugestimmt.

Der Intelligence Officer, der in Venedig die Anklage vorzubereiten hatte, war Oberstleutnant Scotland. Er sagte in einer ersten Unterredung mit Kesselring:

„Für Sie kommt als Urteil nur ein Freispruch oder die Todesstrafe in Frage. Sie dürfen nicht übersehen, daß das gesamte Verfahren einen politischen Hintergrund hat." (Siehe Scotland, A. P.: The Kesselring Case.)

Die Anklage basierte auf der Tatsache, daß der Feldmarschall als Oberbefehlshaber Südwest und der Heeresgruppe C Befehle erlassen hatte oder aber deren Weitergabe veranlaßte, die zu jener oft genannten Erschießung von 335 Italienern in Rom als Geiseln und zum anderen zur „rechtswidrigen Tötung einer Reihe von Zivilisten im Verlauf der Partisanenkämpfe vom Juni bis August 1944" (alle späteren Einsätze wurden nicht herangezogen) geführt habe.

Zu bemerken ist, daß dieser Kesselring-Prozeß in Venedig *vor* den beiden Prozessen gegen die deutschen Generale und das OKW sowie vor allem *vor* dem Südost-General-Prozeß stattfand. Auf letzterem wurden die Erschießung von Partisanen und auch Geiselerschießungen unter gewissen Bedingungen für zulässig erklärt. Bedingung dafür war die vorhergegangene Forderung auf Unterlassung der völkerrechtswidrigen Ermordungen deutscher Soldaten durch Partisanen.

Vorher waren aber bereits Generaloberst von Mackensen und General Meltzer wegen der gleichen Vergehen vor Gericht gestellt worden. Und auch dieses Gericht hatte die Geiselerschießung im Falle der Via Rasella für Rechtens erklärt, aber erkannt, daß anstelle der 330 Personen, die hätten erschossen werden dürfen, deren 335 erschossen worden waren.

Diese Geiselmaßnahme basierte auf dem Überfall italienischer Partisanen in der Via Rasella in Rom, bei dem durch Sprengstoffe 33 Männer eines Landesschützen-Bataillons und eine Reihe italienischer Zivilisten, darunter Frauen und Kinder, umgekommen waren. Es hatte dabei Hunderte Verletzte gegeben. Daß dieses Attentat nicht unbeantwortet bleiben konnte, war jedem Verantwortlichen klar, denn die Partisanen waren bereits vorher gewarnt worden, und bei Nichteinhalten der angekündigten Geiselerschießung wären diese fürchterlichen Anschläge mit Sicherheit fortgesetzt worden, wie die spätere Partisanen-Literatur in Italien bewies.

Das britische Militärgericht, vor dem gegen den deutschen Feldmarschall verhandelt wurde, war mit fünf Offizieren besetzt: einem General und fünf Obersten. Damit entsprach es nicht den Bestimmungen über die Zusammensetzung eines Kriegsgerichtes.

Verteidiger von Feldmarschall Kesselring war Rechtsanwalt Dr. Hans Laternser. In seiner großen Verteidigungsrede sagte er:

„Herr General!
Meine Herren Richter!

Der Feldherr des besiegten Deutschen Reiches in Italien steht vor einem Militärgericht des siegreichen britischen Reiches unter der schweren Anklage, Kriegsverbrechen begangen zu haben.

Der Feldherr des britischen Reiches in Italien, Feldmarschall Viscount Alexander, hat jene Worte gesprochen, die ein einziges Mal in dieser Verhandlung aufgeklungen sind:

,Der Krieg in Italien ist fair geführt worden, vom Standpunkt des Soldaten so gut, wie es nur irgend geschehen konnte.'

Der Mann, dem diese Worte galten, war der deutsche Feldherr in Italien, der hier angeklagte Generalfeldmarschall Albert Kesselring. –

Dieser Prozeß gegen den Feldmarschall ist erstmalig und von ganz besonderer Eigenart deshalb, weil hier der Sieger selbst als Richter über den besiegten Feldherrn zu Gericht sitzt." (Siehe: Laternser, Dr. Hans: Verteidigung deutscher Soldaten).

Der Appell des Verteidigers an dieses Kriegsgericht, es möge sich nach den Grundsätzen des Rechts und nicht nach politischen Entscheidungen richten und dann zu einer Entscheidung kommen, die dem gütigen Menschen und ritterlichen Soldaten Kesselring gerecht wird, verhallte ungehört.

Feldmarschall Kesselring sagte in diesem Prozeß aus, daß ihm alle Truppen in Italien unterstanden hätten, auch diejenigen des Bevollmächtigten Generals Toussaint und jene des SS-Obergruppenführers Wolff. Dies bestritt General Keller, der Generalrichter des Heeres, der direkt dem Stabe Kesselrings unterstand. Auch Obergruppenführer Wolff war anderer Überzeugung. Er konnte auf eine Entscheidung dahingehend verweisen, die Feldmarschall Keitel am 1. Mai 1944 erlassen hatte und in der es hieß:

1. Die höchste Verantwortung für die gesamte Operation des Kampfes gegen die Partisanen in Italien liegt in den Händen des Oberbefehlshabers Südwest.

2. Gemäß seinen Anweisungen trägt der höchste SS- und Polizeiführer, der ihm persönlich unterstellt ist, die Verantwortung für den Partisanenkrieg in Italien. Ausgenommen von seiner Verantwortlichkeit ist der Frontbereich und die Küstenzone bis in eine Tiefe von 30 km außerhalb der Frontgebiete.

3. Wo die Polizeikräfte nicht ausreichen, um die Operationen

gegen die Partisanen durchzuführen, *kann* der OB Südwest auf Anforderung des Höchsten SS- und Polizeiführers Wehrmachtseinheiten zur Teilnahme am Partisanenkrieg zur Verfügung stellen, soweit die Lage und deren Aufgaben dies erlauben. Die Richtlinien, die dabei befolgt werden, werden durch den Höchsten SS- und Polizeiführer ausgearbeitet.

4. Besonders der Umfang und die Methode des Einsatzes von Wehrmachtsverbänden zum Einsatz gegen Partisanen sowie die territorialen Begrenzungen des Kampfes gegen die Partisanen würden durch den OB Südwest bestimmt werden." Die Unterschrift lautet: „Keitel, O. K. W.".

Dieser in sich widersprüchliche Befehl, der keinen Sinn ergab, wurde vor dem Gericht von Kesselring „eher als Stoff für eine komische Oper denn für eine militärische Operation" bezeichnet. Wenn er als Oberbefehlshaber bezeichnet werde, habe *er* auch die Richtlinien verantwortlich zu bestimmen.

Eines allerdings zeigte dieser Befehl eindeutig auf! Obergruppenführer Wolff war *nicht* Kesselring unterstellt. Wolff hatte außerhalb des eng umgrenzten Kampfgebietes des Heeres die ununschränkte Befehlsgewalt.

Dieser Befehl war deshalb das wichtigste Beweisstück des gesamten Prozesses, weil er aufzeigt, wer in bestimmten Fällen verantwortlich war, und „Verantwortung war die Grundlage der Anklage gegen Feldmarschall Kesselring. Er sollte nämlich *für alles,* was in seinem gesamten Befehlsbereich geschehen war, auch für das, was andere getan hatten, verantwortlich sein." (Siehe Scotland, A. P.: a.a.O.).

Da in dem zitierten Befehl der Partisanenkampf außerhalb der Kampfzone des Heeres endgültig als Sache der Polizei festgelegt worden war, konnte Kesselring überhaupt nicht dafür verantwortlich gemacht werden.

Was aber trieb Kesselring, unbedingt die Verantwortung für *alles* übernehmen zu wollen? Darauf hat A. P. Scotland eine genaue und einleuchtende Erklärung gegeben:

„Kesselring war durchdrungen von der Überzeugung, daß seine Heeresgruppe in Italien einen sauberen Kampf geführt hatte. Dies wurde ihm auch von allen Befehlshabern der Gegnerseite, die seinen Truppen gegenübergestanden hatten, bestätigt.

Als er dann im Februar 1947 vor Gericht gestellt wurde, war er bestrebt, der ganzen Welt zu beweisen, daß *er*, der Generalfeldmarschall Kesselring, seine Ehre nicht verloren hatte, daß er die Herausforderung annahm und diesen Kampf auf höchster Ebene in seiner Eigenschaft als Oberbefehlshaber auf dem italienischen Kriegsschauplatz ausfechten wollte.

In Rom hatte er den heroischen Entschluß gefaßt und den daraus erfolgenden Versuch unternommen, die ihm seinerzeit unterstellten Generale von Mackensen und Meltzer zu retten. Dies war ihm gelungen. Aber als Ergebnis seines Erfolges *mußte* nun gegen *ihn* der Prozeß geführt werden."

Feldmarschall Kesselring hing also mit den Verbrechen, derer er angeklagt wurde, *nur* durch die eine Tatsache zusammen, daß er sich selbst als Oberbefehlshaber *aller* Streitkräfte in Italien bezeichnet hatte. Generalrichter Keller aber –, der Sachverständige in diesen Fragen, erklärte, daß er *nie* Oberbefehlshaber *aller* Streitkräfte gewesen sei, sondern nur jener des Heeres.

Zwar traf auch die 330 Geiseln keine Schuld an dem Massaker in der Via Rasella, aber das italienische Gericht, das im Oktober 1948 gegen den SD-Führer in Rom, Kappler, verhandelte, sah diese Repressalie als berechtigte Sühnemaßnahme an, und Kappler konnte nicht des Mordes an 330 Geiseln angeklagt werden, sondern nur des Mordes an jenen fünf Personen, die er versehentlich zuviel hatte erschießen lassen.

Allerdings sind an den Folgen ihrer auf der Via Rasella erlittenen Verwundungen in den Lazaretten von den 60 verwundeten Soldaten weitere zehn gestorben. Dies hätte nach dem Führerbefehl eine Tötung von weiteren 100 Geiseln zur Folge haben müssen. Dies ist glücklicherweise *nicht* geschehen, weil diese zehn Todesfälle weder von Feldmarschall Kesselring noch von seinem Chef des Generalstabes, General der Kavallerie Westphal, gemeldet wurden.

Dem Gericht in Venedig gelang es *nicht*, jenen Beweis zu führen, daß sich Feldmarschall Kesselring an der Tötung der 335 Italiener mitschuldig gemacht hatte.

Punkt 2 der Anklage legte Albert Kesselring zur Last, daß aufgrund der von ihm erlassenen Befehle zur Partisanenbekämpfung in der Zeit vom 17. Juni und vom 1. Juli 1944 von seinen Truppen „schwere Verbrechen gegen die italienische Bevölkerung verübt worden" seien.

Die Zeit, in welcher diese beiden Befehle in Kraft waren, wurde vom Gericht als vom ersten Tage der Befehlsausgabe bis zum

21. August 1944 angenommen. An genau 66 Tagen also. Was auch immer irgendwo in Italien während dieser Zeit geschehen war, dafür sollte Feldmarschall Kesselring zur Verantwortung gezogen werden.

Es handelte sich um elf „Cases", die nach der Eroberung des fraglichen Gebietes durch die Westalliierten durch Befragen und Zeugenaussagen in jeweils bis zu 20 Zeilen langen Berichten festgehalten worden waren.

Dieses Verfahren hatte nichts mit einem ordentlichen Gerichtsverfahren zu tun, denn diese „Cases", auf die sich die Anklage stützte, waren sämtlich *Reaktionen* auf heimtückische Morde der Partisanen, begangen an einzelnen deutschen Wehrmachtsangehörigen und Verpflegungstransporten, sowie ähnliche Morde der meist kommunistischen Partisanengruppen.

Alle diese Partisanenüberfälle und die *Reaktionen* darauf hatten sich im rückwärtigen Gebiet zugetragen, für das der Höchste SS- und Polizeiführer zuständig war.

Im Falle Nummer 36 beispielsweise, der sich in Borgo Ticino abgespielt hatte, wurden zwei Männer des Kapitänleutnants Krumhaar – dem für dieses Gebiet zuständigen SD-Offizier – angeschossen. Krumhaar verständigte den General der Polizei Tensfeld, der unter Obergruppenführer Wolff diente und für dieses Gebiet zuständig war. Er erhielt von *diesem* Befehl zur Handlungsfreiheit und sofortiger Ahndung. Krumhaar ließ zwölf in Borgo Ticino aufgegriffene Männer als Geiseln erschießen. Vor dem Gericht in Venedig sagte er aus:

„Ich habe von General Tensfeld meine Befehle erhalten und diese ausgeführt. Von irgendwelchen Befehlen des Generalfeldmarschalls Kesselring weiß ich nichts!" (Siehe Scotland, A.P.: a.a.O.)

Generalfeldmarschall Kesselring kannte die Mehrzahl der Fälle, die ihm zur Last gelegt wurden, nicht einmal dem Namen nach und wußte nicht, daß es sie überhaupt gegeben hatte.

Feldmarschall Kesselrings Befehle waren nach den Aussagen von Oberstleutnant Scotland „hart und streng, aber nicht verbrecherisch. Sie wurden von einem Kampfbefehlshaber erlassen, der für die Sicherheit seiner Truppe und für ihren Schutz vor heimtückischen Kampfmethoden voll verantwortlich ist." (Siehe Scotland, A. P.: a.a.O.).

Eine im Schutz eines solchen Befehls begangene Gewalttat *muß* vom Gericht bewiesen werden. Dieser Beweis wurde in der gesamten Verhandlung gegen Albert Kesselring nicht erbracht.

Und Oberstleutnant Scotland führte weiter aus: „Hätte der Prozeß gegen Feldmarschall Kesselring gegen Ende des Jahres 1948 stattgefunden, nachdem der Kappler-Prozeß vor dem Gericht in Rom geführt worden war, dann wären Kesselring, Generaloberst von Mackensen und General Meltzer freigesprochen worden."

Auch Dr. Laternser erklärte vor dem Gericht: „Zu der Anklage der Beteiligung an der Tötung der 335 Italiener in den Ardeatinischen Höhlen bei Rom am 24. März 1944 ist Generalfeldmarschall aus tatsächlichen *und* rechtlichen Gründen *nicht schuldig.*" Dr. Laternser wies nach, daß es Hitler war, der die Durchführung der Repressalien gegen die Geiseln zu den Morden auf der Via Rasella der Wehrmacht entzog und dem Sicherheitsdienst übertrug. Er erklärte, daß dieser Führerbefehl Kesselring von jeder Mitschuld freispreche, weil durch ihn Zuständigkeit und Verantwortung von der Wehrmacht auf den SD übertragen worden seien.

Was den zweiten Anklagepunkt anlangte, so lag den mit voller Gewalt aufflammenden Partisanenüberfällen und Morden ein Aufruf des Marschalls von Italien, Badoglio, zugrunde, der zum Gegner übergelaufen war. Darin heißt es:

„Greift die Kommandostellen und die kleinen militärischen Zentren der Deutschen an! Tötet die Deutschen von hinten! Entzieht euch so ihrer Gegenwehr, damit ihr weiter töten könnt!"

Diesem Aufruf zum Mord kamen die Partisanen nach, und *dieses* Vorkommnis hätte das Gericht behandeln und ahnden müssen, weil die Schuld an diesen Morden und den Reaktionen darauf dem Marschall von Italien, Badoglio, anzulasten ist. Aber er wusch seine Hände in Unschuld, weil er sich in letzter Stunde auf die Seite der Sieger hinübergemogelt hatte. So ließen er und jene Partisanen, die diese Morde verübten und sich dann hinter der Zivilbevölkerung versteckten und *diese* die Suppe auslöffeln ließen, ihre eigenen Landsleute für sich über die Klinge springen.

Der Befehl des deutschen Feldmarschalls: „Diese Banden sind anzugreifen und zu vernichten!" war ein reiner Kampfbefehl, wie er von *jedem* Truppenführer der Welt *damals und heute* gegeben werden *muß*, wenn seine Truppe aus dem Hinterhalt beschossen oder in die Luft gesprengt wird.

General Patton beispielsweise hatte in seinem Befehl für die in Italien kämpfenden Truppen folgenden Passus aufgenommen:

„Civilians who have stupidity to fight us, we will *kill*, those who remain passive will not be harmed, but will be required to rigidy conform to such rules as we shall publish for their control and guidance – Der wesentliche Teil dieses Textes besagt, daß, wer auch immer amerikanische Truppen angreift, der wird sofort und ohne jedes Gerichtsverfahren erschossen wird."

Daß Feldmarschall Kesselring in diesem Befehl aber auch darauf hinwies, daß *jede* Art der Plünderung untersagt sei und schwer geahndet werde, wurde vor Gericht nicht behandelt. Da hielten sich auch die Offiziere dieses Kriegsgerichtes an die Devise von Nürnberg: „Es kommt nur *das* auf den Tisch, was die Angeklagten belastet. Für Entlastungsmaterial haben wir keinen Bedarf."

Daß Feldmarschall Kesselring Rom rettete, als Hitler dessen Bombardierung befahl, daß er Chieti ebenfalls zur offenen Stadt erklärte und die Schätze des Klosters Monte Cassino vor den Bombardements der westlichen Alliierten in Sicherheit brachte, das fand hier keine Beachtung. Daß der Erzbischof von Chieti, Giuseppe Venturi, in bewegten Worten das Lob dieses deutschen Oberbefehlshabers pries und ihn als Retter von Chieti bezeichnete, focht das Gericht nicht an.

Durch das Urteil des Gerichtes vom 6. Mai 1947 wurde Albert Kesselring zum Tode durch Erschießen verurteilt. Im Bestätigungsverfahren wurde das Urteil in eine lebenslange Freiheitsstrafe umgewandelt. Das ihm zustehende Schlußwort durfte er nicht sprechen. Es lautete in seinen beiden Kernsätzen:

„Als hoher Führer der deutschen Wehrmacht hatte ich die Pflicht, in diesem Prozeß zu zeigen, daß auch im deutschen Offizier und Soldaten hohes sittliches Ethos wohnt, das den trauernden Müttern, Frauen und Kindern denn Sinn des Opfertodes ihrer Lieben zeigen und vielleicht auch ein Völkerverstehen erleichtern wird.

Für meine Befehle trage ich allein die Verantwortung. Habe ich als Führer und Mensch geirrt, so habe ich die Folgen zu tragen. Niemals aber werde ich ein Strafgesetz anerkennen, das einseitig und allein *nur* gegen Deutsche erlassen wurde und gegen anerkanntes Recht rückwirkende Kraft hat. Niemals werde ich anerkennen, daß zweierlei Recht noch Recht ist und daß Lücken im internationalen Recht straffällig machen sollen.

Ihre Entscheidung, meine Herren Richter, wird über meine Person hinausgehen zu den hohen militärischen Führern der Welt, die in der gleichen Lage waren oder einmal sein werden."

Unter dem Druck der öffentlichen Meinung in England wurde das Todesurteil in lebenslange Freiheitsstrafe umgewandelt. Im Jahre 1952 wurde Albert Kesselring wegen seines schweren Herzleidens nach einer Reihe lebensgefährlicher Operationen aus der Haft entlassen. Er starb am 16. Juli 1960. Tausende seiner alten Kampfgefährten gaben ihm das letzte Geleit.

Geben wir an dieser Stelle Rechtsanwalt Dr. Laternser das Schlußwort:

„Die Hauptverhandlung hat ergeben, daß die Anklage in keinem der beiden Punkte aufrechterhalten werden kann. Die Rechtslage ist völlig klar, sie spricht eindeutig zugunsten des Feldmarschalls. In tatsächlicher Hinsicht mag die eine oder andere Frage offen sein, eines aber läßt *keinen* Zweifel, keine Frage, keine Unklarheit zu, und das ist die Persönlichkeit des Feldmarschalls. –

Ich beantrage die Freisprechung des Feldmarschalls Kesselring."

Generalfeldmarschall Erich von Manstein

Nach Nürnberg – Gedanken eines Feldmarschalls

Nachdem unter der Federführung des Generalfeldmarschalls von Manstein in Nürnberg die Anklage gegen das Oberkommando der deutschen Wehrmacht und gegen den deutschen Generalstab in sich zusammengebrochen war, sah sich Erich von Manstein für zwei weitere Jahre in englischem Verwahr, was ihn aber wenig beeindruckte. Er ging daran, ein Buch zu schreiben, das den Titel „Der Weg zum Frieden" trug. Dazu sagte er:

„In diesem Werk hatte ich noch vor der berühmt gewordenen Rede Churchills in Zürich für die ‚Vereinigten Staaten von Europa' plädiert. Damals stellte ich fest, daß das industrielle Potential eines geeinten und vereinten Europa ausreichen müßte, die Sowjetunion vor einer Aggression zurückschrecken zu lassen. Das könnte durchaus aus eigener Kraft geschehen, und damit hätte eine von den USA unabhängige Politik betrieben werden können.

So versuchte ich, das Hinzugelernte auch in meine Kalküls einzubeziehen und aus all den erlittenen schmerzhaften Schlägen die Nutzanwendung zu ziehen." (Siehe: Kurowski, Franz: Gespräche mit Feldmarschall von Manstein in Irschenhausen.)

Es wurde Sommer 1948, und mit vielen seiner alten Kameraden wartete Erich von Manstein auf seine Entlassung aus der Gefangenschaft, als er plötzlich gemeinsam mit den Feldmarschällen von Brauchitsch und von Rundstedt und mit Generaloberst Strauß nach Deutschland gebracht wurde. Die Engländer bereiteten einen Prozeß gegen diese drei ranghohen deutschen Soldaten vor. (Feldmarschall von Brauchitsch starb am 18. Oktober 1948.)

Für Feldmarschall von Rundstedt und Generaloberst Strauß wurden Atteste vorgebracht, die bewiesen, daß sie körperlich nicht mehr in der Lage waren, einen Prozeß durchzuhalten. Blieb als einziger Feldmarschall Erich von Manstein übrig.

Am 1. Januar 1949 wurde gegen von Manstein Anklage erhoben. Der Feldmarschall wurde durch Dr. Hans Laternser und Dr. Paul Leverkuehn verteidigt, die allerdings bis Mitte Mai 1949 noch keinerlei Arbeitsunterlagen erhalten hatten. Auch die zur Verteidigung notwendigen Dokumente wurden ihnen vorenthalten. Was ihnen blieb, waren die vage gehaltenen 17 (!) Anklagepunkte.

Dr. Leverkuehn versuchte in England im Juni 1949 die Ernennung eines britischen Verteidigers zu erwirken. Er kam in London mit dem jungen Anwalt Reginald T. Paget zusammen, der mit Dr. Leverkuehn völlig übereinstimmte. Doch ihrer beider Bemühungen, die britische Regierung davon zu überzeugen, daß dem Feldmarschall ein britischer Verteidiger zu stellen sei, wurde abgewiesen.

Am 11. Juli schrieb Dr. Leverkuehn einen Leserbrief an die „Times", der auch veröffentlicht wurde. Daraufhin eröffneten Lord De L'Isle und General Lord Bridgeman eine Sammelliste, um die Mittel für eine angemessene Verteidigung zu beschaffen. Als erster zeichnete Winston Churchill. 2000 Pfund, damals etwa 24000 DM, kamen zusammen. Es gelang Dr. Leverkuehn, Reginald Paget zur Übernahme der Verteidigung von Mansteins zu bewegen. Er stellte sich dafür unentgeltlich zur Verfügung, obgleich die britischen Anwälte lange vorher beschlossen hatten, sich nicht an der Verteidigung feindlicher Staatsangehöriger zu beteiligen, die wegen Kriegsverbrechen angeklagt worden waren. Dazu Reginald Paget:

„Es wäre gegen meine Auffassung von Anstand gewesen abzulehnen. Ich sagte jedoch, daß ich der Sache mehr politischen als juristischen Charakter beimesse und daher kein Honorar annehmen könne."

Anklageeröffnung und Vorwürfe

Am 24. August 1949 eröffnete der Vorsitzende dieses Gerichtes, Sir Arthur Comyns Carr, die Anklage. Er hielt eine Rede von sieben Stunden Länge, die er auf zwei Tage verteilte. Dabei beschrieb er vor der Kulisse des Hamburger Curio-Hauses alle Grausamkeiten, die irgendwann einmal im Osten zwischen 1939 und 1945 geschehen waren, und lastete sie sämtlich dem Feldmarschall an.

Die vier Mitglieder des Gerichtes hörten aufmerksam zu. Es waren ein Generalleutnant und drei Obristen. Damit war dieses Kriegsgericht *nicht* nach den Kriegsgerichtsprinzipien besetzt, da keines der Mitglieder auch nur annähernd dem Range des Feldmarschalls gleichkam, was Vorbedingung für eine vorgeschriebene Besetzung ist. Dazu von Manstein:

„Das Gericht war mit Männern besetzt, die überhaupt nicht wissen *konnten*, unter welchem Druck und welchen Umständen ein Feldmarschall handelt, der in schwerster Krisenlage eines Heeresgruppe führt und befehligt."

Gleich zu Beginn der Verhandlung erklärte Reginald Paget das Königliche Edikt, unter dem dieser Prozeß stattfand, für unrechtmäßig. Dies war notwendig, denn wenn von Manstein vor ein wirkliches Kriegsgericht gestellt worden wäre – das gab die Anklage offen zu –, dann hätte man ihn freisprechen müssen. Immerhin war Feldmarschall von Manstein immer noch Kriegsgefangener, wie Paget eindeutig feststellte, und als solcher stand ihm das Recht zu, vor diesem Gericht genauso behandelt zu werden wie ein Soldat der eigenen Truppen. (Siehe dazu: Genfer Konvention, Artikel 63.)

Jene Dinge, die der Ankläger darstellte, waren von Manstein völlig unbekannt. Aber der Ankläger argumentierte, daß er selbst dann, wenn er *nichts* davon gewußt hätte, dennoch strafrechtlich dafür verantwortlich sei. Von Manstein wurden Judenmorde, Geiselerschießungen, Partisanenerschießungen vorgeworfen. Viele andere Dinge kamen hinzu. Allesamt stützten sie sich auf Beutedokumente, die unter dem Gesichtspunkt ausgesucht wurden, ob sie Verbrechen zeigten. Ganz gleich, von *wem* sie verübt worden waren.

Als am 22. Gerichtstage Reginald Paget die Verteidigung eröffnete, gelang es ihm, in 14½ Stunden sämtliche gegen von Manstein vorgebrachten Anklagen zu demaskieren. Danach traten die deutschen Verteidiger Dr. Laternser und Dr. Leverkuehn weitere sieben Tage in Aktion.

Abschließend wurde von Manstein in den Zeugenstand gerufen. Er verteidigte die Befehle, die er gab und durchführen ließ. Er stellte sich vor jeden seiner Soldaten, „weil dies die erste Pflicht eines Heerführers ist: für seine Soldaten einzustehen und für sie die Verantwortung zu tragen."

Vier Anklagepunkte der 17-Punkte-Liste mußten vom Gericht als *von der Anklage erfunden* zurückgenommen werden.

Einer jener Männer und Frauen im Hintergrund, die unermüdlich arbeiteten, um das Entlastungsmaterial heranzuschaffen, war der General der Infanterie Theodor Busse, der als Chef des Generalstabes der Heeresgruppe Süd unter von Manstein gedient hatte. Außerdem tätig waren Fräulein von Michaelsen und Frau von Werthern. Herr Schacht, ein gedienter Artillerieoffizier, kam noch hinzu.

Einer der Hauptsätze von Paget lautete: „In der Praxis ist das internationale Strafrecht ex post facto geschaffen und *auf diejenigen* zugeschnitten worden, die zu verurteilen man im voraus entschlossen war. Es wurde damit ein Zweckgesetz geschaffen für Fälle, mit denen man nicht anders fertig werden konnte."

Ein weiteres Argument, das er ins Feld führte, war es, von Manstein nicht für irgendwelche Handlungen zu verurteilen, die aufgrund der Beweise von seiner Regierung angeordnet waren. „Dafür können Sie einen einzelnen *nicht* verurteilen."

Es gelang, unter Beweis zu stellen, daß der Kommissarbefehl im Befehlsbereich der Heeresgruppe Süd und des LVI. AK unter von Manstein nicht durchgeführt worden war.

Ebenso gelang der Beweis, daß die 11. Armee von Mansteins die sowjetischen Kriegsgefangenen auf der Krim bestmöglich versorgt hatte. „Tatsächlich hat diese Armee mehr getan, als wir 1945 in Deutschland zustandebrachten", erklärte Paget.

Auch die wirklich begangenen Judenmorde auf dem Territorium des Mansteinschen Befehlsbereiches – es waren Morde an 90 000 Juden angegeben worden, so wurde gemeldet – und die Behauptung, daß der Oberbefehlshaber an ihnen aktiven Anteil gehabt habe, brach zusammen, als die SD-Zeugen auftraten. Es stellte sich heraus, daß die Einsatzgruppe D unter Führung von Ohlendorf viereinhalb Monate lang selbständig in einem riesigen Gebiet Juden erschossen hatte. Dazu legte der SD etwa 1800 Kilometer zurück. Die von Ohlendorff gemeldeten „Erfolge" grausigster Art wurden überprüft und die Teilhabe von Mansteins ebenfalls. Es wurde unter Beweis gestellt, daß die Armee nichts davon wußte, daß der SD vielmehr seine Aktionen geheimhielt. Manstein versicherte vor dem Gericht unter Eid, er habe keine Ahnung davon gehabt, daß der SD Juden erschoß. Das Gericht glaubte ihm, und dieser Anklagepunkt fiel ebenfalls fort.

Sieben Tage stand Feldmarschall von Manstein im Kreuzverhör Rede und Antwort.

Das Schlußwort wurde am 51. Verhandlungstage gesprochen. Paget sagte unter anderem:

„Es war der politische Zweck dieses Prozesses, den Ruf der Deutschen Wehrmacht und den ihres größten Befehlshabers zu ruinieren. Nichts dergleichen ist erreicht worden. Ob wir in Afrika, in Italien oder in Frankreich auf die Deutsche Wehrmacht stießen, immer fanden wir in ihr einen anständigen Gegner.

Weil wir viele russische Propaganda gehört haben, glaubten wir, daß die Deutschen im Osten wie die Wilden gekämpft hätten. Die hier vorliegenden Beweise zeigen das nicht. Sie zeigen im Gegenteil, daß der deutsche Soldat unter Verhältnissen von unvorstellbarer Grausamkeit seiner Gegner ein großes Maß an Zurückhaltung und Disziplin an den Tag gelegt hat.

Was mich betrifft, so bin ich froh darüber. Wenn Europa überhaupt zu verteidigen sein soll, so müssen diese anständigen Soldaten unsere Kameraden werden.

Hohes Gericht! Es ist dem Sieger nicht gegeben, dem Ruf des Besiegten etwas anzuhaben. Manstein ist der Held seines Volkes und wird es bleiben! – Und hier vor Gericht hat er einen letzten furchtlosen Kampf um den Ruf seiner Armee geführt, der er diente, und der Männer, die unter seiner Führung fielen.

Ob Sie ihn nun zum Märtyrer machen oder nicht, er wird für alle Zeiten das leuchtende Beispiel für die besten deutschen Charakterzüge bleiben: Mut, Standhaftigkeit und das, was die Römer ‚gravitas‘ nennen und wofür wir kein entsprechendes Wort haben.

Es ist Ihnen nicht gegeben, Mansteins Ruf zu schädigen, nur ihrem *eigenen* Ruf können Sie schaden. Hohes Gericht, ich hoffe, daß Ihre Entscheidung die Rückkehr Europas zu einem zuvilisierteren und großzügigeren Lebensstil ausdrücken wird. Keiner von Ihnen hält von Manstein für einen schlechten Menschen. Sein Stab und seine Soldaten liebten ihn. Das zumindest ist in diesem Prozeß klar geworden. Die äußere Anklage gegen ihn geht dahin, daß er den Willen seines Obersten Befehlshabers ausführte – doch das ist das Verbrechen Deutschlands.

Hohes Gericht, ich fordere Mansteins Freispruch, denn ich glaube, daß ein Freispruch für unser Land ehrenvoll sein wird!"

Als Reginald Paget zu von Manstein hinüberging, erhob sich das Gericht von den Plätzen. Es war der Geburtstag des Feldmarschalls, an dem diese Worte gesprochen worden waren, und sie waren das *schönste* Geburtstagsgeschenk seines Lebens.

In dem „summing up" des Gerichtes, vom Judge Advocate in dreiwöchiger Arbeit vorbereitet und am 19. Dezember 1949 gesprochen, verkündete anschließend Sir Arthur Comyns Carr das Urteil. Der Feldmarschall wurde von allen Judenpunkten freigesprochen. Die Punkte Kommissarbefehl, Kriegsgefangenen-Versorgung, die Partisanenbekämpfung, Teile der Rückzugspunkte und weitere Punkte, insgesamt 15, entfielen. Für die zwei verbleibenden wurde er schuldig gesprochen. Es waren einmal „der Einsatz der Kriegsgefangenen zur Arbeit an militärischen Befestigungen" und zum anderen das „Zulassen der Deportation von Menschen aus seinem Befehlsbereich zur Arbeit nach Deutschland".

Daß sich die Siegermächte *gerade* in diesen beiden Punkten auf das schwerste vergangen haben und diese ihre Tätigkeit nicht nur in Kriegszeiten, sondern auch nach Kriegsschluß noch fortgesetzt hatten, ist allgemein bekannt worden.

Generalfeldmarschall Erich von Manstein wurde zu 18 Jahren Haft verurteilt, was wegen seines Alters lebenslänglich bedeuten würde.

Die Überprüfungsstelle dieses Urteils hielt sich an einen Kompromiß. Indem sie alle Beschlüsse des Gerichtes aufrechterhielt und billigte, reduzierte sie dennoch die Strafzeit auf 12 Jahre.

„Dieses Urteil", bekannte sofort Captain Liddell Hart in der „Times", „läßt jeden Sinn für Proportionen vermissen und zeigt nichts weiter als den Versuch, mit Nürnberg Schritt zu halten. Es wurde vor dem Gericht ganz klar, daß von Manstein *niemals* zu irgendeiner Form der Brutalität anstiftete, und er wurde auch von dieser Anklage freigesprochen, dem wichtigsten Punkt in jeder Anklage gegen Kriegsverbrechen."

Drei Jahre seines Lebens verbrachte Feldmarschall von Manstein im Zuchthaus Werl in Westfalen. Im Mai 1953 verfügte die britische Regierung seine vorzeitige Entlassung.

Reginald Paget hat in seinen letzten Worten vor diesem Gericht auf Recht und Gerechtigkeit hingewiesen und erklärt, daß es sie hier nicht gegeben habe, weil das Hauptprinzip für die Gerechtigkeit die Gleichstellung der Parteien sei. Dem Angeklagten sei ein gerechtes Verfahren nicht gegeben worden mit dem Hinweis, *daß ihm dann nichts bewiesen werden könne.* Er sagte wörtlich:

„Steht es mit der militärischen Ehre, wie Sie sie vertreten, in Einklang, einem Gefangenen *die* Rechtsform zu verweigern, die Sie für sich selbst fordern würden?

Daher, Hohes Gericht, möchte ich hier sagen, daß es gegen die militärische Ehre verstößt, einem Feind *die* Form der Gerechtigkeit zu verweigern, die Sie für sich selbst fordern würden."

Eine Division vor Gericht

Die Ursache: eine Falschmeldung

Am 20. Dezember 1944 meldete der Soldatensender Calais mit der Stimme seines Chefs, Sefton Delmer, folgendes:

„Bei der Rückgewinnung des Geländes südlich von Malmédy wurden bei der Straßenkreuzung nahe Thirimont ungefähr 60 tote amerikanische Soldaten gefunden. Nach Berichten ihrer geflohenen Kameraden wurden sie von den Deutschen erschossen, als sie sich bereits ergeben hatten oder gerade ergeben wollten."

Mit diesen fünf Zeilen Text war das „Massaker" von Malmédy zum Leben erweckt und sollte sich in der Folgezeit zu einem wahren Ungeheuer an Verbrechen ausweiten: erlogenen, was jene Soldaten betrifft, die diese Morde begangen haben sollten, tatsächlichen von unvorstellbarer Brutalität von seiten jener, die über diese Unschuldigen zu Gericht saßen.

Ein sofort eingesetzter US-Untersuchungsausschuß reiste nach Malmédy und nahm alles in Fakten auf, was zu bekommen war. Er kam zu dem Ergebnis, daß dort an jener Kreuzung südlich dieser Stadt von den 200 Soldaten einer Beobachtungsbatterie 71 gefallen waren. Das medizinische Gutachten der Kommission der 1. US-Armee enthält die einzelnen Schuß- und Splitterverletzungen, die einwandfrei anzeigen, daß es sich hier nicht um ein Erschießen von Gefangenen gehandelt haben konnte. Die Durchsuchung der Taschen der Getöteten bewies, daß kein einziger beraubt worden war, und die fotografischen Aufnahmen der Getöteten und des Kampffeldes bewiesen, daß diese Männer, die dort gefallen lagen, bewaffnet waren. Die Aussagen überlebender Angehörigen dieses Verbandes zeigten, daß sich hier *keine* völkerrechtswidrige Tötung von Gefangenen ereignet hatte; diese Verluste waren nach ihren Erkenntnissen durch ein Kampfgeschehen herbeigeführt worden.

Allerdings bot sich hier den internationalen Tribunalen der Rache die einmalige Chance, gestützt auf die Radiomeldung, die weiteste Kreise gezogen hatte, eine Waffen-SS-Division anzuklagen und vielleicht mit deren Verurteilung auch die Verurteilung der Waffen-SS als verbrecherischer Organisation durchzusetzen. Die

Jagd nach den Männern dieser Division und den obersten Führern der Waffen-SS, die gleichzeitig mitgefangen und „überführt werden" könnten, begann.

So wurden sie gefangen, etwa 1000 Soldaten der Waffen-SS-Division „Leibstandarte Adolf Hitler". Hinzu kamen der Generaloberst der Waffen-SS Sepp Dietrich, der zuletzt die 6. SS-Panzerarmee geführt hatte und vorher als Kommandierender General das I. SS-Panzerkorps „Leibstandarte Adolf Hitler" geführt hatte, der Waffen-SS-Generalleutnant Hermann Priess als letzter Kommandierender General des I. Waffen-SS-Panzerkorps „Leibstandarte Adolf Hitler" und Generalmajor der Waffen-SS Fritz Krämer.

Ab Juli 1945 wurde in allen Gefangenenlagern Restdeutschlands und Österreichs Jagd auf Angehörige der 1. SS-Panzer-Division „Adolf Hitler" gemacht. Insgesamt wurden 1100 Soldaten gefaßt und verhört. Im Untersuchungsgefängnis von Schwäbisch-Hall gingen sie sämtlich durch die Verhörmühle der War Crimes Commission, die unter dem Befehl von Lieutenant-Colonel Burton F. Ellis stand. Diesem wiederum standen Captain Raphael Shoemaker, First Lieutenant Robert E. Byrne, First Lieutenant William R. Perl, Mr. Morris Ellowitz, Mr. Harry Thon und die Herren Kirschbaum, Metzger, Egger, Colombeck und Enders, alias Andrews, zur Seite. Es waren weithin Emigranten aus dem Reich.

Der größte Teil dieser gefangenen Männer wußte nicht einmal von Hörensagen, daß es bei Malmédy ein kurzes Gefecht gegeben hatte.

Hier noch einmal jener Berichtsteil von Justice Robert H. Jackson, dem Hauptankläger der USA, an seinen Präsidenten, nach welchem diese Verhandlung gegen die Männer der Waffen-SS geführt wurde:

„Ich habe das US-Kriegsministerium gebeten, denjenigen Kriegsgefangenen, die verdächtige Kriegsverbrecher sind, die Vorrechte für Kriegsgefangene abzusprechen, die ihnen nach ihrem Rang zukämen, wenn sie ordentliche Kriegsgefangene wären. Sie sollten an geeigneten sicheren Orten zur Vernehmung durch unsere Stäbe zusammengezogen werden. Ihnen ist der Zugang zur Presse zu verweigern, sie sind in strenger Haft zu halten, wie sie üblicherweise verdächtigen Verbrechern zukommt."

Das war zwar völkerrechtswidrig, entgegen den Bestimmungen der Genfer Konvention und entsprach in keinem Falle dem Status von Kriegsgefangenen, die sie ja immer noch waren, selbst wenn sie unter irgendeinem Verdacht standen. Aber was focht es die Sieger an, was machte es ihnen aus, jeden Vertrag und jedes Abkommen zu brechen? Sie hatten es ja offen eingestanden, daß sie sich an keinerlei Verträge oder Abkommen gebunden fühlten. Dies kam auch im Kontrollratsgesetz Nr. 10 zum Ausdruck, in dem es hieß:

„Rechtliche und solche Gesichtspunkte, die das äußere Verfahren betreffen, dürfen dieses Ergebnis" (der schweren Bestrafung ihrer Gefangenen) „nicht beeinträchtigen."

Deutschland war ja nicht – wie zwar auch zum 40. Jahrestag des Kriegsschlusses überall gefeiert wurde, – „zum Ziele der Befreiung besetzt worden, sondern als besiegte Nation." (Siehe dazu: JCS/6-Weisung vom 26. April 1945.)

Was war denn eigentlich dieses Massaker in Wahrheit gewesen? Welcher Verbrechen hatten sich diese 1100 deutschen Soldaten schuldig gemacht?

Der Zwischenfall bei Malmédy

Als die ersten fünf Spitzenpanzer des schweren SS-Panzer-Regimentes 1 der Waffen-SS-Division „Leibstandarte Adolf Hitler" am Mittag des 17. Dezember während des zweiten Tages der deutschen Ardennen-Offensive die Straßenkreuzung südostwärts von Malmédy erreichten, rollte zur gleichen Zeit eine aus Malmédy kommende Kolonne aus US-Fahrzeugen dieser Kreuzung entgegen. Es waren Fahrzeuge einer US-Beobachtungs-Batterie, die nach St. Vith zu entkommen suchte.

Die deutschen Panzer der Vorhut eröffneten das Feuer. Es war 13.04 Uhr, als sich die Amerikaner dieser Gruppe ergaben. Sie hatten ihre Waffen weggeworfen und waren zusammengetreten.

Als der Kommandeur dieses deutschen Panzer-Regimentes, Oberstleutnant Jochen Peiper, von dem hier gefangengenommenen und befragten US-Oberleutnant erfuhr, daß ganz in der Nähe, in Ligneuville, ein US-Hauptquartier liege, eilte er nach vorn und befahl die sofortige Feuereinstellung, um das besagte HQ nicht durch diesen Schußwechsel zu warnen. Die Vorausgruppe rollte weiter, und die Amerikaner machten ihr Platz. Von diesem Zeitpunkt an kam Jochen Peiper nicht mehr in die Nähe dieser Kreuzung.

Gegen 14.00 Uhr nahte sich nunmehr das Gros der Kampfgruppe Peiper dem Straßenkreuz von Baugnez. An der Spitze die III. SS-Panzergrenadier-Regiment 2 unter Führung von Hauptsturmführer Diefenthal. Als die ersten Schützenpanzer in die Nähe der Kreuzung kamen, sahen sie sich jener Gruppe Amerikaner gegenüber, die sich zwar vorher ergeben hatte, nun aber die Waffen wieder aufgenommen und daraus das Feuer auf die SPW eröffnet hatte. Das Feuer wurde sofort erwidert.

Insgesamt wurden in beiden Gefechten 71 US-Soldaten getötet. Jene Gefangenen, die nicht wieder zu den Waffen gegriffen hatten, überlebten alles.

Eine Stunde nach diesem Schußwechsel fuhr der Kradmelder Unteroffizier Briesemeister an dieser Straßenkreuzung vorbei und wurde abermals von den entflohenen Amerikanern beschossen. Als die US-Truppen wenig später diese Straßenkreuzung zurückgewannen, fanden sie hier ihre 71 getöteten Kameraden.

Das war das Geschehen. Diese 71 Toten wurden der Anlaß zum berüchtigten Malmédy-Prozeß, und im Verlaufe der Anklagefertigstellung wurden aus ihnen 308 US-Soldaten und 111 belgische Zivilisten. Allerdings handelte es sich nachweislich um solche Verluste, die die Amerikaner und die Zivilbevölkerung durch die Bombardierung von St. Vith durch die US Air Force erlitten hatten, wie Kurt Fagnol in seinem Buche „Kriegsschicksale 1944–45, Beiträge zur Chronik der Ardennenoffensive" minuziös bewies.

Das Gericht mußte auch sehr bald erkennen, daß dies so war, und reduzierte die Zahl der Toten schließlich auf die 71 gefallenen US-Soldaten, die in den beiden Gefechten gefallen waren. Es galt nunmehr, daraus Kriegsverbrechen einer Waffen-SS-Division zu machen.

Zehn Monate lang wurden die Festgenommenen in Schwäbisch-Hall den „Verhören" unterzogen. Aus Deutschland emigrierte Neuamerikaner und ihre Helfershelfer schlugen und folterten mit Fäusten, Stricken und Eisenstangen. Schließlich wurden der Stimmen zu viele und die Schreie der Gemarterten zu laut, als daß dies weiter so gehandhabt werden konnte. Eine US-Untersuchungskommission wurde gebildet, die unter Leitung von US-Richter Colonel Edward Leroy van Roden nach Deutschland reiste und diese Vorkommnisse untersuchte. Richter van Roden schrieb in seinen Untersuchungsbericht für den US-Senat:

„Die erkannte Behandlung der deutschen Gefangenen erfolgte unter grober Verletzung und Nichtbeachtung der Artikel 2, 3, 8, 13, 36, 61 und 62 der Genfer Konvention. Am 14. Dezember 1948 stellte Colonel van Roden in Chester öffentlich fest:

„Sämtliche Deutsche bis auf zwei in den von uns untersuchten 139 Fällen hatten durch Schläge und Tritte in die Hoden unheilbare Schäden erlitten. Dies war die *übliche* Untersuchungsmethode unserer amerikanischen Untersuchungsbeamten."

General *Lucius D. Clay* war ebenso bekannt, was sich in Schwäbisch Hall abspielte. Es war aber zu dieser Zeit noch nicht populär, Deutsche gegen irgend etwas in Schutz zu nehmen. Deshalb nahm er diese Folterungen einfach zu Kenntnis. Der US-Richter Poullada schrieb am 2. Oktober 1948 in der US-Zeitung „Evening Standard":

„Die bei den Gerichten befolgten Verfahrensregeln hielten sich im großen und ganzen an die Richtlinien für Kriegsgerichte, *nur* daß beinahe alle Sicherungen und Garantien, die ein Angeklagter in Kriegsgerichtsfällen genießt, entzogen und beschränkt wurden, so daß sie nutzlos waren."

Junge Soldaten, die an der Front gekämpft hatten, wurden in den monatelangen Verhören und „Dampfbädern", denen man sie aussetzte, durch Scheinhinrichtungen und gotteslästerliche Verkleidungen der Vernehmungsbeamten als Priester mit aufgestellten Kruzifixen derart in die Enge getrieben, daß sie sogar Morde gestanden, die es überhaupt nicht gab, wie die später aufgenommenen Zeugenaussagen erwiesen. Wie hatte noch Oberst Jochen Peiper erklärt?

„Die persönliche Schuld oder Unschuld wird hier nicht erforscht und ist auch unwesentlich. Man kann uns allein schon deshalb nicht hier herauslassen, weil wir zuviel von den amerikanischen Untersuchungsmethoden erlebt haben." (Siehe Greil, Lothar: Oberst der Waffen-SS Jochen Peiper.)

Der Prozeß

Nach zehn Monaten einer solchen Bearbeitung der Prozeßvorbereitung wurden Mitte April 1946 300 Untersuchungsgefangene von

Schwäbisch Hall in das Konzentrationslager Dachau bei München geschafft. 73 von ihnen galten als Hauptangeklagte. Die anderen sollten deren Untaten bezeugen.

Chefankläger dieses Prozesses war Oberstleutnant Ellis. Als sich Oberstleutnant W. M. Everett als Verteidiger meldete, wurde ihm erst kurz vor Prozeßbeginn eine Übersicht gegeben.

Er las die Anklage und stellte überrascht fest, daß allen 73 Angeklagten die genau identische Anklageschrift gegeben wurde. Hauptpunkt der Anklage lautete:

„Im Verlauf der Offensive in den Ardennen sind von Angehörigen der SS-Kampfgruppe Peiper an zwölf verschiedenen Stellen amerikanische Gefangene und belgische Zivilisten kaltblütig ermordet worden."

Am 16. Mai begann dieser Prozeß. Als Anklagevertretung fungierten die gleichen Männer, die in Schwäbisch Hall das Knüppelkommando gebildet hatten. Die deutschen Verteidiger waren: Dr. Hartkorn, Dr. Eugen Leer, Dr. Leiling, Dr. Pfister, Dr. Raux und Dr. Wieland. Alle wurden erst unmittelbar vor Prozeßbeginn zugelassen, ohne die Aktenlage zu kennen. Ihre Erstanträge auf Einsicht in diese Aktenlage wurden allesamt verworfen.

Das Verlesen der gesamten Anklageschrift dauerte mehrere Tage. Es handelte sich – wie später immer wieder durch die Zeugenbefragung herauskam – um frei erfundene Behauptungen, die durch *nichts* zu beweisen waren. Der Sonderkorrespondent der Süddeutschen Zeitung, ein M. Weber, sorgte dafür, daß diese Lügengeschichten im Sinne der Anklage weit verbreitet wurden, wie Lothar Greil bekundete.

In dieser Anklageschrift kamen plötzlich 800 (!) Morde an amerikanischen Gefangenen und mehrere hundert Morde an belgischen Zivilisten vor. Nicht einmal die US-Behörden konnten überhaupt sagen, *ob* denn 800 ungeklärte Todesfälle ihrer Soldaten vorlagen. Es war dies eine Zahl, die auf irgendeine Weise zusammenkam.

Worum es ging, war die Verurteilung dieser Waffen-SS-Division und damit die Brandmarkung der Waffen-SS als verbrecherische Organisation. Und für Nürnberg tat es dieser Schauprozeß auch. Der Gerichtsvorsitzende, Brigadegeneral J. T. Dalbey, nahm die beschworenen mündlichen Aussagen amerikanischer Offiziere und belgischer Einwohner, die solche Falschmeldungen nicht mit ihrem

Gewissen verantworten konnten und aussagten, wie es wirklich war, einfach nicht zur Kenntnis. Auch Oberstleutnant Hal McGown kam als Zeuge der Verteidigung freiwillig aus Washington nach Dachau, um als ehemaliger Gefangener von Jochen Peiper auszusagen und zu bestätigen, daß sich sowohl Peiper als auch seine ganze Truppe vorbildlich verhalten hatten. Er und seine Soldaten hatten keinerlei Verstöße der Waffen-SS gegen die Kriegsgesetze erlebt.

Oberstleutnant McGown, hochdekorierter US-Offizier, wurde aus dem Gerichtssaal heraus wegen der „Zusammenarbeit mit dem Feind" festgenommen und abgeführt. Damit war der Hauptentlastungszeuge Peipers und seiner Männer ausgeschaltet.

Auch sein dienstlicher Bericht über diese Vorkommnisse, der eine völlige Rehabilitierung Peipers bedeutet, ruhte lange noch in den Geheimakten der US-Historical Division. Er wurde damals nicht zugelassen.

Heute ist er einzusehen unter der Bezeichnung „Headquarters US Forces European Theatre, Main APO 757 – Historical Division 22 May 1946, Intelligence Notes No. 43/6 – 1 – 1945.

Brigadegeneral Dalbey standen in diesem Prozeß sieben Offiziere im Range von Obristen zur Seite; jener Mann aber, der im Hintergrund die Fäden zog, war Colonel A. H. Rosenfeld. Vorgelegt wurden alle durch die Folter erpreßten Beweise, die im Prozeß von allen Angeklagten widerrufen wurden, weil sie nach ihren Aussagen auf Folterung zurückzuführen waren.

Zwei Zeugen der Anklage wurden sofort der Lüge überführt. Der eine, als er von der Erschießung von 20 bis 30 US-Soldaten an der Kirchhofsmauer von La Gleize berichtete. Der nach La Gleize entsandte Offizier erfuhr von dem dortigen Geistlichen, daß es einmal keine Kirchhofsmauer gab und zum anderen an dem beschworenen „Tattage" kein einziger Schuß in La Gleize gefallen war.

Und im zweiten Fall wurde einer der Angeklagten beschuldigt, in einem Hause in Büllingen eine belgische Frau von rückwärts erschossen zu haben.

Der Ehegatte der getöteten Frau und der Bürgermeister von Büllingen kamen freiwillig nach Dachau, um zu beschwören, daß die Frau beim Hinaustreten aus dem Hause von einer detonierenden amerikanischen Granate zerrissen worden war.

Ein noch blamablerer Fall, der sich zu einer Groteske auswuchs und das Gericht vollends unglaubwürdig machte, wurde offenbar, als der Ankläger Kirschbaum einen Zeugen mit Namen Menzel Einstein aufbot, der unter Eid aussagte, daß einer der Angeklagten, den er genau bezeichnete, seinen Bruder ermordet habe.

Darauf deutete dieser Angeklagte mit der Hand auf die Zeugenbank und erklärte: „Dort sitzt der Tote!"

Es war so, der angeblich Tote wollte miterleben, wie sein „Mörder" überführt wurde. Kirschbaum wandte sich wütend an seinen Zeugen Einstein und zischte diesem für alle vernehmlich zu:

„Wie können wir dieses Schwein baumeln lassen, wenn Sie so blöd sind, Ihren Bruder zur Verhandlung mitzubringen!" (Siehe: Utley, Freda: a.a.O.).

Daß sich alle diese Dinge, die bei der Verhandlung vor dem Gericht zur Sprache kamen, wirklich so zugetragen hatten, das gab der US-Chef der Dachauer Verwaltungsabteilung auf einer Pressekonferenz anläßlich seines erzwungenen Rücktrittes im Jahre 1948 freimütig zu, als er auf eine diesbezügliche Frage eines US-Journalisten antwortete:

„Ja, *natürlich* haben wir das gemacht! – Wie hätten wir sonst diese Galgenvögel zum Singen bringen können? – Es war ein Kunstgriff unsererseits, und er wirkte Wunder."

Wenn so eine freiheitliche und demokratische Rechtsprechung aussah, dann wollten alle, die damit in Berührung gekommen waren, nichts mehr damit zu tun haben: rückwirkend bis zur Steinzeit!

Derlei waren also die Anklagen, und es erübrigte sich jedes weitere Wort darüber, wenn nicht diese Märchen immer wieder und immer noch aufgegriffen und begierig kolportiert würden, weil sie so gut in die Landschaft der bewußten Lüge passen.

Daß nebenbei Dokumente aus den Zellen gestohlen wurden, um den Angeklagten ihre Chance einer Verteidigung zu nehmen, daß Oberstleutnant Everett den Oberleutnant Perl dabei erwischte, daß der Chefankläger Oberstleutnant Ellis in die Zellen der beiden Belastungszeugen trat und sie vor Beginn ihrer Vernehmung instruierte, was sie zu sagen hatten, machte das Desaster vollständig. Was die Anklage jedoch nicht daran hinderte, am

Schluß dieses Prozesses am 16. Juli 1946 die Urteile zu verkünden. Es ergingen 43 Todesurteile, 22 Urteile auf lebenslänglich und sieben Urteile zwischen 20 und 10 Jahre Freiheitsentzug.

Zwei Angeklagte, die „nur" wegen der Morde an Belgiern und Franzosen angeklagt waren, wurden den Belgiern und Franzosen überstellt. Diese stellten sie vor Gericht und befanden nach dem Beweismaterial, das ihnen die War Crimes Commission übergeben hatte, daß diese beiden Soldaten freizusprechen waren. Soviel hielten sie von diesen Beweisen, die einfach keine waren.

Gegen die ergangenen Urteile legte Oberstleutnant Everett Berufung ein. Seine Argumente schlugen durch, und die Berufungsinstanz kam zu dem Schluß, daß keines dieser Urteile „als rechtens ergangen angesehen werden kann".

General Lucius D. *Clay,* Militärgouverneur in der US-Zone, aber ließ diese Gutachten durch eine von ihm selbst eingesetzte zweite Berufungsinstanz verwerfen. Er hatte aus den USA den Wink erhalten, daß die „Schuldigen auch ihrer gerechten Strafe zugeführt werden" müßten.

Am 17. und 18. Juli 1946 wurden die Verurteilten in das Kriegsverbrecher-Gefängnis Landsberg geschafft. Den 43 zum Tode verurteilen Soldaten wurden – mit dem besonderen amerikanischen Sinn für Show-Effekte – die berüchtigten roten Jacken verpaßt, die sie als zum Tode Verurteilte auswiesen.

Dr. Eugen Leer, der nach der Rückkehr von Oberstleutnant Everett in die USA die Verteidigungsführung übernommen hatte, beantragte ein Wiederaufnahmeverfahren. Es wurde abgelehnt. Eines erreichte er jedoch: daß General Clay als Oberster Gerichtsherr in der US-Zone des zerstückelten Deutschland die 43 Todesurteile abschwächen mußte. Nunmehr wurden lediglich 12 von ihm bestätigt, und für 13 Verurteilte – der größte Teil Lebenslängliche – mußte der Freispruch wegen erwiesener Unschuld verfügt werden. Zwölf Rotjacken blieben schließlich in Landsberg zurück.

Düstere Hintergründe

In den USA kämpfte Oberstleutnand Everett weiter. Er brachte dieses Verfahren vor das Oberste Bundesgericht, das sich für „nicht zuständig" erklärte, die Entscheidung aber dem US-Oberbefehlshaber in Deutschland überließ. *Clay* befahl daraufhin nicht etwa eine Neuaufnahme, sondern ordnete zum 20. Mai 1948 *die Vollstreckung der Hinrichtungen an.*

Am 19. Mai gelang es Oberstleutnant Everett, über Staatssekretär Kenneth C. Royall, Beauftragter für die US Army, die Vollstreckung aufheben zu lassen und eine neue Überprüfung anzuordnen.

Dazu traf die bereits genannte Kommission unter Leitung von Richter van Roden in Deutschland ein. Sie überprüfte 139 der vom Dachauer Tribunal ausgesprochenen und von General Clay bestätigten Todesurteile mit dem vorher beschriebenen Ergebnis. (Aus diesem Gesagten geht hervor, daß außer den Angehörigen der besagten Waffen-SS-Division noch Hunderte weiterer „Verbrecher" in Dachau vor Gericht gestellt worden waren.)

Judge Edward Leroy van Roden und Richter Gordon Simpson fanden alle Gerüchte über Folterungen bestätigt. In seinem Werk „America's Second Crusade" schrieb William Henry Chamberlain darüber:

„Es wurden höchst fragwürdige, unverzeihliche Methoden angewandt, um ‚Beweise und Geständnisse' zu erlangen, auf denen viele der in diesem Prozeß ausgesprochenen Todesurteile beruhten."

In seiner Beschreibung für den US-Senat schrieb Richter van Roden: „Prügel und brutale Schläge, ausgeschlagene Zähne und gebrochene Kiefer, zerschmetterte Hoden, Scheinprozesse, in denen Geistliche durch Investigators dargestellt wurden, Einzelhaft bei gekürzten Rationen und anderes mehr waren die Regel."

Darüber hinaus wurden Beweise gefunden für die Fälschung von Beweismitteln, Verwendung von bezahlten Berufszeugen, Bestechung und Meineide. Richter van Roden beendete seinen Report mit den bezeichnenden Worten:

„Aus dem Gerichtsprotokoll war nicht ersichtlich, ob diese Männer schuldig waren oder nicht."

Und Freda Utley präzisierte diese Beschreibung noch: „Die Hauptzeugen der Anklage waren frühere Berufsverbrecher und Kommunisten.– – –

So boten die Dachauer Prozesse das abscheuliche Schauspiel, daß frühere Gefangene angeklagt und verurteilt wurden auf Grund von ‚Beweisen', die von haßerfüllten Kriminellen stammten!" (Siehe Utley Freda: a.a.O.)

Wenn das ganze Ausmaß dieser Gemeinheiten und Bestialitäten in Deutschland bekannt gewesen wäre, wären sicherlich sehr viele Menschen nachdenklich geworden und nicht nur das. Doch die Dauerberieselung im Radio und die Pressepropaganda waren derart massiv, daß noch heute das Märchen von Malmédy neben einer Reihe anderer in Deutschland widerspruchslos geschluckt wird.

„Kein Sieger, nicht einmal die Hunnen, hat je einen Feind unritterlicher und unmenschlicher behandelt, als die Vereinigten Staaten von Amerika die Offiziere der besiegten deutschen Armee behandelt haben." Das war die Überzeugung der Autorin Utley, die nach 1945 durch Deutschland reiste und sich diese Meinung selber bilden konnte.

Sechs Todesurteile blieben nach der Untersuchung dieser Kommission übrig. Eines davon traf Oberst Peiper. Die *„Kraut-Killing-Propaganda" wurde von General Clay noch angefacht,* indem er zum Falle Peiper schrieb, es liege unwiderlegbares Beweismaterial vor, daß Peiper als Teilnehmer an der Tötung *eines* US-Soldaten durch seinen Fahrer Zwigart dabeigewesen sei, und dies genüge angesichts seines hohen Dienstgrades, um die Todesstrafe gegen ihn zu rechtfertigen. Aus dem Massen-Massaker wurde also das Wissen um die Tötung eines US-Soldaten durch Peipers Fahrer. Aber in der gesamten Kampfgruppe Peiper gab es keinen solchen Fahrer, und Peiper hatte niemals vorher einen Fahrer mit Namen Zwigart gehabt. Aber folgen wir der Argumentation des Generals Clay, daß ein hoher Offizier schuldig ist, wenn er von dem Mord eines seiner untergebenen Soldaten, begangen an einem Gegner, erfährt, dann erhebt sich die Frage: Warum wurde nicht auch General George S. Patton wegen Mordes verurteilt?

Dieser, zu den Kämpfen der ihm unterstellten 11. US-Panzer-Division befragt, gab zu der „Erschießung einiger deutscher Gefangener (einer wurde im Straßengraben liegend von einem US-Leutnant einfach erschossen) folgendes zu: „Ich hoffe, wir können dies verheimlichen." (Siehe Patton George S.: „Krieg, wie ich ihn erlebte.") Der General schilderte in der amerikanischen Erstausgabe weitere Zwischenfälle. Einer davon ist so kurios wie falsch:

„Während eines deutschen Luftangriffs am Abend des 26. Dezember überfielen 100 deutsche flüchtende Gefangene die Wache. Viele von den Deutschen wurden erschossen, entkommen ist keiner!"

Als ein Kriegsberichter, der diese Lügenstory nicht glauben wollte, sich persönlich bei der 35. US-Division erkundigen wollte, wurde er mit dem Kommentar „no comment" fortgejagt.

Als schließlich auch noch die Baldwin-Kommission wegen des Malmédy-Massakers nach Deutschland reiste, obgleich der US-Präsident ihr genaue Auskunft hätte geben können, was dort geschehen war, bemerkte deren Protokoll: „Bezüglich des ‚Malmédy-Massakers' steht mit Sicherheit *nur eines* fest: Die Nachrichtensendung des Senders Calais vom 20. Dezember 1944. Diese Nachricht wanderte durch die Presse als eine von den Deutschen im voraus ersonnene Massenschlächterei. Wir halten es für selbstverständlich, daß eine solche Bekanntgabe mit Vorsicht zu betrachten ist. Es ist ein wesentlicher Zug einer jeden Propaganda, daß man darin nicht die Wahrheit sagt."

Der Nachfolger von General Clay in Deutschland, General Handy, wandelte am 30. Januar 1951 – bis dahin hatten die Rotjakken von Landsberg jeden Freitag morgen auf ihre Hinrichtung warten müssen – die letzten Todesurteile im Malmédy-Prozeß in lebenslängliche Haftstrafen um. Die ersten Freilassungen erfolgten auf „Parole". Dies bedeutete in der amerikanischen Strafvollzugsordnung, daß der Gefangene bei seiner Entlassung die Verpflichtung unterschrieb, *niemals* mit Mitangeklagten des gleichen Prozesses Kontakt aufzunehmen und *nie* seinen Heimatkreis zu verlassen. Wie man eine solche Art von Erpressung nennt, weiß jedes Kind.

Diese plötzlichen Begnadigungen auch verschiedener anderer deutscher Soldaten in den Jahren von 1950 bis 1952 hatten alle den gleichen Hintergrund. Der Eiserne Vorhang war gefallen, und die westlichen Alliierten benötigten wieder deutsche Soldaten, um sich die Sowjets vom Leibe zu halten.

Als am 22. Oktober 1955 die ersten deutschen Offiziere der Bundeswehr im Rahmen des Bündnissystems mit den USA in Uniform vereidigt wurden, war die deutsche Wehrmacht zwar völlig rehabilitiert, doch die letzten Gefangenen von Malmédy schmachteten immer noch im Gefängnis von Landsberg. Nicht die deutschen Offiziere dieser neuen Streitkräfte, sondern die Amerikaner entsannen sich dieser Vergessenen. Und so wurde schließlich auch Jochen Peiper als letzter am 22. Dezember 1956 entlassen.

US-Senator Taft gab uns das Schlußwort zu dieser Tragödie:
„*Wir haben in den Vereinigten Staaten stets auf jenem fundamenta-*

Bromberg, September 1939: Ausländische Journalisten überzeugen sich von den polnischen Massakern an Deutschen.

Die deutschen Opfer. Das Weißbuch über diese Massaker wurde nicht zugelassen.

Generaloberst Jodl im Gerichtssaal.

Feldmarschall Keitel verläßt den Gerichtssaal.

Flottenrichter Kranzbühler verteidigte die Großadmirale.

Der Gedenkstein polnischer Emigranten in London für die 1940(!) in Katyn von den Sowjets umgebrachten polnischen Offiziere.

Generalfeldmarschall Maximilian Ritter von Weichs.

Generalfeldmarschall Erich von Kleist.

Generalfeldmarschall Erhard Milch; im Fall Nr. II, „Milch-Prozeß", zu lebenslänglicher Haft verurteilt.

Generaloberst Dr. Lothar Rendulic.

Reichsmarschall Hermann Göring.

Generalfeldmarschall Erich von Manstein.

Generalfeldmarschall Wilhelm Ritter von Leeb.

Generalfeldmarschall Wilhelm List.

len Prinzip des amerikanischen Rechts bestanden, daß niemals jemand nach einem ex post Facto-Gesetz angeklagt werden durfte.
Über der ganzen Nürnberger Urteilsfällung steht der Geist der Rache. In diesem Prozeß haben wir die sowjetische Idee vom Zweck eines Prozesses eingenommen, nämlich Regierungspolitik und nicht Gerechtigkeit zu betreiben. Indem wir Politik in die Form einer legalen Prozedur kleideten, ist die Idee der Gerechtigkeit in Europa durch unser Verschulden für viele Jahre vor die Hunde gegangen."

Mit dem Mythos der Kollektivschuld, die von den Siegermächten im *Verein mit evangelischen Würdenträgern* in Deutschland geprägt und allen deutschen Menschen eingehämmert wurde und die jeder Deutsche immer noch zu tragen hat, verleugneten diese Erfinder einer neuen Schuld den wahren Kern der christlichen Kultur und des rationalen Liberalismus: Den Glauben an individuelle Verantwortung, an die Herrschaft des Rechts, nicht der Menschen und an die Gleichheit aller Völker ohne Ansehen der Klasse, Rasse, Staatsangehörigkeit oder des Glaubens.

Im Jahre 1967 gab der seinerzeitige britische Hauptankläger, Lord Shawcross, die Bankrotterklärung des Tribunals der Rache zu, als er bekannte:

„Noch trauriger stimmen die zynischen Verletzungen des in Nürnberg geschaffenen Völkerrechts, die wir inzwischen erleben mußten: Korea, Ungarn, Kaschmir, Algerien, Kongo, Vietnam. Unsere Hoffnungen von Nürnberg, wir hätten beim Übergang in eine friedliche Welt mitgeholfen, haben sich nicht erfüllt."

Wie konnten sie auch, da doch vor allem in Nürnberg zu keiner Stunde wirklich Recht gesprochen wurde.

Anlagen

Londoner Abkommen vom 8. August 1945

Abkommen zwischen der Regierung von Großbritannien und Nordirland, der Regierung der Vereinigten Staaten von Amerika, der provisorischen Regierung von Frankreich und der Regierung der Union der Sozialistischen Sowjetrepubliken über die Verfolgung und Bestrafung der Hauptkriegsverbrecher der europäischen Achse.

In Erwägung, daß die Vereinten Nationen von Zeit zu Zeit Erklärungen über ihre Absicht, Kriegsverbrecher zur Rechenschaft zu ziehen, abgegeben haben.

In Erwägung, daß in der Moskauer Deklaration vom 30. Oktober 1943 betreffend deutsche Grausamkeiten im besetzten Europa bestimmt worden ist, daß diejenigen deutschen Offiziere und Mannschaften sowie Mitglieder der Nationalsozialistischen Deutschen Arbeiterpartei, die für Grausamkeiten und Verbrechen verantwortlich waren oder ihre Zustimmung dazu gegeben haben, zurückgebracht werden sollen in die Länder, in denen ihre abscheulichen Taten begangen worden sind, um nach den Gesetzen dieser befreiten Länder und ihrer freien Regierungen abgeurteilt zu werden.

In Erwägung, daß die Moskauer Deklaration nicht die Gruppe der Hauptkriegsverbrecher betreffen sollte, für deren Verbrechen ein geographisch bestimmter Tatort nicht gegeben ist und die durch eine gemeinsame Entscheidung der Regierung der Alliierten bestraft werden sollen, haben nunmehr die Regierung von Großbritannien und Nordirland, die Regierung der Vereinigten Staaten von Amerika, die Provisorische Regierung von Frankreich und die Regierung der Union der Sozialistischen Sowjetrepubliken (in diesem Abkommen als „Signatare" bezeichnet) im Interesse aller vereinten Nationen und durch ihre rechtmäßig bevollmächtigen Vertreter das folgende Abkommen geschlossen:

Artikel 1: Nach Beratung mit dem Kontrollrat für Deutschland soll ein Internationaler Militärgerichtshof zur Aburteilung der

Kriegsverbrecher gebildet werden, für deren Verbrechen ein geographisch bestimmter Tatort nicht vorhanden ist, gleichgültig, ob sie als Einzelperson angeklagt sind oder in ihrer Eigenschaft als Mitglied einer Organisation oder Gruppe oder in beiden Eigenschaften.

Artikel 2: Die Zusammensetzung, Zuständigkeit und Aufgabe dieses Internationalen Militärgerichtshofes sollen derart sein, wie sie in dem folgenden Grundgesetz über die Internationalen Militärgerichtshöfe festgelegt sind, und dieses Grundgesetz soll einen wesentlichen Bestandteil dieses Abkommens bilden.

Artikel 3: Jeder der Signatare soll die notwendigen Schritte unternehmen, um die Hauptkriegsverbrecher, die sich in seiner Hand befinden und vom Internationalen Militärgerichtshof abgeurteilt werden sollen, für die Untersuchung und Prozesse bereitzuhalten. Die Signatare sollen auch alle Schritte unternehmen, um diejenigen Hauptkriegsverbrecher, die sich nicht in den Händen eines der Signatare befinden, für die Untersuchung und die Prozesse vor dem Internationalen Militärgerichtshof zur Verfügung zu stellen.

Artikel 4: Dieses Abkommen beeinträchtigt in keiner Weise die in der Moskauer Deklaration festgelegten Bestimmungen über die Überführung von Kriegsverbrechern in die Länder, in denen sie Verbrechen begangen haben.

Artikel 5: Jede Regierung der Vereinten Nationen kann diesem Abkommen beitreten durch Mitteilung auf diplomatischem Wege an die englische Regierung, welche die anderen Signatare und beigetretenen Regierungen von jedem neuen Beitritt in Kenntnis setzen wird.

Artikel 6: Dieses Abkommen beeinträchtigt in keiner Weise die Zuständigkeit oder die Machtvollkommenheit eines nationalen oder Okkupations-Gerichtshofes, der errichtet worden ist oder werden soll zur Aburteilung von Kriegsverbrechern in irgendeinem alliierten Lande oder in Deutschland.

Artikel 7: Dieses Abkommen tritt am Tage seiner Unterzeichnung in Kraft und soll in Kraft bleiben für die Dauer eines Jahres. Es soll darüber hinaus fortbestehen vorbehaltlich des Rechtes jedes Signatars, mit einer Frist von einem Monat auf diplomatischem Wege von seiner Absicht, das Abkommen zu beenden, Kenntnis zu geben. Eine solche Beendigung soll keinen Einfluß haben auf die in Ausführung dieses Abkommens bereits eingeleiteten Verfahren oder getroffenen Entscheidungen.

Dieses Abkommen haben die Unterzeichneten in Zeugengegenwart am 8. August 1945 in vierfacher Ausfertigung in London unterzeichnet. Jede Ausfertigung ist in englischer, französischer und russischer Sprache abgefaßt, und jeder Text hat die gleiche Geltung.

London, 8. August 1945.

Für die Regierung von Großbritannien und Nordirland Jowitt C.

Für die Regierung der Vereinigten Staaten von Amerika Robert H. Jackson.

Für die provisorische Regierung der Französischen Republik Robert H. Jackson.

Für die provisorische Regierung der Französischen Republik Robert Falco.

Für die Regierung der Union der Sozialistischen Sowjet-Republiken I. T. Nikitchenko, A. N. Trainin.

Auszug aus dem Statut für den Internationalen Militärgerichtshof

I. Verfassung des Internationalen Gerichtshofs

Artikel 1: In Ausführung des Abkommens vom 8. August 1945 zwischen der Regierung des Vereinigten Königreichs von Großbritannien und Nordirland, der Regierung der Vereinigten Staaten von Amerika, der provisorischen Regierung der Französischen Republik und der Republik der Union der Sozialistischen Sowjetrepubliken soll ein Internationaler Militärgerichtshof (in diesem Statut „Der Gerichtshof" genannt) zwecks gerechter und schneller Aburteilung und Bestrafung der Hauptkriegsverbrecher der europäischen Achse gebildet werden.

II. Zuständigkeit und allgemeine Grundsätze

Artikel 6: Der durch das in Artikel I genannte Abkommen eingesetzte Gerichtshof zur Aburteilung der Hauptkriegsverbrecher der der europäischen Achse angehörenden Staaten hat das Recht, alle Personen abzuurteilen, die im Interesse der der europäischen Achse angehörenden Staaten als Einzelperson oder als Mitglieder einer Organisation oder Gruppe eines der folgenden Verbrechen begangen haben:

Die folgenden Handlungen oder jede einzelne von ihnen stellen Verbrechen dar, für deren Aburteilung der Gerichtshof zuständig ist. Der Täter solcher Verbrechen ist persönlich verantwortlich:

a) Verbrechen gegen den Frieden: Nämlich Planung, Vorbereitung, Einleitung oder Durchführung eines Angriffskrieges oder eines Krieges unter Verletzung internationaler Verträge, Abkommen oder Zusicherungen oder Beteiligung an einem gemeinsamen Plan oder an einer Verschwörung zur Ausführung einer der vorgenannten Handlungen;

b) Kriegsverbrechen: Nämlich: Verletzungen der Kriegsgesetze oder -gebräuche. Solche Verletzungen umfassen, jedoch ohne darauf beschränkt zu sein, Mord, Mißhandlungen oder Deportation von Angehörigen der Zivilbevölkerung von oder in besetzten Gebieten zur Sklavenarbeit oder für irgendeinen anderen Zweck. Mord oder Mißhandlungen von Kriegsgefangenen oder Personen auf hoher See, Töten von Geiseln, Plünderung öffentlichen oder privaten Eigentums, die mutwillige Zerstörung von Städten, Märkten oder Dörfern oder jede durch militärische Notwendigkeit nicht gerechtfertigte Verwüstung.

c) Verbrechen gegen die Menschlichkeit: Nämlich: Mord, Ausrottung, Versklavung, Deportation oder andere unmenschliche Handlungen, begangen an irgendeiner Zivilbevölkerung vor oder während des Krieges. Verfolgung aus politischen, rassischen oder religiösen Gründen, begangen in Ausführung eines Verbrechens oder in Verbindung mit einem Verbrechen, für das der Gerichtshof zuständig ist, und zwar unabhängig davon, ob die Handlung gegen das Recht des Landes verstieß, in dem sie begangen wurde, oder nicht.

Anführer, Organisatoren, Anstifter und Teilnehmer, die am Entwurf oder der Ausführung eines gemeinsamen Planes oder einer

Verschwörung zur Begehung eines der vorgenannten Verbrechen teilgenommen haben, sind für alle Handlungen verantwortlich, die von irgendeiner Person in Ausführung eines solchen Planes begangen worden sind.

Artikel 7: Die amtliche Stellung eines Angeklagten, sei es als Oberhaupt eines Staates oder als verantwortlicher Beamter in einer Regierungsabteilung soll weder als Strafausschließungsgrund noch als Strafmilderungsgrund gelten.

Artikel 8: Die Tatsache, daß ein Angeklagter auf Befehl seiner Regierung oder eines Vorgesetzten gehandelt hat, gilt nicht als Strafausschließungsgrund, kann aber als Strafmilderungsgrund berücksichtigt werden, wenn dies nach Ansicht des Gerichtshofs gerechtfertigt erscheint.

Artikel 9: In dem Prozeß gegen ein Einzelmitglied einer Gruppe oder Organisation kann der Gerichtshof – in Verbindung mit irgendeiner Handlung, deretwegen der Angeklagte verurteilt wird – erklären, daß die Gruppe oder Organisation, deren Mitglied der Angeklagte war, eine verbrecherische Organisation war.

Nach Empfang der Anklage gibt der Gerichtshof in der ihm geeignet erscheinenden Form bekannt, daß die Anklagebehörde beabsichtigt, den Antrag zu stellen, eine Erklärung nach Abschnitt 1, Artikel 9, auszusprechen. In diesem Falle ist jedes Mitglied der Organisation berechtigt, bei dem Gerichtshof den Antrag zu stellen, über die Frage des verbrecherischen Charakters der Organisation gehört zu werden. Der Gerichtshof hat das Recht, dem Antrag stattzugeben oder ihn abzuweisen. Wird dem Antrag stattgegeben, so bestimmt der Gerichtshof, in welcher Weise der Antragsteller vertreten und gehört werden soll.

Artikel 10: Ist eine Gruppe oder Organisation vom Gerichtshof als verbrecherisch erklärt worden, so hat die zuständige nationale Behörde jedes Signatars das Recht, Personen wegen ihrer Zugehörigkeit zu einer solchen verbrecherischen Organisation vor nationalen, Militär- oder Okkupationsgerichten den Prozeß zu machen. In diesem Falle gilt der verbrecherische Charakter der Gruppe oder Organisation als bewiesen und wird nicht in Frage gestellt.

Artikel 11: Jede vom Gerichtshof verurteilte Person kann vor einem der in Artikel 10 dieses Statuts erwähnten nationalen,

Militär- oder Okkupationsgerichtshöfe wegen eines anderen Verbrechens als der Zugehörigkeit zu einer verbrecherischen Gruppe oder Organisation angeklagt werden, und ein solches Gericht kann im Falle der Verurteilung des Angeklagten eine Strafe gegen ihn verhängen, die zusätzlich erkannt wird und unabhängig ist von der Strafe, die der Gerichtshof wegen Teilnahme an der verbrecherischen Tätigkeit einer solchen Gruppe oder Organisation erkannt hat.

Artikel 12: Der Gerichtshof hat das Recht, gegen eine Person, die wegen eines der in Artikel 6 dieses Statuts erwähnten Verbrechens angeklagt ist, ein Verfahren in ihrer Abwesenheit durchzuführen, wenn der Angeklagte nicht auffindbar ist oder wenn der Gerichtshof es im Interesse der Gerechtigkeit aus anderen Gründen für erforderlich hält, in Abwesenheit des Angeklagten zu verhandeln.

Artikel 13: Der Gerichtshof stellt die Regeln für sein Verfahren selbst auf. Diese sollen mit den Bestimmungen des Statuts nicht im Widerspruch stehen.

Kontrollratsgesetz Nr. 10 vom 20. Dezember 1945

Bestrafung von Personen, die sich Kriegsverbrechen, Verbrechen gegen Frieden oder gegen Menschlichkeit schuldig gemacht haben.

Einleitung. Um die Bestimmungen der Moskauer Deklaration vom 30. Oktober 1943 und des Londoner Abkommens vom 8. August 1945 sowie des im Anschluß daran erlassenen Grundgesetzes zur Ausführung zu bringen und um in Deutschland eine einheitliche Rechtsgrundlage zu schaffen, welche die Strafverfolgung von Kriegsverbrechern und anderen Missetätern dieser Art – mit Ausnahme derer, die von dem Kontrollrat-Militärgerichtshof abgeurteilt werden – ermöglicht, erläßt der Kontrollrat das folgende Gesetz:

Artikel I: Die Moskauer Deklaration vom 30. Oktober 1943 „betreffend die Verantwortlichkeit der Hitleranhänger für begangene Greueltaten" und das Londoner Abkommen vom 8. August 1945 „betreffend Verfolgung und Bestrafung von Hauptkriegsverbrechern der europäischen Achsenländer" werden als untrennbare Bestandteile in das gegenwärtige Gesetz aufgenommen. Die Tatsache, daß eine der Vereinten Nationen den Bestimmungen des Londoner Abkommens beitritt, wie dies in seinem Artikel 5 vorgesehen ist, berechtigt diese Nation nicht, an der Ausführung des gegenwärtigen Gesetzes in dem Hoheitsgebiet des Kontrollrates in Deutschland teilzunehmen oder in seinen Vollzug einzugreifen.

Artikel II: 1. Jeder der folgenden Tatbestände stellt ein Verbrechen dar:

a) Verbrechen gegen den Frieden. Das Unternehmen des Einfalls in andere Länder und des Angriffskrieges als Verletzung des Völkerrechts und internationaler Verträge einschließlich der folgenden, den obigen Tatbestand jedoch nicht erschöpfenden Beispiele: Planung, Vorbereitung eines Krieges, Beginn oder Führung eines Angriffskriegs oder eines Krieges unter Verletzung von internationalen Verträgen, Abkommen oder Zusicherungen; Teilnahme an einem gemeinsamen Plan oder einer Verschwörung zum Zwecke der Ausführung eines der vorstehend aufgeführten Verbrechen.

b) Kriegsverbrechen. Gewalttaten oder Vergehen gegen Leib, Leben oder Eigentum, begangen unter Verletzung der Kriegsgesetze oder -gebräuche einschließlich der folgenden, den obigen Tatbestand jedoch nicht erschöpfenden Beispiele: Mord, Mißhandlung der Zivilbevölkerung der besetzten Gebiete, ihre Verschleppung zur Zwangsarbeit oder anderen Zwecken, oder die Anwendung der Sklavenarbeit in dem besetzten Gebiet selbst, Mord oder Mißhandlung von Kriegsgefangenen, Personen auf hoher See, Tötung von Geiseln; Plünderung von öffentlichem oder privatem Eigentum; vorsätzliche Zerstörung von Stadt oder Land; oder Verwüstungen, die nicht durch militärische Notwendigkeit gerechtfertigt sind.

c) Verbrechen gegen die Menschlichkeit. Gewalttaten und Vergehen einschließlich der folgenden, den obigen Tatbestand jedoch nicht erschöpfenden Beispiele: Mord, Ausrottung, Versklavung, Zwangsverschleppung, Freiheitsberaubung, Folterung, Vergewaltigung oder andere an der Zivilbevölkerung begangene unmenschliche Handlungen; Verfolgung aus politischen, rassischen oder religiösen Gründen ohne Rücksicht darauf, ob sie das nationale Recht des Landes, in welchem die Handlung begangen worden ist, verletzen.

d) Zugehörigkeit zu gewissen Kategorien von Verbrechervereinigungen oder Organisationen, deren verbrecherischer Charakter vom Internationalen Militärgerichtshof festgestellt worden ist.

2. Ohne Rücksicht auf eine Staatsangehörigkeit oder die Eigenschaft, in der er handelte, wird eines Verbrechens nach Maßgabe von Ziffer 1 dieses Artikels für schuldig erachtet, wer
a) als Täter oder
b) als Beihelfer bei der Begehung eines solchen Verbrechens mitgewirkt oder es befohlen oder angestiftet oder
c) durch seine Zustimmung daran teilgenommen hat oder
d) mit seiner Planung oder Ausführung in Zusammenhang gestanden hat oder
e) einer Organisation oder Vereinigung angehört hat, die mit seiner Ausführung in Zusammenhang stand, oder
f) soweit Ziffer 1 a) in Betracht kommt, wer in Deutschland oder in einem mit Deutschland verbündeten, an seiner Seite kämpfenden oder Deutschland Gefolgschaft leistenden Lande eine gehobene politische, staatliche oder militärische Stellung (einschließlich einer Stellung im Generalstab) oder eine solche im finanziellen, industriellen oder wirtschaftlichen Leben innegehabt hat.

3. Wer eines der vorstehend aufgeführten Verbrechen für schuldig befunden und deswegen verurteilt worden ist, kann mit der Strafe belegt werden, die das Gericht als gerecht bestimmt. Die folgenden Strafen können – allein oder nebeneinander – verhängt werden:
a) Todesstrafe
b) Lebenslängliche oder zeitlich begrenzte Freiheitsstrafe mit oder ohne Zwangsarbeit.
c) Geldstrafe und im Falle ihrer Uneinbringlichkeit Freiheitsstrafe mit oder ohne Zwangsarbeit.
d) Vermögenseinziehung.
e) Rückgabe unrechtmäßig erworbenen Vermögens.
f) Völlige oder teilweise Aberkennung der bürgerlichen Ehrenrechte.

Vermögen, dessen Einziehung oder Rückgabe von dem Gerichtshof angeordnet worden ist, wird dem Kontrollrat für Deutschland zwecks weiterer Verfügung ausgehändigt.

4. a) Die Tatsache, daß jemand eine amtliche Stellung eingenom-

men hat, sei es die eines Staatsoberhauptes oder eines verantwortlichen Regierungsbeamten, befreit ihn nicht von der Verantwortlichkeit für ein Verbrechen und ist kein Strafmilderungsgrund.

b) Die Tatsache, daß jemand unter dem Befehl seiner Regierung oder seines Vorgesetzten gehandelt hat, befreit ihn nicht von der Verantwortlichkeit für ein Verbrechen; sie kann aber als strafmildernd berücksichtigt werden.

5. In einem Strafverfahren oder einer Verhandlung wegen eines der vorbezeichneten Verbrechen kann sich der Angeklagte nicht auf Verjährung berufen, soweit die Zeitspanne vom 30. Januar 1933 bis zum 1. Juli 1945 in Frage kommt. Ebensowenig stehen eine vom Naziregime gewährte Immunität, Begnadigung oder Amnestie der Aburteilung oder Bestrafung im Wege.

Artikel III: 1. Die Besatzungsbehörden sind berechtigt, innerhalb ihrer Besatzungszonen die folgenden Maßnahmen zu ergreifen:

- a) Wer der Begehung eines Verbrechens verdächtig ist einschließlich derjenigen Personen, die eines Verbrechens seitens einer der Vereinten Nationen beschuldigt werden, kann verhaftet werden; das in seinem Eigentum stehende oder seiner Verfügungsmacht unterliegende bewegliche und unbewegliche Vermögen soll unter Aufsicht gestellt werden, bis darüber endgültig verfügt wird.
- b) Dem Justizdirektorium sollen die Namen aller Personen, die eines Verbrechens verdächtig sind, die Gründe und der Ort der Inhaftnahme sowie die Namen und Aufenthaltsorte der Zeugen mitgeteilt werden.
- c) Geeignete Maßnahmen sollen getroffen werden, damit Zeugen und Beweismittel im Bedarfsfalle verfügbar sind.
- d) Die Besatzungsbehörden sind berechtigt, die in Haft genommenen und unter Anklage gestellten Personen zur Verhandlung vor ein dafür geeignetes Gericht zu bringen, soweit nicht ihre Auslieferung an eine andere Behörde nach Maßgabe dieses Gesetzes oder ihre Freilassung erfolgt ist.

Für die Aburteilung von Verbrechen, die deutsche Staatsbürger oder Staatsangehörige gegen andere deutsche Staatsbürger oder Staatsangehörige begangen haben, können die Besatzungsbehörden deutsche Gerichte für zuständig erklären.

2) Die Zonenbefehlshaber bestimmen oder bezeichnen für ihre

Zonen den Gerichtshof, vor dem die eines Verbrechens unter dem gegenwärtigen Gesetz beschuldigten Personen abgeurteilt werden sollen, sowie die dabei anzuwendende Verfahrensordnung.

Die Bestimmungen des gegenwärtigen Gesetzes sollen jedoch in keiner Weise die Zuständigkeit oder Autorität irgendeines von den Zonenbefehlshabern in ihren Zonen bereits errichteten oder in Zukunft zu errichtenden Gerichtshofes beeinträchtigen oder beschränken; das gleiche gilt hinsichtlich des aufgrund des Londoner Abkommens vom 8. August 1945 ins Leben gerufenen Internationalen Militärgerichtshofes.

3. Wer zur Aburteilung vor einem Internationalen Militärgerichtshof benötigt wird, kann nur mit Zustimmung des Ausschusses der Hauptankläger abgeurteilt werden. Auf Verlangen soll der Zonenbefehlshaber eine solche Person, die sich innerhalb seiner Zone befindet, diesem Ausschuß überantworten und ihm Zeugen und Beweismittel zugänglich machen.

4. Ist es bekannt, daß jemand zur Aburteilung in einer anderen Zone oder außerhalb Deutschlands benötigt wird, so kann er nicht abgeurteilt werden, bevor eine Entscheidung gemäß Artikel IV dieses Gesetzes ergangen ist, es sei denn, daß von der Tatsache seiner Ergreifung gemäß Ziffer 1b, Artikel III, Mitteilung gemacht wurde, eine Frist von drei Monaten seit dieser Mitteilung verstrichen und kein Auslieferungsbegehren nach Maßgabe des Artikels IV bei den betreffenden Zonenbefehlshabern eingegangen ist.

5. Die Vollstreckung der Todesstrafe kann aufgeschoben werden, falls der Zonenbefehlshaber Grund zu der Annahme hat, daß die Vernehmung des zum Tode Verurteilten als Zeuge in einem Verfahren innerhalb oder außerhalb seiner Zone von Wert sein könnte, jedoch nicht länger als einen Monat, nachdem das Urteil Rechtskraft erlangt hat.

6. Jeder Zonenbefehlshaber wird dafür Sorge tragen, daß die Urteile der zuständigen Gerichte hinsichtlich des nach diesem Gesetz seiner Kontrolle unterliegenden Vermögens so ausgeführt werden, wie dies nach seiner Ansicht der Gerechtigkeit entspricht.

Artikel IV: 1. Wird jemandem, der sich in einer der deutschen Zonen befindet, ein Verbrechen, das einen der Tatbestände des Artikels II erfüllt und das außerhalb Deutschlands oder in einer anderen Zone begangen wurde, zur Last gelegt, so kann die

Regierung des betreffenden Staates oder der Befehlshaber der betreffenden Zone an den Befehlshaber der Zone, in der sich der Angeschuldigte befindet, das Ersuchen stellen, ihn zu verhaften und ihn zur Aburteilung dem Staat oder der Zone auszuliefern, in der das Verbrechen begangen wurde. Einem solchen Auslieferungsantrag kann der Zonenbefehlshaber Folge leisten, es sei denn, daß nach seiner Meinung der Angeschuldigte zur Aburteilung oder als Zeuge vor einem Internationalen Militärgerichtshof oder in Deutschland oder in einem anderen als dem antragstellenden Staate benötigt wird oder daß der Zonenbefehlshaber sich nicht davon überzeugen kann, daß dem Auslieferungsantrag entsprochen werden sollte. In diesen Fällen hat er das Recht, den Auslieferungsantrag dem Justizdirektorium des Kontrollrates vorzulegen. Dieses Verfahren findet auf Zeugen und alle anderen Arten von Beweismitteln entsprechende Anwendung.

2. Das Justizdirektorium prüft die ihm vorgelegten Anträge und fällt nach Maßgabe der folgenden Grundsätze eine Entscheidung, die es sodann dem Zonenbefehlshaber mitteilt.

a) Wer zur Aburteilung oder als Zeuge von einem Internationalen Militärgerichtshof angefordert ist, wird zur Aburteilung außerhalb Deutschlands nur dann ausgeliefert beziehungsweise zur Zeugenaussage außerhalb Deutschlands nur dann angehalten, wenn der gemäß dem Londoner Abkommen vom 8. August 1945 eingesetzte Ausschuß der Hauptankläger seine Zustimmung erteilt.

b) Ist ein Angeschuldigter von mehreren Behörden (von welchen keine ein Internationaler Gerichtshof ist) zur Aburteilung angefordert, so werden die Auslieferungsanträge nach Maßgabe der folgenden Rangordnung entschieden:

1. Wird der Angeschuldigte zur Aburteilung in der Zone, in der er sich befindet, benötigt, so wird er nur dann ausgeliefert, wenn Vorkehrungen für seine Rückkehr nach stattgefundener auswärtiger Verhandlung getroffen sind.

2. Wird er zur Aburteilung in einer anderen Zone als der seines Aufenthaltes benötigt, so wird er zuerst nach der anfordernden Zone ausgeliefert, ehe er außerhalb Deutschlands verschickt wird, es sei denn, daß Vorkehrungen für seine Rückkehr in die anfordernde Zone nach stattgefundener auswärtiger Verhandlung getroffen sind.

3. Wird er zur Aburteilung außerhalb Deutschlands von zweien oder mehreren der Vereinten Nationen benötigt, so hat diejenige den Vorrang, deren Staatsangehörigkeit er besitzt.

4. Wird er zur Aburteilung außerhalb Deutschlands von mehreren Ländern benötigt und befinden sich unter diesen solche, die nicht den Vereinten Nationen angehören, so hat das Land, das den Vereinten Nationen angehört, den Vorrang.

5. Wird er zur Aburteilung außerhalb Deutschlands von zweien oder mehreren der Vereinten Nationen angefordert, so hat vorbehaltlich der Bestimmung in Ziffer 3b des Abschnittes 2 des Artikels V diejenige den Vorrang, welche die schwerste durch Beweismaterial gerechtfertigte Anklage vorbringt.

Artikel V: Die nach Maßgabe des Artikels IV dieses Gesetzes zwecks Aburteilung vorzunehmende Auslieferung von Angeschuldigten soll aufgrund von Anträgen von Staatsregierungen und Zonenbefehlshaber so erfolgen, daß die Auslieferung eines Verbrechers in ein Hoheitsgebiet nicht dazu ausgenutzt werden kann, um in einem anderen Gebiet den freien Lauf der Gerechtigkeit zu vereiteln oder unnötig zu verzögern.

Wenn innerhalb von sechs Monaten der Ausgelieferte nicht von dem Gericht der Zone oder des Landes, wohin er ausgeliefert wurde, verurteilt worden ist, dann soll er auf Ersuchen des Befehlshabers der Zone, in der er sich vor seiner Auslieferung aufgehalten hat, wieder in diese Zone zurückgebracht werden.

Ausgefertigt in Berlin, den 20. Dezember 1945.
Joseph T. McNarney, General
Bernard L. Montgomery, Feldmarschall
Louis Koeltz, Generalleutnant (für General P. Koenig)
Gregori Žukov, Marschall der Sowjetunion.

Verordnung Nr. 7 der US-Militärregierung in der durch die Verordnung Nr. 11 abgeänderten Fassung

Artikel I: Zweck dieser Verordnung ist die Einsetzung von Militärgerichten. Diese Gerichte sind für die Aburteilung und Bestrafung von Personen zuständig, die wegen einer in Artikel II des Kontrollratsgesetzes Nr. 10 als Verbrechen bezeichneten strafbaren Handlung oder wegen Verabredung zur Begehung eines solchen Verbrechens angeklagt sind. Die Zuständigkeit und Befugnisse anderer Gerichte, die zur Aburteilung von strafbaren Handlungen dieser Art eingesetzt worden sind oder später eingesetzt werden, bleiben unberührt.

Artikel II:
 a) Aufgrund der Befugnisse des Militärgouverneurs der amerikanischen Besatzungszone Deutschlands sowie aufgrund der Befugnisse, die dem Zonenbefehlshaber durch das Kontrollratsgesetz Nr. 10 und die Artikel 10 und 11 des Statuts des Internationalen Militärgerichts – Anlage zum Londoner Abkommen vom 8. August 1945 – übertragen sind, werden hiermit gewisse Gerichte unter der Bezeichnung „Militärgerichte" eingesetzt.
 b) Jedes dieser Gerichte setzt sich aus drei oder mehr Mitgliedern zusammen, die von dem Militärgouverneur bestimmt werden. Ein stellvertretendes Mitglied kann bei jedem Gericht bestimmt werden, wenn der Militärgouverneur dies für ratsam hält. Mit Ausnahme des in Absatz c) dieses Artikels vorgesehenen Falles müssen sämtliche Mitglieder und stellvertretende Mitglieder Juristen sein, die seit mindestens fünf Jahren bei den höchsten Gerichten eines der Vereinigten Staaten beziehungsweise Territorien oder des Distrikts Columbia oder bei dem Obersten Gerichtshof der Vereinigten Staaten zugelassen sind.
 c) Der Militärgouverneur kann nach seinem Ermessen ein Abkommen mit einem oder mehreren Zonenbefehlshabern der in der Kontrollbehörde vertretenen Nationen über die gemeinschaftliche Verhandlung von einem oder mehreren Fällen nach Bestimmung in dem Abkommen treffen. In diesem Falle besteht das Gericht nach Abstimmung in dem Abkommen aus drei oder mehr Mitgliedern. In diesem Falle können auch den Gerichten voll qualifizierte Juristen angehören, die von den anderen vertretenen Nationen bestimmt worden sind.
 d) Der Militärgouverneur bestellt ein Mitglied des Gerichtes zum vorsitzenden Richter.
 e) Weder die Gerichte noch deren Mitglieder oder stellvertretende Mitglieder können von der Anklagebehörde, den Angeklagten oder deren Verteidigern abgelehnt werden.

f) Erkrankt ein Mitglied des Gerichtes oder kann es aus sonstigen Gründen seinen Pflichten nicht nachkommen, so wird es durch seinen Stellvertreter, falls ein solcher bestimmt ist, in der schwebenden Verhandlung ersetzt werden. Mitglieder können aus gesundheitlichen oder sonstigen gerechtfertigten Gründen ersetzt werden, jedoch kann ein Mitglied während einer Verhandlung nur durch ein stellvertretendes Mitglied ersetzt werden. Ist ein stellvertretendes Mitglied nicht bestimmt worden, so ist die Verhandlung von den zwei verbleibenden Mitgliedern zum Abschluß zu bringen.
g) Für die Beschlußfähigkeit ist die Anwesenheit der drei Mitglieder erforderlich. Im Falle von unter Absatz c) vorgesehenen Gerichten hat das Abkommen die Voraussetzung für die Beschlußfähigkeit zu bestimmen.
h) Entscheidungen und Urteile einschließlich der Beschlüsse über Schuldsprechung und Strafmaß sind durch Mehrheitsabstimmung der Mitglieder zu fassen. Ergeben die Stimmen der Mitglieder Stimmengleichheit, so hat der Vorsitzende Einstellung des Verfahrens ohne Verbrauch der Straflage auszusprechen.

Artikel III:
a) Anklagen gegen Personen, die vor den gemäß dieser Verordnung errichteten Gerichten abgeurteilt werden sollen, werden vom Amte des Hauptanklagevertreters für Kriegsverbrechen erhoben, das von dem Militärgouverneur gemäß Ziffer 3 des Erlasses Nr. 9679 des Präsidenten der Vereinigten Staaten vom 16. Januar 1946 ernannt ist. Der Hauptanklagevertreter für Kriegsverbrechen bestimmt die von den Gerichten abzuurteilenden Personen, und er oder der von ihm bezeichnete Vertreter reichen die Anklage beim Generalsekretär der Gerichte ein (siehe Artikel XIV) und führen die öffentliche Anklage durch.
b) Der Hauptanklagevertreter für Kriegsverbrechen kann, wenn es nach seinem Ermessen ratsam erscheint, eine oder mehrere der Vereinten Nationen auffordern, Vertreter zur Teilnahme an der Verfolgung eines Falles zu bestimmen.

Artikel IV: Zwecks Wahrung der Rechte der Angeklagten soll folgendes Verfahren eingeschlagen werden:
a) Dem Angeklagten sind eine Ausfertigung der Anklage sowie

alle mit der Anklage eingereichten Urkunden, übersetzt in eine Sprache, deren er mächtig ist, innerhalb einer angemessenen Frist vor der Hauptverhandlung zu übermitteln. Die Anklageschrift soll die Klagepunkte einfach, deutlich und mit genügend Einzelheiten bezeichnen, um den Angeklagten über die ihm zur Last gelegte strafbare Handlung zu unterrichten.

b) Die Hauptverhandlung ist in einer Sprache zu führen oder in eine Sprache zu übersetzen, deren der Angeklagte mächtig ist.

c) Der Angeklagte hat das Recht, sich von einem Verteidiger seiner eigenen Wahl vertreten zu lassen, vorausgesetzt, daß der Verteidiger nach den geltenden Bestimmungen befähigt ist, Verteidigungen vor den Gerichten des Landes des Angeklagten zu führen. Es kann jedoch auch jede andere Person vom Gericht ausdrücklich zugelassen werden. Das Gericht hat einem Angeklagten, der nicht von einem Verteidiger seiner eigenen Wahl vertreten ist, einen entsprechend befähigten Verteidiger zur Vertretung zu bestellen.

d) Jeder Angeklagte ist berechtigt, bei der Hauptverhandlung gegenwärtig zu sein mit der Ausnahme, daß gegen einen Angeklagten, der zeitweise abwesend ist, verhandelt werden kann, wenn nach Ansicht des Gerichts die Interessen des Angeklagten dadurch nicht beeinträchtigt werden, und mit der weiteren in Artikel VI c) vorgesehenen Ausnahme. Das Gericht kann auch dann in der Abwesenheit eines Angeklagten verhandeln, wenn ihm das Ausbleiben auf seinen Antrag vom Gericht gestattet worden ist.

e) Der Angeklagte hat das Recht, durch seinen Verteidiger Beweise zur Unterstützung seiner Verteidigung vorzubringen und von der Anklagebehörde benannte Zeugen ins Kreuzverhör zu nehmen.

f) Der Angeklagte kann schriftlich bei dem Gericht die Herbeischaffung von Zeugen oder Urkunden beantragen. In dem Antrag ist anzugeben, wo der Zeuge oder die Urkunde vermutlich zu finden sind, ferner sind die Tatsachen zu bezeichnen, die durch den Zeugen oder die Urkunde bewiesen werden sollen, und es ist die Erheblichkeit dieser Tatsache für die Verteidigung darzutun. Gibt das Gericht dem

Antrag statt, so ist dem Angeklagten die Unterstützung zur Herbeischaffung des Beweismittels zu gewähren, die das Gericht anordnet.

Artikel V: Das Gericht hat das Recht:
a) Zeugen für die Hauptverhandlung zu laden, ihre Anwesenheit und Aussage zu verlangen und Fragen an sie zu richten;
b) einen Angeklagten, der in eigener Sache oder in Sachen anderer Angeklagten als Zeuge auftritt, zu vernehmen;
c) die Beibringung von Urkunden und anderen Beweismaterialien zu verlangen;
d) die Zeugen zu vereidigen;
e) Delegierte zwecks Ausführung von Aufgaben zu ernennen, die ihnen der Gerichtshof zuweist einschließlich der Beweiserhebung kraft Auftrags;
f) Verfahrensregeln in Übereinstimmung mit dieser Verordnung anzunehmen. Solche Verfahrensregeln sind von den Mitgliedern des betreffenden Gerichts oder von dem in Artikel XIII vorgesehenen Ausschuß der den Vorsitz führenden Richter anzunehmen und, soweit erforderlich, von Zeit zu Zeit abzuändern.

Artikel Vb:
a) Eine Plenarversammlung der Militärgerichte kann von jedem der vorsitzenden Richter eines Militärgerichtes oder auf Antrag an eines der Gerichte seitens des Hauptanklagevertreters für Kriegsverbrechen oder des Verteidigers eines Angeklagten, dessen Interessen betroffen sind, einberufen werden, um Zwischenerkenntnisse eines Militärgerichts, die eine grundlegende oder bedeutende materiell- oder verfahrensrechtliche Frage betreffen und mit einer vorhergehenden Erkenntnis eines anderen Militärgerichts in Widerspruch stehen oder unvereinbar sind, zu erörtern und nachzuprüfen.
b) Eine Plenarversammlung der Militärgerichte kann in der in Absatz a) dieses Artikels vorgesehenen Weise ebenfalls einberufen werden, um nicht zu vereinbarende oder widersprechende Erkenntnisse bezüglich einer grundlegenden oder bedeutenden materiell- oder verfahrensrechtlichen Fragen in Entscheidungen oder Urteilen eines Militärgerichts zu erörtern und nachzuprüfen. Anträge, die Enderkenntnisse

dieser Art betreffen, sind innerhalb von zehn (10) Tagen nach Erlaß der Entscheidung oder des Urteils zu stellen.
c) Entscheidungen einer Plenarversammlung der Militärgerichte binden, sofern sie nicht in einer weiteren Plenarversammlung abgeändert werden, sämtliche Militärgerichte. Im Falle der Nachprüfung eines Enderkenntnisses durch eine Plenarversammlung kann das betreffende Urteil bestätigt oder zur Durchführung von Maßnahmen im Sinne der Plenarentscheidung zurückverwiesen werden.
d) Für die Beschlußfähigkeit ist die Anwesenheit der Mehrzahl der Mitglieder jedes zu dieser Zeit errichteten Militärgerichts erforderlich.
e) Die Mitglieder der Militärgerichte haben sich vor Eröffnung einer Plenarsitzung unter sich über die Wahl eines Mitgliedes zum Vorsitzenden der Plenarsitzung zu einigen.
f) Entscheidungen werden mit Stimmenmehrheit gefaßt. Bei Stimmengleichheit entscheidet die Stimme des Vorsitzenden der Sitzung.
g) Die vorsitzenden Richter und, wenn ein solcher gebildet ist, der in Artikel XIII vorgesehene beaufsichtigende Ausschuß der vorsitzenden Richter weisen die von dem Hauptanklagevertreter für Kriegsverbrechen eingeleiteten Fälle den einzelnen Militärgerichten zur Verhandlung zu.

Artikel VI: Die Gerichte sollen:
a) Den Prozeß streng auf eine beschleunigte Verhandlung der durch die Anklage geltend gemachten Punkte beschränken;
b) strenge Maßnahmen ergreifen, um jede Handlung zu vermeiden, die eine unnötige Verzögerung verursachen könnte, und unerhebliche Fragen und Erklärungen jedweder Art ablehnen;
c) Ungebührliches Benehmen durch Auferlegung von angemessenen Strafen bestrafen einschließlich des Ausschlusses des Angeklagten oder seines Verteidigers von einzelnen oder allen weiteren Prozeßhandlungen; die sachgemäße Erörterung der Beschuldigung darf hierdurch nicht beeinträchtigt werden.

Artikel VII: Die Gerichte sind an Beweisregeln nicht gebunden, sie sollen im weiten Ausmaß ein schnelles und nicht formelles Verfahren anwenden und jedes Beweismaterial, das ihnen

Beweiswert zu haben scheint, zulassen. Unbeschadet der vorstehenden allgemeinen Bestimmungen sind die folgenden Beweismittel als zulässig anzusehen, wenn sie nach Ansicht des Gerichts Informationen zu enthalten scheinen, die bezüglich der Anklage von Beweiswert sind: eidesstattliche Erklärungen, Aussagen vor einem kommissarischen Richter, Verhöre und andere Erklärungen, Tagebücher, Briefe, Protokolle, Untersuchungsergebnisse, Erklärungen und Urteile der Militärgerichte und der nachprüfenden und bestätigenden Behörden einer der Vereinten Nationen und Zweitschriften von Urkunden oder andere indirekte Beweise des Inhalts einer Urkunde, wenn das Original nicht ohne weiteres zur Verfügung steht. Das Gericht hat der Gegenpartei die Gelegenheit zur Bestreitung der Echtheit oder des Beweswertes eines solchen Beweismittels in dem Ausmaß zu geben, als das nach Ansicht des Gerichts für die Rechtsfindung erforderlich ist.

Artikel VIII: Die Gerichte können vor der Beweisantretung Auskunft über die Natur des Beweismittels verlangen, um über seine Erheblichkeit entscheiden zu können.

Artikel IX: Die Gerichte sollen nicht Beweise für allgemein bekannte Tatsachen fordern, sondern sollen sie von Amts wegen zur Kenntnis nehmen; dies erstreckt sich auf öffentliche Urkunden der Regierung und Berichte der Vereinten Nationen einschließlich der Handlungen und Urkunden der in den verschiedenen alliierten Ländern für die Untersuchung von Kriegsverbrechen eingesetzten Komitees sowie die Protokolle und Entscheidungen von Militär- oder anderen Gerichten irgendeiner der Vereinten Nationen.

Artikel X: Entscheidungen des Internationalen Militärgerichtes in dem Falle Nr. 1 darüber, daß Invasionen, Angriffshandlungen, Angriffskriege, Verbrechen, Grausamkeiten oder unmenschliche Handlungen geplant oder begangen wurden, sind für alle gemäß dieser Verordnung zu errichtenden Gerichte bindend und nicht in Frage zu ziehen, soweit es sich nicht um die Beteiligung oder Mitwisserschaft einer bestimmten Person an solchen Verbrechen handelt. Feststellungen des Internationalen Militärgerichts in dem Urteil betreffend den Fall Nr. 1 stellen Tatsachenbeweise dar, sofern kein neues wesentliches Beweismaterial für das Gegenteil erbracht wird.

Artikel XI: Das Verfahren vor Gericht soll folgenden Verlauf nehmen:
a) Das Gericht richtet an jeden einzelnen Angeklagten die Frage, ob er die auf ihn bezügliche Anklageschrift erhalten und gelesen hat, und ferner, ob er sich schuldig bekennt oder nicht.
b) Die Anklagevertretung kann eine einleitende Erklärung abgeben.
c) Die Anklagevertretung bringt ihr Beweismittel vor, wobei ihre Zeugen unter Kreuzverhör genommen werden können.
d) Die Verteidigung kann eine einleitende Erklärung abgeben.
e) Die Verteidigung bringt ihr Beweismaterial vor, wobei ihre Zeugen unter Kreuzverhör genommen werden können.
f) Soweit es von dem Gericht für zulässig angesehen wird, kann entkräftendes Beweismaterial sowohl von der Anklagevertretung als auch von der Verteidigung vorgelegt werden.
g) Die Vorbringen der Ankläger und der Verteidiger finden in der von dem Gericht zu bestimmenden Reihenfolge statt.
h) Jeder Angeklagte kann seinerseits vor dem Gericht eine Erklärung abgeben.
i) Das Gericht verkündigt das Urteil und die Strafe.

Artikel XII: Zur Unterstützung der nach dieser Verordnung zu errichtenden Gerichte ist so bald wie möglich ein Generalsekretariat einzurichten. Das Hauptbüro des Sekretariats hat seinen Sitz in Nürnberg. Das Sekretariat besteht aus einem Generalsekretär und den erforderlichen Hilfssekretären, Militärbeamten, Büroangestellten, Dolmetschern und sonstigem Personal.

Artikel XIII: Der Generalsekretär wird von dem Militärgouverneur ernannt und hat die Arbeit des Sekretariats zu organisieren und zu leiten. Der Generalsekretär untersteht der Aufsicht durch die Mitglieder der Gerichte; falls mindestens drei Gerichte ihre Tätigkeit aufgenommen haben, können die aufsichtsführenden Richter dieser Gerichte den beaufsichtenden Ausschuß bilden.

Artikel XIV: Das Sekretariat hat folgende Aufgaben.
a) Es ist verantwortlich für die Verwaltung und die Beschaffung

der für das Sekretariat und die einzelnen Gerichte erforderlichen Materialien.
b) Es nimmt alle an die Gerichte gerichteten Schriftstücke in Empfang.
c) Es hat einheitliche Verfahrensregeln, welche mit den Bestimmungen dieser Verordnung nicht im Widerspruch stehen, vorzubereiten und zu empfehlen.
d) Es beschafft den Gerichten alle für die Zulassung oder Ernennung von Verteidigern erforderlichen Informationen.
e) Es dient als Bindeglied zwischen der Anklagevertretung und der Verteidigung.
f) Es sorgt dafür, daß den Angeklagten und der Anklagevertretung die Beibringung von Zeugen oder die Vorlage von Beweismaterial im Rahmen der gerichtlichen Bestimmungen ermöglicht wird.
g) Es ist für die Abfassung der gerichtlichen Verhandlungsprotokolle verantwortlich.
h) Es hat den Gerichten und deren Mitgliedern die erforderlichen Schreibkräfte sowie Protokollführer und Dolmetscher zur Verfügung zu stellen und sonstige für die wirksame Durchführung der Gerichtsverfahren erforderliche oder von den Gerichten besonders bezeichneten Aufgabe zu erfüllen.

Artikel XV: Das Urteil des Gerichts über die Schuld oder Unschuld des Angeklagten soll die Gründe, auf die es sich stützt, enthalten. Es ist endgültig und nicht anfechtbar. In bezug auf das Strafmaß kann eine Nachprüfung gemäß Artikel XVII stattfinden.

Artikel XVI: Das Gericht hat das Recht, den schuldig befundenen Angeklagten zu einer oder mehreren der in Artikel II, Ziffer 3, des Kontrollratsgesetzes Nr. 10 aufgeführten, ihm gerecht erscheinenden Strafen zu verurteilen.

Artikel XVII:
a) Das Protokoll eines jeden Falles ist mit den in Absatz b) vorgesehenen Ausnahmen dem Militärgouverneur zu übermitteln, dem das Recht zusteht, die von dem Gericht festgesetzten Strafen zu mildern, zu verkürzen oder anderweitig zu ändern, jedoch ist eine Erhöhung des Strafmaßes nicht statthaft.
b) In Fällen, die vor auf Grund des Artikels II c) gebildeten

Gerichten verhandelt werden, ist das Urteil von den Zonenbefehlshabern der beteiligten Staaten gemeinschaftlich nachzuprüfen, welche das Strafmaß durch Mehrheitsbeschluß mildern, verkürzen oder anderweitig ändern, aber nicht verschärfen können. Sind nur zwei Nationen vertreten, so kann das Urteil nur mit Zustimmung beider Zonenbefehlshaber abgeändert werden.

Artikel XVIII: Ein Todesurteil darf nur nach dessen schriftlicher Bestätigung durch den Militärgouverneur vollstreckt werden. Die Vollstreckung des Todesurteils kann in Übereinstimmung mit Artikel III, Ziffer 5, des Gesetzes Nr. 10 bis zu einem Monat nach dessen Bestätigung aufgeschoben werden, wenn Grund zu der Annahme besteht, daß die Aussage des zum Tode Verurteilen für die Untersuchung und gerichtliche Verhandlung anderer Verbrechen von Wert sein könnte.

Artikel XIX: Nach Ausspruch des Todesurteils durch ein aufgrund dieser Verordnung errichtetes Gericht und bis zu der Bestätigung dieses Urteils ist der Verurteilte zu dem Gefängnis oder Ort zurückzubringen, wo er vorher in Haft gehalten wurde, und von den anderen Insassen abzusondern oder zu einem anderen, zur Haft besser geeigneten Ort zu bringen.

Artikel XX: Wird das Todesurteil bestätigt, so erläßt der Militärgouverneur die zur Ausführung der Hinrichtung erforderlichen Anweisungen.

Artikel XXI: Lautet das Urteil gegen den Angeklagten auf Freiheitsstrafe, so ist die Strafe nach Maßgabe des von dem erkennenden Gericht ausgesprochenen Urteils zu vollstrecken. Der Militärgouverneur kann jederzeit einen anderen Ort für die Strafverbüßung bestimmen.

Artikel XXII: Vermögensgegenstände, die von dem Gericht für verfallen erklärt sind, oder deren Rückgabe angeordnet ist, sind dem Militärgouverneur auszuhändigen, welcher über diese Gegenstände gemäß Artikel II, Ziffer 3, des Kontrollratsgesetzes Nr. 10 verfügt.

Artikel XXIII: Die in dieser Verordnung vorgesehenen Pflichten und Aufgaben des Militärgouverneurs können auf den stellvertretenden Militärgouverneur übertragen werden. Die in dieser Verordnung vorgesehenen Pflichten und Aufgaben des Zonenbefehlshabers können von dem Militärgouverneur

oder in dessen Namen ausgeübt und auch auf den stellvertretenden Militärgouverneur übertragen werden.
Diese Verordnung tritt am 17. Februar 1947 in Kraft.

Das Urteil

Generalstab und Oberkommando der Wehrmacht

Die Anklagevertretung hat auch verlangt, den Generalstab und das Oberkommando der Deutschen Wehrmacht zu einer verbrecherischen Organisation zu erklären. Der Gerichtshof ist der Ansicht, daß Generalstab und Oberkommando nicht für verbrecherisch erklärt werden sollten. Ist auch die Anzahl der beschuldigten Personen größer als im Falle der Reichsregierung, so ist sie doch so klein, daß Einzelprozesse gegen diese Offiziere den hier verfolgten Zweck besser erreichen würden als die verlangte Erklärung. Aber ein noch zwingenderer Grund ist nach der Meinung des Gerichtshofes darin zu ersehen, daß Generalstab und Oberkommando weder eine „Organisation" noch eine „Gruppe" im Sinne der im Artikel 9 des Statuts gebrauchten Bezeichnung sind.

Einige erläuternde Worte über den Charakter dieser angeblichen Gruppe sind angezeigt. Laut Anklageschrift und gemäß dem Beweismaterial, das dem Gerichtshof vorgelegt wurde, besteht sie aus annähernd 130 lebenden und verstorbenen Offizieren, die zu irgendeinem Augenblick in der Zeit zwischen Februar 1938, als Hitler die Wehrmacht reorganisierte, und Mai 1945, als Deutschland kapitulierte, bestimmte Stellungen in der militärischen Hierarchie bekleideten. Diese Männer waren Offiziere von hohem Rang in den drei Wehrmachtsteilen: OKH – Heer, OKM – Marine und OKL – Luftwaffe.

Über ihnen stand die höchste Wehrmachtsstelle, das OKW, das Oberkommando der Wehrmacht, mit Hitler als Oberstem Befehlshaber. Die Offiziere des OKW mit Einschluß des Angeklagten Keitel als Chef des Oberkommandos waren in gewissem Sinne Hitlers persönlicher Stab. Im weiteren Sinne koordinierten und leiteten sie die drei Wehrmachtsteile, wobei insbesondere Nachdruck auf die Planungsarbeit und die Operation gelegt wurde.

Die einzelnen Offiziere dieser angeblichen Gruppe befanden sich zu einem oder dem anderen Zeitpunkt in einer der vier Kategorien:
    1) Oberbefehlshaber einer der drei Wehrmachtsteile,
    2) Stabschef einer der drei Wehrmachtsteile,

3) Oberbefehlshaber, das sind die obersten Befehlshaber im Felde in einem der drei Wehrmachtsteile. Sie stellen selbstverständlich die bei weitem größte Anzahl dieser Personen; oder
4) Offiziere des OKW, deren es drei gab, nämlich die Angeklagten Keitel, Jodl und den Stellvertreter des letzteren, Warlimont.

Dies ist die Bedeutung der in der Anklageschrift verwendeten Bezeichnung „Generalstab und Oberkommando".

Die Anklagevertretung hat hier eine Abgrenzung vorgenommen. Sie erhebt keine Anklage gegen die nächste Ranggruppe der militärischen Hierarchie, die aus Kommandeuren der Armeekorps und gleichgestellten Offizieren der Marine und Luftwaffe bestand, noch gegen die nachfolgende Ranggruppe, die Divisionskommandeure oder gleichrangige Offiziere der anderen Waffengattungen umfaßte. Die Stabsoffiziere der vier Stabskommandos, nämlich des OKW, OKH, OKM und OKL, sind nicht inbegriffen, ebensowenig die geschulten Fachoffiziere, die gewöhnlich als Generalstabsoffiziere bezeichnet werden.

Die als Mitglieder Angeklagten sind also tatsächlich die militärischen Führer Deutschlands von höchstem Rang. Es wurde kein ernstlicher Versuch gemacht zu behaupten, daß sie eine „Organisation" im Sinne des Artikels 9 bilden. Die Behauptung lautet eher dahin, daß sie eine „Gruppe" waren, was eine weitere und umfassendere Bezeichnung ist als „Organisation".

Der Gerichtshof erkennt nicht in diesem Sinne. Nach den vorgelegten Beweisen war ihre Planungstätigkeit in den Stäben, die ständigen Besprechungen zwischen Stabsoffizieren und Feldkommandeuren, ihre Operationstechnik im Felde und in den Stabsquartieren so ziemlich die gleiche wie bei den Armeen, Marinen und Luftwaffen aller anderen Länder. Die alles umfassende, auf Koordination und Leitung gerichtete Tätigkeit des OKW kann mit einer ähnlichen, wenn auch nicht identischen Organisationsform bei anderen Armeen, wie zum Beispiel den anglo-amerikanischen gemeinsamen Stabsschefs, verglichen werden.

Aus dieser Schablone ihrer Tätigkeit das Bestehen einer Vereinigung oder Gruppe ableiten zu wollen, ist nach Ansicht des Gerichtshofes nicht folgerichtig. Nach einer solchen Theorie wären die höchsten Kommandanten jeder anderen Nation auch eine solche

Vereinigung statt, was sie wirklich sind, eine Ansammlung von Militärs, eine Anzahl von Personen, die zufällig in einem gegebenen Zeitpunkt die hohen militärischen Stellungen bekleiden.

Ein großer Teil der Beweisführung und der Erörterungen hat sich um die Frage gedreht, ob die Mitgliedschaft in diesen Organisationen freiwillig war oder nicht. Im vorliegenden Fall scheint dem Gerichtshof diese Frage völlig abwegig zu sein. Denn diese angeblich verbrecherische Organisation hat eine charakteristische Eigenschaft, ein beherrschendes Merkmal, das sie scharf von den übrigen fünf angeklagten Organisationen abhebt. Wenn jemand zum Beispiel Mitglied der SS wurde, so wurde er dies freiwillig oder auf andere Art, aber sicherlich in dem Bewußtsein, zu irgend etwas Festgefügtem beizutreten. Im Falle des Generalstabs und Oberkommandos konnte er jedoch nicht wissen, daß er einer Gruppe oder Vereinigung beitrat, denn eine solche Vereinigung gab es nicht außer in den Beschuldigungen der Anklageschrift. Er wußte nur, daß er einen bestimmten hohen Rang in einem der drei Wehrmachtsteile erlangt hatte, konnte sich aber der Tatsache nicht bewußt sein, daß er Mitglied von etwas so Greifbarem wie einer „Gruppe" im gebräuchlichen Sinne des Wortes wurde. Seine Beziehungen zu den Kameraden seiner eigenen Waffengattung und seine Verbindungen zu denen der beiden anderen Waffengattungen glichen im allgemeinen den auf der ganzen Welt üblichen Dienstverhältnissen.

Deshalb erklärt der Gerichtshof Generalstab und Oberkommando nicht für eine verbrecherische Organisation.

Obwohl der Gerichtshof der Meinung ist, daß die im Artikel 9 enthaltene Bezeichnung „Gruppe" mehr enthalten muß als eine Anhäufung von Offizieren, ist ihm doch viel Beweisstoff über die Teilnahme und an der Begehung von Kriegsverbrechen und Verbrechen gegen die Menschlichkeit vorgelegt worden. Dieses Beweisergebnis ist gegen viele von ihnen klar und überzeugend.

Sie sind in großem Maße verantwortlich gewesen für die Leiden und Nöte, die über Millionen Männer, Frauen und Kinder gekommen sind. Sie sind ein Schandfleck für das ehrenhafte Waffenhandwerk geworden. Ohne ihre militärische Führung wären die Angriffsgelüste Hitlers und seiner Nazi-Kumpane akademisch und ohne Folgen geblieben. Wenn diese Offiziere auch nicht eine Gruppe nach dem Wortlaut des Statuts bildeten, so waren sie doch sicher eine rücksichtslose militärische Kaste. Der zeitgenössische deutsche Militarismus erlebte mit seinen jüngsten Verbündeten, dem Nationalsozialismus, eine kurze Blütezeit, wie er sie in der Vergangenheit kaum schöner gekannt hat.

Viele dieser Männer haben mit dem Soldateneid des Gehorsams gegenüber militärischen Befehlen ihren Spott getrieben. Wenn es ihrer Verteidigung zweckdienlich ist, so sagen sie, sie hatten zu gehorchen; hält man ihnen Hitlers brutale Verbrechen vor, deren allgemeine Kenntnis ihnen nachgewiesen wurde, so sagen sie, sie hätten den Gehorsam verweigert.

Die Wahrheit ist, daß sie an all diesen Verbrechen rege teilgenommen haben oder in schweigender Zustimmung verharrten, wenn vor ihren Augen größer angelegte und empörendere Verbrechen begangen wurden, als die Welt je zu sehen das Unglück hatte. Dies mußte gesagt werden. Wo es der Sachverhalt rechtfertigt, sollen diese Leute vor Gericht gestellt werden, damit jene unter ihnen, die dieser Verbrechen schuldig sind, ihrer Bestrafung nicht entgehen.

GÖRING

Göring ist aller vier Anklagepunkte angeklagt. Die Beweisführung zeigt, daß er nächst Hitler der bedeutendste Mann des Naziregimes war. Er war Oberkommandierender der Luftwaffe und Beauftragter des Vierjahresplans; er hatte ungeheuren Einfluß auf Hitler, mindestens bis 1943, als sich ihre Beziehungen verschlechterten und mit seiner Verhaftung im Jahre 1945 endeten. Er hat ausgesagt, daß Hitler ihn über alle wichtigen militärischen und politischen Probleme auf dem laufenden hielt.

Verbrechen gegen den Frieden. Von dem Augenblick im Jahre 1922 an, da er der Partei beitrat und die Befehlsgewalt über die Straßenkampforganisation – die SA – übernahm, war Göring der Ratgeber, der tatkräftige Handlanger Hitlers und einer der allerersten Führer der Nazi-Bewegung. Als Hitlers politischer Stellvertreter trug er weitgehend dazu bei, die Nationalsozialisten im Jahre 1933 an die Macht zu bringen; er war damit betraut, diese Macht zu befestigen und die deutsche militärische Stärke zu erweitern. Er baute die Gestapo auf und schuf die ersten Konzentrationslager, um sie im Jahre 1934 an Himmler abzugeben, führte im selben Jahre die Röhm-Säuberungs-Aktion durch und leitete die schmutzigen Vorgänge ein, die zu der Entferung von Blombergs und von Fritschs aus dem Heere führten. 1936 wurde er Beauftragter für den Vierjahresplan und war theoretisch und praktisch der wirtschaftliche Direktor des Reiches. Kurz nach dem Münchner Abkommen gab er bekannt, er werde eine Erweiterung der Luftwaffe aufs Fünffache in die Wege leiten, auch die Aufrüstung beschleunigen, wobei besonderes Gewicht auf Angriffswaffen gelegt werde.

Göring war einer der fünf bedeutenden Führer, die an der Hoßbach-Konferenz am 5. November 1937 teilnahmen, und er wohnte den anderen bedeutsamen Konferenzen bei, die in diesem Urteil bereits erörtert wurden. Beim Anschluß Österreichs war er sogar die Hauptfigur, der Rädelsführer. Vor dem Gerichtshof erklärte er: „Ich muß die Verantwortung zu 100 % auf mich nehmen... Ich überwand sogar Einwände des Führers und brachte alles zu einem endgültigen Abschluß." Bei der Inbesitznahme des Sudetenlandes spielte er einmal die Rolle als Chef der Luftwaffe, indem er eine Luftoffensive plante, die sich als unnötig erwies, und zum anderen eine Rolle als Politiker, indem er die Tschechen mit falschen Freundschaftsversprechungen einlullte. In der Nacht vor dem Einfall in die Tschechoslowakei und der Einverleibung Böhmens und Mährens drohte er bei einer Konferenz zwischen Hitler und dem Präsidenten Hacha, Prag zu bombardieren, falls Hacha nicht nachgebe. Diese Drohung gab er in seiner Zeugenaussage zu.

Göring wohnte der Sitzung in der Reichskanzlei vom 23. Mai 1939 bei, als Hitler seinen militärischen Führern sagte: „Es entfällt also die Frage, Polen zu schonen...", und war anwesend, als am 22. August 1939 auf dem Obersalzberg die entsprechenden Weisungen erteilt wurden. Die Beweisführung hat weiter ergeben, daß er an den darauffolgenden diplomatischen Manövern tätigen Anteil nahm. Mit Hitlers Kenntnis benützte er den schwedischen Geschäftsmann Dahlerus als Mittelmann zu den Engländern; wie Dahlerus vor diesem Gerichtshof darstellte, versuchte er damit, die britische Regierung daran zu hindern, ihre Garantie gegenüber den Polen zu erfüllen.

Er befehligte die Luftwaffe beim Angriff auf Polen und während aller Angriffskriege, die darauf folgten.

Selbst wenn er sich, wie er behauptete, Hitlers Plänen gegen

Norwegen und die Sowjetunion widersetzt hat, ist es doch klar, daß er dies nur aus strategischen Gründen tat; sobald Hitler einmal die Entscheidung getroffen hatte, folgte er ihm aber ohne Zögern. Aus seiner Zeugenaussage geht deutlich hervor, daß diese Meinungsverschiedenheiten niemals weltanschaulicher oder rechtlicher Natur waren. Er war „wütend" über den Einfall in Norwegen, aber nur, weil er nicht früh genug verständigt worden war, um die Offensive der Luftwaffe vorzubereiten. Er gab zu, daß er den Angriff billigte, und zwar mit den Worten: „Meine Einstellung war vollkommen bejahend." Er nahm tätigen Anteil an der Vorbereitung und Durchführung der Feldzüge gegen Jugoslawien und Griechenland und sagte aus, daß der Plan „Marita", der Angriff auf Griechenland, von langer Hand vorbereitet gewesen war. Er betrachtete die Sowjetunion als „die gefährlichste Bedrohung Deutschlands", erklärte aber, daß keine unmittelbare militärische Notwendigkeit für den Angriff bestanden habe. In der Tat richtete sich sein Einwand hinsichtlich des Angriffskrieges gegen die UdSSR nur gegen den Zeitpunkt; aus strategischen Gründen wünschte er ihn bis zur Niederringung Englands hinauszuschieben. Er sagte hierzu aus: „Meine Anschauung wurde lediglich von politischen und militärischen Gründen bestimmt."

Nach seinen eigenen Eingeständnissen vor diesem Gerichtshof kann im Hinblick auf seine Stellungen, die er bekleidete, auf die Besprechungen, an denen er beteiligt war, und auf seine öffentlichen Äußerungen kein Zweifel bestehen, daß Göring die treibende Kraft für die Angriffskriege war und in diesem Punkt nur Hitler nachstand. Er schmiedete die Pläne und war der Haupttreiber der militärischen und diplomatischen Kriegsvorbereitungen Deutschlands.

Kriegsverbrechen und Verbrechen gegen die Menschlichkeit. Im Laufe des Verfahrens hat Göring zahlreiche Eingeständnisse seiner Mitverantwortlichkeit für die Verwendung von Sklavenarbeitern gemacht: „Wir verwendeten diese Arbeitskräfte aus Sicherheitsgründen, damit sie nicht in ihrer Heimat tätig sein konnten und nicht gegen uns arbeiteten. Andererseits dienten sie dazu, uns im Wirtschaftskrieg zu helfen." Und dann wieder: „Arbeiter wurden gezwungen, ins Reich zu kommen; das ist etwas, das ich nicht ableugne." Der Mann, der diese Worte sprach, war Beauftragter für den Vierjahresplan und mit der Anwerbung und Zuteilung von Arbeitskräften betraut. Als Oberbefehlshaber der Luftwaffe verlangte er von Himmler zusätzlich Arbeitssklaven für seine unterirdischen Flugzeugfabriken: „Daß ich Konzentrationslagerhäftlinge für die Bewaffnung der Luftwaffe verlangte, ist zutreffend und ist als ganz selbstverständlich anzusehen."

Als Beauftragter für den Vierjahresplan unterzeichnete Göring eine Weisung über die Behandlung polnischer Arbeiter in Deutschland und ergänzte sie durch Ausführungsbestimmungen – einschließlich der „Sonderbehandlung" – an den SD. Er gab Richtlinien heraus, sowjetische und französische Kriegsgefangene in der Rüstungsindustrie zu verwenden; er sprach davon, daß Polen und Holländer ergriffen, wenn nötig zu Kriegsgefangenen gemacht und zur Arbeit verwendet werden sollten. Er gab zu, daß russische Kriegsgefangene zur Bedienung von Luftabwehrgeschützen eingestellt wurden.

In seiner Eigenschaft als Beauftragter für den Vierjahresplan war Göring bei der Ausplünderung eroberter Gebiete zuständig und tätig. Lange vor dem Kriege gegen die Sowjetunion stellte er Pläne zur Ausplünderung des Sowjetgebietes auf. Zwei Monate vor dem Einfall in die Sowjetunion wurde Göring von Hitler die Gesamtleitung der Wirtschaftsverwaltung dieses Gebietes übertragen. Göring setzte einen Wirtschaftsstab für diese Aufgabe ein. Von ihm als Reichsmarschall des Großdeutschen Reiches hieß es: „Die Befehle des Reichsmarschalls erstrecken sich über alle wirtschaftlichen Gebiete einschließlich der Ernährung und der Landwirtschaft." Durch seine sogenannte „Grüne Mappe", die von der Wehrmacht gedruckt war, wurde ein „wirtschaftlicher Vollzugsstab Ost" eingesetzt. Diese Richtlinien sahen die Plünderung und Vernichtung jedweder Industrie in den nahrungsmittelarmen Gegenden vor, ferner eine Umleitung von Lebensmitteln aus den Überschußgebieten zur Befriedigung des deutschen Bedarfs. Göring behauptet, daß seine Absichten mißverstanden worden seien, gibt aber zu, daß „wir selbstverständlich und pflichtgemäß Rußland zu unseren Zwecken benutzt haben würden", wenn es erobert worden wäre.

Er nahm an der Konferenz vom 16. Juli 1941 teil, als Hitler erklärte, die Nationalsozialisten hätten nicht die Absicht, die besetzten Länder jemals wieder zu verlassen, und „alle notwendigen Maßnahmen – Erschießen, Aussiedeln usw. –" sollten getroffen werden.

Göring verfolgte die Juden, insbesondere nach den Unruhen im

November 1938, und dies tat er nicht nur in Deutschland, wo er, wie an anderer Stelle erwähnt, den Juden eine Buße von einer Milliarde Mark auferlegte, sondern auch in den eroberten Ländern. Seine eigenen Äußerungen von damals und seine Zeugenaussagen zeigen, daß sein Interesse in erster Linie wirtschaftlich war: wie man sich des Eigentums der Juden bemächtigen und sie aus dem wirtschaftlichen Leben Europas hinausdrängen sollte. Als diese Länder infolge der Anstürme der deutschen Heere fielen, dehnte er die judenfeindlichen Gesetze des Reiches auch auf sie aus; das Reichsgesetzblatt von 1939, 1940 und 1941 enthält mehrere antijüdische Verordnungen, die Göring unterzeichnete. Obwohl die Ausrottung der Juden eigentlich Himmler oblag, so war Göring weit davon entfernt, teilnahmslos oder untätig zu sein, trotz seiner Beteuerungen auf dem Zeugenstand. Mit der Verordnung vom 31. Juli 1941 wies er Himmler und Heydrich an, „eine endgültige Lösung der Judenfrage innerhalb der deutschen Einflußsphäre in Europa" zustande zu bringen.

Es kann kein mildernder Umstand angeführt werden, denn Göring war oft, ja fast immer die treibende Kraft, und nur seinem Führer stand er nach. Er war die leitende Persönlichkeit bei den Angriffskriegen, sowohl als politischer als auch als militärischer Führer; er war Leiter des Sklavenarbeiter- und der Urheber des Unterdrückungsprogramms gegen die Juden und gegen andere Rassen im In- und Ausland. Alle diese Verbrechen wurden von ihm offen zugegeben. In einigen bestimmten Fällen bestehen vielleicht bei den Aussagen Widersprüche; aber im großen und ganzen sind seine eigenen Eingeständnisse mehr als ausreichend, um seine Schuld nachzuweisen. Diese Schuld ist einmalig in ihrer Ungeheuerlichkeit. Für diesen Mann läßt sich in dem gesamten Prozeßstoff keine Entschuldigung finden.

Schlußfolgerung. Der Gerichtshof spricht den Angeklagten Göring nach allen vier Punkten der Anklageschrift schuldig.

KEITEL

Keitel ist nach allen vier Punkten angeklagt. Von 1935 bis zum 4. Februar 1938 war er Stabschef des damaligen Kriegsministers von Blomberg; am genannten Tag übernahm Hitler den Oberbefehl über die Wehrmacht und ernannte Keitel zum Chef des Oberkommandos der Wehrmacht. Keitel besaß jedoch keine Befehlsgewalt über die drei Wehrmachtsteile; diese waren dem Obersten Befehlshaber direkt unterstellt. Das OKW war in Wirklichkeit militärischer Stab.

Verbrechen gegen den Frieden
   Keitel und zwei andere Generale nahmen an der Besprechung mit Schuschnigg im Februar 1938 teil. Er gab zu, daß ihre Anwesenheit eine „militärische Demonstration" darstellte; da er aber erst gerade eine Woche vorher zum Chef des OKW ernannt worden war, habe er nicht gewußt, warum er zur Unterredung zugezogen worden sei. Hitler und Keitel fuhren daraufhin fort, einen Druck auf Österreich auszuüben, und zwar durch falsche Gerüchte, Rundfunksendungen und Truppenübungen. Keitel sorgte für die militärischen und anderen Maßnahmen; Jodl vermerkte hierzu in seinem Tagebuch: „Die Wirkung ist schnell und stark." Als Schuschnigg zur Volksabstimmung aufrief, erstattete Keitel in jener Nacht Hitler und seinen Generalen Bericht, und Hitler gab den von Keitel abgezeichneten Befehl für den „Fall Otto" heraus.
   Am 21. April 1938 erwogen Hitler und Keitel die Ausnutzung eines etwaigen „Zwischenfalles", wie z. B. die Ermordung des deutschen Gesandten in Prag, zur Einleitung des Angriffs auf die Tschechoslowakei. Keitel unterzeichnete viele Anordnungen und Denkschriften über den „Fall Grün" einschließlich der Anordnung vom 30. Mai, die Hitlers Erklärung enthielt: „Es ist mein unabänderlicher Entschluß, die Tschechoslowakei in naher Zukunft durch eine militärische Aktion zu zerschlagen." – Nach dem Münchner Abkommen zeichnete Keitel Hitlers Befehl zum Angriff auf die Tschechoslowakei und gab zwei Ergänzungen dazu.
   Die zweite Ergänzung besagte, daß der Angriff nach außen als „eine reine Befreiungsaktion und nicht als eine kriegerische Unternehmung erscheinen solle". Der Chef des OKW war bei den Unterhandlungen zwischen Hitler und Hacha zugegen, die mit Hachas Unterwerfung endeten.
   Keitel war am 23. Mai 1939 dabei, als Hitler seinen Entschluß, „Polen bei der ersten geeigneten Gelegenheit anzugreifen", bekanntgab. Damals hatte er bereits die Weisung an die Wehrmacht

Die Kommunisten dürsten nach noch mehr Rache!

Am Tage der Urteilsverkündung sind Panzer aufgefahren.

Generalfeldmarschall Werner von Blomberg.

Generalfeldmarschall Walter von Brauchitsch.

Großadmiral Erich Raeder.

Generalfeldmarschall Wilhelm Keitel.

Die deutschen Verteidiger. Von rechts: Dr. Stahmer, Dr. Nelte, Dr. Sauter, Dr. Klefisch.

Die Hauptankläger der USA, Justice Jackson und Oberst Pokrowski, UdSSR.

US-Präsident Franklin D. Roosevelt.

Generalissimus Josef Stalin.

Der Chefkommentator Gaston Oulman zementiert die deutsche Kriegsschuld.

Der Henker C. Wood – ein Stümper in seinem Fach, der alle Gehenkten lange leiden ließ.

unterzeichnet, die Aufmarschtabelle für den „Fall Weiß" dem OKW bis zum 1. Mai zu unterbreiten.
 Am 12. Dezember 1939 besprach er mit Hitler, Jodl und Raeder die Invasion Norwegens und Dänemarks. Durch Befehl vom 27. Januar 1940 wurden die Pläne über Norwegen unter Keitels „unmittelbare und persönliche Leitung gestellt". Hitler hatte am 23. Mai 1939 erklärt, die Neutralität Belgiens und der Niederlande nicht zu achten; Keitel unterzeichnete die Befehle für die entsprechenden Angriffe am 15. Oktober, 20. und 28. November 1939. Befehle, die den Angriff siebzehnmal bis zum Frühjahr 1940 verschoben, waren alle von Keitel oder von Jodl unterzeichnet.
 Die greifbare Planung für einen Angriff auf Griechenland und Jugoslawien war im November 1940 begonnen worden. Am 18. März 1941 war Keitel anwesend, als Hitler zu Raeder sagte, die vollständige Besetzung Griechenlands sei Vorbedingung für eine militärische Endlösung, und ebenso hörte er am 27. März, wie Hitler die Vernichtung Jugoslawiens „mit unbarmherziger Härte" befahl.
 Keitel hat ausgesagt, daß er sich der Invasion der Sowjetunion aus militärischen Gründen und auch, weil dies eine Verletzung des Nichtangriffspaktes darstellte, widersetzt habe. Trotzdem signierte er den von Hitler am 18. Dezember 1940 unterzeichneten „Fall Barbarossa" und wohnte der Besprechung im OKW mit Hitler am 3. Februar 1941 bei. Keitels Ergänzungen vom 13. März regelten das Verhältnis zwischen den militärischen und den politischen Funktionären.
 Am 6. Juni 1941 gab er seine Aufmarschtabelle für die Invasion heraus und war bei der Besprechung vom 14. Juni anwesend, bei der die Generale ihre endgültigen Berichte vor dem Angriff erstatteten. Er ernannte Jodl und Warlimont zu Vertretern des OKW bei Rosenberg für alle die Ostgebiete betreffenden Angelegenheiten. Am 16. Juni befahl er allen Einheiten des Heeres, die von Göring in der sogenannten „Grünen Mappe" herausgegebenen wirtschaftlichen Richtlinien für die Ausbeutung von russischen Gebieten, Nahrungsmitteln und Rohprodukten durchzuführen.

Kriegsverbrechen und Verbrechen gegen die Menschlichkeit
 Am 4. August 1942 erließ Keitel einen Befehl, daß Fallschirmspringer dem SD überantwortet werden sollten. Am 18. Oktober erließ Hitler den in mehreren Fällen ausgeführten Kommandobe-

fehl. Nach der alliierten Landung in der Normandie bestätigte Keitel diesen Befehl und dehnte ihn späterhin auf die mit den Partisanen kämpfenden alliierten Verbände aus. Er gibt zu, nicht an die Rechtmäßigkeit des Befehls geglaubt zu haben, behauptet jedoch, er habe Hitler nicht von der Herausgabe zurückhalten können.

Als das OKW am 8. September 1941 seine unbarmherzigen Richtlinien für sowjetische Kriegsgefangene erließ, schrieb Canaris an Keitel, daß aufgrund des Völkerrechts der SD nichts damit zu tun haben dürfe. Auf dieser Denkschrift findet sich – in Keitels Handschrift mit dem Datum des 23. September und von ihm signiert – folgende Anmerkung: „Die Bedenken entspringen den soldatischen Auffassungen von ritterlichem Krieg. Hier handelt es sich um die Vernichtung einer Weltanschauung. Deshalb billige ich die Maßnahme und decke sie." Keitel hat ausgesagt, daß er in Wirklichkeit Canaris' Auffassung teile, mit Hitler jedoch erfolglos gestritten habe. Der Chef des OKW befahl den Militärbehörden, mit dem Einsatzstab Rosenberg zusammenzuarbeiten.

Lahousen hat bekundet, Keitel habe ihm am 12. September 1939 in Hitlers Hauptquartier – Führerzug – erklärt, die polnische Intelligenz, der polnische Adel und die Juden sollten ausgerottet werden. Am 20. Oktober sagte Hitler zu Keitel, die polnische Intelligenz müsse daran gehindert werden, eine beherrschende Klasse zu bilden, der Lebensstandard müsse niedrig bleiben und Polen könne nur als Quelle für Arbeitskräfte gebraucht werden. Keitel erinnert sich nicht an das Gespräch mit Lahousen, gibt jedoch zu, daß eine solche Politik tatsächlich getrieben worden sei, er habe in dieser Hinsicht ohne Erfolg bei Hitler protestiert.

Um Überfällen auf Soldaten im Osten zu begegnen, befahl Keitel am 16. September 1941, daß für einen deutschen Soldaten 50 bis 100 Kommunisten umzubringen seien; er fügte hinzu, im Osten gelte ein Menschenleben nichts. Am 1. Oktober befahl er den militärischen Kommandeuren, stets Geiseln in Bereitschaft zu halten, damit sie bei Überfällen auf Soldaten hingerichtet werden könnten. Als Terboven, der Reichskommissar für Norwegen, an Hitler schrieb, Keitels Vorschlag, die Angehörigen von Arbeitern für Sabotagehandlungen verantwortlich zu machen, könne nur dann Erfolg haben, wenn Erschießungskommandos zugelassen würden, schrieb Keitel auf dieses Schreiben: „Ja, das ist das beste."

Am 12. Mai 1941, fünf Wochen vor der Invasion der Sowjetunion, drängte das OKW bei Hitler darauf, einen Befehl an das OKH zu geben, wonach politische Kommissare durch das Heer zu erledigen seien. Keitel gab zu, diesen Befehl an die Befehlshaber im Felde weitergeleitet zu haben. Am 13. Mai unterzeichnete Keitel einen Befehl, daß Zivilpersonen, welche im Verdacht von Vergehen gegenüber der Truppe stehen, ohne Gerichtsverfahren erschossen werden sollten und eine Strafverfolgung deutscher Soldaten wegen gegen Zivilisten begangener Vergehen unnötig sei. Am 27. Juli wurden alle Exemplare dieser Anordnung auf Befehl vernichtet, ohne daß die Anordnung ihre Gültigkeit verlor. Vier Tage zuvor hatte er einen Befehl unterzeichnet, eine gesetzliche Bestrafung sei unzulänglich und die Truppe habe Terrormethoden anzuwenden.

Am 7. Dezember 1941 bestimmte – wie bereits in diesem Urteil besprochen – der sogenannte „Nacht- und Nebel-Erlaß", der Keitels Unterschrift trug, daß in besetzten Gebieten gegen Zivilpersonen, die des Verbrechens des Widerstandes gegen die Besatzungsmacht beschuldigt waren, nur dann verhandelt werden sollte, falls ein Todesurteil zu erwarten sei; im anderen Falle sollten sie der Gestapo zur Verschickung nach Deutschland ausgeliefert werden.

Keitel hat angeordnet, russische Kriegsgefangene in der deutschen Kriegsindustrie einzusetzen. Am 8. September 1942 befahl er, daß französische, niederländische und belgische Staatsbürger beim Bau des Atlantikwalls zu arbeiten hätten. Als Hitler am 4. Januar 1944 Sauckel befahl, aus den besetzten Gebieten vier Millionen neue Arbeitskräfte herauszupressen, war Keitel anwesend.

Angesichts dieser Urkunden leugnet Keitel seine Beziehungen zu diesen Handlungen nicht. Seine Verteidigung stützt sich vielmehr auf die Tatsache, er sei Soldat, sie stützt sich ferner auf den Grundsatz des „Befehls von oben", welcher aber auf Grund von Artikel 8 des Statuts nicht als Entschuldigung zugelassen ist.

Mildernde Umstände liegen nicht vor. Befehle von oben, auch von einer Militärperson erteilt, können nicht als mildernder Umstand betrachtet werden, wenn derart empörende und weitverbreitete Verbrechen bewußt, rücksichtslos und ohne militärische Notwendigkeit oder Rechtfertigung begangen worden sind.

Schlußfolgerung
Der Gerichtshof findet Keitel nach allen vier Anklagepunkten schuldig.

DÖNITZ

Dönitz ist unter Punkt 1, 2 und 3 angeklagt. 1935 übernahm er das Kommando über die erste U-Boot-Flottille, die seit 1918 in Dienst gestellt worden war, wurde 1936 Befehlshaber der Unterseeboots-Waffe, 1940 Vize-Admiral, 1942 Admiral und am 30. Januar 1943 Oberbefehlshaber der deutschen Kriegsmarine. Am 1. Mai 1945 wurde er Nachfolger Hitlers als Staatsoberhaupt.

Verbrechen gegen den Frieden
Obwohl Dönitz die deutsche U-Boot-Waffe aufgebaut und ausgebildet hat, ergibt die Beweisaufnahme nicht, daß er in die Verschwörung zur Führung von Angriffskriegen eingeweiht war oder solche vorbereitet und begonnen hat. Er war Berufsoffizier, der rein militärische Aufgaben erfüllte. Er war bei den wichtigsten Besprechungen, in denen Pläne für Angriffskriege verkündet wurden, nicht zugegen, und es liegt kein Beweis dafür vor, daß er über die dort getroffenen Entscheidungen unterrichtet wurde. Dönitz hat jedoch Angriffskriege im Sinne des Statuts geführt. Der Unterseebootskrieg, der sofort bei Ausbruch des Krieges einsetzte, wurde mit den übrigen Wehrmachtsteilen völlig in eine Linie gebracht. Es ist klar, daß seine U-Boote, deren es damals nur wenige gab, für den Krieg vollständig vorbereitet waren.

Es ist richtig, daß er bis Januar 1943 kein „Oberbefehlshaber" war. Mit dieser Feststellung wird jedoch die Bedeutung seiner Stellung unterschätzt. Er war kein bloßer Armee- oder Divisionsbefehlshaber. Die U-Boot-Waffe war der Hauptteil der deutschen Flotte, und Dönitz war ihr Führer. Die Hochseeflotte unternahm während der ersten Kriegsjahre einige kleinere, wenn auch aufsehenerregende Angriffe. Der Hauptschaden jedoch wurde dem Feind fast ausschließlich von ihren U-Booten zugefügt, wie die Millionen Tonnen alliierten und neutralen versenkten Schiffsraumes beweisen. Dönitz allein war mit der Führung dieses Krieges beauftragt. Das Oberkommando der Kriegsmarine behielt sich lediglich die Entscheidung über die Anzahl der U-Boote in den einzelnen Gebieten vor. In Zusammenhang mit der Invasion Norwegens z. B. machte er im Oktober 1939 für U-Boot-Stützpunkte Vorschläge, von denen er jetzt behauptet, daß sie nichts mehr als eine Stabsstudie gewesen seien, und im März 1940 gab er die Operationsbefehle für die Nachschub-U-Boote heraus, worüber an anderer Stelle des Urteils gesprochen wird.

Ein beredter Beweis dafür, daß seine Bedeutung für die deutsche Kriegsführung auch so eingeschätzt wurde, ist die Tatsache, daß Raeder ihn zu seinem Nachfolger empfahl und daß er von Hitler am 30. Januar 1943 zum Oberbefehlshaber der Kriegsmarine ernannt wurde. Hitler wußte ebenfalls, daß der Unterseebootkrieg den wichtigsten Teil des deutschen Seekrieges bildete.

Von Januar 1943 an wurde Dönitz von Hitler fast ständig zu Rate gezogen. Die Beweisaufnahme hat ergeben, daß beide im Verlaufe des Krieges ungefähr 120 Besprechungen über Marinefragen abgehalten haben.

Noch im April 1945, also zu einem Zeitpunkt, in dem er, wie er selbst zugibt, den Kampf als hoffnungslos erkannte, forderte Dönitz als Oberbefehlshaber der Marine zur Fortführung des Kampfes auf. Am 1. Mai 1945 wurde er Staatsoberhaupt und befahl als solches der Wehrmacht, den Krieg im Osten fortzusetzen, bis am 9. Mai 1945 die Kapitulation erfolgte. Dönitz erklärte, daß der Grund für diese Befehle darin bestand, die Evakuierung der deutschen Zivilbevölkerung sowie einen geordneten Rückzug der deutschen Truppen aus dem Osten zu gewährleisten.

Nach Ansicht des Gerichtshofes ergibt die Beweisaufnahme, daß Dönitz an der Führung von Angriffskriegen teilgenommen hat.

Kriegsverbrechen

Dönitz wird beschuldigt, einen uneingeschränkten Unterseebootkrieg unter Verletzung des Flottenabkommens von 1936 geführt zu haben, dem Deutschland beigetreten war, einem Vertrage, der die in dem Londoner Flottenabkommen von 1930 niedergelegten Vorschriften für den Unterseebootkrieg bestätigte.

Die Anklagevertretung hat vorgetragen, daß die deutsche U-Boot-Waffe am 3. September 1939 begann, allen Handelsschiffen gegenüber unter zynischer Mißachtung des Londoner Abkommens uneingeschränkten U-Boot-Krieg zu führen, und zwar ohne

Rücksicht darauf, ob es sich um feindliche oder neutrale Schiffe handelte. Sie hat ferner vorgetragen, daß sich Dönitz während des ganzen Krieges in berechnender Weise bemüht habe, diese Methode durch heuchlerische Hinweise auf das internationale Recht und auf angebliche Verletzungen desselben seitens der Alliierten zu tarnen.

Dönitz besteht darauf, daß die Marine sich stets an das Völkerrecht und das Londoner Abkommen gehalten habe. Er hat bekundet, daß bei Ausbruch des Krieges die deutsche Prisenordnung maßgebend für den Unterseebootkrieg war, die fast wörtlich dem Londoner Abkommen entnommen war, daß er gemäß der deutschen Auffassung die Unterseeboote angewiesen habe, alle in Geleitzügen fahrenden Schiffe sowie alle Schiffe, die sich weigerten anzuhalten oder die sich bei Sicht eines Unterseebootes ihrer Funkeinrichtungen bedienten, anzugreifen. Als dann ihm zugehende Berichte erkennen ließen, daß britische Handelsschiffe dazu verwendet wurden, funktelegraphische Nachrichten zu übermitteln, daß sie bewaffnet wurden und Unterseeboote bei Sicht angriffen, befahl er seinen U-Booten am 17. Oktober 1939, alle feindlichen Schiffe im Hinblick auf den zu erwartenden Widerstand ohne Warnung anzugreifen. Bereits am 21. September 1939 waren Befehle erteilt worden, sämtliche Schiffe einschließlich der neutralen, die nachts im Kanal ohne Licht fuhren, anzugreifen.

Am 24. November 1939 erließ die Reichsregierung eine Warnung an die neutrale Schiffahrt des Inhalts, daß die Sicherheit der neutralen Schiffe wegen der häufigen Gefechte, die in den Gewässern um die britischen Inseln und längsseits der französischen Küste zwischen U-Booten und alliierten Handelsschiffen stattfanden, nicht länger als gewährleistet angesehen werden könne. Denn die Schiffe (Handelsschiffe, d. Bearb.) des Gegners seien bewaffnet und hätten die Weisung, von ihren Waffen Gebrauch zu machen und U-Boote zu rammen. Am 1. Januar 1940 befahl das deutsche Unterseebootkommando auf Weisung Hitlers den U-Booten, alle griechischen Handelsschiffe in den Gewässern um die britischen Inseln, die von den Vereinigten Staaten ihren eigenen Schiffen verboten waren, anzugreifen, ebenso alle Handelsschiffe jeder Nationalität innerhalb des Sperrgebietes des Bristol-Kanals. Fünf Tage später erging ein weiterer Befehl an die U-Boote zum „sofortigen und uneingeschränkten Waffengebrauch gegen alle

Schiffe" in einem Gebiet der Nordsee, dessen Grenzen angegeben wurden. Am 18. Januar 1940 schließlich wurden die Unterseeboote ermächtigt, ohne Warnung sämtliche Schiffe „in jenen Gewässern nahe der feindlichen Küste zu versenken, in denen der Einsatz von Minen vorgesehen werden könne". Ausnahmen sollten im Falle von nordamerikanischen, italienischen, japanischen und sowjetischen Schiffen gemacht werden.

Kurz nach Ausbruch des Krieges bewaffnete die britische Admiralität in Übereinstimmung mit ihrem Handbuch für Anweisungen an die Handelsmarine vom Jahre 1933 ihre Handelsschiffe, ließ sie in vielen Fällen unter bewaffnetem Geleit fahren, gab Anweisungen, bei Sichtung von Unterseebooten Positionsberichte zu funken, und baute somit die Handelsschiffe in das Warnsystem des Marinenachrichtendienstes ein. Am 1. Oktober 1939 verkündete die britische Admiralität, daß die britischen Handelsschiffe angewiesen worden seien, U-Boote, wenn möglich, zu rammen.

Aufgrund dieses Tatbestandes kann der Gerichtshof Dönitz für seine Unterseebootkriegsführung gegen bewaffnete britische Handelsschiffe nicht für schuldig erklären.

Jedoch ist die Verkündung von Operationsgebieten und die Versenkung von neutralen Handelsschiffen, die diese Zonen befuhren, eine andere Frage. Diese Methode wurde von Deutschland im Kriege 1914–1918 angewandt und von Großbritannien als Repressalie übernommen. Man war in die Konferenz von Washington von 1922, in den Londoner Flottenvertrag von 1930 und in das Protokoll von 1936 mit dem vollen Bewußtsein hineingegangen, daß solche Gebiete im Weltkrieg zur Anwendung gekommen sind. Das Protokoll machte für Operationsgebiete keine Ausnahmen. Dönitz' Befehl, neutrale Schiffe ohne Warnung zu versenken, falls sie in diesen Gebieten angetroffen würden, war daher nach Ansicht des Gerichtshofes eine Verletzung des Protokolls.

Es wird ferner behauptet, daß die deutsche U-Boot-Waffe die Warn- und Rettungsvorschriften des Protokolls nicht nur nicht befolgt hat, sondern daß Dönitz vorsätzlich die Tötung von Überlebenden sinkender Schiffe befahl, ganz gleich, ob es sich um Feinde oder Neutrale handelte. Die Anklagevertretung hat im Zusammenhang mit zwei Befehlen von Dönitz, dem Kriegsbefehl Nr. 154, der 1939 erlassen wurde, und dem sogenannten „Laconia"-Befehl von 1942 umfangreiches Beweismaterial vorgelegt. Die Verteidigung wendet ein, daß diese Befehle sowie das für sie eingeführte Beweismaterial kein derartiges Vorgehen anzeigen, und legte umfangreiches Material für den Beweis des Gegenteils vor. Der Gerichtshof ist der Ansicht, daß die Beweisaufnahme nicht mit der erforderlichen Sicherheit dartut, daß Dönitz die Tötung schiffbrüchiger Überlebender vorsätzlich befahl. Die Befehle waren zweifellos zweideutig und verdienen stärkste Kritik.

Die Beweisaufnahme zeigt ferner, daß die Rettungsbestimmungen nicht befolgt worden sind und daß der Angeklagte angeordnet hat, sie nicht auszuführen. Die Verteidigung wendet ein, daß die Sicherheit des Unterseebootes als erste Vorschrift auf See wichtiger ist als Rettungsarbeiten und daß die Entwicklung der Luftwaffe Rettungsarbeiten unmöglich machte. Dies mag zutreffen; das Protokoll ist jedoch unmißverständlich. Wenn der Kommandant keine Rettungsarbeiten durchführen kann, darf er gemäß den betreffenden Bestimmungen ein Handelsschiff nicht versenken und sollte ihm gestatten, unbeschädigt sein Periskop zu passieren. Diese Befehle beweisen daher, daß Dönitz der Verletzung des Protokolls schuldig ist.

In Anbetracht aller bewiesenen Tatsachen, insbesondere mit Rücksicht auf einen Befehl der britischen Admiralität vom 8. Mai 1940, nach dem alle Schiffe im Skagerrak nachts versenkt werden sollten, und endlich in Anbetracht der Antwort des Admirals Nimitz auf den ihm vorgelegten Fragebogen, nach welcher im Pazifischen Ozean seitens der Vereinigten Staaten seit dem ersten Tag des Eintritts dieser Nation in den Krieg uneingeschränkter U-Boot-Krieg durchgeführt wurde, ist die Verurteilung von Dönitz nicht auf seine Verstöße gegen die internationalen Bestimmungen für den U-Boot-Krieg gestützt.

Dönitz wurde ferner der Verantwortlichkeit für Hitlers Kommandobefehl vom 18. Oktober 1942 beschuldigt. Er hat zugegeben, daß er den Befehl erhalten und von ihm gewußt habe, als er Flagg-Offizier der U-Boote war; er habe jedoch die Verantwortung abgelehnt. Er betont, daß der Befehl im Verlaufe von Seekriegsaktionen gefangenengenommene Personen ausschließt, daß die Marine keine Truppen auf dem Lande hatte und daß U-Boot-Kommandanten niemals auf Kommandosoldaten schießen werden.

Als Dönitz Oberbefehlshaber der Kriegsmarine war, wurde 1943 in einem Falle die Besatzung eines alliierten Torpedobootes von deutschen Marinestreitkräften gefangengenommen. Sie wurde für den zuständigen Admiral zu Informationszwecken vernommen, dann auf seinen Befehl hin dem SD überstellt und schließlich erschossen. Dönitz hat erklärt, falls die Besatzung von der Marine gefangengenommen worden sei, stelle ihre Hinrichtung eine Verletzung des Kommandobefehls dar. Die Hinrichtung sei nicht im Wehrmachtsbericht erwähnt, und er sei niemals von dem Vorfall unterrichtet worden. Er hat darauf hingewiesen, daß der betreffende Admiral befehlsmäßig nicht ihm, sondern dem Heeres-General unterstand, der Befehlshaber der norwegischen Besatzungskräfte war. Dönitz duldete jedoch, daß der Befehl weiterhin im vollen Umfang in Kraft blieb, als er Oberbefehlshaber wurde, und insofern ist er verantwortlich.

Dönitz hat auf einer Konferenz am 11. Dezember 1944 erklärt, daß „12 000 KZ-Häftlinge als zusätzliche Arbeitskräfte in den Schiffswerften beschäftigt werden würden". Er behauptet, damals keine Befehlsgewalt über den Schiffbau gehabt zu haben; ferner sei dies lediglich ein Vorschlag während der Konferenz gewesen, damit die verantwortlichen Personen etwas für den Schiffbau unternähmen; er selbst habe keine Schritte unternommen, um diese Arbeitskräfte zu erhalten, da dies nicht in seine Zuständigkeit fiel. Er erklärt, daß er nicht wisse, ob sie jemals beschafft worden seien. Er gibt jedoch zu, daß er von den Konzentrationslagern wußte. Ein Mann seiner Stellung mußte notwendigerweise wissen, daß Bewohner aus den besetzten Ländern in großer Anzahl in Konzentrationslagern gefangengehalten waren.

Im Jahre 1945 befragte Hitler Jodl und Dönitz nach ihrer Meinung darüber, ob die Genfer Konvention gekündigt werden solle. Die Notizen über das Treffen der beiden militärischen Führer vom 20. November 1945 zeigen eine Äußerung von Dönitz, die dahin geht, daß die Nachteile eines solchen Schrittes die Vorteile überwiegen würden. Die Zusammenfassung von Dönitz' Einstellung, die sich aus den Notizen eines Offiziers ergibt, ist in folgendem Satz enthalten:

„Es wäre besser, die für notwendig erachteten Maßnahmen ohne Warnung durchzuführen und auf alle Fälle der Außenwelt gegenüber das Gesicht zu wahren."

Die Anklagevertretung hat darauf bestanden, daß mit den erwähnten „Maßnahmen" gemeint war, die Konvention solle nicht gekündigt, sondern einfach gebrochen werden. Die Erklärung der Verteidigung ist, daß Hitler die Konvention aus zwei Gründen brechen wollte: Einmal um den deutschen Truppen den Schutz der Konvention zu nehmen und sie auf diese Weise daran zu hindern, sich in großen Gruppen den Briten und Amerikanern zu ergeben; zum anderen, um Repressalien wegen der alliierten Bombenangriffe gegen alliierte Kriegsgefangene zu gestatten. Dönitz behauptet, daß er mit „Maßnahmen" Disziplinar-Maßnahmen gegen deutsche Truppen meinte, die verhindern sollten, daß sie sich ergaben, sie bezögen sich nicht auf Maßnahmen gegen die Alliierten; dies sei lediglich ein Vorschlag gewesen und auf jeden Fall seien keinerlei derartige Maßnahmen gegen Alliierte oder gegen Deutsche jemals getroffen worden. Der Gerichtshof glaubt diese Erklärung jedoch nicht. Die Genfer Konvention ist allerdings von Deutschland nicht gekündigt worden. Die Verteidigung hat mehrere Affidavits vorgelegt, die beweisen sollen, daß gefangene britische Seeleute in Lagern, die unter der Befehlsgewalt von Dönitz standen, streng nach den Bestimmungen der Konvention behandelt worden sind. Der Gerichtshof trägt dieser Tatsache Rechnung und betrachtet sie als mildernden Umstand.

Schlußfolgerung
Der Gerichtshof erklärt Dönitz nicht schuldig nach Punkt 1 der Anklage, jedoch schuldig nach Punkt 2 und 3.

RAEDER

Raeder ist nach Punkt 1, 2 und 3 angeklagt. Im Jahre 1928 wurde er Chef der Marineleitung und im Jahre 1935 Oberbefehlshaber der Kriegsmarine (Ob. d. M.); im Jahre 1939 wurde er von Hitler zum Großadmiral ernannt. Er gehörte dem Reichsverteidigungsrat an. Am 30.Januar 1943 wurde er auf eigenen Wunsch durch Dönitz ersetzt und erhielt den Titularrang Admiralinspekteur der Kriegsmarine.

Verbrechen gegen den Frieden
Während der 15 Jahre seiner Befehlsführung baute Raeder die deutsche Kriegsmarine auf und leitete sie; er übernimmt volle Verantwortung bis zu seinem Rücktritt im Jahre 1943. Er gibt zu, daß die Marine den Versailler Vertrag verletzte, besteht aber darauf, daß es „die Ehrensache eines jeden Mannes" war, dies zu tun, und behauptet, daß die Verletzungen meist unbedeutend waren und daß Deutschland weniger als die ihm zustehende Stärke baute. Diese Verletzungen sowie die des englisch-deutschen Flottenabkommens vom Jahre 1935 sind schon an einer anderen Stelle dieses Urteils behandelt worden.

Raeder empfing durch von Blomberg die Weisung vom 24. Juni 1937, die Sondervorbereitungen für einen Krieg gegen Österreich anordnete. Er war einer der fünf Führer, die bei der Hoßbach-Konferenz vom 5. November 1937 zugegen waren. Er behauptet, daß Hitler durch diese Konferenz das Heer nur zu einer schnelleren Aufrüstung anspornen wollte, besteht darauf, er sei des Glaubens gewesen, daß die österreichische und die tschechoslowakische Frage friedlich gelöst werden würden, wie es auch geschah, und verweist auf das neue Flottenabkommen mit England, das damals gerade unterzeichnet worden war. Es seien ihm keine Befehle für eine Beschleunigung des U-Boot-Baues zugegangen, was bedeutete, daß Hitler keinen Krieg plante.

Raeder erhielt Weisungen zum „Fall Grün" und zum „Fall Weiß", beginnend mit der Weisung vom 3. April 1939; die letztere gab der Marine die Anweisung, das Heer durch das Eingreifen von der See her zu unterstützen. Er war auch einer der wenigen Hauptführer, die bei der Konferenz vom 23. Mai 1939 anwesend waren. Er war ferner bei der Befehlserteilung vom 22. August 1939 auf dem Obersalzberg zugegen.

Der Entwurf der Invasion Norwegens entstand zuerst in Raeders Kopf und nicht in dem Hitlers. Obwohl Hitler, wie aus seiner Weisung vom Oktober 1939 hervorgeht, wünschte, Skandinavien neutral zu halten, unterzog die Marine die Vorteile der dortigen Flottenstützpunkte schon im Oktober einer Prüfung. Admiral Carls lenkte die Aufmerksamkeit Raeders zuerst auf die günstigen Seiten von Stützpunkten in Norwegen. Ein Fragebogen vom 3. Oktober 1939, der Ansichten über die Erwünschtheit solcher Stützpunkte einforderte, machte in der Seekriegsleitung die Runde. Am 10.

Oktober besprach Raeder diese Angelegenheit mit Hitler; die Eintragung in seinem Kriegstagebuch für diesen Tag besagt, daß Hitler beabsichtigte, diese Angelegenheit in Erwägung zu ziehen. Einige Monate später sprach Hitler mit Raeder, Quisling, Keitel und Jodl; das Oberkommando der Wehrmacht begann mit seiner Planung, und die Seekriegsleitung arbeitete mit Stabsoffizieren des OKW zusammen.

Raeder erhielt Keitels Weisung für Norwegen am 27. Januar 1940 und die von Hitler unterschriebene darauffolgende Weisung vom 1. März.

Raeder verteidigt seine Handlungen mit der Begründung, daß sie den Zweck verfolgten, den Engländern zuvorzukommen. Es ist unnötig, diese Verteidigung noch einmal zu besprechen, da sie der Gerichtshof bereits im einzelnen behandelt hat und zu der Schlußfolgerung gekommen ist, daß die Invasion Norwegens und Dänemarks eine Angriffskriegshandlung darstellte. In einem Schreiben an die Marine führte Raeder aus: „Die Kampfhandlungen der Marine bei der Besetzung Norwegens werden für alle Zeiten der große Beitrag der Marine zu diesem Kriege bleiben." Raeder empfing die Weisungen für den Angriff im Westen einschließlich der Mitteilungen über unzählige Verschiebungen dieses Angriffes.

Bei einer Konferenz mit Hitler am 18. März 1941 drängte er auf die Besetzung ganz Griechenlands. Er behauptete, daß dies erst nach der englischen Landung dort geschehen sei und nachdem Hitler den Angriff bereits befohlen hatte. Er weist darauf hin, daß die Marine an Griechenland nicht interessiert war. Er empfing Hitlers Weisung, die Jugoslawien betraf.

Raeder versuchte Hitler von einem Angriffsunternehmen gegen die UdSSR abzubringen. Im September 1940 drängte er Hitler zu einer Angriffspolitik im Mittelmeer als Ersatz für einen Angriff auf Rußland. Am 14. November 1940 drängte er auf einen Krieg gegen England „als unseren Hauptgegner" und die Fortsetzung des Unterseeboot- und Marineflugzeugbaues. Nach Aufzeichnungen der deutschen Seekriegsleitung äußerte er „schwerwiegende Einwendungen gegen den russischen Feldzug vor der Niederlage Englands". Er behauptet, daß seine Einwendungen auf der Verletzung des Nichtangriffspaktes sowie strategischen Gründen aufgebaut gewesen seien. Nachdem jedoch der Entschluß einmal gefaßt war, gab er sechs Tage vor dem Angriff auf die Sowjetunion seine

Einwilligung zu Angriffen auf russische Unterseeboote in der Ostsee innerhalb eines festgesetzten Warnungsgebietes; er verteidigt diese Maßnahmen mit der Begründung, daß diese Unterseeboote die deutschen Unternehmungen „ausspionieren" wollten.

Dieses Beweismaterial zeigt klar, daß Raeder an der Planung und Führung eines Angriffskrieges teilnahm.

Kriegsverbrechen

Raeder ist der Kriegsverbrechen auf hoher See beschuldigt. Die „Athenia", ein unbewaffnetes englisches Passagierschiff, wurde am 3. September 1939 auf seinem Wege nach Amerika versenkt. Zwei Monate später erhoben die Deutschen die Beschuldigung, daß Mr. Churchill die „Athenia" absichtlich versenkt habe, um die feindselige Haltung Amerikas gegenüber Deutschland zu stärken. Tatsächlich aber wurde sie durch das deutsche U-Boot 30 versenkt.

Raeder behauptet, daß ein unerfahrener U-Boot-Kommandant sie in Verwechslung mit einem bewaffneten Handelskreuzer versenkt habe, daß dies erst einige Wochen nach dem Dementi, als U 30 zurückkehrte, bekanntgeworden sei und daß Hitler der Marine und dem Auswärtigen Amte Weisung gegeben habe, bei der Ableugnung zu verharren. Raeder leugnete jegliche Kenntnis eines Propagandafeldzuges gegen Mr. Churchill.

Die schwerste Beschuldigung gegen Raeder ist die Führung des uneingeschränkten Unterseebootkrieges einschließlich der Versenkung von unbewaffneten Handelsschiffen und von Neutralen sowie der Nichtbergung und Beschießung von Schiffbrüchigen mit Maschinengewehren unter Verletzung des Londoner Protokolls von 1936.

Der Gerichtshof kommt in bezug auf Raeder hinsichtlich dieser Beschuldigung für die Zeitspanne bis zum 30. Januar 1943, dem Zeitpunkt, an dem er in den Ruhestand trat, zu der gleichen Entscheidung wie im Falle Dönitz, die bereits verkündet wurde.

Der Kommandobefehl vom 18. Oktober 1942, der sich ausdrücklich nicht auf den Seekrieg bezog, wurde den untergeordneten Marinebefehlshabern durch die Seekriegsleitung mit der Weisung übermittelt, daß er durch die Flottillenführer und Abteilungsbefehlshaber mündlich an ihre Untergebenen weiterzugeben sei. Am 10. Dezember 1942 wurden in Bordeaux zwei Kommandosoldaten durch die Marine und nicht durch den SD hingerichtet. Die

Erklärung der Seekriegsleitung dafür war, daß dies „im Einklang mit dem Sonderbefehl des Führers geschehen sei, daß es aber trotzdem etwas Neues im Völkerrecht darstelle, da die Soldaten Uniformen trugen". Raeder gibt zu, daß er den Befehl auf dem Dienstwege weiterleitete und daß er keinen Einspruch bei Hitler erhob.

Schlußfolgerung
Der Gerichtshof stellt fest, daß Raeder unter Punkt 1, 2 und 3 schuldig ist.

JODL

Jodl wird nach allen vier Punkten angeklagt. Von 1935 bis 1938 war er der Chef der Abteilung für Landesverteidigung beim Oberkommando. Nach einem Jahr als Truppenbefehlshaber kehrte er im August 1939 zurück und wurde der Chef der Operationsabteilung des Oberkommandos der Wehrmacht. Obwohl der Angeklagte Keitel sein unmittelbarer Vorgesetzter war, trug er Operationsangelegenheiten unmittelbar bei Hitler vor. Im streng militärischen Sinne fiel Jodl die eigentliche Planung des Krieges zu, und er war in hohem Maße für die Strategie und die Leitung der Operationen verantwortlich.

Jodl verteidigt sich damit, daß er ein zum Gehorsam vereidigter Soldat gewesen sei und kein Politiker und daß ihm seine Stabs- und Planungsarbeit keine Zeit für andere Angelegenheiten übrigließ. Er sagte, daß er bei dem Unterzeichnen und Paraphieren von Verordnungen, Denkschriften und Briefen für Hitler oftmals in Abwesenheit Keitels handelte. Obwohl er behauptet, daß er als Soldat Hitler zu gehorchen hatte, sagte er aus, daß er häufig versuchte, bestimmte Maßnahmen durch Aufschub zu hindern, was gelegentlich auch gelang, wie zum Beispiel, als er sich Hitlers Forderung widersetzte, eine Weisung zu erlassen, alliierte „Terrorflieger" zu lynchen.

Verbrechen gegen den Frieden
Eintragungen in dem Tagebuch Jodls vom 13. und 14. Februar 1938 zeigen, daß Hitler sowohl ihn als auch Keitel anwies, den militärischen Druck gegen Österreich, mit dem während der Schuschnigg-Konferenz durch das Vortäuschen militärischer Maßnahmen begonnen worden war, weiter aufrechtzuerhalten, und daß diese Maßnahmen ihren Zweck erreichten. Als Hitler den Beschluß faßte, Schuschniggs Volksabstimmung „nicht zu dulden", brachte Jodl den „alten Entwurf", das heißt, den bestehenden Generalstabsplan mit in die Konferenz. Sein Tagebuch führt für den 10. März an, daß Hitler dann die Vorbereitungen für den „Fall Otto" anordnete, diese Weisung wurde von Jodl abgezeichnet. Am 11. März erließ Jodl zusätzliche Anordnungen und paraphierte Hitlers Invasionsbefehl am gleichen Tage.

Bei der Planung des Angriffs auf die Tschechoslowakei war Jodl den Schmundt-Aufzeichnungen zufolge sehr tätig. Er zeichnete die Punkte 14, 17, 24, 36 und 37 in den Aufzeichnungen ab. Jodl gibt zu, er habe mit dem OKH darin übereingestimmt, daß der „Zwischenfall", der zum deutschen Eingreifen führen sollte, spätestens um 14.00 Uhr am X minus 1 Tag, dem Tage vor dem Angriff, stattfinden müsse, und führte aus, er müsse zu einer festgesetzten Zeit bei gutem Flugwetter stattfinden. Jodl beriet sich mit den Propaganda-Fachleuten über „unmittelbar bevorstehende gemeinsame Aufgaben", wie zum Beispiel die deutsche Verletzung des Völkerrechts, ihre Auswertung durch den Feind und die Widerlegungen durch die Deutschen, eine „Aufgabe", die Jodl als „besonders wichtig" ansah.

Nach München schrieb Jodl: „Die Tschechoslowakei hat als Machtfaktor ausgespielt ... Das Genie des Führers und seine Entschlossenheit, auch einen Weltkrieg nicht zu scheuen, haben erneut und ohne Gewaltanwendung den Sieg davongetragen. Es bleibt zu hoffen, daß die Ungläubigen, Schwachen und Zweifelnden bekehrt sind und bekehrt bleiben."

Kurz nach der Besetzung des Sudetenlandes wurde Jodl örtlicher Befehlshaber, und erst Ende August 1939 wurde er Chef der Operationsabteilung im Oberkommando der Wehrmacht (OKW).

Jodl besprach die Invasion Norwegens mit Hitler, Keitel und Raeder am 12. Dezember 1939; sein Tagebuch ist mit späteren Eintragungen über seine Tätigkeit bei der Vorbereitung dieses

Angriffes reichlich versehen. Jodl erklärt seine Bemerkung, Hitler suche noch immer nach einer „Begründung" der Aktion, d. h. er warte auf zuverlässige nachrichtendienstliche Mitteilungen über die britischen Pläne, die Invasion verteidigt er als notwendige Aktion, um den Briten zuvorzukommen. Sein Zeugnis zeigt, daß Hitler seit Oktober 1939 einen Angriff auf den Westen durch Belgien plante, daß er aber bis Mitte November über einen Einfall in Holland im Zweifel war. Am 8. Februar 1940 besprachen Jodl, sein Stellvertreter Warlimont und Jeschonnek, der Planer für die Luftwaffe, die „neue Idee" eines Angriffs auf Norwegen, Dänemark und Holland, aber unter Gewährleistung der Neutralität Belgiens. Viele der 17 Befehle, die den Angriff im Westen aus verschiedenen Gründen einschließlich Wetterbedingungen bis zum Mai 1940 verschoben, waren von Jodl unterzeichnet.

Er war auch bei der Planung gegen Griechenland und Jugoslawien tätig. Der Hitler-Befehl vom 11. Januar 1941, in Albanien einzugreifen, trägt Jodls Paraphe. Am 20. Januar, vier Monate vor dem Angriff, erklärte Hitler einer Versammlung deutscher und italienischer Generale im Beisein Jodls, daß deutsche Truppenzusammenziehungen in Rumänien gegen Griechenland verwendet werden sollten. Jodl war am 18. März anwesend, als Hitler Raeder erklärte, daß ganz Griechenland besetzt werden müsse, bevor irgendeine Regelung erreicht werden könne. Am 27. März, als Hitler dem deutschen Oberkommando erklärte, daß die Zerstörung Jugoslawiens mit „unbarmherziger Härte" durchgeführt werden solle, und die Entscheidung getroffen wurde, Belgrad ohne Kriegserklärung zu bombardieren, war Jodl auch anwesend.

Jodl sagte aus, daß Hitler einen Angriff Rußlands befürchtete und daß er deshalb zuerst angriff. Diese Vorbereitung hat fast ein Jahr vor der Invasion begonnen. Jodl befahl Warlimont schon am 29. Juli 1940, die Pläne vorzubereiten, da Hitler sich zum Angriff entschlossen habe; und Hitler sagte Warlimont später, daß er geplant habe, im August 1940 anzugreifen, daß er den Angriff aber aus militärischen Gründen verschoben habe. Jodl paraphierte Hitlers Weisung vom 12. November 1940, daß mündlich befohlene Vorbereitungen fortgesetzt werden sollten, und am 18. Dezember paraphierte er auch den „Fall Barbarossa". Am 3. Februar 1941 besprachen Hitler, Jodl und Keitel die Invasion, und er war am 14. Juni zugegen, als die endgültigen Anordnungen über den „Fall Barbarossa" getroffen wurden.

Kriegsverbrechen und Verbrechen gegen die Menschlichkeit
   Am 18. Oktober 1942 erließ Hitler den Kommandobefehl und einen Tag später eine zusätzliche Erklärung, die nur an Kommandeure gerichtet war. Das Begleitschreiben wurde von Jodl unterzeichnet. Vorentwürfe dieses Befehls wurden von dem Stabe Jodls mit seinem Wissen hergestellt. Jodl sagte aus, daß er aus moralischen und rechtlichen Gründen stark dagegen eingestellt gewesen sei, aber er habe die Weiterleitung nicht verweigern können. Er besteht darauf, versucht zu haben, die Härte des Befehls in der Praxis dadurch zu mildern, daß er Hitler nicht mitteilte, wenn er nicht ausgeführt wurde. Er zeichnete das Schreiben des Oberkommandos der Wehrmacht (OKW) vom 25. Juni 1944 ab, mit welchem nach den Landungen in der Normandie der Befehl bestätigt wurde.
   Ein Plan zur Beseitigung der Sowjet-Kommissare war in der Weisung für den „Fall Barbarossa" enthalten. Die Entscheidung, ob sie ohne Gerichtsverfahren getötet werden sollten, war von einem Offizier zu treffen. Ein Entwurf, der Jodls Handschrift enthält, schlägt vor, daß dies als Vergeltungsmaßnahme behandelt werde, und er sagte aus, daß dies sein Versuch gewesen sei, den Plan zu umgehen.
   Als Hitler im Jahre 1945 die Kündigung der Genfer Konventionen in Erwägung zog, vertrat Jodl die Auffassung, daß die Nachteile eines solchen Schrittes größer seien als seine Vorteile. Am 21. Februar sagte er Hitler, daß das Festhalten an dieser Konvention auf die Kriegführung keine störende Wirkung habe; als Beispiel führte er die Versenkung eines britischen Lazarettschiffes als Vergeltungsmaßname an, die dann als Versehen zu bezeichnen sei. Er sagte, daß er sich so verhalten habe, weil dies die einzige Haltung war, die Hitler in Erwägung ziehen würde, und daß moralische oder rechtliche Gründe wirkungslos gewesen seien. Er stellte sich auf den Standpunkt, daß er auf diese Weise Hitler an der Kündigung der Konvention gehindert habe.
   Es gibt wenig Anhaltspunkte dafür, daß sich Jodl mit dem Zwangsarbeiterprogramm befaßte, und er scheint sich auf seine Funktion – die strategische Planung – konzentriert zu haben. Jedoch

sagte er in seiner Ansprache vom 7. November 1943 an die Gauleiter, es sei erforderlich, „mit rücksichtsloser Energie und Härte", in Dänemark, Frankreich und in den Niederlanden vorzugehen, um durchzudrücken, daß die Arbeit an dem Atlantik-Wall ausgeführt werde.

Am 28. Oktober 1944 befahl Jodl durch Fernschreiben die Evakuierung aller Personen aus Nord-Norwegen und die Niederbrennung ihrer Häuser, damit sie den Russen keine Hilfe gewähren könnten. Jodl erklärt, er sei dagegen gewesen, doch Hitler habe es befohlen, der Befehl sei aber nicht vollkommen durchgeführt worden. Eine Urkunde der norwegischen Regierung besagt, daß eine derartige Räumung tatsächlich in Nord-Norwegen stattfand und daß 30 000 Häuser beschädigt wurden. Am 7. Oktober 1941 unterschrieb Jodl einen Befehl, in dem es hieß, daß Hitler kein Übergabeangebot Leningrads oder Moskaus annehmen werde, sondern im Gegenteil darauf bestehe, daß diese Städte vollständig zerstört würden. Er erklärte, daß dies geschehen sei, weil die Deutschen fürchteten, diese Städte würden von den Russen genauso unterminiert werden wie Kiew. Eine Übergabe ist überdies niemals angeboten worden.

Seine Verteidigung besteht, kurz gesagt, in der Lehre von dem „Befehl des Vorgesetzten", die durch Artikel 8 des Statuts als Verteidigung ausgeschlossen ist. Es sind keine mildernden Umstände vorhanden. Die Teilnahme an Verbrechen dieser Art ist noch nie von einem Soldaten verlangt worden, und er kann sich jetzt nicht hinter einer mythischen Forderung nach militärischem Gehorsam um jeden Preis als Entschuldigung für diese Verbrechen verbergen.

Schlußfolgerung
Der Gerichtshof hat Jodl nach allen vier Anklagepunkten für schuldig befunden.

Über die Urteilsbegründungen

Der aufmerksame Leser der einzelnen Verhandlungen gegen die fünf deutschen „Hauptkriegsverbrecher" entdeckt bei der Lektüre der Urteilsbegründungen eines: sie sind in der Mehrheit der angeführten „Fakten" nichts als Fälschungen. Alle erkannten und gerügten „Übersetzungsfehler" sind darin enthalten. Sämtliche von der Verteidigung im Kreuzverhör ermittelten und auch von den Anklägern erkannten Fehler wurden wieder benutzt, sofern sie für die Urteilsbegründung von Vorteil waren.

Die Mißdeutung und Fehldeutung entscheidender Befehle wurde ebenso als Begründung für das Strafmaß herangezogen wie angebliche „Verbrechen", von denen klargestellt war, daß sie den anerkannten Kriegsbräuchen *aller* Kriegsführenden entsprachen.

Der „uneingeschränkte U-Boot-Krieg ab dem 3. September 1939" gehört ebenso dazu wie der „Laconia-Tötungsbefehl", den es nie gegeben hat; nicht zu vergessen der Kommandobefehl, der durch alle Urteilssprüche geisterte, obgleich klargestellt worden war, daß er *nur* für solche Angreifer galt, die sich verbrecherischer Methoden bedienten.

Daß deutsche U-Boot-Kommandanten die „Rettungsbestimmungen" nicht befolgt hätten, wird als Strafgrund angegeben, obgleich Admiral Nimitz in der Beantwortung seiner 20 Punkte zweifelsfrei erklärt hatte, daß sie von amerikanischer Seite ebenfalls *nie* befolgt worden seien, und obwohl es den Engländern sogar verboten war, die *eigenen* Schiffbrüchigen zu retten, um die Boote nicht in Gefahr zu bringen.

Das „Tagebuch" des Generalobersten Jodl wird immer wieder als belastende Quelle genannt, obgleich Jodl selbst bewiesen hatte, daß es nicht von ihm geschrieben wurde, sondern von seiner Sekretärin und er es nach dem „Ausziehen aus seinen Schreibheften" nicht mehr gesehen hatte.

Vier Schlüsseldokumente mußten immer wieder zur Begründung schärfster Strafen bis hin zur Todesstrafe herhalten, obgleich feststand, daß sie teilweise gefälscht waren.

Sämtliche Vorwürfe über deutsche Angriffskriege wurden aufrechterhalten, obgleich die Verteidigung und die Angeklagten diese überwiegend als falsch entlarvt hatten.

Die Geiselerschießungen und der blutige Partisanenkrieg wurde den Deutschen angelastet, obwohl *sie* doch nur Reagierende, die Banden aber die Agierenden waren, die es zu stoppen galt.

Und England und andere Staaten halfen dabei mit, den Partisanen jene Waffen und Motivationen zu liefern, daß sie frei nach Winston Churchill – „noch mehr Deutsche umlegen" konnten.

Für diese Hetz- und Wühlarbeit und den Beifall für das „Umlegen" deutscher Soldaten mußten Deutsche sterben.

Die Generale und hohen Offiziere der deutschen Wehrmacht sahen sich hier in Nürnberg und anderswo allen diesen Beschuldigungen ausgesetzt, obgleich sie sie fast sämtlich widerlegt hatten. Sie wurden danach bestraft, erschossen, gehenkt und zur Sklavenarbeit für Jahrzehnte abgetrieben.

Sie starben, wie das Tribunal der Rache es befahl. Was aber nach ihrem Tode geschah oder noch während jener Prozesse, die sie dem Henker überantworteten, übertraf alles, was jemals vorher geschehen war. Und diesmal trugen die Alliierten die Verantwortung für alles, was in ganz Deutschland und dazu in *ihrem* Namen erfolgte. Und das war nicht wenig, sämtliche Verbrechen, die vor dem IMT in Nürnberg abgeurteilt wurden, waren darunter, ohne daß sich auch nur eine Stelle darum kümmerte.

Die Strafmaße für Feldmarschälle und Generale

Hauptkriegsverbrecher:

Generalfeldmarschall Hermann Göring wegen Verschwörung zur Planung eines Angriffskrieges, Führen eines Angriffskrieges, Kriegsverbrechen und Verbrechen gegen die Menschlichkeit: zur Todesstrafe (Selbstmord unmittelbar vor der geplanten Erhängung).

Generalfeldmarschall Wilhelm Keitel wegen Verschwörung zur Planung eines Angriffskrieges, Führen eines Angriffskrieges, Kriegsverbrechen und Verbrechen gegen die Menschlichkeit: zur Todesstrafe (Urteil vom Henker vollstreckt).

Generaloberst Alfred Jodl wegen Verschwörung zur Planung eines Angriffskrieges, Führen eines Angriffskrieges, Kriegsverbrechen und Verbrechen gegen die Menschlichkeit: zur Todesstrafe (Urteil vom Henker vollstreckt).

Großadmiral Karl Dönitz wegen der Führung eines Angriffskrieges und Kriegsverbrechen zu 10 Jahren Haft (die Strafe wurde in voller Dauer vollzogen).

Großadmiral Erich Raeder wegen Verschwörung zur Planung eines Angriffskrieges, Führen eines Angriffskrieges und Kriegsverbrechen: zu lebenslänglicher Haft (wurde als Schwerkranker vorzeitig entlassen).

Fall 7: Südost-Generale:

Generalleutnant Ernst Dehner
zu 7 Jahren Haft.

General der Flieger Helmuth Felmy

zu 15 Jahren Haft.

General der Infanterie Hermann Foertsch
freigesprochen.

Generalmajor von Geitner
freigesprochen.

General der Pioniere Walter Kuntze
zu lebenslänglicher Haft (vorzeitig entlassen).

General der Gebirgstruppen Hubert Lanz
zu 12 Jahren Haft.

Generalleutnant Ernst von Leyser
zu 10 Jahren Haft.

Generalfeldmarschall Wilhelm List
zu lebenslänglicher Haft (Dezember 1952 aus der Haft entlassen).

Generaloberst Lothar Rendulic
zu 20 Jahren Haft (vorzeitig entlassen).

General der Flieger Wilhelm Speidel
zu 20 Jahren Haft (vorzeitig entlassen).

Fall 12: Oberkommando der Wehrmacht

Generalfeldmarschall Wilhelm Ritter von Leeb
zu drei Jahren Haft (nach Urteilsverkündung entlassen).

Generalfeldmarschall Hugo Sperrle
freigesprochen.

Generaloberst Hermann Hoth
zu 15 Jahren Haft (vorzeitig entlassen).

Generalfeldmarschall Georg von Küchler

zu 20 Jahren Haft (1952 aus der Haft entlassen).

Generaloberst Hans-Georg Reinhardt
zu 15 Jahren Haft (vorzeitig entlassen).

Generaloberst Hans von Salmuth
zu 20 Jahren Haft (vorzeitig entlassen).

Generaloberst Karl Hollidt
zu fünf Jahren Haft.

Generaladmiral Otto Schniewind
freigesprochen.

General Karl von Rocques
zu 20 Jahren Haft.

General Hermann Reinecke
zu lebenslänglicher Haft (vorzeitig entlassen).

Generalleutnant Walter Warlimont
zu lebenslänglicher Haft (vorzeitig entlassen).

General der Infanterie Otto Woehler
zu acht Jahren Haft.

Generaloberstabsarzt Dr. Rudolf Lehmann
zu sieben Jahren Haft.

In Einzelprozessen:

Generalfeldmarschall Erich von Manstein (Hamburg)
zu 18 Jahren Haft. Später zu 12 Jahren Haft (vorzeitig entlassen am 15. Mai 1953).

Generalfeldmarschall Albert Kesselring (Venedig)
zu lebenslänglicher Haft (vorher zum Tode durch Erschießen. Entlassen im Dezember 1952).

Generaloberst Sepp Dietrich (in Dachau)
zu lebenslänglicher Haft. 1955 auf Parole entlassen.

Unter den Tausenden in Dachau unter Verdacht von Kriegsverbrechen vor Gericht gestellten deutschen Soldaten wurden nach ihrer Verurteilung *255 deutsche Soldaten* aller Dienstgrade *in Landsberg* am Lech „hingerichtet".

In der Haft starben in Landsberg 20 deutsche Soldaten eines „natürlichen" Todes. Von allen jenen, die sich selber den Tod gaben, wird nicht gesprochen.

Oberleutnant Herbert Kunze, der am Morgen des 22. Oktober 1948 unter dem Galgen von Landsberg stand, sagte eine Minute vor seinem Tode:

„Die ihr die Freiheit wiedergewinnt, vergeßt uns nicht! Sonst wäre dieses Sterben vor euch umsonst gewesen, und das darf nicht sein."

Als ihm der Henkerstrick um den Hals gelegt wurde, rief er aus: „Herbert Kunze, Oberleutnant der deutschen Wehrmacht, meldet sich ab zum Tode durch Erhängen. Ich wurde verurteilt, weil ich gehorsam war."

QUELLEN- UND LITERATURVERZEICHNIS

Alman, Karl:	Großadmiral Karl Dönitz – Vom U-Boot-Kommandanten zum deutschen Staatsoberhaupt, Berg 1983
Andrus, B. C.:	The Infamous of Nuremberg, London 1969
Armstrong, J. A.:	Soviet Partisans in World War II, Madison 1969
Aschenauer, Rudolf:	Zur Frage einer Revision der Kriegsverbrecherprozesse, Nürnberg 1949
Aurich, Peter:	Der deutsch-polnische September 1939, München 1969
Auswärtiges Amt:	Weißbuch Nr. 5: Dokumente britisch-französischer Grausamkeit, Berlin 1940
dass.:	Dokumente polnischer Grausamkeit, Berlin 1940
dass.:	Dokumente britischer Barbarei. Die britische Kriegführung in den Niederlanden, Belgien und Frankreich Mai–Juni 1940, Berlin 1941
dass.:	Völkerrechtsverletzungen britischer Streitkräfte auf Kreta, Berlin 1942
dass.:	Weißbuch Nr. 6: Die Geheimakten des französischen Generalstabs, Berlin 1941
dass.:	Weißbuch über bolschewistische Verbrechen gegen Kriegsrecht und Menschlichkeit, Berlin 1941
dass.:	Amtliches Material zum Massenmord von Katyn, Berlin 1943
dass.:	Weißbuch Nr. 8: Dokumente über die Alleinschuld Englands am Bombenkrieg gegen die Zivilbevölkerung, Berlin 1943
dass.:	Die Entstehung des Krieges von 1939: Roosevelts Weg in den Krieg, Geheimdokumente zur Kriegspolitik des Präsidenten der Vereinigten Staaten, Berlin 1943
Baer, Marcel de:	The Treatment of War Crimes Incidential to the War, in: The Bulletin of International News, 2/1945
Balfour, Michael:	Propaganda in War, London 1979
Bardèche, Maurice:	Nuremberg ou la terre promise, Paris 1948
ders.:	Die Politik der Zerstörung. Nürnberg oder Europa, Göttingen 1950
Barnes, Harry Elmer:	Entlarvte Heuchelei, Wiesbaden 1961
Bauer, Fritz:	Die Kriegsverbrecher vor Gericht, Zürich 1950
Becker, Hellmuth:	Gericht der Politik, in: Merkur 1950
Behling, Kurt:	Nürnberger Lehren, in: Juristische Rundschau 1949
Belgion, Montgomery:	Victors Justice, Chicago 1949
ders.:	Epitaph on Nuremberg, London 1946
Berber, Friedrich:	Das Diktat von Versailles, Entstehung, Inhalt, Zerfall, 2 Bd., Essen 1939
Bernstein, O. H.:	Final Judgment: The Story of Nuremberg, New York 1947

Biddle, Francis:	In Brief Authority, New York 1962
ders.:	Report to President Truman, in: Department of State Bulletin, Washington 1946
Blakeney, B. B.:	International Military Tribunal, in: American War Association Journal, 1946
Böhme, Kurt:	Die deutschen Kriegsgefangenen in sowjetischer Hand; Bd. 7 zur Geschichte der deutschen Kriegsgefangenen des Zweiten Weltkriegs, München 1966
Bosch, William, Hrgb.:	Judgment on Nuremberg, American Attitudes toward the Major German War-Crime Trials, Chapel Hill 1970
Brennecke, Gerhard:	Die Nürnberger Geschichtsentstellung, Tübingen 1970
British HMSO:	Law Reports of Trials of War Criminals, London 1947 bis 1949
Bross, Werner:	Gespräche mit Hermann Göring während der Nürnberger Prozesse, Flensburg–Hamburg 1950
Calvocoressi, Peter:	Nuremberg – The Facts, the Law and the Consequences, London 1947
Cameron, John:	„Peleus" Trial, London 1948
Carter, E. F.:	The Nuremberg Trials, in: Nebraska Law Review, 1949
Chamberlain, William Henry:	Amerikas zweiter Kreuzzug, Bonn 1952
Churchill, Winston S.:	Memoirs, London 1945–1949
ders.:	Der Zweite Weltkrieg, 6 Bd. Hamburg–Stuttgart, 1950–1954
Conquest, Robert:	Stalins Völkermord, Wien 1975
Cowles, W. B.:	High Government Officials as War Criminals, in: Proceedings of American Society of International Law, 1945
Creel, G.:	War Criminals and Punishment, London 1945
Department of State:	Nazi-Soviet-Relations 1939–1941, Washington 1948
Dodd, William:	Ambassador Dodd's Diary, London 1941
Dodd, T. J.:	The Nuremberg Trials, in: The Journal of Criminal Law and Criminology, 1946/1947
Dönitz, Karl:	Zehn Jahre und zwanzig Tage, Bonn 1958
ders.:	Mein wechselvolles Leben, Göttingen 1968
Donnedieu de Vabres, H.:	Le Procès de Nuremberg et le principe de la légalité des délits et des peines, in: Revue de Science Criminelle, Nr. 2, Paris 1947
Duff, Charles:	A Handbook of Hanging, London 1961
Ebray, Alcide:	Der unsaubere Frieden, Berlin 1925
Ehard, Hans:	Der Nürnberger Prozeß gegen die Hauptkriegsverbrecher und das Völkerrecht, in: Süddeutsche Juristenzeitung, 1948
Fischer, Alexander, Hrgb.:	Teheran, Jalta, Potsdam. – Die sowjetischen Protokolle von den Kriegskonferenzen der Großen Drei, Köln 1973
Fitzgibbon, L.:	Unpitied and Unknown. London 1975
Fleischhacker, Hedwig:	Die deutschen Kriegsgefangenen in der Sowjetunion, München 1965 (5. Band zur Geschichte der deutschen

	Kriegsgefangenen im Zweiten Weltkrieg)
Forwick, Helmuth:	Zur Behandlung alliierter Kriegsgefangener im Zweiten Weltkrieg, in: Militärgeschichtliche Mitteilungen 2/1967
Friedländer, Saul:	Auftakt zum Untergang, Hitler und die Vereinigten Staaten von Amerika 1939–1941, Stuttgart/Berlin/ Köln /Mainz 1965
Gerhard, Eugene, C:	Americas Advocate: Robert H. Jackson, Indianapolis/ New York 1958
Gilbert G. M.:	Nuremberg Diary, London/New York 1948
ders.:	in deutscher Sprache, Frankfurt/Main 1962
Glueck, Sheldon:	The Nuremberg Trial and Aggressive War, New York 1945
ders.:	Ist der Nürnberger Prozeß illegal?, in: Amerikanische Rundschau 9/1946
Görlitz, Walter:	Keitel, Verbrecher oder Offizier? Göttingen 1961
Grau, Karl-Friedrich:	Schlesisches Inferno, Stuttgart 1966
Greil, Lothar:	Oberst Jochen Peiper und der Malmedy-Prozeß, München 1977, 4. Aufl.
Grenfell, Russell:	Bedingungsloser Haß, Tübingen 1954
Gründler, Gerhard E. und Manikowski, Arnim:	Das Gericht der Sieger, Oldenburg/Hamburg 1967
Haensel, Carl:	Das Gericht vertagt sich, Hamburg 1950
Halder, Franz:	Kriegstagebuch, 3 Bd. Stuttgart 1962–1964
Hankey, Lord:	Politics, Trials and Errors, Oxford 1950
Hegner, H. S.:	Die Reichskanzlei 1933–1945, Frankfurt/Main 1959
Heinze, Kurt, und Schilling, Karl:	Die Rechtsprechung der Nürnberger Militärtribunale, Bonn 1951
Henderson, Neville:	Failure of a mission, London 1940
Heydecker, Joe, und Leeb, Johannes:	Der Nürnberger Prozeß, Köln/Berlin 1960
History of the United Nations:	War Crimes Commission and the Development of the Laws of War, London 1948
Hodenberg, Hodo, Frhr. v.:	Zur Anwendung des Kontrollratsgesetzes Nr. 10 durch die deutschen Gerichte, in: Süddeutsche Juristenzeitung 1947
Hoggan, David:	Der erzwungene Krieg – Ursachen und Urheber des Zweiten Weltkrieges, Tübingen 1961
Honig, F.:	Nuremberg – Justice or Vengeance? in: World Affairs, London 1947
Horn, Martin:	Halder – Schuld oder Tragik? München 1948
Hoßbach, Friedrich:	Zwischen Wehrmacht und Hitler, Wolfenbüttel/Hannover 1949
Ignatow, P.:	Partisanen, Berlin Ost 1958
Institut für Marxismus und Leninismus, Hrsgb:	Geschichte des Großen Vaterländischen Krieges der

Irving, David:	Sowjetunion 1941–1945, Berlin Ost 1962–1965 The Destruction of Dresden, London 1971
Jackson, Robert, H.:	Grundlegende Rede, vorgetragen im Namen der Vereinigten Staaten von Amerika in Nürnberg am 21. November 1945, Frankfurt/Main 1946
ders.:	Report to the International Conference on Military Trials, London 1945; Washington 1949
ders.:	The Nuremberg Case, New York 1947
ders.:	Trial of the Trials: Nuremberg, in: Common Cause, 1950
Jahrreiß, Hermann:	Die Fortentwicklung des Völkerrechts, in: Jahrbuch für internationales und ausländisches öffentliches Recht, 1949
Jaksch, Wenzel:	Europas Weg nach Potsdam, Köln 1957
Jodl, Luise:	Jenseits des Endes, Wien/München/Zürich 1976
Kalshoven, Frits:	The Law of Warfare, Leiden 1973
Katyn Memorial Fund Committee:	Via Dolorosa, Drawings by Stephan Starzynski, London 1975
Kelsen, Hans:	Will the Judgment in the Nuremberg Trial constitute a Precedent in International Law? in: International Law Quarterly, 1947
ders.:	Peace through Law? Chapel Hill 1944
Kempner, Robert:	Das Dritte Reich im Kreuzverhör, München 1969
Kenny, John P.:	Moral Aspects of Nuremberg, Washington 1950
Klöss, Erhard:	Von Versailles bis zum Zweiten Weltkrieg, München 1965
Knieriem, August v.:	Nürnberg: Menschliche und rechtliche Probleme, Stuttgart 1953
Kranzbühler, Otto:	Rückblick auf Nürnberg, Hamburg 1949
Kraus, Herbert:	Gerichtstag in Nürnberg, Hamburg 1947
ders.:	Vom Recht des internationalen Militärgerichtsprozesses, in; Festschrift für H. Jahrreiß, Köln 1964
ders.:	Kontrollratsgesetz Nr. 10, Hamburg 1948
Kurowski, Franz:	Der Kampf um Kreta, Herford 1967
ders.:	Generalfeldmarschall Albert Kesselring, Berg 1985
ders.:	Der Seenotdienst der deutschen Luftwaffe, Stuttgart 1978
ders.:	Bedingungslose Kapitulation, Leoni 1984
ders.:	Alliierte Jagd auf deutsche Wissenschaftler, München 1982
Lande, A.:	The Legal Basis of Nuremberg Trials, New York 1945
Laternser, Dr. Hans:	Verteidigung deutscher Soldaten, Bonn 1950
Laun, Rudolf:	Haager Landkriegsordnung, Wolfenbüttel 1948
Lauterpracht, H.:	The Law of Nations and Punishment of War Crimes, in: British Yearbock of International Law, 1944
Leonard, Hans:	The Nuremberg Trial: A Legal Analysis, in: Review of Politics, 1949

Lewis, John:	Uncertain Judgment, A Bibliography of War Crimes Trials, Santa Barbara 1979
Lippe, Viktor, Frhr. v.d.:	Nürnberger Tagebuchnotizen, Frankfurt/Main 1951
Liddell, Hart:	Geschichte des Zweiten Weltkrieges, 2 Bd., Düsseldorf/Wien 1972
Loßberg, Bernhard, v.:	Im Wehrmachtsführungsstab, Hamburg 1949
Lummert, Günther:	Die Strafverfahren gegen Deutsche im Ausland wegen „Kriegsverbrechen", Hamburg 1949
Lunau, Heinz:	The Germans on the Trial, New York 1948
Luther, Hans:	Der französische Widerstand gegen die deutsche Besatzungsmacht und seine Bekämpfung, Tübingen 1957
Manstein, Erich von:	Verlorene Siege, Frankfurt/Main 1955
McNeal, Robert, Hrgb.:	Stalin I. V. Works, Bd. 2, Stanford 1967
Maschke, Erich; Hrgb.:	Die Geschichte der deutschen Kriegsgefangenen im Zweiten Weltkrieg, Bielefeld 1962–1975
Maser Werner:	Nürnberg – Tribunal der Sieger, Düsseldorf 1977
Maxwell-Fyfe, Sir David:	Vorwort zum Trial of Heinz Eck („Peleus"–Trial), London 1958
Mendelssohn, Peter, de:	Die Nürnberger Dokumente, Hamburg 1946
Miller, Merle:	Offen gesagt, Harry S. Truman erzählt sein Leben, Stuttgart 1975
Moltmann, Günther	Amerikas Deutschlandpolitik im Zweiten Weltkrieg – Kriegs- und Friedensziele 1941–1945, Heidelberg 1958
Morgan, J. H.:	Nuremberg and after, in: The Quarterly Review, 1947
ders.:	The Great Assize on Examination of the Law of the Nuremberg Trials, 1948
Moritz, Erhard, Hrgb.:	Fall 12: Das Urteil gegen das Oberkommando der Wehrmacht, Göttingen 1948
Murawski, Erich:	Die deutschen Wehrmachtsberichte 1939–1945, Boppard/Rhein 1966
Nelte, Dr. Dr. Otto:	Die Generale. Das Nürnberger Urteil und die Schuld der Generale, Hannover 1947
Neubacher, Hermann:	Sonderauftrag Südost, Göttingen 1956
Nitti, Francesco:	Europa am Abgrund, Frankfurt/Main 1929
Nicoll, Peter H.:	Englands Krieg gegen Deutschland, Tübingen 1964
Nürnberg: Internationaler Militärgerichtshof:	Der Nürnberger Prozeß gegen die Hauptkriegsverbrecher vom 14. November 1945–1. Oktober 1946, (neue Ausgabe in 23 Bänden) München/Zürich 1984
Oppenheim-Lauterpracht:	International Law, 2 Bd., London 1952
Oscar, Friedrich:	Über Galgen wächst kein Gras, Braunschweig 1950
Paget, Reginald:	Manstein – Seine Feldzüge und sein Prozeß, Wiesbaden 1952
Papen, Franz von:	Der Wahrheit eine Gasse, München 1952
Petersen, Horace:	Propaganda of War, Oklahoma 1939
Punishment for War Crimes:	The Inter-Allied Declaration signed at the St. James Palace, London, Januray 13. 1942

Raczynski, Edward:	In Allied London, London 1940
Radin, M.:	International Crimes, in: Iowa Law Review, 1946/47
Ribbentrop, Joachim v.:	Zwischen London und Moskau, Leoni 1961
Ribbentrop, Annelies v.:	Verschwörung gegen den Frieden, Leoni 1962
Röder, H. F.:	Kriegsvölkerrecht, Berlin 1940
Roosevelt, Elliott:	Wie er es sah, Zürich 1947
Roosevelt, Franklin Delano:	Nothing to Fear. The selected Addresses of Franklin Delano Roosevelt 1932–1945, Cambridge (USA) 1946
Rudenko, R. A.:	Die Gerechtigkeit nehme ihren Lauf!, Berlin Ost 1946
Sauer, Wilhelm:	Zum Begriff der Kollektivschuld, in: Deutsche Rechtszeitschrift, 1947
Schick, Franz:	The Nuremberg Trial and the Development on an International Criminal Law, in: Juridical Review, 1947
Scotland, A. P.	The Kesselring Case, Bonn 1952
Seraphim, Hans-Günther:	Nachkriegsprozesse und zeitgeschichtliche Forschung, in: Festschrift für Herbert Kraus, Kitzingen 1954
ders.:	Die deutsch-russischen Beziehungen 1939–1945, Hamburg 1949
Saunders, Hrowe, H.:	Duell im Pazifik, Leoni 1983
ders.:	Der verratene Sieg, Leoni 1984
ders.:	Die Wacht am Rhein, Leoni 1984
Schild, Hermann, Hrgb.:	Das Morgenthau-Tagebuch, Leoni 1970
Schacht, Hjalmar:	Das Ende der Reparationen, Oldenburg 1931
Schütze, H. A.:	Die Repressalie unter besonderer Berücksichtigung der Kriegsverbrecherprozesse, Bonn 1950
Schwarzenberger, Georg:	International Law and Order, London 1971
Schwelb, Egon:	The Work of the War Crimes Commission, in: British Yearbook of International Law, 1946
Schwinge, Erich:	Bilanz der Kriegsgeneration, Marburg 1978
Shawcross, Sir Hartley:	Nürnberg. Die Rede des englischen Hauptanklagevertreters, Hamburg 1946
Smith, H.:	The Nuremberg Trials in: Free Europe, 1945
Smith, Bradley:	Reaching Judgment at Nuremberg, London 1977
Taylor, Telford:	Final Report to the Secretary of the Army on the Nuremberg War Crimes Trials under Control Council Law No. 10, Washington 1949
ders.:	Nürnberg und Vietnam – Eine amerikanische Tragödie, München/Wien/Zürich, 1971
ders.:	Nuremberg Trials, Carnegie Endowment of International Peace, 1949
United Nations:	History of the United Nations War Crimes Commission and the Development of the Laws of War, London 1948
Utley Freda:	The high Cost of Vengeance, Chicago 1949 (in deutscher Sprache:) Kostspielige Rache, Tübingen 1962
Veale, F. J. P.:	Der Barbarei entgegen, Hamburg 1954
Vereinte Nationen:	Reports of the International Law Commission General Assembly, Official Records, Suppl. No. 10 (A/925),

	Lake Success 1949–1950
Welles, Sumner:	The Time for Decision, New York 1944
Westphal, Siegfried:	Der deutsche Generalstab auf der Anklagebank Nürnberg 1945–1948, Mainz 1978
Wirsing, Giselher:	Der maßlose Kontinent – Roosevelts Kampf um die Weltherrschaft, Jena 1942
Wolfe, Robert, Hrgb.:	Captured German and Related Records, A. National Archives, Conference, Athens-Ohio 1974
Wright, Quincy:	The Law of the Nuremberg Trial, in: American Journal of International Law, 1947
Wuescht, Johann:	Jugoslawien und das Dritte Reich. Eine dokumentarische Geschichte der deutsch-jugoslawischen Beziehungen 1933–1945, Stuttgart 1969
Wyzansky, Charles, E.:	Nuremberg – a fair Trial?, in: The Atlantic Monthly, April 1946
Zawodny, J. K.:	Zum Beispiel Katyn. Klärung eines Kriegsverbrechens, München 1971
Zentner, Kurt:	Illustrierte Geschichte des Dritten Reiches, München 1965
Zayas, Alfred, de:	Die Wehrmachts-Untersuchungsstelle, München 1979
ders.:	Die Anglo-Amerikaner und die Verteibung der Deutschen, München 1978

Danksagung des Autors

Neben den offiziellen Quellen wurden mir in reichem Maße interessante und vertrauliche Materialien zugeleitet, die in diesem Werk – soweit sie nachprüfbar waren – verarbeitet wurden.

Mein besonderer Dank gilt allen deutschen Helfern und Übersetzern, insbesondere Herrn Franz Kurowski, dessen Archiv mir voll zur Verfügung stand.

Wenn mit der Darstellung dieser Geschehnisse der Anklage und Verurteilung deutscher Generale und Feldmarschälle und deren Haltung in diesen Tribunalen ein weiterer Schritt zum gegenseitigen Verständnis getan worden wäre, würde es die Mühe bereits gelohnt haben.

Falls darüber hinaus die Erkenntnis vermittelt werden könnte (und das sind die Intentionen, die mich bewogen, dieses Buch zu schreiben), daß jeder Krieg Roheit auf beiden Seiten gebiert und anstelle einer nachherigen Bestrafung ein Bedenken und Abwenden aller Kriege *vorher* unser Ziel sein *muß,* hätte sich die Mühe gelohnt.

London im April 1986, Hrowe H. Saunders

Aus unserem Verlagsprogramm:

FRANZ KUROWSKI

Bedingungslose Kapitulation
Inferno in Deutschland 1945

420 Seiten – 100 Bilder – Gebunden mit
Schutzumschlag DM 39.80

Mit der Verkündigung von Casablanca im Januar 1943: „Wir werden uns nur mit einer bedingungslosen Kapitulation Deutschlands zufriedengeben", artikulierte sich ein eiskalter Vernichtungswille, der von der Sterilisation des gesamten deutschen Volkes bis zum einfachen Verhungern ging. Um dieses Ziel zu erreichen und alle darauf aufbauenden weiteren Ziele, einschließlich der Zerstückelung und Ausraubung Deutschlands durchsetzen zu können, schreckte man vor keinem Mittel zurück.

Der Bombenterror, mittels dessen man Deutschland zur bedingungslosen Kapitulation reifbomben wollte, gehörte ebenso dazu, wie die Vereinbarungen auf den folgenden Konferenzen in Quebec, Malta und Jalta. Die Potsdamer Konferenz schließlich setzte nur noch die Schlußpunkte zur bedingungslosen Vernichtung von ganz Deutschland, zu welcher die bedingungslose Kapitulation inzwischen eskaliert war.

Dieses Werk aus der Feder eines Kenners der Kriegshistorie, in zwanzigjähriger Arbeit recherchiert, zeigt aber nicht nur das Ränkespiel der westlichen Alliierten und Sowjetrußlands auf, sondern bringt auch den opferungsvollen Endkampf des deutschen Volkes im Westen und Osten, im Süden und Norden in die Erinnerung zurück. Es zeigt den Opfergang der deutschen Luftwaffe ebenso, wie jenen der Zivilbevölkerung, den verzweifelten Einsatz der Regierung Dönitz um die Erhaltung Deutschlands als Staat, wie den Verrat der Großen Drei, begangen am polnischen Volke, die „fünfte Teilung Polens" von den Mitgliedern der polnischen Exilregierung in London genannt. Darüber hinaus aber wird die Jagd nach deutschen Wissenschaftlern, die Demontage deutscher Fabriken, der Diebstahl allen geistigen Eigentums, werden Flucht und Vertreibung: die „bedingungslose Rache" der Sieger dargestellt und einer desinformierten Gesellschaft die unerhörten Leiden deutscher Menschen in Lamsdorf, Nemmersdorf und anderswo vor Augen geführt.

Das gnadenlose Schicksal von Millionen deutscher Kriegsgefangener, die in Sibirien ebenso wie in Südfrankreich, in den USA und auf den Rheinwiesen bei Rheinberg, Bad Kreuznach und Bretzenheim elendig ums Leben kamen, die Kriegsverbrecherprozesse und Zwangsdeportationen in Arbeits- und Todeslager zeigen noch einmal die Hybris des Schreckens auf, die aus der völligen Rechtlosigkeit eines ganzen Landes erwuchs.

Unter Auswertung aller bisher freigegebenen internationalen Quellen ist es dem Autor gelungen, ein lückenloses Zeitgemälde zu schaffen, das die Hintergründe zu dieser bedingungslosen Kapitulation ebenso aufzeigt, wie die darauffolgende Zeit völliger Unfreiheit.

DRUFFEL-VERLAG
Leoni am Starnberger See